2012
晋城统计年鉴
JINCHENG STATISTICAL YEARBOOK

山西省晋城市统计局 编

中国统计出版社
China Statistics Press

(京)新登字 041 号

图书在版编目(CIP)数据

晋城统计年鉴.2012/晋城市统计局编.—北京:
中国统计出版社,2012.8
ISBN 978-7-5037-6618-3/C.2693
Ⅰ.①晋… Ⅱ.①晋… Ⅲ.①统计资料-晋城市-2012-年鉴 Ⅳ.①C832.253-54
中国版本图书馆 CIP 数据核字(2012)第 172548 号

晋城统计年鉴—2012

作　　者 / 山西省晋城市统计局
责任编辑 / 佘竞雄
封面设计 / 李　璐　王鹏飞
出版发行 / 中国统计出版社
通信地址 / 北京市西城区月坛南街 57 号　邮编 100826
办公地址 /北京市丰台区西三环南路甲 6 号
电　　话 / (010)63376907
网　　址 / http://csp.stats.gov.cn
印　　刷 / 晋城市景潮办公用品印制有限公司
经　　销 / 新华书店
开　　本 / 890 × 1240 毫米　1/16
字　　数 / 1390 千字
印　　张 / 38.65 印张
印　　数 / 1-500 册
版　　别 / 2012 年 9 月第 1 版
版　　次 / 2012 年 9 月第 1 次印刷
书　　号 / ISBN 978-7-5037-6618-3/C.2693
定　　价 / 198.00 元

《晋城统计年鉴——2012》

编委会和编辑工作人员

编 辑 说 明

一、《晋城统计年鉴—2012》系统收录了全市和各县(市、区)2011年经济、社会各方面的统计数据,以及建市以来重要年份的全市主要统计数据,是一部全面反映晋城经济和社会发展情况的资料性年刊。

二、本年鉴正文内容分为22个篇章,即:1、行政区划和自然资源;2、综合;3、国民经济核算;4、人口;5、就业人员和职工工资;6、固定资产投资;7、能源;8、财政;9、价格指数;10、人民生活;11、城市概况;12、环境保护;13、农业;14、工业;15、建筑业;16、运输和邮电;17、国内贸易;18、对外经济贸易;19、金融业;20、教育和科技;21、文化、体育和卫生;22、其他社会活动。同时附录二个篇章:1、晋城市统计局2011年国民经济和社会发展的统计公报;2、1949-2011年主要经济社会指标。为方便读者使用,各篇章前设有《简要说明》,对本篇章的主要内容、资料来源、统计范围、统计方法以及历史变动情况予以简要概述,篇末附有《主要统计指标解释》。

三、本年鉴资料的统计范围包括全市行政区划内的全部单位和个人。按属地统计原则,各县(市、区)均包括驻地中央、省、市属单位,少数由市统计局直接统计的单位资料,在整理时一般已加入所驻县(市、区)中,如未加入者,则分别在县(市、区)分组项目下,单列市直汇单位。

四、本年鉴中部分数据合计数或相对数由于单位取舍不同而产生的计算误差,均未作机械调整。

五、本年鉴凡带有续表的资料,有关注解均列在最后一张续表的下方。

六、符号使用说明:年鉴各表中的"空格"表示该项统计指标数据不足本表最小单位数、数据不详或无该项数据;"#"表示其中的主要项;"*"或"①"表示本表下有注解。

七、在使用本年鉴过程中,如发现有差错之处,请及时指出,以便改正。

目 录

CONTENTS

一、行政区划和自然资源
Divisions of Administrative Areas and Natural Resources

二、综 合
General Survey

三、国民经济核算
National Accounts

四、人 口
Population

五、就业人员和职工工资
Employment and Wages

六、固定资产投资
Investment in Fixed Assets

七、能 源
Energy

八、财 政
Government Finance

九、价格指数
Price Indices

十、人民生活
People's Livelihood

十一、城市概况
General Survey of Cities

十二、环境保护
Environment Protection

十三、农 业
Agricltture

十四、工 业
Industry

十五、建筑业
Construction

十六、运输和邮电
Transport,Post and Telecommunication Services

十七、国内贸易
Domestic Trade

十八、对外经济贸易
Foreign Trade and Economic Cooperation

十九、金融业

Financial Intermediation

二十、教育和科技

Education,Science and Technology

二十一、文化、体育和卫生

Culture,Sports and Public Health

二十二、其他社会活动

Other Social Activities

附录

1

行政区划和自然资源

Divisions of Administrative Areas and Natural Resources

简 要 说 明

本篇章的主要内容和资料来源

行政区划和自然资源资料主要包括全市行政区划、自然状况、自然资源及开发和利用等资料。

1.“全市行政区划”资料，由民政局根据国务院批准的，截止到上一年末全市行政区划变更情况汇总整理并提供。

2.自然资源包括土地、森林、水利、矿产、气象等资料。其中，耕地面积来自市统计局 2010 年农业年报数据；林业用地面积和森林资源数据来自市林业局 1999-2003 年第六次全国森林资源清查数据；水利资源数据由水利局提供；矿产资源数据由国土资源局提供；气象资料由市气象局提供。

1-1 全市行政区划(2011年)

单位:个

地区	乡(镇、办事处)	镇	乡	街道办事处
总计	84	48	26	10
城区	8	1		7
沁水县	14	7	7	
阳城县	17	10	7	
陵川县	12	7	5	
泽州县	17	14	3	
高平市	16	9	4	3

1-1 续表

单位:个

地区	村(居)民委员会	居民委员会	村民委员会	村(居)民小组
总计	2343	130	2213	10542
城区	144	77	67	1080
沁水县	251	9	242	1543
阳城县	473	6	467	2163
陵川县	378	7	371	1282
泽州县	634	2	632	2534
高平市	463	29	434	1940

1-2 自然资源

指　　标	单　位	2010年	2011年
总 人 口	人	2162304	2285526
人口密度	人/平方公里	229.5	242.6
总 面 积	平方公里	9422.0	9422.0
# 山 地	平方公里	5496.4	5496.4
平 川	平方公里	1221.6	1221.6
丘 陵	平方公里	2704.0	2704.0
土地资源			
土地面积	公顷	942487	942487
耕地面积	公顷	204748	204685
林业用地面积	公顷	403827	403759
森林资源			
森林面积	公顷	336330	336330
森林覆盖率	%	35.70	35.70
林木蓄积量	万立方米	1003	1003
水利资源			
水资源总量	万立方米	80296	119353
地表水资源量(河川径流量)	万立方米	60429	99410
地下水资源量	万立方米	63053	86373
地表水与地下水资源重复量	万立方米	43186	66430

注:总人口为公安户籍人口,总面积为新的行政区域面积。

1-3　各地区自然资源情况(2011年)

单位:人、平方公里、人/平方公里

地区	总人口	土地面积	比重 %	占全省比重 %	人口密度
总计	2285526	9422	100.00	6.04	242.6
城区	480170	143	1.52	0.09	3357.8
沁水县	213329	2659	28.22	1.70	80.2
阳城县	388504	1917	20.35	1.23	202.7
陵川县	232188	1701	18.05	1.09	136.5
泽州县	485205	2022	21.46	1.30	240.0
高平市	486130	979	10.39	0.63	496.6

注:本表为常住人口数。

1-3　续表

地区	森林面积(公顷)	森林覆盖率(%)	林木蓄积量(万立方米)	水资源总量(万米方米)	地表水资源量	地下水资源量	地表水与地下水资源重复量
总计	336330	35.70	1002.53	119353	99410	86373	66430
城区	1242	8.70	5.84	1510	769	1255	514
沁水县	114103	42.91	511.31	22341	22178	14983	14820
阳城县	76431	39.84	227.81	36100	35842	24209	23951
陵川县	87182	51.15	215.32	23944	13673	19408	9137
泽州县	44994	22.22	32.14	32257	25768	23708	17219
高平市	12379	12.61	10.11	3201	1180	2810	789

1-4　主要河流基本情况(2011 年)

名　　　称	流域面积（平方公里）	河　　长（公里）	年径流量（万立方米）
全市合计	9422	297	60429
黄河流域	8417	297	52976
入汾小河	90		102
沁　河	4858	168	40821
丹　河	2945	129	8930
入黄小河	524		3123
海河流域	1073		7453
卫河分区	1073		7453

1-5　内陆水域面积(2011 年)

单位:公顷

水　　域	总 水 面			
		可养殖水面	已养殖水面	尚可利用水面
总　　计	2002	1922	540	1388
池　　塘	42	40	31	9
水　　库	1959	1882	509	1379
河　　沟				
其　　他				

1-6 大中型水库一览表(2011年)

单位:平方公里、米、万立方米

水库名称	建设地点	所在河流	所属流域	控制流域面积	坝型	坝高	总库容
合计				1808			12969
董封水库	阳城县	获泽河	黄河流域	338	土坝	34.27	2347
任庄水库	泽州县	丹河	黄河流域	1240	土坝	35.30	8050
上郊水库	陵川县	丹河	黄河流域	126	土坝	30.00	1172
申庄水库	陵川县	丹河	黄河流域	104	堆石坝	25.00	1400

1-6 续表 1

单位:万立方米、万元

水库名称	兴利库容	防洪库容	年供水		淤积库容	年末蓄水量	全年来水量	工程维修费
			灌溉	工业				
合计	3018	6144	503	15	3059	1022	466	305.95
董封水库	458	1135	254	8	754			127.15
任庄水库	1330	3779	241	7	1640	842	421	101.80
上郊水库	450	642	8		80	180	45	40.00
申庄水库	780	588			585			37.00

1-6 续表 2

单位:千公顷、人、万元

水库名称	设计灌溉面积	有效灌溉面积	实际灌溉面积	全部职工	固定职工	技术人员	工程总投资
合计	3.00	1.92	0.84	52	46	12	6085.72
董封水库	1.00	0.87	0.51	19	19	1	2310.18
任庄水库	1.33	0.79	0.33	23	19	4	2721.10
上郊水库	0.20	0.03		5	3	3	867.00
申庄水库	0.47	0.23		5	5	4	187.44

1-6 续表 3

单位:万元、千公顷

水库名称	基建投资	加固投资	总收入	水费	农业水费	总支出	绿化面积	养鱼面积
合计	1240.30	5072.51	117.00	1		117.00	9.03	0.16
董封水库	905.18	1411.00	65.00	1		65.00	0.03	0.03
任庄水库	335.12	1451.51	52.00			52.00	9.00	0.13
上郊水库		703.00						
申庄水库		1507.00						

1-7 小型水利设施情况(2011年)

单位:处、千公顷、万立方米

地区	合计		小型水库			自流渠道	
	设施	面积	设施	库容	面积	设施	面积
合计	**2528**	**12.35**	**90**	**8759.80**	**2.77**	**764**	**8.24**
城区	212	0.39	5	228.00	0.03	57	0.29
沁水县	294	3.93	2	519.90	0.55	286	3.32
阳城县	837	1.62	21	918.20	0.10	102	1.50
陵川县	95	0.92	11	2242.00	0.08	78	0.84
泽州县	923	2.55	29	2822.70	0.90	181	1.15
高平市	167	2.94	22	2029.00	1.11	60	1.14

1-7 续表

单位:处、千公顷、公里、万立方米

地区	挖泉截流		干渠长度	塘坝		
	设施	面积		设施	容量	面积
合计	**102**	**0.52**	**914.31**	**1562**	**816.96**	**0.82**
城区			36.20	150	20.00	0.07
沁水县	3	0.02	291.14	3	8.61	0.04
阳城县			136.10	709	318.00	0.02
陵川县			94.00	4	30.00	
泽州县	67	0.06	265.17	646	336.35	0.44
高平市	32	0.44	91.70	50	104.00	0.25

1-8 主要矿产基础储量

项目	单位	2010年	2011年
天然气	亿立方米	402	402
煤	亿吨	293	293
铁矿	万吨	6246	6246
硫铁矿	万吨	4085	4085
锰铁矿	万吨	142	142
铝土矿	万吨	2486	2486
石灰岩	万吨	3972	3972
白云岩	亿吨	7	7
硅石	亿吨	4	4
粘土	万吨	2427	2427
铁矾土	万吨	1141	1141
天然油石	万吨	不祥	不祥
大理石	亿吨	45	45
铜铅锌	万吨	53	53

注:本表资料由国土资源局提供。

1-9 各地区主要矿产资源(2011年)

地区	天然气（亿立方米）	煤炭（亿吨）	铁矿（矿石、亿吨）	锰矿（矿石、万吨）	铝土矿（矿石、万吨）	硫铁矿（矿石、万吨）
全市	**402.00**	**293.00**	**0.62**	**142.00**	**2486.00**	**4085.00**
城区		34.00	0.03		370.00	1785.00
沁水县	402.00	106.00	0.03	142.00		
阳城县		48.00	0.13		198.00	331.00
陵川县		8.00	0.14		1838.00	318.00
泽州县		31.00	0.30			1652.00
高平市		66.00				

1-10 各地区平均气温(2011 年)

单位:摄氏度

地区	1月	2月	3月	4月	5月	6月	7月	8月	9月	10月	11月	12月	年平均
市区	–5.6	0.2	5.4	13.6	18.0	23.7	24.0	21.6	15.9	12.1	6.9	–0.8	11.3
沁水县	–7.0	–0.5	3.6	12.5	16.9	22.2	22.4	20.7	15.2	10.8	5.6	–2.0	10.1
阳城县	–5.4	0.8	6.0	14.7	18.9	24.5	24.6	22.3	16.7	12.6	7.5	–0.4	11.9
陵川县	–8.7	–2.2	1.7	10.3	15.2	20.5	20.7	18.5	13.4	9.1	4.0	–3.8	8.2
高平市	–7.1	–1.0	4.0	12.7	17.5	22.9	23.3	21.2	15.6	11.1	6.2	–2.2	10.2

1-11 各地区平均相对湿度(2011 年)

单位:%

地区	1月	2月	3月	4月	5月	6月	7月	8月	9月	10月	11月	12月	年平均
市区	33	55	27	36	43	53	69	81	82	68	76	59	59
沁水县	37	55	38	39	52	53	70	77	78	70	76	59	59
阳城县	31	49	33	35	47	47	63	73	75	65	72	55	54
陵川县	37	56	41	43	53	55	74	82	79	69	79	63	61
高平市	39	61	44	44	54	56	74	83	83	73	80	67	63

1-12 各地区降水量(2011 年)

单位:毫米

地区	1月	2月	3月	4月	5月	6月	7月	8月	9月	10月	11月	12月	全年
市区		30.4	5.2	24.7	36.4	13.0	208.3	143.1	198.6	63.3	67.0	3.4	793.4
沁水县	0.7	20.7	6.3	19.1	79.2	34.5	248.7	83.0	200.5	43.4	80.0	1.1	817.2
阳城县	0.2	20.7	4.8	15.3	46.6	25.2	154.1	119.2	217.4	54.6	67.1	1.5	726.7
陵川县	0.1	24.8	7.0	8.8	48.3	16.1	204.7	139.4	156.8	40.8	48.5	3.4	698.7
高平市		32.5	6.5	7.5	82.5	45.3	193.1	115.0	172.7	40.2	57.9	3.1	756.3

1-13 各地区日照时数(2011 年)

单位:小时

地区	1月	2月	3月	4月	5月	6月	7月	8月	9月	10月	11月	12月	全年
市区	167.5	140.4	262.2	267.4	226.6	225.7	201.3	157.2	110.0	182.8	88.3	165.0	2194.4
沁水县	193.7	153.5	267.1	290.0	254.0	250.2	208.0	190.4	144.0	173.5	97.5	177.2	2399.1
阳城县	169.3	149.6	267.9	280.3	248.8	237.2	214.3	183.9	129.3	173.2	83.1	166.8	2303.7
陵川县	189.8	146.5	257.6	276.5	233.1	197.0	204.7	144.0	128.2	190.5	93.9	164.9	2226.7
高平市	150.9	114.7	253.6	248.0	210.3	233.3	188.0	163.3	127.7	191.7	93.1	169.1	2143.7

主要统计指标解释

行政区划 指国家对行政区域的划分。根据宪法规定，我国的行政区域划分如下：（1）全国分为省、自治区、直辖市；（2）省、自治区分为自治州、县、自治县、市；（3）自治州分为县、自治县、市；（4）县、自治县分为乡、民族乡、镇；（5）直辖市和较大的市分为区、县；（6）国家在必要时设立的特别行政区。

国土 指中华人民共和国国家管辖下的领土、领海和领空。

气候 指地球与大气之间长期能量交换与质量交换所形成的一种自然环境状态，它是多种因素综合作用的结果。气候既是人类生活和生产的环境要素之一，又是供给人类生活和生产的重要资源。气温、降水、湿度等气象要素的多年平均值是用来描述一个地区气候状况的主要参数，而各种气象要素某年、某月的平均值（或总量）则可以反映出该时期天气气候状况的重要特征。

自然资源 指人类可以直接从自然界获得，并用于生产和生活的物质资源。自然资源一般可以分成可再生资源和非再生资源两大类。可再生资源指在较短时间内可以再生、可以循环利用的资源，包括土地资源、水资源、气候资源、生物资源和海洋资源等。非再生资源指在使用后不能再生的资源，包括矿产资源和地热能源。

土地资源 土地指陆地的表层部分，它主要由岩石、岩石的风化物和土壤构成。土地资源按利用类型可以分为农用地、建筑用地和未利用地。农用地包括耕地、园地、林地、牧草地和水面。建筑用地包括居民点及工矿用地、交通用地和水利设施用地。未利用地指农用地和建筑用地以外的土地，包括滩涂、荒漠、戈壁、冰川和石山等。

耕地面积 指经过开垦用以种植农作物并经常进行耕耘的土地面积。包括种有作物的土地面积、休闲地、新开荒地和抛荒未满三年的土地面积。

林业用地面积 指生长乔木、竹类、灌木、沿海红树林等林木的土地面积，包括有林地、灌木林、疏林地、未成林造林地、迹地、苗圃等。

草地面积 指牧区和农区用于放牧牲畜或割草，植被盖度在5%以上的草原、草坡、草山等面积。包括天然的和人工种植或改良的草地面积。

森林资源 指森林、林木、林地以及依托森林、林木、林地生存的野生动物、植物和微生物。林木指树木和竹子。森林指以乔木为主体的植物群落，是集生的乔木及与共同作用的植物、动物、微生物和土壤、气候等的总体。

活立木总蓄积量 指一定范围内土地上全部树木蓄积的总量，包括森林蓄积、疏林蓄积、散生木蓄积和四旁树蓄积。

森林面积 指由乔木树种构成，郁闭度0.2以上（含0.2）的林地或冠幅宽度10米以上的林带的面积，即有林地面积。森林面积包括天然起源和人工起源的针叶林面积、阔叶林面积、针阔混交林面积和竹林面积，不包括灌木林地面积和疏林地面积。

森林蓄积量 指一定森林面积上存在着的林木树干部分的总材积。它是反映一个国家或地区森林资源总规模和水平的基本指标之一，也是反映森林资源的丰富程度、衡量森林生态环境优劣的重要依据。

森林覆盖率 指一个国家或地区森林面积占土地总面积的百分比。森林覆盖率是反映森林资源的丰富程度和生态平衡状况的重要指标。在计算森林覆盖率时，森林面积包括郁闭度0.2以上的乔木林地面积和竹林地面积，国家特别规定的灌木林地面积、农田林网以及四旁（村旁、路旁、水旁、宅旁）林木的覆盖面积。计算公式为：

$$森林覆盖率(\%)=\frac{森林面积}{土地总面积}\times 100\%$$

水资源 水在自然界中以固体、液体和气态三种聚集状态存在，分布于海洋、陆地（包括土壤）以及大气之中，通过水循环形成水资源。水资源包括经人类控制并直接可供灌溉、发电、给水、航运、养殖等用途的地表水和地下水，以及江河、湖泊、井、泉、潮汐、港湾和养殖水域等。水资源是发展国民经济不可缺少的重要自然资源。

地表水和地下水 陆地上的水因空间分布不同，分为地表水和地下水。地表水指分别存在于河流、湖泊、沼泽、冰川和冰盖等水体中水分的总称，又称陆地水。地下水指储存在地面以下饱和岩土孔隙、裂隙及溶洞中的水。

内陆水域总面积 指江、河、湖泊、池塘、塘堰、水库等各种流水或蓄水的水面占地面积。

径流 指陆地上接受降水后扣除损耗外，从地表和地下向流域出口断面汇集的水流。径流可分为地表径流、地下径流和壤中流。地表径流指沿地表向河流、湖泊、沼泽、海洋等汇集的水流；地下径流指沿潜水层或隔水层间的含水层，向河流、湖泊、沼泽、海洋等汇集的地下水水流。

径流量 指在一定时段内通过河流某一过水断面的水量，用以反映一个国家或地区水资源的丰歉程度。计算公式为：

径流量 = 降水量 – 蒸发量

矿产资源 矿产指由地质作用形成，富集于地壳中或出露于地表达到工农业利用要求的有用矿物。矿产是一种重要的自然资源，是社会发展的重要物质基础。

矿产基础储量 基础储量是查明矿产资源的一部分。它能满足现行采矿和生产所需的指标要求，是控制的、探明的并通过可行性或预可行性研究认为属于经济的、边界经济的部分，用未扣除设计、采矿损失的数量表示。

流域 每条河流都有自己的干流和支流，干支流共同组成这条河流的水系。每条河流都有自己的集水区域，这个集水区域就称为该河流的流域。

外流河 指直接或间接流入海洋的河流。供给外流河河水的区域称为外流区域。

内陆河 指在陆地内部干燥地区，河水沿途消失于沙漠或注入内陆湖泊的河流。供给内陆河河水的区域称为内陆区域。

气温 指空气的温度，我国一般以摄氏度（℃）为单位表示。气象观测的温度表是放在离地面约 1.5 米处通风良好的百叶箱里测量的，因此，通常说的气温指的是离地面 1.5 米处百叶箱中的温度。其统计计算方法为：

月平均气温是将全月各日的平均气温相加，除以该月的天数而得。

年平均气温是将 12 个月的月平均气温累加后除以 12 而得。

相对湿度 指空气中实际所含水蒸气密度和同温度下饱和水蒸气密度的百分比值。其统计方法与气温相同。

降水量 指从天空降落到地面的液态或固态（经融化后）水，未经蒸发、渗透、流失而在地面上积聚的深度。其统计计算方法为：

月降水量是将全月各日的降水量累加而得。

年降水量是将 12 个月的月降水量累加而得。

日照时数 指太阳实际照射地面的时间。其统计方法与降水量相同。

2

综 合

General Survey

简 要 说 明

本篇章的主要内容和资料来源

1.从1998年年报开始执行国家统计局和国家工商行政管理局共同制定的《关于划分企业登记注册类型的规定》。从2003年起开始执行新的《国民经济行业分类》,与以往相比,增加了4个门类,3个大类,28个中类和67个小类。

2.国民经济综合资料是抽取全书的精华,通过对各篇章主要统计指标及其速度、结构、比例和效益等的加工计算,来反映国民经济和社会发展的总体情况。

2-1 各部门机构数

	机构数	
	2010 年	2011 年
农村基层单位(个)		
基层组织		
乡政府	26	26
镇政府	48	48
村民委员会	2213	2213
规模以上工业企业		
工业企业(个)	284	217
大型企业	14	29
中型企业	82	80
小型企业	159	91
国有及国有控股企业	77	81
集体企业	16	8
外商及港澳台商投资企业	16	13
建筑业企业(个)	71	71
邮电业(个)		
邮政局所	98	92
金融业(个)		
银行系统合计	356	359
保险系统机构	20	22
教育事业		
普通高等学校(所)	2	2
普通中学(所)	180	161
#高中	17	33
初中	123	128
普通小学(所)	828	740
学前教育(所)	484	512
特殊教育(所)	4	4
科技机构(个)	11	10
艺术事业(个)		
#艺术表演团体	11	3
#剧场、影剧院	6	
公共图书馆(个)	6	6
群众文化事业(个)		
文化馆	7	7
文物事业(个)		
博物馆	4	4
广播、电视台(座)		
广播电台	1	1
电视台	1	2
卫生事业(个)	227	3098
#医院、卫生院	163	165
疗养院		
专科防治院(所、站)		
疾病预防控制中心	7	7
妇幼保健院(所、站)	7	7

注:2011 年规模以上工业企业统计起点标准由年营业收入 500 万元提高到 2000 万元。

2-2 平均每天主要社会经济活动

指　　标	2005年	2006年	2007年	2008年	2009年	2010年	2011年
每天创造的财富							
地区生产总值(万元)	8771	10249	12050	15431	16604	20014	24520
第一产业	404	442	553	615	689	841	1063
第二产业	5613	6594	7610	9741	10513	12729	16050
#工业	5193	6156	7226	9357	10069	12162	15344
建筑业	420	438	384	384	444	570	706
第三产业	2755	3213	3886	5074	5402	6444	7407
#交通运输仓储和邮政业	653	690	1063	1293	1367	1542	1750
批发和零售业	557	673	868	1218	1262	1536	1891
财政总收入(万元)	1690	2165	2645	3100	3730	4198	4981
一般预算收入(万元)	549	726	924	1147	1317	1520	1861
一般预算支出(万元)	858	1075	1481	1734	2096	2452	3102
粮食(吨)	1853	2016	1850	2090	1721	2506	2522
棉花(吨)	1	1	1	1	1	1	1
油料(吨)	32	28	21	19	13	18	17
肉类(吨)	204	145	155	229	245	275	311
布(米)	21918	22164	20164	14767	17726	20164	19342
原煤(吨)	208986	210055	215534	235918	233753	231068	250411
发电量(万千瓦小时)	3698	3645	4032	5326	5461	5591	5456
粗钢(吨)	670	1572	1775	1555	5264	4622	6055
钢材(吨)	575	973	1431	1163	3371	4148	5616
水泥(吨)	3123	3397	4137	2685	3425	3918	3808
每天消费量							
最终消费支出(万元)	3705	4305	5104	6613	7037	8087	9663
居民消费	2574	3068	3657	4734	5110	5832	6966
农村居民	909	1053	1230	1564	1582	1596	1860
城镇居民	1665	2015	2426	3170	3528	4237	5106
政府消费	1131	1237	1447	1879	1927	2255	2697
社会消费品零售总额(万元)	2058	2400	3164	4113	4871	5236	6151
每天其他经济活动							
客运量(万人)	12.1	16.5	17.2	7.2	6.8	7.0	7.2
货运量(万吨)	21.5	21.7	21.7	8.0	7.7	9.0	9.5
邮电业务总量(万元)	468	552	674	718	942	817	450
货物进出口总额(万美元)	28	20	43	57	66	146	311
出口总额	13	14	22	35	33	58	77
进口总额	16	7	21	22	33	88	234
每天人口变动							
出 生(人)	71	67	64	54	58	62	52
死 亡(人)	67	40	40	45	36	73	39
迁 出(人)	102	122	85	81	74	79	53
迁 入(人)	104	104	107	87	87	84	77

2-3 国民经济和社会发展总量与速度指标

指标及年份	总量指标						速度指标（%）						
							指数(上年 =100)						平均增长速度
	2006	2007	2008	2009	2010	2011	2006	2007	2008	2009	2010	2011	2006-2011
人口与就业													
人口 （万人）													
年底总人口(常住人口)	221.4	222.3	223.2	223.9	228.0	228.6	100.4	100.4	100.4	100.3	101.8	100.2	0.6
城镇人口	93.5	96.1	101.0	105.3	116.4	120.6	102.6	102.8	105.1	104.3	110.5	103.6	2.1
乡村人口	128.0	126.2	122.3	118.6	111.6	108.0	98.8	98.6	96.9	97.0	94.1	96.8	0.4
男性人口	111.3	112.0	112.4	112.2	115.4	115.0	99.7	100.6	100.4	99.8	102.9	99.7	0.5
女性人口	110.2	110.3	110.8	111.7	112.5	113.5	101.2	100.1	100.5	100.8	100.7	100.9	0.7
就业 （万人）													
就业人员数	115.0	118.8	123.6	126.8	131.7	138.6	102.6	103.2	104.1	102.6	103.9	105.2	3.6
# 职工人数	23.7	24.4	25.3	26.2	26.6	28.0	103.2	102.7	103.7	103.8	101.3	105.4	3.3
城镇登记失业人数	0.6	0.6	0.6	0.7	0.7	0.6	152.6	105.2	105.0	111.1	95.7	89.6	0.7
宏观经济													
国民经济核算 （亿元）													
地区生产总值	374.1	439.8	563.2	606.0	730.5	895.0	113.3	117.8	112.3	107.2	113.7	113.6	13.0
第一产业	16.1	20.2	22.5	25.1	30.7	38.8	108.9	117.2	103.0	102.3	113.7	107.7	8.7
第二产业	240.7	277.8	355.5	383.7	464.6	585.8	113.9	117.5	110.8	107.7	115.5	116.3	13.6
第三产业	117.3	141.9	185.2	197.2	235.2	270.3	112.7	118.6	116.8	106.9	110.4	109.1	12.3
支出法地区生产总值 （亿元）	374.5	439.8	563.3	609.4	731.0	896.7							
最终消费支出	157.1	186.3	241.4	256.8	295.2	352.7							
居民消费	112.0	133.5	172.8	186.5	212.9	254.3							
政府消费	45.1	52.8	68.6	70.3	82.3	98.4							
资本形成总额	218.7	255.1	324.0	357.7	437.4	545.9							
固定资本形成总额	187.2	218.3	259.5	322.7	380.9	446.2							
存货增加	31.6	36.8	64.6	35.0	56.6	99.7							
固定资产投资 （亿元）													
固定资产投资总额	164.8	215.5	267.5	366.6	432.6	504.1	125.9	130.8	124.1	137.0	122.2	129.5	28.2
# 国有经济	63.2	75.7	121.5	184.9	178.6	148.9	143.9	119.8	160.5	152.2	101.7	100.3	27.5
集体经济	16.4	31.0	42.5	48.9	53.6	51.4	120.4	188.9	137.1	115.1	109.5	123.7	30.1
私营个体经济	6.2	15.7	12.4	16.5	34.7		73.4	253.7	79.0	133.1	210.3		
施工房屋面积(万平方米)	321.1	368.3	393.1	634.0	977.6	947.6	103.1	114.7	106.7	161.3	154.2	113.2	23.5
竣工房屋建筑面积	192.1	170.8	189.4	206.7	349.3	311.8	122.5	88.9	110.9	109.1	169.0	119.2	17.7
财政 （亿元）													
财政总收入	79.0	96.6	113.2	136.1	153.2	181.8	128.1	122.2	117.1	120.3	112.6	118.7	19.7
一般预算收入	28.0	34.1	41.9	48.1	55.5	67.9	132.2	121.5	122.8	114.8	115.4	122.3	21.4
一般预算支出	39.3	54.0	63.3	76.5	89.0	113.2	125.4	137.7	117.2	120.9	116.3	127.2	23.9
物价总指数(上年 =100)													
居民消费价格指数	101.5	104.2	106.5	100.3	102.5	104.9							
商品零售价格指数	99.1	104.1	106.3	99.1	101.8	104.4							
工业生产者出厂价格指数	102.8	104.6	121.6	102.6	106.4	107.5							
工业生产者购进价格指数	102.7	112.6	130.8	94.4	111.1	107.1							

注：2011 年起，固定资产投资统计起点为项目计划总投资 500 万元。

2-3 续表1

指标及年份	总量指标						速度指标（%）						
							指数（上年=100）						平均增长速度
	2006	2007	2008	2009	2010	2011	2006	2007	2008	2009	2010	2011	2006-2011
产 业													
农业													
农林牧渔业从业人员（万人）	49.5	44.6	45.1	44.7	44.8	44.39	112.0	90.1	101.2	99.1	100.2	99.1	0.1
农林牧渔业总产值（亿元）	29.8	37.2	38.3	41.7	52.3	56.61	108.4	124.7	102.9	108.9	125.4	108.2	12.8
主要农产品产量													
粮 食（万吨）	85.3	78.1	86.5	70.0	91.5	92.0	107.9	91.6	110.7	81.0	130.7	100.6	2.6
棉 花（吨）	430	372	406	184	228	351	81.9	86.5	109.1	45.3	123.9	153.9	-6.5
油 料（吨）	10075	7814	7058	4779	6532	6189	86.4	77.6	90.3	67.7	136.7	94.7	-10.0
水 果（吨）	60670	61620	59619	57081	63240	64809	110.5	101.6	96.8	95.7	110.8	102.5	4.1
肉 类（吨）	52999	56427	83511	89287	100412	113548	71.1	106.5	148.0	106.9	112.5	113.1	7.3
工业													
主要工业产品产量													
布（万米）	809	736	539	647	736	706	101.1	91.0	73.2	120.0	113.8	95.9	4.1
原 煤（万吨）	7667	7867	8611	8532	8434	9140	100.5	102.6	109.5	99.1	98.9	108.4	1.6
天然气（万立方米）	9707	19660	11449	47403	152199	185721		202.5	58.2	414.0	321.1	122.0	
发电量（亿千瓦小时）	133.0	147.2	196.2	199.3	204.1	199.2	98.6	110.6	132.1	101.6	102.4	97.6	1.6
粗 钢（万吨）	57.4	64.8	56.7	192.1	168.7	221.0	234.6	112.9	87.5	338.8	87.8	131.0	84.8
钢 材（万吨）	35.5	52.2	42.5	123.0	151.4	205.0	169.3	147.1	81.3	289.7	123.1	135.4	74.6
水 泥（万吨）	124	151	98	125	143	139	108.8	121.8	64.9	127.6	114.4	97.2	13.1
规模以上工业企业主要指标													
工业增加值（亿元）	179.4	214.2	292.3	353.3	435.7		115.1	124.1	114.3	109.8	119.3		
资产总计（亿元）	735.4	889.1	1080.4	1400.5	1632.8	1954.8	128.3	120.9	121.5	129.6	116.6	119.7	22.7
固定资产净值年平均余额（亿元）	300.0	371.6	417.6	548.9	550.7		117.6	123.9	112.4	131.4	100.3		
利润总额（亿元）	47.5	56.7	119.9	114.3	148.2	198.7	111.8	119.4	211.5	955.3	129.7		29.3
建筑业													
建筑业企业从业人员（人）	20539	19316	19251	20343	21388	21139	101.8	94.0	99.7	105.7	105.1	103.7	0.8
建筑业总产值（亿元）	19.6	20.2	23.5	32.2	35.7	45.4	112.6	103.1	116.3	137.0	110.9	141.3	17.3
交通运输业													
客运量（万人）													
公 路	6020	6270	2621	2485	2544	2646	136.5	104.2	100.6	94.8	102.4	104.0	-8.2
货运量（万吨）													
公 路	7923	7930	2933	2803	3285	3460	101.2	100.1	108.5	95.6	117.2	105.3	-12.7

2–3 续表 2

指标及年份	总量指标						速度指标（%）						
							指数(上年=100)						平均增长速度
	2006	2007	2008	2009	2010	2011	2006	2007	2008	2009	2010	2011	2006–2011
邮电通信业													
邮电业务总量（亿元）	20	25	26	36	33	16	118.0	122.2	106.5	137.3	91.7	49.7	–0.7
函 件（万件）	820	604	447	471	604	588	773.6	73.7	74.0	105.4	128.2	97.4	33.0
报刊期发数（万份）	15.2	10.1	11.2	11.2	24.0	26.0	73.3	66.3	110.9	100.0	214.3	108.3	3.8
局用电话交换机容量（万门）	35	35	31	54	89	29	105.2	100.3	88.3	174.2	164.8	32.5	–4.3
本地电话年末用户（万户）	53	51	53	45	43	43	108.7	96.6	103.1	84.9	95.6	100.0	–1.7
城 市	26	24	27	21	21	24	113.4	92.4	111.0	79.1	100.0	114.4	2.6
农 村	27	28	26	24	21	19	104.6	100.5	96.2	90.7	87.5	90.4	–5.8
公用电话（万户）	3	3	3	2	2	2	144.5	126.6	89.9	66.7	100.0	112.2	1.7
移动电话用户（万户）	57	92	99	125	142	158	85.4	160.9	107.9	125.8	115.4	111.0	16.8
商业													
社会消费品零售总额（亿元）	88	116	150	178	191	225	117.1	121.8	130.0	118.6	118.5	117.5	20.0
对外贸易													
货物进出口总额（万美元）	7407	15622	20731	23962	53204	113516	72.0	210.9	132.7	115.6	222.0	213.4	56.4
出口额	4973	8061	12872	12026	21160	28177	108.6	162.1	159.7	93.4	176.0	133.2	46.3
进口额	2434	7560	7859	11936	32044	85340	42.7	310.6	104.0	151.9	268.5	266.3	58.0
国际旅游													
入境旅游过夜者人数（万人次）	2.2	3.2	3.8	4.2	5.1	6.8	197.3	147.5	118.8	110.5	121.4	133.3	59.1
国际旅游外汇收入（万美元）	566	792	900	1604	1658	2696	211.9	140.0	113.5	178.3	103.4	162.6	76.0
金融业													
金融机构人民币各项存款余额（亿元）	623.5	719.6	958.0	1107.0	1324.9	1498.3	123.6	115.4	133.1	115.6	119.7	113.1	25.8
金融机构人民币各项贷款余额（亿元）	260.3	335.8	376.8	427.2	522.9	633.4	117.2	129.0	112.2	113.4	122.4	121.1	21.4
教育、科技、文化													
教育													
专任教师数（人）													
#普通中学	9243	9437	9688	10017	10160	10532	105.6	102.1	102.7	103.4	101.4	103.7	3.6
普通小学	12154	12160	12958	11718	11206	11005	101.6	100.0	106.6	90.4	95.6	98.2	–0.3
在校学生数（万人）	44.6	44.5	43.8	44.2	43.0	42.1	98.2	98.2	98.4	100.9	97.3	97.9	–1.2
#普通中学	15.0	15.5	16.3	17.2	17.7	17.7	100.1	102.9	105.2	105.6	103.0	99.5	3.6
普通小学	22.6	21.9	20.4	18.7	17.3	16.2	99.2	96.9	93.1	91.6	92.5	93.7	–6.6
科技													
科学家、工程师数（人）	2210	3197	3985	4155	4315	4735	105.7	144.7	124.6	104.3	103.9	109.7	18.9
技术市场成交额（万元）	16540	18729	26504	31546	45678	59524	111.1	113.2	141.5	119.0	144.8	130.3	33.5

2-3 续表 3

指标及年份	总量指标						速度指标（%）						
							指数（上年=100）						平均增长速度
	2006	2007	2008	2009	2010	2011	2006	2007	2008	2009	2010	2011	2006-2011
家庭、生活、环境													
家庭													
家庭总户数(公安数)　（万户）	67.9	70.0	71.4	73.4	75.8	80.0	102.5	103.2	102.0	102.8	103.2	105.5	3.2
城镇居民平均每户家庭人口　（人）	3.0	3.0	3.0	3.0	3.0	2.9	96.7	100.0	100.0	100.0	100.0	96.7	-1.1
农村居民平均每户常住人口　（人）	3.8	3.8	3.8	3.8	3.8	4.0	100.0	100.0	100.0	100.0	100.0	105.3	0.9
婚姻													
结婚登记总数　（对）	13337	19585	20584	21000	19000	18000	96.6	146.8	105.1	102.0	90.5	94.7	17.1
离婚数　（对）	696	966	1157	1419	1682	1700	93.0	138.8	119.8	122.6	118.5	101.1	14.7
生活													
城镇居民人均可支配收入　（元）	10132	12404	14146	15161	17353	20127	113.7	122.4	114.0	107.2	114.5	116.0	14.5
农村居民人均纯收入　（元）	3939	4435	4856	5255	5899	7043	109.6	112.6	109.5	108.2	112.3	119.4	11.9
居民储蓄存款余额　（亿元）	330	367	481	544	615	653	113.6	111.3	131.0	113.0	113.0	106.3	14.5
工资													
工资总额　（亿元）	51	64	77	89	105	132	120.2	125.7	120.9	115.5	118.6	126.1	21.1
职工平均工资　（元）	21678	26393	30999	34200	40029	48701	115.7	121.8	117.5	110.3	117.0	121.7	17.3
离休和退休费　（千元）	37271	48325	50501	61068	82016	95252	115.7	129.6	104.5	120.9	134.3	116.1	19.8
卫生													
医院、卫生院　（个）	162	161	164	164	163	165	97.0	99.4	101.9	100.0	99.4	101.2	-0.2
医生　（人）	4133	4129	4396	4483	5764	5354	101.4	99.9	106.5	102.0	128.6	92.9	4.7
医院、卫生院床位数　（张）	6438	6073	6876	7527	7683	8000	90.3	94.3	113.2	109.5	102.1	104.1	1.9
城市市政建设													
全年供水总量　（万吨）	2596	1748	1806	1896	1964	1966	103.9	106.5	103.3	105.0	103.6	100.1	3.7
城市煤气和天然气供气量（万立方米）	3866	3338	4444	7036	14728	16717	290.9	86.3	133.1	158.3	209.3	113.5	52.5
排水管道长度　（公里）	383	240	244	244	327	327	140.9	62.7	101.7	100.0	134.0	100.0	3.1
实有道路长度　（公里）	121	122	123	165	165	185	30.1	100.8	101.0	134.1	100.0	112.1	-12.1
公共交通运营数　（辆）	247	281	275	278	278	346	120.5	113.8	97.9	101.1	100.0	124.5	9.1
园林绿地面积　（公顷）	1339	1385	1377	1467	1495	1494	136.6	103.4	99.4	106.5	101.9	99.9	7.3
火灾发生数　（起）	68	66	101	132	167	212	103.0	97.1	153.0	130.7	126.5	126.9	21.5
火灾损失　（万元）	106		156	206	180	660	147.8			132.1	87.3	366.5	53.9
交通事故发生数　（起）	993	887	780	655	715	610	79.0	89.3	87.9	84.0	109.2	85.3	-11.4
交通事故损失　（万元）	329	267	213	229	228	149	103.4	81.2	79.5	107.7	99.7	65.2	-11.9

2-4 国民经济和社会发展结构指标

单位:%

指 标	2005年	2006年	2007年	2008年	2009年	2010年	2011年
人口							
城乡结构							
城 镇	41.3	42.2	43.2	45.2	47.0	51.0	52.7
乡 村	58.7	57.8	56.8	54.8	53.0	49.0	47.3
性别结构							
男	50.7	50.6	50.5	50.4	50.4	50.4	50.3
女	49.3	49.4	49.6	49.6	49.6	49.6	49.7
国民经济核算							
地区生产总值产业结构							
第一产业	4.6	4.3	4.6	4.0	4.1	4.2	4.3
第二产业	64.0	64.3	63.2	63.1	63.3	63.6	65.5
第三产业	31.4	31.3	32.3	32.9	32.5	32.2	30.2
农业							
农林牧渔业产值结构							
# 农 业	52.4	62.0	56.0	49.5	45.7	50.6	43.9
林 业	2.3	2.7	3.0	2.6	6.8	5.4	4.0
牧 业	42.3	33.0	38.5	45.7	44.4	41.1	49.5
渔 业	0.2	0.2	0.3	0.2	0.6	0.6	0.5
工业							
工业企业资产结构							
大型企业	57.2	59.5	49.6	52.9	56.6	58.1	75.2
中型企业	33.0	33.4	37.0	36.9	34.9	33.1	18.3
小型企业	9.8	7.1	13.4	10.5	8.6	8.8	6.3
建筑业							
建筑业总产值结构							
# 国有企业	18.5	15.3	16.7	15.3	19.7	28.0	19.8
集体企业	7.5	5.3	4.5	5.9	3.7	3.3	3.0
其它		72.5	71.9	43.8	46.9	49.7	57.4
交通运输业							
客货运量结构							
货运量	94.7	92.9	92.7	91.8	91.9	92.8	92.9
客运量	5.3	7.1	7.3	8.2	8.1	7.2	7.1

2-4 续表

单位:%

指 标	2005 年	2006 年	2007 年	2008 年	2009 年	2010 年	2011 年
金融业							
金融机构资金来源结构							
各项存款	108.6	96.7	112.9	109.6	109.0	109.0	113.5
金融机构资金运用结构							
各项贷款	47.8	47.8	52.7	43.1	42.0	43.0	48.0
有价证券及投资	2.7	4.2	4.5	4.4	4.6	5.5	2.8
教育							
普通在校学生结构							
大学生	1.3	1.2	1.7	2.0	2.2	2.2	2.5
中学生	40.7	41.3	40.7	43.5	46.8	49.4	50.9
小学生	57.8	57.2	57.6	54.5	51.0	48.4	46.6
生活							
城镇居民消费结构							
食品类	33.3	30.4	31.9	29.5	30.3	27.5	28.3
衣着类	19.3	17.7	17.0	15.6	16.2	14.0	15.2
居住	10.1	12.1	14.0	17.2	14.1	9.9	10.4
用品及其他	37.3	39.8	37.1	37.7	39.4	48.6	46.2
农村居民消费结构							
食品类	35.7	34.6	34.6	38.1	37.4	38.8	36.0
衣着类	12.8	12.6	12.4	12.1	13.4	13.7	11.4
居住	8.7	12.2	15.7	11.6	11.4	11.9	12.5
用品及其他	42.9	40.6	37.3	38.2	37.8	35.6	40.1
福利							
离休退休人员结构							
离休人员	6.1	3.1	1.8	2.0	1.4	0.9	0.9
退休人员	93.9	96.9	98.2	98.0	98.6	99.1	99.1
离休退休人员保险福利费结构							
离休金	10.9	7.5	8.4	3.8	3.0	2.0	1.9
退休金	80.7	79.0	91.6	96.2	97.0	98.0	98.1
其 他	8.3	13.5					
卫生							
卫生技术人员结构							
# 医生	47.9	46.5	45.3	36.2	43.6	59.1	44.6
护师、护士	22.2	26.9	28.3	29.1	29.4	37.3	32.0
卫生机构床位结构							
市	52.7	54.6	43.9	38.0	38.7	37.8	39.0
县及以下	47.3	45.4	56.1	62.0	61.3	62.2	61.0

2-5 国民经济主要比例关系

单位：%

指 标	2005年	2006年	2007年	2008年	2009年	2010年	2011年
一、三次产业比例							
第一产业	4.7	4.4	4.8	4.3	4.1	4.2	4.3
第二产业	64.2	64.6	64.1	63.5	63.3	63.6	65.5
第三产业	31.2	30.9	31.1	32.2	32.5	32.2	30.2
二、农林牧渔业比例							
农 业	54.3	54.8	50.2	52.4	47.8	55.5	48.0
林 业	2.4	2.1	2.6	2.8	6.2	3.7	3.0
牧 业	40.2	40.0	44.9	42.8	43.0	38.2	46.6
渔 业	0.2	0.3	0.3	0.2	0.6	0.6	0.5
农林牧渔服务业	2.9	2.8	2.0	1.8	2.4	2.0	1.8
三、轻重工业比例（规模以上）							
轻工业	1.3	1.3	1.2	2.1	1.8	2.0	2.1
重工业	98.7	98.7	98.8	97.9	98.2	98.0	97.9
四、隶属关系比例（规模以上）							
中 央	13.4	12.6	11.7	9.2	8.5	7.6	6.0
省 属	37.6	39.3	39.6	33.5	36.4	30.6	29.1
市 属	13.9	14.5	14.5	16.9	16.2	15.6	14.8
县 属	14.6	15.0	13.7	12.3	9.7	12.2	16.8
乡镇街道办	7.3	6.3	1.8	6.5	5.0	4.9	1.7
其他企业	13.2	12.3	18.7	18.8	24.2	29.1	31.6
五、固定资产投资中三次产业比例							
第一产业	0.6	3.2	3.0	1.6	2.7	3.1	2.9
第二产业	72.0	68.5	64.2	65.0	51.1	48.7	57.3
第三产业	27.4	28.3	32.8	33.4	46.2	48.3	39.7
六、固定资产投资占GDP的比重	41.4	45.2	51.7	50.7	60.5	59.2	56.3
七、一般预算收入占GDP的比重	6.3	7.3	8.2	7.9	7.9	7.6	7.6
八、文教卫科事业费占财政支出的比重	30.2	28.0	28.9	31.4	31.8	31.7	32.9
社会保障和就业占财政支出的比重	3.8	4.0	19.6	14.1	15.0	12.7	12.0
一般公共服务占财政支出的比重	14.1	13.8	19.4	18.5	14.7	14.3	12.3
九、人口性别比（女=100）	103.0	102.5	101.8	101.8	101.6	102.6	101.3

2-6 社会经济主要指标人均水平

指标		2005年	2006年	2007年	2008年	2009年	2010年	2011年
一、地区生产总值	元	14356	16490	18773	23680	27107	32329	39205
二、工农业主要产品产量								
耕地面积(土地部门)	(公顷)	0.08	0.09	0.09	0.09	0.09	0.09	0.09
粮食产量	(公斤)	359	386	352	388	313	405	403
油料产量	(公斤)	5	5	4	3	1	3	3
棉花产量	(公斤)	0.24	0.19	0.17	0.18	0.08	0.10	0.15
水果产量	(公斤)	24	26	28	27	26	25	28
肉类产量	(公斤)	34	38	53	37	40	44	50
禽蛋产量	(公斤)	14	15	20	18	21	16	28
蔬菜产量	(公斤)	124	128	124	119	115	126	140
原 煤	(吨)	35	35	36	39	38	37	40
发电量	(千瓦时)	6131	6020	6632	8727	8814	9032	8724
生 铁	(吨)	1.40	0.77	0.67	0.39	1.15	1.00	1.22
化 肥	(吨)	0.40	0.53	0.71	0.86	0.94	0.76	0.88
水 泥	(吨)	0.52	0.56	0.68	0.44	0.56	0.63	0.61
三、财政贸易								
财政总收入	(元)	2802	3575	4351	5070	6089	6781	7964
一般预算收入	(元)	911	1199	1536	1879	2150	2456	2975
一般预算支出	(元)	1423	1775	2436	2841	3421	4002	4960
社会消费品零售总额	(元)	3413	3963	5205	6739	7952	8458	9834
四、人民生活								
职工平均工资	(元)	18736	21678	26393	30999	34200	40029	48701
城市居民可支配收入	(元)	8911	10132	12404	14146	15161	17353	20127
农村居民纯收入	(元)	3593	3939	4435	4856	5255	5899	7043
人均储蓄存款余额	(元)	13439	14936	16554	21603	24327	27196	28625
每千人拥有公路通车里程	(公里)	2.00	2.57	3.49	3.43	3.45	3.74	3.77
每万人拥有电话机	(台)	5268	4999	6467	6839	7604	8197	8124
每万人拥有在校学生	(人)	1821	1806	1778	1966	1975	1904	1845
每万人拥有病床数	(张)	35	33	30	33	35	37	38
每万人拥有卫生技术人员	(人)	39	40	41	44	46	43	53

2-7 国民经济和社会发展主要指标(2011 年)

指 标		全市合计
自然资源		
土地面积	(平方公里)	9422
人口		
年底总人口	(万人)	228.6
劳动就业		
年底就业人员	(万人)	138.6
# 城镇		55.1
年末城镇登记失业率	(%)	2.2
国民经济核算		
地区生产总值	(亿元)	895.0
第一产业		38.8
第二产业		585.8
# 工业		560.1
第三产业		270.3
人均地区生产总值	(元)	39205
固定资产投资		
固定资产投资总额	(万元)	5041207
# 房地产开发		375014
财政		
财政总收入	(万元)	1818009
一般预算收入	(万元)	679222
一般预算支出	(万元)	1132373
对外贸易		
货物进出口总额	(万美元)	113516
出口额		28177
进口额		85340
物价		
居民消费价格总指数	(上年 =100)	104.9
农业		
主要农产品产量		
粮食	(吨)	920386
棉花	(吨)	351
油料	(吨)	6189

2-7 续表

指 标		全 市 合 计
工业		
主要工业产品产量		
原煤	（万吨）	9140
发电量	（万千瓦小时）	1991597
粗钢	（吨）	2210111
水泥	（万吨）	139
交通运输业		
公路里程	（公里）	8600
#高速公路	（公里）	287
旅客周转量	（万人公里）	157891
货物周转量	（万吨公里）	277019
邮电通信业		
邮电业务总量	（万元）	164120
商业		
社会消费品零售总额	（万元）	2245030
教育		
学校数	（所）	1438
在校学生数	（万人）	42.11
毕业生数	（万人）	10.06
专任教师数	（人）	24609
卫生		
卫生机构数	（个）	3098
卫生技术人员	（人）	12000
医疗机构床位数	（张）	8574
人民生活		
城市居民可支配收入	（元）	20127
农村居民人均纯收入	（元）	7043

2-8 人均主要工农业产品产量

年 份	粮食（公斤）	棉花（公斤）	油料（公斤）	水果（公斤）	肉类（公斤）
1985	239	0.6	3.5	29.5	10.4
1990	360	1.2	6.4	16.8	13.1
1995	320	1.3	7.9	14.5	17.8
2000	358	0.8	10.0	22.8	18.6
2001	253	0.7	6.1	18.6	19.0
2002	294	0.3	7.0	19.7	19.1
2003	331	0.3	7.6	21.3	22.5
2004	365	0.3	6.5	21.7	27.1
2005	359	0.2	5.0	24.0	34.0
2006	386	0.2	5.0	26.0	38.0
2007	352	0.2	3.5	27.8	52.6
2008	388	0.2	3.2	26.8	37.5
2009	313	0.1	1.0	25.5	39.9
2010	405	0.1	2.9	25.4	44.4
2011	403	0.2	2.7	28.4	49.7

2-8 续表

年 份	原煤（吨）	发电量（千瓦时）	化肥（吨）	生铁（吨）	水泥（吨）
1985	12.4	309	0.02	0.28	0.13
1990	16.3	368	0.03	0.35	0.21
1995	17.5	593	0.03	2.01	0.35
2000	18.1	490	0.07	1.46	0.43
2001	15.7	2270	0.08	1.45	0.43
2002	22.5	4729	0.10	1.17	0.45
2003	30.0	5668	0.12	1.06	0.48
2004	34.4	6292	0.21	1.31	0.54
2005	35.0	6131	0.40	1.40	0.52
2006	35.0	6020	0.53	0.77	0.56
2007	35.5	6632	0.71	0.67	0.68
2008	38.7	8727	0.86	0.39	0.44
2009	38.2	8814	0.94	1.15	0.56
2010	37.3	9032	0.76	1.00	0.63
2011	40.0	8724	0.88	1.22	0.61

主要统计指标解释

平均增长速度 计算平均增长速度有两种方法：一种是习惯上经常使用的“水平法”，又称几何平均法，是以间隔期最后一年的水平同基期水平对比来计算平均每年增长（或下降）速度；另一种是“累计法”，又称代数平均法或方程法，是以间隔期内各年水平的总和同基期水平对比来计算平均每年增长（或下降）速度。在一般正常情况下，两种方法计算的平均每年增长速度比较接近；但在经济发展不平衡、出现大起大落时，两种方法计算的结果差别较大。

本《年鉴》内所列的平均增长速度，除地区生产总值“累计法”计算外，其余均用“水平法”计算。从某年到某年平均增长速度的年份，均不包括基期年在内。如建市22年以来的平均增长速度是以1985年为基期计算的，则写为1986-2006年平均增长速度，其余类推。

国民经济行业分类 自2003年定期报表开始使用新的《国民经济行业分类》（GB/T4754-2002），该分类是由国家统计局组织修订，经国家质量监督检验检疫总局批准，于2002年5月10日发布实施。这次修订是在1994年分类标准的基础上，参照联合国《全部经济活动的国际标准产业分类》（ISIC/Rev.3）进行的。修订后的《国民经济行业分类》（GB/T4754-2002）共有门类20个，大类95个，中类396个，小类913个。新增门类4个，大类增加3个，中类增加28个，小类增加67个。

企业（单位）登记注册类型 是以在工商行政管理机关登记注册的各类企业为划分对象，以工商行政管理部门对企业登记注册的类型为依据，将企业登记注册类型分为内资企业、港澳台商投资企业和外商投资企业三大类。内资企业包括国有企业、集体企业、股份合作企业、联营企业、有限责任公司、股份有限公司、私营公司和其他企业；港澳台商投资企业和外商投资企业分别包括合资经营企业、合作经营企业、独资经营企业和股份有限公司。对不在工商行政管理部门进行登记注册的行政机关、事业单位和社会团体，主要按其经费来源和管理方式进行划分。

国有企业 指企业全部资产归国家所有，并按《中华人民共和国企业法人登记管理条例》规定登记注册的非公司制的经济组织。不包括有限责任公司中的国有独资公司。

集体企业 指企业资产归集体所有，并按《中华人民共和国企业法人登记管理条例》规定登记注册的经济组织。

股份合作企业 指以合作制为基础，由企业职工共同出资入股，吸收一定比例的社会资产投资组建，实行自主经营，自负盈亏，共同劳动，民主管理，按劳分配与按股分红相结合的一种集体经济组织。

联营企业 指两个及两个以上相同或不同所有制性质的企业法人或事业单位法人，按自愿、平等、互利的原则，共同投资组成的经济组织。联营企业包括国有联营企业、集体联营企业、国有与集体联营企业和其他联营企业。

有限责任公司 指根据《中华人民共和国公司登记管理条例》规定登记注册，由两个以上、五十个以下的股东共同出资，每个股东以其所认缴的出资额对公司承担有限责任，公司以其全部资产对其债务承担责任的经济组织。有限责任公司包括国有独资公司以及其他有限责任公司。

股份有限公司 指根据《中华人民共和国公司登记管理条例》规定登记注册，其全部注册资本由等额股份构成并通过发行股票筹集资本，股东以其认购的股份对公司承担有限责任，公司以其全部资产对其债务承担责任的经济组织。

私营企业 指由自然人投资设立或由自然人控股，以雇佣劳动为基础的营利性经济组织。包括按照《公司法》、《合伙企业法》、《私营企业暂行条例》规定登记注册的私营有限责任公司、私营股份有限公司、私营合伙企业和私营独资企业。

其他企业 指上述企业之外的其他内资经济组织。

与港澳台商合资经营企业 指港澳台地区投资者与内地企业依照《中华人民共和国中外合资经营企业法》及有关法律的规定，按合同规定的比例投资设立、分享利润和分担风险的企业。

与港澳台商合作经营企业 指港澳台地区投资者与内地企业依照《中华人民共和国中外合作经营企业法》及有关法律的规定，依照合作合同的约定进行投资或提供条件设立、分配利润和分担风险的企业。

港澳台商独资经营企业 指依照《中华人民共和国外资企业法》及有关法律的规定，在内地由港澳台地区投资者全额投资设立的企业。

港澳台商投资股份有限公司 指根据国家有关规定，经原外经贸部依法批准设立，其中港、澳、台商的股本占公司注册资本的比例达25%以上的股份有限公司。凡其中港、澳、台商的股本占公司注册资本的比例小于25%的，属于内资企业中的股份有限公司。

中外合资经营企业 指外国企业或外国人与中国内地企业依照《中华人民共和国中外合资经营企业法》及有关法律的规定，按合同规定的比例投资设立、分享利润和分担风险的企业。

中外合作经营企业 指外国企业或外国人与中国内地企业依照《中华人民共和国中外合作经营企业法》及有关法律的规定,依照合作合同的约定进行投资或提供条件设立、分配利润和分担风险的企业。

外资企业 指依照《中华人民共和国外资企业法》及有关法律的规定,在中国内地由外国投资者全额投资设立的企业。

外商投资股份有限公司 指根据国家有关规定，经原外经贸部依法批准设立，其中外资的股本占公司注册资本的比例达25%以上的股份有限公司。凡其中外资股本占公司注册资本的比例小于25%的,属于内资企业中的股份有限公司。

行政机关、事业单位和社会团体 参照企业登记注册类型,主要按其经费来源和管理方式划分。具体规定如下:

(1)行政机关:包括国家机关和政党机关,原则上均列为“国有”。但有特殊规定的,如供销社等,则列为“集体”。

(2)事业单位:包括经国家机构编制部门和有关业务主管部门批准成立的各类事业单位，不包括实行企业化管理的事业单位。事业单位的划分办法如下:

①由国家财政预算拨款或列入财政预算外资金管理以及经费主要来源于国有主管部门或国有上级单位的事业单位,列为“国有”。

②经费主要来源于集体单位的事业单位,列为“集体”。

③公民个人(或个人合伙)开办的事业单位,列为“私营”。

④上述以外的其他事业单位,如果其经费来源不明确,按管理方式进行归类。

(3)社会团体:包括经民政部门批准成立以及未纳入社会团体管理条例范围的工会、妇联等各类社会团体。社会团体的划分办法如下:

①未纳入民政部社会团体管理条例范围的工会、妇联、共青团、青联、工商联、科协、侨联等社会团体,国家拨款设立的基金会或基金管理组织以及经费主要来源于国有业务主管部门或国有上级单位的社会团体,列为“国有”。

②经费主要来源于集体单位的社会团体,列为“集体”。

③公民个人(或个人合伙)开办的社会团体,划为“私营”。

④上述以外的其他社会团体,如果其经费来源不明确,改按管理方式进行归类。

3

国民经济核算

National Accounts

简 要 说 明

国民经济核算资料主要包括国内生产总值(省及以下地区叫生产总值)、投入产出表、资金流量表及国际收支平衡表四个部分。地(市)一级由于受核算资料的限制,主要核算第一部分。

生产总值数据是由市统计局根据不同产业部门、不同支出构成的特点和资料来源情况而采用不同方法计算的。

本年鉴公布的生产总值以及与之有关的指标数据,最后一年数据不是最终数,还会在获得更多的财务和行政记录等资料后发生变动。如果遇到普查,在能够获得更详细的基础资料的情况下,生产总值的历史数据还会发生变动。2008年,根据第二次经济普查资料,按照《经济普查年度GDP核算方案》的要求,重新计算了经济普查年度(即2008年)生产总值数据,并利用趋势离差法(即先根据经济普查数据计算出历史数据的趋势值,然后,利用原有历史数据实际值和趋势值的比率修订根据经济普查数据计算的历史数据趋势值,得到新的历史数据修订值),修订了生产总值2005-2008年的历史数据。本年鉴中的数据是修订以后的数据。

本年鉴所列分地区的数据来自各县(市、区)统计局的国民经济核算资料。由于采取分级核算,各地区数据相加不等于全市总计。

3-1 生产总值

（本表按当年价格计算）　　单位：万元

年份	生产总值	第一产业	第二产业			第三产业			人均生产总值（元/人）
				工业	建筑业		交通运输仓储和邮政业	批发零售和住宿餐饮业	
1985	137621	28621	85449	78055	7394	23551	9644	7412	758
1986	154993	35943	88595	81268	7327	30455	10694	9786	851
1987	167473	38943	91745	84136	7609	36785	11845	14303	913
1988	195179	43717	107611	99843	7768	43851	13218	15398	1053
1989	235786	49340	132750	120359	12391	53696	13829	19172	1256
1990	269458	60147	137237	123218	14019	72074	17331	21239	1415
1991	294188	41417	158399	141132	17267	94372	21308	29526	1523
1992	377739	60826	200365	176355	24010	116548	27651	34937	1930
1993	541304	70604	305670	277566	28104	165030	54709	40933	2730
1994	651540	91266	349260	318246	31014	211014	60690	48475	3248
1995	830580	109812	437402	383898	53504	283366	87395	71071	4095
1996	1007967	131127	517241	448492	68749	359599	105805	86765	4924
1997	1111052	84194	600850	486396	114454	426008	122838	107900	5388
1998	1245693	133785	647479	517967	129512	464429	132532	119170	5998
1999	1336030	109519	714494	542422	172072	512017	140181	129441	6386
2000	1462174	119359	772593	604663	167930	570222	164896	142608	6958
2001	1618444	92416	869962	706222	163741	656066	193808	150931	7472
2002	1804226	99951	987236	865127	122109	717039	219434	128942	8288
2003	2125995	111419	1203268	1056201	147067	811308	235495	144369	9724
2004	2683377	133482	1675943	1528443	147500	873952	244402	168505	12234
2005	3201537	147427	2048592	1895385	153207	1005518	238236	203248	14544
2006	3740999	161488	2406829	2246819	160010	1172682	251975	245467	16928
2007	4398210	201961	2777732	2637517	140214	1418518	388143	316653	19822
2008	5632450	224948	3555378	3415365	140013	1852125	471971	444740	25283
2009	6060499	251357	3837357	3675342	162015	1971785	499078	460755	27108
2010	7305428	307078	4646429	4438868	207561	2351922	563368	560719	32329
2011	8949773	388048	5858311	5600578	257733	2703414	638789	690181	39205

3-2 生产总值构成

（本表按当年价格计算）　　单位：%

年份	生产总值	第一产业	第二产业	工业	建筑业	第三产业	交通运输仓储和邮政业	批发零售和住宿餐饮业
1985	100.0	20.8	62.1	56.7	5.4	17.1	7.0	5.4
1986	100.0	23.2	57.2	52.4	4.7	19.6	6.9	6.3
1987	100.0	23.3	54.8	50.2	4.5	22.0	7.1	8.5
1988	100.0	22.4	55.1	51.2	4.0	22.5	6.8	7.9
1989	100.0	20.9	56.3	51.0	5.3	22.8	5.9	8.1
1990	100.0	22.3	50.9	45.7	5.2	26.7	6.4	7.9
1991	100.0	14.1	53.8	48.0	5.9	32.1	7.2	10.0
1992	100.0	16.1	53.0	46.7	6.4	30.9	7.3	9.2
1993	100.0	13.0	56.5	51.3	5.2	30.5	10.1	7.6
1994	100.0	14.0	53.6	48.8	4.8	32.4	9.3	7.4
1995	100.0	13.2	52.7	46.2	6.4	34.1	10.5	8.6
1996	100.0	13.0	51.3	44.5	6.8	35.7	10.5	8.6
1997	100.0	7.6	54.1	43.8	10.3	38.3	11.1	9.7
1998	100.0	10.7	52.0	41.6	10.4	37.3	10.6	9.6
1999	100.0	8.2	53.5	40.6	12.9	38.3	10.5	9.7
2000	100.0	8.2	52.8	41.4	11.5	39.0	11.3	9.8
2001	100.0	5.7	53.8	43.6	10.1	40.5	12.0	9.3
2002	100.0	5.5	54.7	48.0	6.8	39.7	12.2	7.1
2003	100.0	5.2	56.6	49.7	6.9	38.2	11.1	6.8
2004	100.0	5.0	62.5	57.0	5.5	32.6	9.1	6.3
2005	100.0	4.6	64.0	59.2	4.8	31.4	7.4	6.3
2006	100.0	4.3	64.3	60.1	4.3	31.3	6.7	6.6
2007	100.0	4.6	63.2	60.0	3.2	32.3	8.8	7.2
2008	100.0	4.0	63.1	60.6	2.5	32.9	8.4	7.9
2009	100.0	4.1	63.3	60.6	2.7	32.5	8.2	7.6
2010	100.0	4.2	63.6	60.8	2.8	32.2	7.7	7.7
2011	100.0	4.3	65.5	62.6	2.9	30.2	7.1	7.7

3-3 生产总值指数

（本表按可比价格计算）　　　　（上年＝100）

年 份	地区生产总值	第一产业	第二产业	工业	第三产业	交通运输仓储和邮政业	批发零售和住宿餐饮业	人均生产总值
1985	114.6	76.5	137.6	137.9	119.1	101.1	120.9	114.2
1986	110.3	120.4	102.8	103.7	125.2	109.8	108.5	110.0
1987	104.1	96.6	102.6	102.9	118.9	108.9	111.8	103.4
1988	109.1	102.2	111.7	112.1	109.5	110.0	106.6	108.0
1989	107.4	111.4	104.6	102.9	111.1	102.5	102.8	106.1
1990	107.5	103.4	102.9	101.8	123.7	119.4	99.0	105.9
1991	104.2	65.5	108.5	108.9	127.1	117.0	132.3	102.7
1992	118.3	144.1	112.3	111.0	118.4	128.0	115.0	116.8
1993	122.5	114.8	119.2	118.8	132.4	193.8	113.0	120.9
1994	111.6	107.1	109.8	107.5	125.2	109.0	115.0	110.3
1995	111.3	106.7	109.0	108.7	123.9	129.2	108.6	110.1
1996	114.9	115.2	113.8	111.6	116.3	115.3	114.3	113.8
1997	113.8	66.9	121.0	117.1	118.3	113.2	123.1	113.0
1998	111.5	162.3	108.3	106.5	107.2	107.9	107.1	110.7
1999	107.2	91.9	106.6	102.3	111.7	108.9	109.4	106.4
2000	107.6	110.7	105.1	106.3	110.1	115.4	108.7	107.5
2001	108.4	79.4	110.2	112.1	112.1	112.7	108.0	108.3
2002	111.5	112.5	111.3	114.1	111.5	108.5	109.9	111.3
2003	113.5	110.7	115.7	116.6	111.0	104.4	109.1	113.4
2004	115.0	108.7	118.8	120.1	110.2	102.0	110.3	114.8
2005	116.3	100.7	118.3	119.6	115.2	113.1	117.1	115.9
2006	113.3	108.9	113.9	114.9	112.7	111.2	116.2	112.9
2007	117.8	117.2	117.5	119.0	118.6	118.3	125.9	117.3
2008	112.3	103.0	110.8	112.0	116.8	117.1	120.6	111.9
2009	107.2	102.3	107.7	107.2	106.9	106.9	105.3	106.9
2010	113.7	113.7	115.5	115.5	110.4	108.1	112.2	112.6
2011	113.6	107.7	116.3	116.3	109.1	108.9	114.7	112.5

3-4 生产总值指数

（本表按可比价格计算）（1985年＝100）

年 份	生 产 总 值	第一产业	第二产业	工 业	第三产业	交通运输仓储和邮政业	批发零售和住宿餐饮业	人 均 生产总值
1985	100.0	100.0	100.0	100.0	100.0	100.0	100.0	100.0
1986	110.3	120.4	102.8	103.7	125.2	109.8	108.5	110.0
1987	114.8	116.3	105.5	106.8	148.8	119.6	121.3	113.7
1988	125.3	118.9	117.8	119.7	163.0	131.5	129.3	122.8
1989	134.6	132.5	123.2	123.1	181.1	134.8	133.0	130.3
1990	144.7	137.0	126.8	125.4	224.0	161.0	131.6	138.1
1991	150.7	89.7	137.6	136.6	284.7	188.3	174.1	141.8
1992	178.3	129.3	154.5	151.6	337.1	241.1	200.2	165.6
1993	218.4	148.4	184.2	180.1	446.3	467.2	226.2	200.2
1994	243.7	159.0	202.2	193.6	558.8	509.2	260.1	220.8
1995	271.3	169.6	220.4	210.4	692.4	657.9	282.5	243.1
1996	311.7	195.4	250.9	234.8	805.2	758.6	322.9	276.7
1997	354.7	130.7	303.5	275.0	952.6	858.7	397.5	312.6
1998	395.5	212.2	328.7	292.9	1021.2	926.6	425.7	346.1
1999	424.0	195.0	350.4	299.6	1140.6	1009.0	465.7	368.2
2000	456.2	215.9	368.3	318.5	1255.8	1164.4	506.2	395.8
2001	494.5	171.4	405.9	357.0	1407.8	1312.3	546.7	428.7
2002	551.4	192.8	451.7	407.4	1569.7	1423.9	600.8	477.1
2003	625.8	213.4	522.6	475.0	1742.4	1486.5	655.5	541.1
2004	719.7	232.0	620.9	570.4	1920.1	1516.2	723.0	621.1
2005	837.4	233.6	734.4	682.3	2211.0	1715.0	847.0	720.1
2006	948.9	254.5	836.7	783.8	2492.2	1907.3	984.5	812.8
2007	1118.1	298.2	983.1	933.0	2955.4	2256.7	1239.4	953.8
2008	1255.9	307.2	1088.8	1045.2	3452.8	2643.3	1494.6	1067.1
2009	1346.7	314.3	1172.8	1120.6	3691.8	2824.8	1573.1	1140.2
2010	1531.9	357.2	1354.2	1294.1	4076.2	3053.9	1765.1	1283.6
2011	1740.8	384.8	1575.0	1505.3	4448.8	3325.7	2025.0	1444.0

3-5 分行业增加值及构成

（本表按当年价格计算）

行　　业	增 加 值 （万元）	增加值构成 （%）
总　　计	8949773	100.0
第一产业	388048	4.3
农林牧渔业	390976	4.4
第二产业	5858311	65.5
工业	5600578	62.6
采矿业	4644557	51.9
制造业	618138	6.9
电力、燃气及水的生产和供应业	337882	3.8
建筑业	257733	2.9
第三产业	2703414	30.2
交通运输、仓储和邮政业	638789	7.1
信息传输、计算机服务和软件业	106226	1.2
批发和零售业	482571	5.4
住宿和餐饮业	207610	2.3
金融业	301196	3.4
房地产业	160922	1.8
租赁和商务服务业	63863	0.7
科学研究、技术服务和地质勘察业	63966	0.7
水利、环境和公共设施管理业	35511	0.4
居民服务和其他服务业	80550	0.9
教育	190706	2.1
卫生、社会保障和社会福利业	93362	1.0
文化、体育和娱乐业	41183	0.5
公共管理和社会组织	236958	2.6

3-6 三次产业贡献率

（本表按当年价格计算） 单位：%

年 份	生产总值	第一产业	第二产业	工 业	第三产业
1990	100.0	32.1	13.3	8.5	54.6
1991	100.0	−75.7	85.6	72.4	90.2
1992	100.0	23.2	50.2	42.2	26.5
1993	100.0	6.0	64.4	61.9	29.6
1994	100.0	18.7	39.5	36.9	41.7
1995	100.0	10.4	49.2	36.7	40.4
1996	100.0	12.0	45.0	36.4	43.0
1997	100.0	−45.5	81.1	36.8	64.4
1998	100.0	36.8	34.6	23.4	28.5
1999	100.0	−26.9	74.2	27.1	52.7
2000	100.0	7.8	46.1	49.3	46.1
2001	100.0	−17.2	62.3	65.0	54.9
2002	100.0	4.1	63.1	85.5	32.8
2003	100.0	3.6	67.1	59.4	29.3
2004	100.0	4.0	84.8	84.7	11.2
2005	100.0	2.7	71.9	70.8	25.4
2006	100.0	2.6	66.4	65.1	31.0
2007	100.0	6.2	56.4	59.4	37.4
2008	100.0	1.9	63.0	63.0	35.1
2009	100.0	6.2	65.9	60.7	28.0
2010	100.0	4.5	65.0	61.3	30.5
2011	100.0	2.4	76.0	72.7	21.6

注：产业贡献率指各产业增加值增量与GDP增量之比。

3-7 三次产业对生产总值增长的拉动

单位:百分点

年 份	生产总值	第一产业	第二产业	工 业	第三产业
1990	7.5	2.4	1.0	0.6	4.1
1991	4.2	-3.2	3.6	3.0	3.8
1992	18.3	4.3	9.2	7.7	4.9
1993	22.5	1.3	14.5	13.9	6.7
1994	11.6	2.2	4.6	4.3	4.8
1995	11.3	1.2	5.6	4.1	4.6
1996	14.9	1.8	6.7	5.4	6.4
1997	13.8	-6.3	11.2	5.1	8.9
1998	11.5	4.2	4.0	2.7	3.3
1999	7.2	-1.9	5.3	1.9	3.8
2000	7.6	0.6	3.5	3.7	3.5
2001	8.4	-1.4	5.2	5.5	4.6
2002	11.5	0.5	7.3	9.8	3.8
2003	13.5	0.5	9.1	8.0	4.0
2004	15.0	0.6	12.7	12.7	1.7
2005	16.3	0.4	11.8	11.6	4.2
2006	13.3	0.3	8.8	8.7	4.1
2007	17.8	1.1	10.1	10.6	6.7
2008	12.3	0.2	7.8	7.8	4.3
2009	7.2	0.4	4.8	4.4	2.0
2010	13.7	0.6	8.9	8.4	4.2
2011	13.6	0.3	10.3	9.9	2.9

注:产业拉动指GDP增长速度与各产业贡献率之乘积。

3-8 各地区生产总值和指数

（本表绝对数按当年价格计算，指数按可比价格计算）

地区	生产总值（万元）							
	2001年	2005年	2006年	2007年	2008年	2009年	2010年	2011年
全市	1618444	3201537	3740999	4398210	5632450	6060499	7305428	8949773
城区	302649	591365	705681	855264	1099350	1248181	1492043	1807159
沁水县	102711	442805	548975	660640	813677	830551	1000392	1460845
阳城县	284417	598181	740656	850030	1017387	1150893	1385940	1398562
陵川县	92040	117025	146798	164970	188238	201744	234473	277878
泽州县	481353	712507	851572	948620	1197858	1321779	1561109	1937395
高平市	215386	639035	808488	1010828	1308010	1373527	1630851	2084216

3-8 续表

地区	指数（上年＝100）							
	2001年	2005年	2006年	2007年	2008年	2009年	2010年	2011年
全市	108.3	116.3	113.3	117.8	112.3	107.2	113.7	113.6
城区	109.7	113.4	117.6	120.9	111.1	108.3	113.3	115.0
沁水县	106.1	116.1	106.5	116.3	108.6	107.3	114.4	115.4
阳城县	106.6	112.0	114.6	114.6	113.2	106.1	115.1	101.8
陵川县	101.6	107.0	111.3	109.6	108.1	105.1	114.0	113.6
泽州县	105.7	115.8	115.9	115.3	111.9	110.3	113.0	114.7
高平市	105.1	115.8	117.2	121.9	112.9	105.8	115.8	116.0

3-9 各地区生产总值（2011年）

（本表绝对数按当年价格计算，指数按可比价格计算）

单位：万元

地区	生产总值	第一产业	第二产业	工业	第三产业	交通运输仓储和邮政业	批发与零售业	住宿和餐饮业
全市	8949773	388048	5858311	5600578	2703414	638789	482571	207610
城区	1807159	10514	810551	702219	986094	190012	201613	101756
沁水县	1460845	43914	1136974	1101105	279957	74417	29901	26198
阳城县	1398562	71825	896595	863768	430142	91784	97652	36478
陵川县	277878	39598	97511	83003	140769	33622	13286	6281
泽州县	1937395	109000	1381897	1353785	446498	145590	52796	22084
高平市	2084216	113286	1532768	1489558	438162	106845	84720	35412

3-9 续表

地区	构成（%）			指数（上年=100）				人均生产总值（元/人）
	第一产业	第二产业	第三产业	生产总值	第一产业	第二产业	第三产业	
全市	4.3	65.5	30.2	113.6	107.7	116.3	109.1	39205
城区	0.6	44.9	54.6	115.0	78.5	123.1	109.6	37747
沁水县	3.0	77.8	19.2	115.4	103.9	116.8	111.5	68647
阳城县	5.1	64.1	30.8	101.8	102.6	100.2	105.4	35982
陵川县	14.3	35.1	50.7	113.6	117.2	114.2	111.6	11986
泽州县	5.6	71.3	23.0	114.7	114.1	117.4	107.8	39962
高平市	5.4	73.5	21.0	116.0	104.6	118.8	109.6	42920

3-10 支出法生产总值

（本表绝对量按当年价格计算，指数按可比价格计算）

年 份	支出法生产总值					资本形成率（投资率）（%）	最终消费率（消费率）（%）
	绝对量（万元）	指 数（上年=100）	最终消费支出	资本形成总额	货物和服务净出口		
2000	1457339	107.6	606533	839942	10864	57.6	41.6
2001	1614222	108.5	786226	819246	8750	50.8	48.7
2002	1800806	111.5	892158	895044	13604	49.7	49.5
2003	2126651	113.4	1062655	1049123	14873	49.3	50.0
2004	2682944	115.0	1239818	1412549	30577	52.6	46.2
2005	3199804	116.3	1352296	1853907	-6400	57.9	42.3
2006	3745196	113.3	1571193	2187111	-13108	58.4	42.0
2007	4398407	117.8	1862823	2550978	-15394	58.0	42.4
2008	5632520	112.3	2413660	3240264	-21404	57.5	42.9
2009	6093601	107.2	2568328	3576663	-51391	58.7	42.1
2010	7310307	113.2	2951832	4374398	-15923	59.8	40.4
2011	8966817	114.0	3526954	5459443	-19580	60.9	39.3

注：支出法生产总值不等于生产法生产总值是由于计算误差的影响。

3-11 三大需求对生产总值增长的贡献率和拉动

（本表按当年价格计算）

年 份	最终消费支出		资本形成总额		货物和服务净出口	
	贡献率（%）	拉 动（百分点）	贡献率（%）	拉 动（百分点）	贡献率（%）	拉 动（百分点）
2000	46.5	3.53	39.1	2.97	14.4	1.10
2001	114.5	9.74	-13.2	-1.12	-1.3	-0.11
2002	56.8	6.53	40.6	4.67	2.6	0.30
2003	52.3	7.01	47.3	6.34	0.4	0.05
2004	31.8	4.78	65.3	9.80	2.8	0.42
2005	21.8	3.56	85.4	13.96	-7.2	-1.17
2006	40.1	5.35	61.1	8.14	-1.2	-0.16
2007	44.6	7.96	55.7	9.93	-0.4	-0.06
2008	44.6	5.50	55.9	6.88	-0.5	-0.06
2009	33.5	2.43	73.0	5.28	-6.5	-0.47
2010	31.5	4.16	65.6	8.66	2.9	0.38
2011	34.7	4.86	65.5	9.17	-0.2	-0.03

注：1. 三大需求指支出法生产总值的三大构成项目，即最终消费支出、资本形成总额、货物和服务净出口。
2. 贡献率指三大需求增量与支出法生产总值增量之比。
3. 拉动指生产总值增长速度与三大需求贡献率的乘积。

3–12 最终消费与资本形成

（本表按当年价格计算）

年 份	绝 对 数（万 元）							
	最终消费支 出	居民消费支 出	农村居民	城镇居民	政府消费支 出	资本形成总 额	固定资本形成总额	存货增加
1985	82590	65239	49353	15886	17351	49625	36532	13093
1986	92947	72839	54988	17851	20108	53861	37278	16583
1987	102135	79426	59515	19911	22709	58758	39820	18938
1988	127880	99899	75253	24646	27981	68164	46126	22038
1989	143555	108152	80968	27184	35403	83225	54795	28430
1990	162301	125290	95386	29904	37011	99162	62819	36343
1991	181361	136054	104066	31988	45307	106526	76257	30269
1992	207293	158922	124937	33985	48371	168772	131997	36725
1993	249115	185625	142394	43231	63490	293605	210595	83010
1994	296535	215291	158678	56613	81244	356323	222432	133891
1995	367081	256204	184384	71820	110877	427036	281134	145902
1996	486914	348116	255222	92894	138798	485924	307856	178068
1997	554288	390304	285078	105226	163984	523045	418535	104510
1998	532202	343627	243193	100434	188582	636830	503943	132887
1999	547783	357375	235880	121495	190408	790526	701419	89107
2000	606533	395805	252861	142944	210728	839942	738851	101091
2001	786226	531879	297327	234552	254346	819246	767223	52023
2002	892158	593145	251081	342064	299012	895044	834144	60900
2003	1062655	694348	269367	424980	368307	1049123	936465	112659
2004	1239818	797937	292342	505595	441881	1412549	1269559	142990
2005	1352296	939481	331686	607795	412815	1853907	1586416	267491
2006	1571193	1119858	384453	735405	451335	2187111	1871544	315567
2007	1862823	1334731	449124	885607	528092	2550978	2182910	368068
2008	2413660	1728005	570866	1157139	685655	3240264	2594528	645736
2009	2568328	1865043	577491	1287552	703286	3576663	3226634	350029
2010	2951832	2128859	582403	1546456	822973	4374398	3808854	565544
2011	3526954	2542624	679035	1863589	984330	5459443	4462482	996961

3-12 续表

年 份	构 成 (%)					
	最终消费支出 = 100		居民消费支出 = 100		资本形成总额 = 100	
	居民消费支出	政府消费支出	农村居民	城镇居民	固定资本形成总额	存货增加
1985	79.0	21.0	75.6	24.4	73.6	26.4
1986	78.4	21.6	75.5	24.5	69.2	30.8
1987	77.8	22.2	74.9	25.1	67.8	32.2
1988	78.1	21.9	75.3	24.7	67.7	32.3
1989	75.3	24.7	74.9	25.1	65.8	34.2
1990	77.2	22.8	76.1	23.9	63.3	36.7
1991	75.0	25.0	76.5	23.5	71.6	28.4
1992	76.7	23.3	78.6	21.4	78.2	21.8
1993	74.5	25.5	76.7	23.3	71.7	28.3
1994	72.6	27.4	73.7	26.3	62.4	37.6
1995	69.8	30.2	72.0	28.0	65.8	34.2
1996	71.5	28.5	73.3	26.7	63.4	36.6
1997	70.4	29.6	73.0	27.0	80.0	20.0
1998	64.6	35.4	70.8	29.2	79.1	20.9
1999	65.2	34.8	66.0	34.0	88.7	11.3
2000	65.3	34.7	63.9	36.1	88.0	12.0
2001	67.6	32.4	55.9	44.1	93.6	6.4
2002	66.5	33.5	42.3	57.7	93.2	6.8
2003	65.3	34.7	38.8	61.2	89.3	10.7
2004	64.4	35.6	36.6	63.4	89.9	10.1
2005	69.5	30.5	35.3	64.7	85.6	14.4
2006	71.3	28.7	34.3	65.7	85.6	14.4
2007	71.7	28.3	33.6	66.4	85.6	14.4
2008	71.6	28.4	33.0	67.0	80.1	19.9
2009	72.6	27.4	31.0	69.0	90.2	9.8
2010	72.1	27.9	27.4	72.6	87.1	12.9
2011	72.1	27.9	26.7	73.3	81.7	18.3

3-13 居民消费水平

（本表绝对数按当年价格计算，指数按可比价格计算）

年 份	绝对数（元）			城乡消费水平对比（农村居民=1）	指数（上年=100）			指数（1985=100）		
	全市居民	农村居民	城镇居民		全市居民	农村居民	城镇居民	全市居民	农村居民	城镇居民
1985	359	305	810	2.7	108.9	109.1	107.1	100.0	100.0	100.0
1986	400	340	875	2.6	109.1	110.1	104.5	109.1	110.1	104.5
1987	433	368	921	2.5	102.9	101.4	103.5	112.3	111.6	108.2
1988	539	463	1081	2.3	102.6	102.2	101.6	115.2	114.1	109.9
1989	576	493	1159	2.4	101.4	101.2	101.7	116.8	115.5	111.8
1990	658	574	1229	2.1	110.2	113.0	100.1	128.7	130.5	111.9
1991	704	620	1262	2.0	105.7	106.7	101.1	136.0	139.2	113.1
1992	812	737	1299	1.8	110.9	113.5	101.5	150.9	158.0	114.8
1993	936	833	1583	1.9	107.4	103.3	120.4	162.0	163.2	138.2
1994	1073	924	1963	2.1	107.2	104.8	111.5	173.7	171.1	154.1
1995	1263	1069	2372	2.2	114.5	113.5	114.7	198.9	194.2	176.8
1996	1701	1478	2905	2.0	121.5	122.8	115.5	241.7	238.4	204.2
1997	1893	1653	3114	1.9	109.7	110.2	105.8	265.1	262.7	216.0
1998	1655	1410	2854	2.0	88.0	84.9	94.4	233.3	223.1	203.9
1999	1708	1367	3311	2.4	107.0	103.2	108.9	249.6	230.2	222.1
2000	1884	1475	3696	2.5	110.3	107.9	111.6	275.3	248.4	247.8
2001	2527	1749	5799	3.3	113.0	113.8	108.7	311.1	282.7	269.4
2002	2725	1809	4334	2.4	116.0	107.0	120.0	360.9	302.5	323.2
2003	3176	2015	5003	2.5	121.9	120.5	117.7	439.9	364.5	380.5
2004	3638	2211	5803	2.6	112.2	107.5	113.6	493.6	391.8	432.2
2005	4268	2541	6782	2.7	110.2	115.8	105.4	543.9	453.8	455.5
2006	5067	2987	7971	2.7	128.3	118.3	132.3	697.7	537.0	602.5
2007	6015	3533	9345	2.6	118.3	123.1	114.2	825.4	661.2	688.0
2008	7757	4594	11745	2.6	126.5	124.9	124.8	1044.4	826.1	858.4
2009	8342	4795	12485	2.6	111.4	113.1	107.8	1163.0	934.0	925.5
2010	9423	5060	13955	2.8	106.6	99.6	105.5	1239.8	930.2	976.2
2011	11138	6184	15729	2.5	107.4	111.0	102.4	1331.4	1032.8	999.8

注：城乡消费水平对比，没有剔除城乡价格不可比的因素。

主要统计指标解释

国内生产总值(GDP) 指按市场价格计算的一个国家(或地区)所有常住单位在一定时期内生产活动的最终成果。国内生产总值有三种表现形态,即价值形态、收入形态和产品形态。从价值形态看,它是所有常住单位在一定时期内生产的全部货物和服务价值超过同期投入的全部非固定资产货物和服务价值的差额,即所有常住单位的增加值之和;从收入形态看,它是所有常住单位在一定时期内创造并分配给常住单位和非常住单位的初次收入之和;从产品形态看,它是所有常住单位在一定时期内最终使用的货物和服务价值减去货物和服务进口价值。在实际核算中,国内生产总值有三种计算方法,即生产法、收入法和支出法。三种方法分别从不同的方面反映国内生产总值及其构成。

对于一个地区来说,称为地区生产总值或地区GDP。

国民总收入(GNI) 即国民生产总值,指一个国家(或地区)所有常住单位在一定时期内收入初次分配的最终结果。一国常住单位从事生产活动所创造的增加值在初次分配中主要分配给该国的常住单位,但也有一部分以生产税及进口税(扣除生产和进口补贴)、劳动者报酬和财产收入等形式分配给非常住单位;同时,国外生产所创造的增加值也有一部分以生产税及进口税(扣除生产和进口补贴)、劳动者报酬和财产收入等形式分配给该国的常住单位,从而产生了国民总收入的概念。它等于国内生产总值加上来自国外的净要素收入。与国内生产总值不同,国民总收入是个收入概念,而国内生产总值是个生产概念。

三次产业 三产业的划分是世界上较为常用的产业结构分类,但各国的划分不尽一致。我国的三次产业划分是:

第一产业是指农业、林业、畜牧业、渔业和农林牧渔服务业。

第二产业是指采矿业,制造业,电力、煤气及水的生产和供应业,建筑业。

第三产业是指除第一、二产业以外的其他行业。

劳动者报酬 指劳动者因从事生产活动所获得的全部报酬。包括劳动者获得的各种形式的工资、奖金和津贴,既包括货币形式的,也包括实物形式的,还包括劳动者所享受的公费医疗和医药卫生费、上下班交通补贴、单位支付的社会保险费、住房公积金等。对于个体经济来说,其所有者所获得的劳动报酬和经营利润不易区分,这两部分统一作为劳动者报酬处理。

生产税净额 指生产税减生产补贴后的余额。生产税指政府对生产单位从事生产、销售和经营活动以及因从事生产活动使用某些生产要素(如固定资产、土地、劳动力)所征收的各种税、附加费和规费。生产补贴与生产税相反,指政府对生产单位的单方面转移支出,因此视为负生产税,包括政策亏损补贴、价格补贴等。

固定资产折旧 指一定时期内为弥补固定资产损耗按照规定的固定资产折旧率提取的固定资产折旧,或按国民经济核算统一规定的折旧率虚拟计算的固定资产折旧。它反映了固定资产在当期生产中的转移价值。各类企业和企业化管理的事业单位的固定资产折旧是指实际计提的折旧费;不计提折旧的政府机关、非企业化管理的事业单位和居民住房的固定资产折旧是按照统一规定的折旧率和固定资产原值计算的虚拟折旧。原则上,固定资产折旧应按固定资产当期的重置价值计算,但是目前我国尚不具备对全社会固定资产进行重估价的基础,所以暂时只能采用上述办法。

营业盈余 指常住单位创造的增加值扣除劳动者报酬、生产税净额和固定资产折旧后的余额。它相当于企业的营业利润加上生产补贴,但要扣除从利润中开支的工资和福利等。

支出法国内生产总值 是从最终使用的角度反映一个国家(或地区)一定时期内生产活动最终成果的一种方法,包括最终消费支出、资本形成总额及货物和服务净出口三部分。计算公式为:

支出法国内生产总值=最终消费支出+资本形成总额+货物和服务净出口

最终消费支出 指常住单位为满足物质、文化和精神生活的需要,从本国经济领土和国外购买的货物和服务的支出。它不包括非常住单位在本国经济领土内的消费支出。最终消费支出分为居民消费支出和政府消费支出。

居民消费支出 指常住住户在一定时期内对于货物和服务的全部最终消费支出。居民消费支出除了直接以货币形式购买的货物和服务的消费支出外,还包括以其他方式获得的货物和服务的消费支出,即所谓的虚拟消费支出。居民虚拟消费支出包括如下几种类型:单位以实物报酬及实物转移的形式提供给劳动者的货物和服务;住户生产并由本住户消费了的货物和服务,其中的服务仅指住户的自有住房服务和付酬的家庭雇员提供的家庭和个人服务;金融机构提供的金融媒介服务。

政府消费支出 指政府部门为全社会提供的公共服务的消费支出和免费或以较低的价格向居民住户提供的货物和服务的净支出，前者等于政府服务的产出价值减去政府单位所获得的经营收入的价值，后者等于政府部门免费或以较低价格向居民住户提供的货物和服务的市场价值减去向住户收取的价值。

资本形成总额 指常住单位在一定时期内获得减去处置的固定资产和存货的净额，包括固定资本形成总额和存货增加两部分。

固定资本形成总额 指常住单位在一定时期内获得的固定资产减处置的固定资产的价值总额。固定资产是通过生产活动生产出来的，且其使用年限在一年以上、单位价值在规定标准以上的资产，不包括自然资产。可分为有形固定资本形成总额和无形固定资本形成总额。有形固定资本形成总额包括一定时期内完成的建筑工程、安装工程和设备工器具购置（减处置）价值，以及土地改良、新增役、种、奶、毛、娱乐用牲畜和新增经济林木价值。无形固定资本形成总额包括矿藏的勘探、计算机软件等获得减处置。

存货增加 指常住单位在一定时期内存货实物量变动的市场价值，即期末价值减期初价值的差额，再扣除当期由于价格变动而产生的持有收益。存货增加可以是正值，也可以是负值，正值表示存货上升，负值表示存货下降。存货包括生产单位购进的原材料、燃料和储备物资等存货，以及生产单位生产的产成品、在制品和半成品等存货。

货物和服务净出口 指货物和服务出口减货物和服务进口的差额。出口包括常住单位向非常住单位出售或无偿转让的各种货物和服务的价值；进口包括常住单位从非常住单位购买或无偿得到的各种货物和服务的价值。由于服务活动的提供与使用同时发生，一般把常住单位从非常住单位得到的服务作为进口，非常住单位从常住单位得到的服务作为出口。货物的出口和进口都按离岸价格计算。

直接消耗系数 也称为投入系数，记为a_{ij}(ij=1,2,…,n)它是指在生产经营过程中第 j 产品（或产业）部门的单位总产出所直接消耗的第 i 产品部门货物或服务的价值量，将各产品（或产业）部门的直接消耗系数用表的形式表现，就是直接消耗系数表或直接消耗系数矩阵，通常用字母A表示。

完全消耗系数 指第 j 产品部门每提供一个单位最终使用时，对第 i 产品部门货物或服务的直接消耗和间接消耗之和。将各产品部门的完全消耗系数用表的形式表现，就是完全消耗系数表或完全消耗系数矩阵，通常用字母B表示。

机构单位 指有权拥有资产和承担负债，能够独立地从事经济活动并与其他实体进行交易的经济实体。

机构部门 将相同性质的机构单位归并在一起，就形成机构部门。资金流量核算将常住机构单位划分为以下四个机构部门：非金融企业部门、金融机构部门、政府部门、住户部门。与常住单位发生经济往来关系的非常住单位组成国外部门，在资金流量核算中也视同机构部门。

非金融企业与非金融企业部门 非金融企业指主要从事市场货物生产和提供非金融市场服务的常住企业，它主要包括从事上述活动的各类法人企业。所有非金融企业归并在一起，就形成非金融企业部门。

金融机构与金融机构部门 金融机构指主要从事金融媒介以及与金融媒介密切相关的辅助金融活动的常住单位，它主要包括中央银行、商业银行和政策性银行、非银行信贷机构和保险公司。所有金融机构归并在一起，就形成金融机构部门。

政府单位与政府部门 政府单位指在我国境内通过政治程序建立的、在一特定区域内对其他机构单位拥有立法、司法和行政权的法律实体及其附属单位。政府单位的主要职能是利用征税和其他方式获得的资金向社会和公众提供公共服务。通过转移支付，对社会收入和财产进行再分配。它主要包括各种行政单位和非营利性事业单位。所有政府单位归并在一起，就形成政府部门。

住户与住户部门 住户指共享同一生活设施、部分或全部收入和财产集中使用、共同消费住房、食品和其他消费品与消费服务的常住个人或个人群体。所有住户归并在一起，就形成住户部门。

非常住单位与国外部门 所有不具有常住性的机构单位都是非常住单位。将所有与我国常住单位发生交易的非常住单位归并在一起，就形成国外部门。

初次分配总收入 初次分配是生产活动形成的净成果在参与生产活动的生产要素的所有者及政府之间的分配。生产活动的净成果是增加值。生产要素包括劳动力、土地、资本。劳动力所有者因提供劳动而获得劳动报酬；土地所有者因出租土地而获得地租；资本的所有者因资本的形态不同而获得不同形式的收入：借贷资本所有者获得利息收入；股权所有者获得红利或未分配利润；政府因直接或间接介入生产过程而获得生产税或支付补贴。初次分配的结果形成各个机构部门的初次分配总收入。各部门的初次分配总收入之和就等于国民总收入，亦即国民生产总值。

经常转移 转移是一个机构单位向另一个机构单位提供

货物、服务或资产，而同时并没有从后一机构单位获得任何货物、服务或资产作为回报的一种交易。经常转移包括扣除资本转移外的所有转移。其形式有收入税、社会保险付款、社会补助和其他经常转移。

可支配总收入 在初次分配总收入的基础上，通过经常转移的形式对初次分配总收入进行再次分配。再分配的结果形成各个机构部门的可支配总收入。各部门的可支配总收入之和称为国民可支配总收入。

总储蓄 指可支配总收入用于最终消费后的余额。各部门的总储蓄之和称为国民总储蓄。

资本转移 指一个部门无偿地向另一个部门支付用于非金融投资的资金，是一种不从对方获取任何对应物作为回报的交易。资本转移具有不同于经常转移的两个特征，一是转移的目的是用于投资，而不是用于消费；二是资本转移其实物形式往往涉及除存货和现金以外资产所有权的转移；其现金形式往往涉及除存货以外的资产的处置。资本转移包括投资性补助和其他资本转移。

净金融投资 它反映机构部门或经济总体资金富余或短缺的状况。从实物交易角度看，它是指总储蓄加资本转移收入减资本转移支出减非金融投资后的差额。从金融交易角度看，它是金融资产的增加额减金融负债的增加额之后的差额。

通货 指以现金形式存在于市场流通中的货币，包括本币和外币。

存款 指金融机构接受客户存入的货币款项，存款人可随时或按约定时间支取款项的信用业务。包括活期存款、定期存款、住户储蓄存款、财政存款、外汇存款和其他存款等。

贷款 指金融机构将其所吸收的资金，按一定的利率贷放给客户并约期归还的信用业务。包括短期贷款、中长期贷款、财政贷款、外汇贷款和其他贷款。

证券(不含股票) 由债券购买者承购的或因销售产品而拥有的，可在金融市场上交易并代表一定债权的书面证明。包括政府债券、金融债券、企业债券、商业票据、支付固定收入但不提供法人企业残余价值分享权的优先股等。

股票及其他股权 指股票购买者及直接投资者对其投资企业净资产所拥有的权益。股票是股份公司签发的证明股东投资并按其所持股份享有权益和承担义务的权益性证券。其他股权是机构单位以直接投资的方式用除股票、债权性证券以外的土地、房屋及建筑物、机器设备、存货、资源资产等实物资产，商标、专利权、土地使用权、特许使用权、商誉等无形资产及货币资金直接向其他单位进行的投资。通常以股权证、出资证明书、参与证或类似的单据为凭证。

保险准备金 指对人寿保险准备金和养恤基金的净权益、保险费预付款和未结索赔准备金。

结算资金 指金融机构用于结算目的汇兑在途的资金。

金融机构往来 指各金融机构之间的资金往来，包括同业存放款和同业拆借款。

准备金 指各金融机构在中央银行的存款及缴存中央银行的法定准备金。

中央银行贷款 指中央银行向各金融机构的贷款。

经常项目 包括货物、服务、收益及经常性转移。

货物进出口 指通过我国海关进出口的货物。货物的进出口值都按离岸价格估价。离岸价格可视为进口商在出口商边境领取货物时支付的购买者价格。当进口商领取该货物时，该货物已装载到进口商自己的运载工具或其他运载工具，出口商已为该货物支付了出口税或获得了出口退税。

服务进出口 指常住单位与非常住单位之间相互提供的服务。包括运输服务、旅游服务、通讯服务、建筑服务、保险服务、金融服务、计算机和信息服务、咨询服务、广告、宣传服务、电影音像服务、专有权力使用费和特许费、其他商务服务、政府服务。

收益 指常住单位与非常住单位之间因相互提供生产要素而产生的收入，包括劳动者报酬和投资收益。其中投资收益包括直接投资、证券投资和其他投资的收益和支出，以及直接投资收益的再投资。

资本项目 包括移民转移、债务减免等资本性转移。

金融项目 包括直接投资、证券投资和其他投资。

直接投资 指外国、港澳台地区在我国和我国在外国、港澳台地区以独资、合资、合作及合作勘探开发方式进行的投资。

证券投资 指我国对外国、港澳台地区发行的股票、债券等有价证券和我国购买外国、港澳台地区发行的股票、债券等有价证券。

其他投资 指除直接投资和证券投资以外的所有对外金融资产与负债交易项目。包括外国提供给我国和我国提供给外国的贸易信贷、贷款、货币和存款以及其他资产。

储备资产增减额 指我国在黄金储备、外汇储备、在国际货币基金组织的储备头寸、特别提款权、使用基金信贷等方面本年末与上年末余额之间的差额。负号表示储备资产增加，正号表示储备资产减少。

4

人　口

Population

简 要 说 明

一、本篇资料的主要内容

本篇资料反映我市2011年及历年人口方面基本情况的统计数据,如:历年人口数、城镇人口、乡村人口;2011年各地区人口数、出生率、死亡率、自然增长率等。

二、本篇的资料来源

本篇资料户籍人口数由市公安局提供,常住人口数为第六次全国人口普查数据。

4-1 人口数及构成

单位:人

年 份	年底人口数	按性别分				按农业、非农业分			
		男		女		农业人口		非农业人口	
		人口数	比重(%)	人口数	比重(%)	人口数	比重(%)	人口数	比重(%)
1985	1820330	936233	51.4	884097	48.6	1621048	89.1	199282	10.9
1986	1824402	935929	51.3	888473	48.7	1615663	88.6	208739	11.4
1987	1844393	945722	51.3	898671	48.7	1620627	87.9	223766	12.1
1988	1864263	957384	51.4	906879	48.6	1632151	87.5	232112	12.5
1989	1889464	970953	51.4	918511	48.6	1652566	87.5	236898	12.5
1990	1919410	983347	51.2	936063	48.8	1669863	87.0	249547	13.0
1991	1944443	997962	51.3	946481	48.7	1687115	86.8	257328	13.2
1992	1969230	1011582	51.4	957648	48.6	1703304	86.5	265926	13.5
1993	1995703	1027366	51.5	968337	48.5	1715521	86.0	280182	14.0
1994	2016920	1032922	51.2	983998	48.8	1720224	85.3	296696	14.7
1995	2039271	1049946	51.5	989325	48.5	1730403	84.9	308868	15.1
1996	2054998	1057824	51.5	997174	48.5	1724275	83.9	330723	16.1
1997	2069390	1060316	51.2	1009074	48.8	1724258	83.3	345132	16.7
1998	2083893	1065308	51.1	1018585	48.9	1725266	82.8	358627	17.2
1999	2100254	1073751	51.1	1026503	48.9	1725168	82.1	375086	17.9
2000	2102610	1072409	51.0	1030201	49.0	1704050	81.0	398560	19.0
2001	2106316	1072173	50.9	1034143	49.1	1695883	80.5	410433	19.5
2002	2111588	1077085	51.0	1034503	49.0	1683301	79.7	428287	20.3
2003	2118287	1076945	50.8	1041342	49.2	1672210	78.9	446077	21.1
2004	2122015	1075351	50.7	1046664	49.3	1655488	78.0	466527	22.0
2005	2118610	1074777	50.7	1043833	49.3	1629260	76.9	489350	23.1
2006	2134601	1080675	50.7	1053926	49.3	1630988	76.4	503613	23.6
2007	2147768	1083596	50.5	1064172	49.5	1626440	75.7	521328	24.3
2008	2152235	1085693	50.4	1066542	49.6	1618615	75.2	533620	24.8
2009	2165264	1090695	50.4	1074569	49.6	1613600	74.5	551664	25.5
2010	2162304	1088746	50.4	1073558	49.6	1597625	73.9	564679	26.1
2011	2174770	1093921	50.3	1080849	49.7	1594769	73.3	580001	26.7

注:本表为公安户籍人口数。

4-2 人口出生率、死亡率和自然增长率

单位:‰

年 份	出生率	死亡率	自然增长率
1985	12.25	7.90	4.34
1986	12.51	8.28	4.22
1987	14.46	8.01	6.45
1988	15.46	7.51	7.95
1989	18.38	7.16	11.22
1990	21.08	8.05	13.04
1991	19.34	7.81	11.54
1992	18.52	7.25	11.27
1993	18.17	7.20	10.98
1994	17.71	7.06	10.65
1995	17.92	7.26	10.66
1996	17.38	7.39	9.99
1997	17.03	7.10	9.93
1998	14.84	7.86	6.98
1999	15.64	7.02	8.62
2000	20.54	9.87	10.67
2001	11.37	7.36	4.01
2002	11.29	7.15	4.14
2003	11.61	7.83	3.77
2004	11.42	7.73	3.70
2005	11.98	11.29	0.69
2006	11.57	6.89	4.69
2007	10.91	6.74	4.17
2008	9.16	7.62	1.54
2009	9.85	6.01	3.84
2010	10.50	12.31	-1.81
2011	7.66	4.39	3.27

注:本表按公安户籍人口数计算。

4-3 各地区人口数和出生率、死亡率、自然增长率(2011年)

地区	年底人口数（人）	出生率（‰）	死亡率（‰）	自然增长率（‰）
合计	**2285526**	**8.23**	**6.20**	**2.03**
城区	480170	7.47	2.43	5.04
沁水县	213329	8.11	7.33	0.78
阳城县	388504	7.03	7.95	-0.93
陵川县	232188	10.46	7.49	2.97
泽州县	485205	8.29	6.64	1.65
高平市	486130	8.87	6.96	1.91

注:本表为常住人口数。

4-4 各地区人口的城乡构成

单位:人

年份 地区	人口数	城镇人口		乡村人口	
		人口数	比重（%）	人口数	比重（%）
2000	2160984	738794	34.19	1422190	65.81
2001	2170734	740654	34.10	1430080	65.90
2002	2183102	837925	38.38	1345177	61.62
2003	2189601	860995	39.32	1328606	60.68
2004	2197109	881570	40.12	1315539	59.88
2005	2205357	910697	41.29	1294660	58.71
2006	2214463	934519	42.20	1279944	57.80
2007	2223321	960918	43.22	1262403	56.78
2008	2232279	1009536	45.22	1222743	54.78
2009	2239120	1053058	47.03	1186062	52.97
2010	2280314	1163948	51.04	1116366	48.99
2011	2285526	1205614	52.75	1079912	47.25
城区	480170	480170	100.00		
沁水县	213329	74728	35.03	138601	64.97
阳城县	388504	155206	39.95	233298	60.05
陵川县	232188	78158	33.66	154030	66.34
泽州县	485205	190521	39.27	294684	60.73
高平市	486130	226831	46.66	259299	53.34

注:本表为常住人口数。

4-5 各地区人口的男女构成(2011年)

单位:人

地区	人口数			占总人口的比重(%)		
	合计	男	女	男	女	性别比
全市	2285526	1150198	1135328	50.33	49.67	101.31
城区	480170	241845	238325	50.37	49.63	101.48
沁水县	213329	109142	104187	51.16	48.84	114.76
阳城县	388504	193571	194933	49.82	50.18	99.30
陵川县	232188	118162	114026	50.89	49.11	103.63
泽州县	485205	247286	237919	50.97	49.03	103.94
高平市	486130	240192	245938	49.41	50.59	97.66

注:本表为常住人口数。

4-6 各地区人口平均预期寿命

单位:岁

地区	1990年预期寿命	男	女	2000年预期寿命	男	女
全市	66.79	64.83	68.96	70.56	68.48	72.85
城区	71.25	69.23	73.69	78.57	76.12	81.20
沁水县	65.51	63.96	67.19	69.42	67.79	71.26
阳城县	66.35	64.75	38.08	68.42	66.85	70.09
陵川县	65.86	64.15	67.67	68.79	66.92	70.96
泽州县	68.77	65.90	72.04	71.48	68.92	74.38
高平市	68.61	66.58	70.71	70.08	67.44	72.92

4-7 市镇人口情况(2011年)

单位:户、人

地区	总户数	总人口	男	非农业人口
总计	799567	2174770	1093921	580001
城区	129494	354208	179414	290670
东街办事处	20262	57960	28916	57960
西街办事处	13588	38372	19476	38372
南街办事处	12151	33411	16941	33411
北街办事处	11972	32891	16697	32891
西上庄办事处	11124	28592	14625	10301
钟家庄办事处	30539	82633	41025	59297
北石店镇	29858	80349	41734	58438
沁水县	96449	205564	104061	43885
龙港镇	20323	50868	25538	26196
端氏镇	11482	25351	12885	5840
中村镇	6225	14597	7471	2023
加丰镇	24466	24466	12356	4976
郑庄镇	7113	17143	8728	837
郑村镇	5396	15249	7583	1306
柿庄镇	4345	12249	6209	581
樊村河乡	952	2193	1126	55
土沃乡	2507	7191	3724	449
张村乡	1745	4529	2344	270
苏庄乡	1134	2506	1252	125
胡底乡	3951	10422	5169	396
固县乡	2667	7676	3888	365

注:本表为公安户籍人口数。

4-7 续表1

单位:户、人

地区	总户数	总人口		
			男	非农业人口
十里乡	4143	11124	5788	466
阳城县	**168241**	**383770**	**191939**	**75503**
凤城镇	56753	124055	61915	55911
北留镇	13176	35739	17623	2404
润城镇	13436	33357	16638	2979
次营镇	6642	13845	6888	963
河北镇	7978	16639	8253	1072
东冶镇	10064	23100	11704	1180
町店镇	6810	14895	7360	1593
芹池镇	6560	16610	8435	1976
横河镇	2318	4753	2471	380
蟒河镇	9154	20913	10604	1154
白桑乡	6703	15848	7893	845
寺头乡	4219	9336	4745	610
西河乡	6698	15100	7549	1903
演礼乡	5734	13129	6481	995
固隆乡	3215	8429	4217	449
董封乡	4329	8657	4430	535
驾岭乡	4452	9365	4733	554
陵川县	**85256**	**255699**	**131638**	**31411**
崇文镇	23448	64809	33619	20889
礼义镇	10929	31583	16239	2921
附城镇	9529	32013	16433	1988

4-7 续表2

单位：户、人

地区	总户数	总人口		
			男	非农业人口
平城镇	8248	25626	13055	1656
杨村镇	5370	16983	8509	569
西河底镇	6124	20692	10268	804
潞城镇	5220	15631	8294	548
夺火乡	1651	5118	2660	163
马圪当乡	2309	6684	3587	344
古郊乡	3286	9712	5039	382
六泉乡	4661	12947	6839	602
秦家庄乡	4481	13901	7096	545
泽州县	**168477**	**496694**	**249670**	**54808**
大东沟镇	10874	32611	16022	1395
周村镇	9067	25406	12595	1575
犁川镇	5635	16878	8526	807
晋庙铺镇	5865	19191	9719	721
南村镇	14132	43002	22681	11656
高都镇	12285	39376	19440	2392
巴公镇	23546	61979	31196	11651
大阳镇	9142	28087	13802	3918
下村镇	17166	44070	22575	9548
金村镇	16310	50620	25333	4640
大箕镇	7055	22059	11014	1183
山河镇	8363	23930	12260	922
柳树口镇	5250	16015	8170	579

4-7 续表3

单位:户、人

地 区	总户数	总人口	男	非农业人口
北义城镇	7869	28641	14134	1299
川底乡	7974	21710	10669	1506
李寨乡	4280	13017	6465	536
南岭乡	3664	10102	5069	480
高 平 市	**151650**	**478835**	**237199**	**83724**
东城办事处	10026	28921	14309	15862
南城办事处	15492	50696	24908	19284
北城办事处	12240	35802	17947	18821
米山镇	10185	33266	16189	2333
陈区镇	9471	30627	14865	1124
河西镇	13454	47035	23342	3826
马村镇	11369	34292	17113	5167
寺庄镇	15418	47183	24658	7796
三甲镇	7545	24761	11980	1018
神农镇	7203	23675	11582	907
北诗镇	9861	31883	15862	1435
野川镇	7643	22385	10791	1141
石末乡	5018	16605	8330	667
原村乡	6218	19811	9501	1221
建宁乡	5457	18790	9209	544
永录乡	5050	13103	6613	2578

主要统计指标解释

人口数 指一定时点、一定地区范围内有生命的个人总和。

年度统计的年末人口数指每年12月31日24时的人口数。年度统计的全国人口总数内未包括香港、澳门特别行政区和台湾省以及海外华侨人数。

城镇人口和乡村人口 城镇人口是指居住在城镇范围内的全部常住人口；乡村人口是除上述人口以外的全部人口。

出生率（又称粗出生率） 指在一定时期内（通常为一年）一定地区的出生人数与同期内平均人数（或期中人数）之比，用千分率表示。本资料中的出生率指年出生率，其计算公式为：

$$出生率=\frac{年出生人数}{年平均人数}\times 1000‰$$

式中：出生人数指活产婴儿，即胎儿脱离母体时（不管怀孕月数），有过呼吸或其他生命现象。年平均人数指年初、年底人口数的平均数，也可用年中人口数代替。

死亡率（又称粗死亡率） 指在一定时期内（通常为一年）一定地区的死亡人数与同期内平均人数（或期中人数）之比，用千分率表示。本资料中的死亡率指年死亡率，其计算公式为：

$$死亡率=\frac{年死亡人数}{年平均人数}\times 1000‰$$

人口自然增长率 指在一定时期内（通常为一年）人口自然增加数（出生人数减死亡人数）与该时期内平均人数（或期中人数）之比，用千分率表示。计算公式为：

$$人口自然增长率=\frac{本年出生人数-本年死亡人数}{年平均人数}\times 1000‰$$

$$=人口出生率-人口死亡率$$

5

就业人员和职工工资

EmploymentandWages

简 要 说 明

一、本篇资料的主要内容

本篇资料反映我市劳动经济方面的基本情况，包括6个县（市、区）的主要劳动统计数据。如：经济活动人口数，就业人员及职工人数，城镇登记失业人数，职工工资总额，平均工资及指数变化情况等。

二、本篇资料的统计范围

《劳动统计报表制度》的调查范围为法人企业、事业、行政单位（不包括乡镇企业、私营单位和个体工商户）；1998年及以后城镇单位就业人员、职工人数、工资总额、平均工资等指标中不再包括离开本单位仍保留劳动关系人员及其生活费。

三、本篇的资料来源

1.就业基本情况及分组资料、职工工资总额等资料，是根据国家统计局《劳动统计报表制度》及《劳动力调查制度》搜集资料，加工整理。

2.职业介绍服务机构及劳动力交流情况、城镇登记失业人数，是市劳动和社会保障局根据其《培训就业统计报表制度》整理提供。

四、本篇的统计调查方法

劳动统计采用全面调查方法，由各级统计部门逐级上报；培训、就业统计根据行政登记资料加工整理。

5-1 就业基本情况

指　　标	2001年	2005年	2006年	2007年	2008年	2009年	2010年	2011年
经济活动人口(万人)	106.11	112.99	115.90	119.65	124.49	127.63	132.52	139.46
就业人员合计(万人)	105.22	112.13	115.03	118.76	123.58	126.75	131.65	138.57
第一产业	43.79	44.37	44.81	44.77	45.34	44.91	45.03	44.67
第二产业	29.13	33.49	34.88	35.55	36.84	37.76	39.82	43.25
第三产业	32.30	34.27	35.34	38.44	41.40	44.08	46.80	50.65
就业人员构成(合计=100)								
第一产业	41.62	39.57	38.96	37.70	36.69	35.43	34.20	32.24
第二产业	27.68	29.87	30.32	29.93	29.81	29.79	30.25	31.21
第三产业	30.70	30.56	30.72	32.37	33.50	34.78	35.55	36.55
按城乡分就业人员(万人)								
城镇就业人员	28.96	32.27	33.32	36.73	40.29	44.15	48.21	55.14
# 国有单位	14.56	11.79	11.92	11.92	12.12	11.74	11.98	11.63
城镇集体单位	4.28	4.29	3.10	3.82	4.13	4.75	5.05	6.04
私营单位	1.72	2.03	2.08	2.59	3.42	3.93	4.28	5.12
个体单位	5.92	6.53	6.77	7.76	8.81	10.14	10.79	12.88
联营单位					0.07	0.08	0.09	0.12
股份制单位	1.64	3.28	4.69	5.16	5.56	6.40	6.92	8.28
外商投资单位	0.07	0.13	0.35	0.45	0.52	0.60	0.65	0.78
港澳台商投资单位	0.03	0.11	0.25	0.49	0.58	0.67	1.82	2.86
其他经济单位	0.74	4.11	4.16	4.83	5.08	5.84	6.63	7.43
乡村就业人员	76.26	79.86	81.71	82.03	83.29	82.60	83.44	83.43
# 乡镇企业	63.11	59.97	61.39	60.97	61.49	59.08	59.67	59.63
私营企业	3.46	6.09	6.21	6.27	6.47	6.92	6.99	6.99
个体	9.69	12.64	12.90	12.99	13.38	14.27	14.42	14.45
联营经济					0.09	0.09	0.09	0.09
股份制经济		0.91	0.96	1.51	1.55	1.53	1.55	1.55
其他经济		0.25	0.25	0.29	0.31	0.71	0.72	0.72
在岗职工人数(万人)	20.03	23.00	23.73	24.36	25.25	26.17	26.55	27.98
国有单位	14.08	11.49	11.68	11.69	11.80	11.36	11.58	11.04
城镇集体单位	2.81	2.92	2.59	2.57	2.66	2.17	1.86	1.61
其他单位	3.14	8.58	9.46	10.10	10.79	12.64	13.12	15.33
城镇登记失业人数(万人)	0.26	0.38	0.58	0.61	0.63	0.65	0.67	0.61
城镇登记失业率(%)	1.20	1.90	2.40	2.50	2.50	2.50	2.40	2.20

5-2 按三次产业分就业人员数(年底数)

年份	经济活动人口（万人）	就业人员（万人）				构成（合计=100）		
			第一产业	第二产业	第三产业	第一产业	第二产业	第三产业
1985	79.93	79.64	38.14	24.00	17.50	47.89	30.14	21.97
1986	81.89	81.60	38.10	27.00	16.50	46.69	33.09	20.22
1987	84.25	83.96	38.06	27.00	18.90	45.33	32.16	22.51
1988	86.43	85.99	38.59	28.60	18.80	44.88	33.26	21.86
1989	88.22	87.72	40.52	28.20	19.00	46.19	32.15	21.66
1990	90.10	89.58	40.18	28.00	21.40	44.85	31.26	23.89
1991	92.70	92.35	40.25	30.30	21.80	43.58	32.81	23.61
1992	95.83	95.49	40.29	32.40	22.80	42.19	33.93	23.88
1993	96.49	96.15	38.25	34.10	23.80	39.78	35.47	24.75
1994	98.93	98.60	37.30	35.00	26.30	37.83	35.50	26.67
1995	99.45	99.15	37.35	34.20	27.60	37.67	34.49	27.84
1996	100.23	99.85	38.05	29.20	32.60	38.11	29.24	32.65
1997	102.20	101.80	38.75	33.24	29.81	38.06	32.65	29.28
1998	103.45	102.70	38.75	32.23	31.72	37.73	31.38	30.89
1999	104.00	103.56	41.80	29.91	31.85	40.36	28.88	30.76
2000	105.51	105.02	43.32	29.81	31.89	41.25	28.39	30.37
2001	106.11	105.22	43.79	29.13	32.30	41.62	27.68	30.70
2002	106.27	105.40	43.90	29.48	32.02	41.65	27.97	30.38
2003	107.96	107.13	43.94	30.46	32.73	41.02	28.43	30.55
2004	110.36	109.51	43.93	31.90	33.68	40.12	29.13	30.76
2005	112.99	112.13	44.37	33.49	34.27	39.57	29.87	30.56
2006	115.90	115.03	44.81	34.88	35.34	38.96	30.32	30.72
2007	119.65	118.76	44.77	35.55	38.44	37.70	29.93	32.37
2008	124.49	123.58	45.34	36.84	41.40	36.69	29.81	33.50
2009	127.63	126.75	44.91	37.76	44.08	35.43	29.79	34.78
2010	132.52	131.65	45.03	39.82	46.80	34.20	30.25	35.55
2011	139.46	138.57	44.67	43.25	50.65	32.24	31.21	36.55

5-3 按城乡分就业人员数(年底数)

单位:万人

年份	合计	城镇							
		小计	国有单位	集体单位	私营企业	个体单位	联营经济	股份制单位	外商投资单位
2000	105.02	28.85	14.62	4.86	1.30	4.84		1.85	0.03
2001	105.22	28.96	14.56	4.28	1.72	5.92		1.64	0.07
2002	105.40	29.08	14.64	4.29	1.73	6.04		1.66	0.06
2003	107.13	30.11	11.31	4.18	1.79	6.21		2.95	0.11
2004	109.51	31.45	11.52	4.23	1.98	6.32		3.12	0.13
2005	112.13	32.27	11.79	4.29	2.03	6.53		3.28	0.13
2006	115.03	33.32	11.92	3.10	2.08	6.77		4.69	0.35
2007	118.76	36.73	11.92	3.82	2.59	7.76		5.16	0.45
2008	123.58	40.29	12.12	4.13	3.42	8.81	0.07	5.56	0.52
2009	126.75	44.15	11.74	4.75	3.93	10.14	0.08	6.40	0.60
2010	131.65	48.21	11.98	5.05	4.28	10.79	0.09	6.92	0.65
2011	138.57	55.14	11.63	6.04	5.12	12.88	0.12	8.28	0.78

5-3 续表

单位:万人

年份			乡村						
	港澳台商投资单位	其他	小计	乡镇企业	私营企业	个体	联营经济	股份制	其他经济
2000	0.03	1.32	76.17	62.97	3.56	9.64			
2001	0.03	0.74	76.26	63.11	3.46	9.69			
2002	0.04	0.62	76.32	60.55	4.85	10.92			
2003	0.08	3.48	77.02	58.35	5.89	12.78			
2004	0.09	4.06	78.06	58.59	5.97	12.39		0.86	0.25
2005	0.11	4.11	79.86	59.97	6.09	12.64		0.91	0.25
2006	0.25	4.16	81.71	61.39	6.21	12.90		0.96	0.25
2007	0.49	4.54	82.03	60.97	6.27	12.99		1.51	0.29
2008	0.58	5.08	83.29	61.49	6.47	13.38	0.09	1.55	0.31
2009	0.67	5.84	82.60	59.08	6.92	14.27	0.09	1.53	0.71
2010	1.82	6.63	83.44	59.67	6.99	14.42	0.09	1.55	0.72
2011	2.86	7.43	83.43	59.63	6.99	14.45	0.09	1.55	0.72

5-4 各地区按行业分城镇单位从业人员数(年底数)

单位:人

年份 地区	合计	农、林、牧、渔业	采矿业	制造业	电力、煤气及水的生产和供应业	建筑业	交通运输仓储和邮电通信业
2006	241318	1622	89217	23860	7539	8171	6620
2007	247477	1611	94144	24397	7571	7359	6617
2008	257818	1473	102735	23747	7809	5776	6777
2009	268201	1446	112594	24265	7363	6329	6878
2010	271461	1456	117950	23105	7192	6196	6690
2011	288824	1449	129705	22221	7077	12757	6558
市直汇	88349		71644	9055		263	717
城区	54831	61		2341	3759	11928	4483
沁水县	25944	405	13567	789	437	423	140
阳城县	33884	281	10592	4314	2018	88	327
陵川县	12669	237	1362	227	390		370
泽州县	30784	250	11531	1243	139	55	335
高平市	42363	215	21009	4252	334		186

5-4 续表1

单位:人

年份 地区	信息传输、计算机服务和软件业	批发和零售业	住宿和餐饮业	金融业	房地产业	租赁和商务服务业
2006	1631	15952	2604	7951	706	3056
2007	1821	19314	2357	8293	766	2552
2008	2136	19734	2431	10201	643	2457
2009	2829	16981	2181	10317	642	2541
2010	2365	16097	2148	9948	723	2575
2011	2376	15851	1941	10297	568	2689
市直汇	1968	3026		1262	63	
城区	161	3348	850	4306	297	1050
沁水县		1022	163	667	24	174
阳城县	142	2375	411	1358	50	120
陵川县	73	987	289	662		334
泽州县		2575	228	777	46	275
高平市	32	2518		1265	88	736

5-4 续表2

单位:人

年份 地区	科学研究、技术服务和地质勘查业	水利、环境和公共设施管理业	居民服务和其他服务业	教育	卫生、社会保障和社会福利业	文化、体育和娱乐业	公共管理和社会组织
2006	1358	3016	3411	26853	9459	1506	26786
2007	1414	3833	268	26715	9513	1629	27303
2008	1435	3760	408	27423	9936	1702	27235
2009	1515	4034	582	27383	10031	1818	28472
2010	1549	4333	403	27096	10460	2011	29164
2011	1562	4186	413	26798	10566	1915	29895
市直汇				158			193
城区	1186	3060	225	6137	3076	1079	7484
沁水县	6	204		3100	777	123	3923
阳城县	57	79	18	4591	1981	140	4942
陵川县	12	393	170	2709	972	54	3428
泽州县	199	68		4990	2315	195	5563
高平市	102	382		5113	1445	324	4362

5-5 按登记注册类型和行业分职工人数(2011年底)

单位:人

指　　标	合　计	国有单位	城镇集体单位	其他单位
全市总计	279773	110423	16078	153272
按企、事业和机关分				
企业	202151	36345	12742	153064
事业	53980	50459	3313	208
机关	23642	23619	23	
按国民经济行业分				
农、林、牧、渔业	1432	1206	226	
农业	77	77		
林业	703	703		
畜牧业	24	24		
渔业	13	13		
农、林、牧、渔服务业	615	389	226	
采矿业	128752	11611	2821	114320
煤炭开采和洗选业	128126	10985	2821	114320
石油和天然气开采业	626	626		
黑色金属矿采选业				
有色金属矿采选业				
非金属矿采选业				
其他采矿业				
制造业	21905	1673	1362	18870
农副食品加工业	347	71	13	263
食品制造业	153	55		98
饮料制造业	230		230	
烟草制品业				
纺织业	1533		5	1528
纺织服装、鞋、帽制造业	632		54	578
皮革、毛皮、羽毛(绒)及其制品业				
木材加工及木、竹藤、棕、草制品业				
家具制造业	6		6	
造纸及纸制品业				
印刷业和记录媒介的复制	660	43	84	533
文教体育用品制造业				
石油加工、炼焦及核燃料加工业				
化工原料及化学制品制造业	12683	677	58	11948
医药制造业	105			105
化学纤维制造业				
橡胶制品业				
塑料制品业	25	17		8
非金属矿物制品业	1529	30	438	1061
黑色金属冶炼及压延加工业	54			54
有色金属冶炼及压延加工业				
金属制品业	173			173
通用设备制造业	1119		332	787
专用设备制造业	81	39	42	
交通运输设备制造业	2458	724		1734

5-5 续表1

单位:人

项目	合计	国有单位	城镇集体单位	其他单位
电气机械及器材制造业	63		63	
通信设备、计算机及其他电子设备制造业				
仪器仪表及文化、办公用机械制造业	17	17		
工艺品及其他制造业	37		37	
废弃资源和废旧材料回收加工业				
电力、燃气及水的生产和供应业	7016	3862		3154
电力、热力的生产和供应业	5580	2534		3046
燃气生产和供应业	477	369		108
水的生产和供应业	959	959		
建筑业	12757	935	1344	10478
房屋和土木工程建筑业	12681	914	1289	10478
建筑安装业	18	18		
建筑装饰业	58	3	55	
其他建筑业				
交通运输、仓储和邮政业	5972	3631	356	1985
铁路运输业				
道路运输业	4213	1883	356	1974
城市公共交通业	888	877		11
水上运输业				
航空运输业				
管道运输业				
装卸搬运和其他运输服务业	107	107		
仓储业	263	263		
邮政业	501	501		
信息传输、计算机服务和软件业	1767	927		840
电信和其他信息传输服务业	1767	927		840
计算机服务业				
软件业				
批发和零售业	14609	9336	3411	1862
批发业	9122	7949	182	991
零售业	5487	1387	3229	871
住宿和餐饮业	1941	1450	161	330
住宿业	1846	1364	152	330
餐饮业	95	86	9	
金融业	7212	3426	3145	641
银行业	6556	3225	3145	186
证券业				
保险业	620	165		455
其他金融活动	36	36		
房地产业	568	358		210
#房地产开发经营	424	214		210
物业管理	94	94		
房地产中介服务	24	24		
租赁和商务服务业	2434	1834	233	367
租赁业				
商务服务业	2434	1834	233	367

5-5 续表2

单位:人

项目	合计	国有单位	城镇集体单位	其他单位
科学研究、技术服务和地质勘查业	1546	1523		23
研究与试验发展	126	126		
自然科学研究与试验发展	17	17		
工程和技术研究与试验发展	30	30		
农业科学研究与试验发展	5	5		
医学研究与试验发展	11	11		
社会人文科学研究与试验发展	63	63		
专业技术服务业	1144	1121		23
气象服务	18	18		
地震服务	19	19		
海洋服务				
测绘服务	86	86		
技术检测	133	133		
环境监测	98	98		
工程技术与规划管理	606	583		23
科技交流和推广服务业	54	54		
地质勘查业	222	222		
水利、环境和公共设施管理业	4183	4183		
水利管理业	269	269		
环境管理业	1859	1859		
公共设施管理业	2055	2055		
居民服务和其他服务业	413	211	32	170
居民服务业	251	49	32	170
其他服务业	162	162		
教育	26540	26540		
初等教育	10925	10925		
中等教育	13735	13735		
高等教育	765	765		
卫生、社会保障和社会福利业	10349	7585	2764	
卫生	9734	6970	2764	
社会保障业	440	440		
社会福利业	175	175		
文化、体育和娱乐业	1874	1629	223	22
新闻出版社	213	213		
广播、电视、电影和音像业	529	529		
文化艺术业	961	716	223	22
体育	161	161		
娱乐业	10	10		
公共管理和社会组织	28503	28503		
中国共产党机关	536	536		
国家机构	27320	27320		
人民政协和民主党派	146	146		
群众社团、社会团体和宗教组织	501	501		

5-6 各地区按行业分职工人数(年底数)

单位:人

年份 地区	合计	农、林、牧、渔业	采矿业	制造业	电力、煤气及水的生产和供应业	建筑业	交通运输仓储和邮电通信业
2006	237280	1622	89134	23378	7533	8171	6251
2007	243631	1611	93675	23684	7567	7359	6200
2008	252528	1472	102604	23203	7725	5776	6736
2009	261674	1435	112283	23663	7304	6329	6831
2010	265528	1430	117495	22737	7128	6196	6637
2011	279773	1432	128752	21905	7016	12757	5972
市直汇	86027		71644	8835		263	319
城区	53674	61		2338	3751	11928	4471
沁水县	24788	404	13116	789	428	423	120
阳城县	32982	281	10578	4235	2018	88	327
陵川县	11586	237	1362	227	390		239
泽州县	30535	250	11421	1229	139	55	335
高平市	40181	199	20631	4252	290		161

5-6 续表1

单位:人

年份 地区	信息传输、计算机服务和软件业	批发和零售业	住宿和餐饮业	金融业	房地产业	租赁和商务服务业
2006	1452	15358	2604	6197	706	3043
2007	1553	19213	2357	6829	757	2545
2008	1523	19640	2421	7145	643	2454
2009	2059	16839	2181	6819	634	2533
2010	1727	15954	2148	7285	723	2490
2011	1767	14609	1941	7212	568	2434
市直汇	1359	3026		214	63	
城区	161	2830	850	3708	297	1050
沁水县		599	163	482	24	174
阳城县	142	2161	411	806	50	112
陵川县	73	981	289	414		326
泽州县		2574	228	732	46	261
高平市	32	2438		856	88	511

5-6 续表2

单位:人

年份 地区	科学研究、技术服务和地质勘查业	水利、环境和公共设施管理业	居民服务和其他服务业	教育	卫生、社会保障和社会福利业	文化、体育和娱乐业	公共管理和社会组织
2006	1323	3008	3409	26504	9355	1503	26729
2007	1387	3831	268	26584	9448	1625	27138
2008	1372	3760	408	27060	9848	1672	27066
2009	1507	4029	576	26976	9922	1796	27958
2010	1540	4319	403	26730	10220	1900	28466
2011	1546	4183	413	26540	10349	1874	28503
市直汇				115			189
城区	1175	3060	225	6133	3073	1079	7484
沁水县	6	204		3058	764	123	3911
阳城县	57	79	18	4591	1981	118	4929
陵川县	12	393	170	2548	860	54	3011
泽州县	198	65		4985	2285	176	5556
高平市	98	382		5110	1386	324	3423

5-7 各地区按行业分国有单位职工人数(年底数)

单位:人

年份 地区	合计	农、林、牧、渔业	采矿业	制造业	电力、煤气及水的生产和供应业	建筑业	交通运输仓储和邮电通信业
2006	116751	1305	18702	4414	4163	811	3876
2007	116928	1305	18845	2564	4092	822	4013
2008	118001	1210	19889	1947	4045	624	4355
2009	113570	1190	14844	2170	3729	622	4467
2010	115725	1204	15909	1928	3703	680	4209
2011	110423	1206	11611	1673	3862	935	3631
市直汇	4086			724		263	319
城区	32403	61		156	2525	592	2130
沁水县	10986	404	1401	6	320		120
阳城县	16521	281	1868	716	198	80	327
陵川县	9124	185	192	24	390		239
泽州县	23474	127	8150	47	139		335
高平市	13829	148			290		161

5-7 续表1

单位:人

年份 地区	信息传输、计算机服务和软件业	批发和零售业	住宿和餐饮业	金融业	房地产业	租赁和商务服务业
2006	701	9142	2113	3339	514	1933
2007	832	9334	1879	3454	493	1881
2008	769	9771	1962	3464	454	1869
2009	887	8959	1620	3474	381	2009
2010	877	9455	1579	3665	383	2046
2011	927	9336	1450	3426	358	1834
市直汇	746	1730				
城区	76	1155	668	2200	174	744
沁水县		495	163	232		109
阳城县		1469	222	318	50	70
陵川县	73	649	289	159		303
泽州县		1688	108	186	46	223
高平市	32	2150		331	88	385

5-7 续表2

单位:人

年份 地区	科学研究、技术服务和地质勘查业	水利、环境和公共设施管理业	居民服务和其他服务业	教育	卫生、社会保障和社会福利业	文化、体育和娱乐业	公共管理和社会组织
2006	1286	3008	240	26504	6861	1110	26729
2007	1352	3831	242	26584	7090	1177	27138
2008	1337	3760	243	27060	6906	1270	27066
2009	1472	4029	375	26976	7003	1405	27958
2010	1525	4319	207	26730	7338	1502	28466
2011	1523	4183	211	26540	7585	1629	28503
市直汇				115			189
城区	1152	3060	193	6133	2908	992	7484
沁水县	6	204		3058	434	123	3911
阳城县	57	79	18	4591	1130	118	4929
陵川县	12	393		2548	603	54	3011
泽州县	198	65		4985	1528	93	5556
高平市	98	382		5110	982	249	3423

5-8 各地区按行业分城镇集体单位职工人数(年底数)

单位:人

年份 地区	合计	农、林、牧、渔业	采矿业	制造业	电力、煤气及水的生产和供应业	建筑业	交通运输仓储和邮电通信业
2006	25927	317	6832	3129		1354	331
2007	25688	306	6454	2651		1323	317
2008	26591	262	6922	2375		1343	291
2009	21733	245	5428	2011		1397	301
2010	18603	226	3583	1755		1423	348
2011	16078	226	2821	1362		1344	356
市直汇	1124						
城区	3703			801		858	356
沁水县	1129			9		423	
阳城县	3101		1086	159		8	
陵川县	919	52					
泽州县	4673	123	1735	330		55	
高平市	1429	51		63			

5-8 续表1

单位:人

年份 地区	信息传输、计算机服务和软件业	批发和零售业	住宿和餐饮业	金融业	房地产业	租赁和商务服务业
2006		4586	149	2624		649
2007		8360	152	3150		236
2008		8458	135	3295		233
2009		5800	129	2933		186
2010		4581	138	3099		193
2011		3411	161	3145		233
市直汇		1124				
城区		294	9	1081		42
沁水县		52		250		65
阳城县		435	32	488		42
陵川县		332		255		23
泽州县		886	120	546		38
高平市		288		525		23

5-8 续表2

单位:人

年份 地区	科学研究、技术服务和地质勘查业	水利、环境和公共设施管理业	居民服务和其他服务业	教育	卫生、社会保障和社会福利业	文化、体育和娱乐业	公共管理和社会组织
2006			3169		2410	377	
2007			26		2281	432	
2008			26		2865	386	
2009			26		2902	375	
2010			26		2882	349	
2011			32		2764	223	
市直汇							
城区			32		165	65	
沁水县					330		
阳城县					851		
陵川县					257		
泽州县					757	83	
高平市					404	75	

5-9 各地区按行业分其他单位职工人数(年底数)

单位:人

年 份 地 区	合 计	农、林、牧、渔 业	采矿业	制造业	电力、煤气及水的生产和供应业	建筑业	交通运输仓储和邮电通信业
2006	94602		63600	15835	3370	6006	2044
2007	101015		68376	18469	3475	5214	1870
2008	107936		75793	18881	3680	3809	2090
2009	126371		92011	19482	3575	4310	2063
2010	131200		98003	19054	3425	4093	2080
2011	153272		114320	18870	3154	10478	1985
市 直 汇	80817		71644	8111			
城 区	17568			1381	1226	10478	1985
沁 水 县	12673		11715	774	108		
阳 城 县	13360		7624	3360	1820		
陵 川 县	1543		1170	203			
泽 州 县	2388		1536	852			
高 平 市	24923		20631	4189			

5-9 续表1

单位:人

年 份 地 区	信息传输、计算机服务和软件业	批发和零售业	住宿和餐饮业	金融业	房地产业	租赁和商务服务业
2006	751	1630	342	234	192	461
2007	721	1519	326	225	264	428
2008	754	1411	324	386	189	352
2009	1172	2080	432	412	253	338
2010	850	1918	431	521	340	251
2011	840	1862	330	641	210	367
市 直 汇	613	172		214	63	
城 区	85	1381	173	427	123	264
沁 水 县		52			24	
阳 城 县	142	257	157			
陵 川 县						
泽 州 县						
高 平 市						103

5-9 续表2

单位:人

年 份 地 区	科学研究、技术服务和地质勘查业	水利、环境和公共设施管理业	居民服务和其他服务业	教 育	卫生、社会保障和社会福利业	文化、体育和娱乐业	公共管理和社会组织
2006	37				84	16	
2007	35				77	16	
2008	35		139		77	16	
2009	35		175		17	16	
2010	15		170			49	
2011	23		170			22	
市 直 汇							
城 区	23					22	
沁 水 县							
阳 城 县							
陵 川 县			170				
泽 州 县							
高 平 市							

5-10 职工工资总额和指数

年份 地区	工资总额（万元）				指数（上年=100）			
	合计	国有单位	城镇集体单位	其他单位	合计	国有单位	城镇集体单位	其他单位
1985	16793	13918	2875					
1990	40080	32906	7175	116		113.9	127.0	
1995	99082	82113	15727	1242	119.3	114.8	138.6	715.3
2000	146740	115710	15588	15441	111.6	113.0	101.2	113.4
2005	419758	176255	28594	214909	133.7	120.8	129.5	147.4
2006	504752	207790	32031	264930	120.3	117.9	112.0	123.3
2007	634691	259655	36008	339028	125.7	125.0	112.4	128.0
2008	767156	294369	49090	423697	120.9	113.4	136.3	125.0
2009	886389	310299	40812	535278	115.5	105.4	83.1	126.3
2010	1051231	356414	38557	656260	118.6	114.9	94.5	122.6
2011	1324789	381485	40960	902344	126.0	107.0	106.2	137.5
市直汇	600442	21475	5375	573593	127.0	126.5	71.4	128.0
城区	194935	113918	9804	71213	127.7	110.4	118.3	173.2
沁水县	92051	37576	2706	51769	123.1	114.5	114.0	130.8
阳城县	105115	51499	6470	47147	102.3	104.4	127.9	97.5
陵川县	30557	24204	1727	4627	119.3	108.6	62.4	830.2
泽州县	109863	86054	10468	13341	120.8	117.6	130.7	136.8
高平市	191825	46759	4411	140654	145.5	79.8	97.3	204.6

5-11 职工平均工资及指数

年份 地区	平均货币工资（元）				指数（上年=100）			
	合计	国有单位	城镇集体单位	其他单位	合计	国有单位	城镇集体单位	其他单位
1985	1067	1153	784					
1990	2018	2191	1482		110.70	110.66	114.18	
1995	4466	4819	3198	5394	120.80	113.68	151.20	216.54
2000	7163	8166	5078	4759	113.30	114.32	104.08	115.23
2005	18736	15545	10268	25955	129.46	117.37	133.11	138.92
2006	21678	17947	12558	28937	115.70	115.45	122.30	111.49
2007	26393	17387	13972	34116	121.75	96.88	111.26	117.90
2008	30999	25133	18660	40722	117.45	144.55	133.55	119.36
2009	34200	27450	18620	43091	110.33	109.22	99.79	105.82
2010	40029	30978	20626	50925	117.04	112.85	110.77	118.18
2011	48701	34791	25573	61654	121.66	112.31	123.98	121.07
市直汇	72095	52582	47481	73473	121.29	125.89	146.94	119.89
城区	38182	35485	26178	46832	118.29	109.76	121.34	131.16
沁水县	39056	34812	24506	44357	116.83	114.22	115.13	117.50
阳城县	31808	31096	21261	35072	103.10	103.41	125.58	100.91
陵川县	26581	26762	18831	30141	125.08	122.44	96.27	238.51
泽州县	36306	36955	22411	57928	119.45	115.58	136.73	127.55
高平市	48794	33935	31398	58293	141.21	108.91	146.69	146.20

5-12　各地区按行业分职工工资总额

单位：万元

年　份 地　区	合　计	农、林、牧、渔　业	采矿业	制造业	电力、煤气及水的生产和供应业	建筑业	交通运输仓储和邮电通信业
2006	504752	1573	256800	26598	18011	18614	7606
2007	634691	1794	324007	38149	21451	19525	8427
2008	767156	2139	418446	46547	24130	16851	9687
2009	886389	2507	498967	47239	27302	19320	12510
2010	1051231	2816	616834	53676	31341	21996	15743
2011	1324789	3408	821303	62878	34202	49778	14076
市　直　汇	600442		541698	29262		631	768
城　　　区	194935	208		6176	22059	48606	10552
沁　水　县	92051	944	55406	2049	1965	336	326
阳　城　县	105115	759	40856	8515	7807	119	723
陵　川　县	30557	257	4318	228	703		583
泽　州　县	109863	733	52004	3682	168	86	907
高　平　市	191825	508	127021	12967	1499		217

5-12　续表1

单位：万元

年　份 地　区	信息传输、计算机服务和软件业	批发和零售业	住宿和餐饮业	金融业	房地产业	租赁和商务服务业
2006	2866	19841	2025	14344	1390	4994
2007	5087	31054	2049	20116	1668	4708
2008	5213	36053	2234	25527	1730	4828
2009	8728	33617	2273	30601	1907	4958
2010	7655	38881	2300	34433	2239	5542
2011	7960	44018	2879	42714	2053	7295
市　直　汇	7146	18913		937	160	
城　　　区	318	6179	1244	26635	1361	2821
沁　水　县		2176	322	2311	36	501
阳　城　县	263	4510	590	3418	144	312
陵　川　县	191	1197	378	1646		819
泽　州　县		4864	345	3577	124	715
高　平　市	42	6180		4190	228	2128

5-12续表2

单位：万元

年　份 地　区	科学研究、技术服务和地质勘查业	水利、环境和公共设施管理业	居民服务和其他服务业	教　育	卫生、社会保障和社会福利业	文化、体育和娱乐业	公共管理和社会组织
2006	2688	2458	5653	55609	12406	2159	49117
2007	3166	3468	404	71228	15326	2662	60403
2008	3721	4047	624	76527	18298	3268	67287
2009	3636	5464	811	85618	20612	3609	76710
2010	4610	5903	773	95655	23259	3971	83606
2011	5444	6231	849	99969	25569	4552	89611
市　直　汇				384			543
城　　　区	4507	4752	363	22659	8252	2909	25334
沁　水　县	23	184		10855	2247	278	12094
阳　城　县	134	223	46	17786	3499	228	15183
陵　川　县	37	442	440	9124	2034	141	8021
泽　州　县	560	154		19863	5087	295	16700
高　平　市	184	476		19297	4451	702	11736

5-13　按行业分职工平均工资(2011年)

单位:元

指　　标	合　计	国有单位	城镇集体单位	其他单位
全市平均	**48701**	**34791**	**25573**	**61654**
按企、事业和机关分				
企业	55518	40246	27094	61724
事业	31397	32235	19738	15482
机关	31956	31960	28130	
按国民经济行业分				
农、林、牧、渔业	**23762**	**22753**	**29155**	
农业	17922	17922		
林业	19520	19520		
畜牧业	19500	19500		
渔业	23714	23714		
农、林、牧、渔服务业	29485	29675	29155	
采矿业	**66281**	**43996**	**26199**	**69537**
煤炭开采和洗选业	66271	42685	26199	69537
石油和天然气开采业	68258	68258		
黑色金属矿采选业				
有色金属矿采选业				
非金属矿采选业				
其他采矿业				
制造业	**28935**	**23563**	**12237**	**30699**
农副食品加工业	9509	9394	8154	9606
食品制造业	12135	5948		15796
饮料制造业	12673		12673	
烟草制品业				
纺织业	17101		10000	17127
纺织服装、鞋、帽制造业	15977		10926	16425
皮革、毛皮、羽毛(绒)及其制品业				
木材加工及木、竹藤、棕、草制品业				
家具制造业	10000		10000	
造纸及纸制品业				
印刷业和记录媒介的复制	60252	15705	10971	71215
文教体育用品制造业				
石油加工、炼焦及核燃料加工业				
化工原料及化学制品制造业	33183	33764	13621	33245
医药制造业	18438			18438
化学纤维制造业				
橡胶制品业				
塑料制品业	14000	11765		18750
非金属矿物制品业	9800	13300	12200	8716
黑色金属冶炼及压延加工业	13407			13407
有色金属冶炼及压延加工业				
金属制品业	9942			9942
通用设备制造业	35999		12096	58874
专用设备制造业	10329	8897	11628	
交通运输设备制造业	30266	19245		34953

5-13 续表1

单位:元

项目	合计	国有单位	城镇集体单位	其他单位
电气机械及器材制造业	15651		15651	
通信设备、计算机及其他电子设备制造业				
仪器仪表及文化、办公用机械制造业	11118	11118		
工艺品及其他制造业	9595		9595	
废弃资源和废旧材料回收加工业				
电力、燃气及水的生产和供应业	49568	52222		46310
电力、热力的生产和供应业	54669	63856		47032
燃气生产和供应业	42521	47510		22728
水的生产和供应业	23135	23135		
建筑业	47868	18234	12815	56944
房屋和土木工程建筑业	48131	18584	12692	56944
建筑安装业	611	611		
建筑装饰业	15759	18000	15636	
其他建筑业				
交通运输、仓储和邮政业	23805	24170	13827	24922
铁路运输业				
道路运输业	23849	24530	13827	25003
城市公共交通业	25305	25498		10364
水上运输业				
航空运输业				
管道运输业				
装卸搬运和其他运输服务业	29697	29697		
仓储业	16929	16929		
邮政业	23246	23246		
信息传输、计算机服务和软件业	44996	57836		31114
电信和其他信息传输服务业	44996	57836		31114
计算机服务业				
软件业				
批发和零售业	30056	34326	22148	23266
批发业	35638	37192	12788	27479
零售业	20760	17665	22684	18612
住宿和餐饮业	14375	14880	15566	11682
住宿业	14512	15046	16126	11682
餐饮业	11632	12151	6667	
金融业	59765	69199	48123	67546
银行业	60588	70780	48123	97112
证券业				
保险业	51496	43599		54543
其他金融活动	39694	39694		
房地产业	37199	28458		52227
#房地产开发经营	38125	24228		52227
物业管理	33591	33591		
房地产中介服务	35333	35333		
租赁和商务服务业	29886	27968	31671	38088
租赁业				
商务服务业	29886	27968	31671	38088

5-13 续表2

单位:元

项目	合计	国有单位	城镇集体单位	其他单位
科学研究、技术服务和地质勘查业	**35305**	**35477**		**24000**
研究与试验发展	32142	32142		
自然科学研究与试验发展	39471	39471		
工程和技术研究与试验发展	20667	20667		
农业科学研究与试验发展	42000	42000		
医学研究与试验发展	30417	30417		
社会人文科学研究与试验发展	35175	35175		
专业技术服务业	**37962**	**38251**		**24000**
# 气象服务	36833	36833		
地震服务	42421	42421		
海洋服务				
测绘服务	27198	27198		
技术检测	29500	29500		
环境监测	24505	24505		
工程技术与规划管理	46920	47835		24000
科技交流和推广服务业	38167	38167		
地质勘查业	23058	23058		
水利、环境和公共设施管理业	**15127**	**15127**		
水利管理业	18910	18910		
环境管理业	15690	15690		
公共设施管理业	14105	14105		
居民服务和其他服务业	**21117**	**19005**	**10313**	**25558**
居民服务业	23004	22327	10313	25558
其他服务业	17913	17913		
教育	**37639**	**37639**		
#初等教育	37664	37664		
中等教育	37795	37795		
高等教育	39654	39654		
卫生、社会保障和社会福利业	**24999**	**27348**	**18660**	
卫生	24823	27312	18660	
社会保障业	28307	28307		
社会福利业	26335	26335		
文化、体育和娱乐业	**24240**	**25439**	**15668**	**22136**
新闻出版社	25676	25676		
广播、电视、电影和音像业	25350	25350		
文化艺术业	23067	25340	15668	22136
体育	25665	25665		
娱乐业	28800	28800		
公共管理和社会组织	**31500**	**31500**		
#中国共产党机关	35879	35879		
国家机构	31346	31346		
人民政协和民主党派	39671	39671		
群众社团、社会团体和宗教组织	32777	32777		

5-14　各地区按行业分职工平均工资

单位：元

年　份 地　区	合　计	农、林、牧、渔　业	采矿业	制造业	电力、煤气及水的生产和供应业	建筑业	交通运输仓储和邮电通信业
2006	21678	9778	29647	11966	24114	21985	12238
2007	26393	11145	35320	16115	28367	25136	13733
2008	30999	14339	42487	20100	31754	28335	14736
2009	34200	17617	45465	19793	37135	30642	18301
2010	40029	19558	53837	23173	44965	35093	23309
2011	48701	23762	66281	28935	49568	47868	23805
市　直　汇	72095		78610	33031		24000	24075
城　　　区	38182	33468		26079	60436	50679	23994
沁　水　县	39056	23354	44790	58534	47704	8369	27158
阳　城　县	31808	27004	39239	19291	38746	13393	21012
陵　川　县	26581	10869	32762	8769	17941		24809
泽　州　县	36306	29316	46947	30251	11831	15636	26991
高　平　市	48794	25289	64068	30417	51875		13460

5-14　续表1

单位：元

年　份 地　区	信息传输、计算机服务和软件业	批发和零售业	住宿和餐饮业	金融业	房地产业	租赁和商务服务业
2006	19324	12922	8054	23143	19575	17161
2007	33423	16148	8613	30077	22636	18485
2008	36098	18635	9287	36250	27380	19570
2009	43728	19949	10337	43660	30369	19557
2010	44795	24386	10722	48320	31101	22758
2011	44996	30056	14375	59765	37199	29886
市　直　汇	52391	62152		55774	26230	
城　　　区	20108	21905	14200	72575	48106	26614
沁　水　县		36198	19761	48150	15000	28931
阳　城　县	18521	20470	13758	42945	28800	28063
陵　川　县	26164	12226	12561	39368		25365
泽　州　县		18429	14744	46520	26957	27500
高　平　市	13125	26198		49524	25909	41397

5-14　续表2

单位：元

年　份 地　区	科学研究、技术服务和地质勘查业	水利、环境和公共设施管理业	居民服务和其他服务业	教　育	卫生、社会保障和社会福利业	文化、体育和娱乐业	公共管理和社会组织
2006	20500	8616	18976	20971	13365	14748	18427
2007	22372	12082	15056	26818	16383	16333	22546
2008	27339	11015	15629	28302	18737	19877	24922
2009	24225	13700	14807	31759	20975	20048	27586
2010	30387	13830	19171	35643	23028	21188	29471
2011	35305	15127	21117	37639	24999	24240	31500
市　直　汇				33391			29650
城　　　区	38624	15761	17137	37207	26949	26636	33873
沁　水　县	37667	9025		35371	29639	24386	30853
阳　城　县	22267	28228	25556	38574	17644	19347	31037
陵　川　县	30417	11481	25558	35229	26827	26093	26824
泽　州　县	28151	23692		40233	22264	16744	29966
高　平　市	18755	12825		37485	32203	21657	34407

5-15　各地区按行业分国有单位职工平均工资

单位：元

年　份 地　区	合　计	农、林、牧、渔　业	采矿业	制造业	电力、煤气及水的生产和供应业	建筑业	交通运输仓储和邮电通信业
2006	17949	10225	19461	10781	21167	9127	12604
2007	22514	12355	24220	8325	26589	17100	13883
2008	25133	14311	29410	8193	31873	11691	14306
2009	27450	17381	28851	15919	35950	11998	19225
2010	30978	20367	35103	16967	44905	11843	24886
2011	34791	22753	43996	23563	52222	18234	24170
市　直　汇	52582			19245		24000	24075
城　　区	35485	33468		10063	62214	16322	24841
沁　水　县	34812	23354	49953	12000	54884		27158
阳　城　县	31096	27004	27838	32396	21015	13313	21012
陵　川　县	26762	9511	17737	8800	17941		24809
泽　州　县	36955	20008	47532	12745	11831		26991
高　平　市	33935	27313			51875		13460

5-15　续表1

单位：元

年　份 地　区	信息传输、计算机服务和软件业	批发和零售业	住宿和餐饮业	金融业	房地产业	租赁和商务服务业
2006	16789	15549	8562	26136	13220	15339
2007	32519	18257	9024	38117	14246	18845
2008	37560	21831	9589	41602	19198	20593
2009	43605	23771	10939	48615	22622	19850
2010	51586	27932	11386	50623	23809	22988
2011	57836	34326	14880	69199	28458	27968
市　直　汇	66287	74172				
城　　区	23315	23875	14587	80530	30133	26388
沁　水　县		40833	19761	46657		29361
阳　城　县		24727	16172	56669	28800	27739
陵　川　县	26164	15306	12561	38404		25153
泽　州　县		23160	13076	44097	26957	26554
高　平　市	13125	27554		51009	25909	33651

5-15　续表2

单位：元

年　份 地　区	科学研究、技术服务和地质勘查业	水利、环境和公共设施管理业	居民服务和其他服务业	教　育	卫生、社会保障和社会福利业	文化、体育和娱乐业	公共管理和社会组织
2006	20805	8616	12182	20971	15339	17032	18427
2007	22683	12082	15764	26818	18836	19973	22546
2008	27790	11015	16263	28302	20885	22962	24922
2009	24558	13700	14368	31759	23533	22191	27586
2010	30449	13830	18437	35643	25416	22818	29471
2011	35477	15127	19005	37639	27348	25439	31500
市　直　汇				33391			29650
城　　区	38918	15761	18350	37207	27423	27622	33873
沁　水　县	37667	9025		35371	31622	24386	30853
阳　城　县	22267	28228	25556	38574	19542	19347	31037
陵　川　县	30417	11481		35229	33352	26093	26824
泽　州　县	28151	23692		40233	24846	24699	29966
高　平　市	18755	12825		37485	35119	20133	34407

5-16 各地区按行业分城镇集体单位职工平均工资

单位:元

年份 地区	合计	农、林、牧、渔业	采矿业	制造业	电力、煤气及水的生产和供应业	建筑业	交通运输仓储和邮电通信业
2006	12558	7953	16702	6926		5930	9514
2007	13972	6013	17043	7283		8163	10901
2008	18660	14465	25845	8290		8990	10145
2009	18620	18748	20194	8324		9213	11718
2010	20626	15432	18014	8853		11639	12485
2011	25573	29155	26199	12237		12815	13827
市直汇	47481						
城区	26178			12314		14698	13827
沁水县	24506			2222		8369	
阳城县	21261		28432	8615		14111	
陵川县	18831	15673					
泽州县	22411	38927	24849	13424		15636	
高平市	31398	19333		15651			

5-16 续表1

单位:元

年份 地区	信息传输、计算机服务和软件业	批发和零售业	住宿和餐饮业	金融业	房地产业	租赁和商务服务业
2006		7070	6960	18090		23941
2007		14332	5994	20791		23004
2008		15828	6132	29958		20051
2009		16194	9180	36768		22288
2010		19682	7791	42974		22116
2011		22148	15566	48123		31671
市直汇		47481				
城区		13187	6667	56311		44500
沁水县		12058		49524		28215
阳城县		6283	14714	34283		28595
陵川县		6223		40004		28130
泽州县		9069	16470	47288		33026
高平市		15704		48574		25208

5-16 续表2

单位:元

年份 地区	科学研究、技术服务和地质勘查业	水利、环境和公共设施管理业	居民服务和其他服务业	教育	卫生、社会保障和社会福利业	文化、体育和娱乐业	公共管理和社会组织
2006			19561		7925	7062	
2007			8462		9049	6326	
2008			8462		13808	9903	
2009			8462		14957	12143	
2010			8115		17027	14719	
2011			10313		18660	15668	
市直汇							
城区			10313		18618	12923	
沁水县					27024		
阳城县					15131		
陵川县					14182		
泽州县					17053	7831	
高平市					25195	26720	

5-17 各地区按行业分其他单位职工平均工资(年底数)

单位:元

年份 地区	合计	农、林、牧、渔业	采矿业	制造业	电力、煤气及水的生产和供应业	建筑业	交通运输仓储和邮电通信业
2006	28937		34090	13430	27617	27178	11975
2007	34116		40193	18618	30498	30118	13905
2008	40722		47575	22898	31618	37466	16365
2009	43091		49622	21497	38392	40412	17257
2010	50925		58189	25244	45030	46860	21788
2011	61654		69537	30699	46310	56944	24922
市直汇	73473		78610	34277			
城区	46832			36815	56749	56944	24922
沁水县	44357		44235	60881	22728		
阳城县	35072		43545	17154	40678		
陵川县	30141		35293	8766			
泽州县	57928		69461	37842			
高平市	58293		64068	30638			

5-17 续表1

单位:元

年份 地区	信息传输、计算机服务和软件业	批发和零售业	住宿和餐饮业	金融业	房地产业	租赁和商务服务业
2006	21602	14734	5557	35580	36240	15034
2007	34501	13582	7525	35952	40227	14375
2008	34578	13564	8799	40963	48247	13787
2009	43824	13858	8340	54461	42320	16328
2010	37834	18753	9221	64639	39389	21414
2011	31114	23266	11682	67546	52227	38088
市直汇	35862	39209		55774	26230	
城区	17353	22163	13193	72278	73237	24485
沁水县		16038			15000	
阳城县	18521	19595	9834			
陵川县						
泽州县						
高平市						74272

5-17 续表2

单位:元

年份 地区	科学研究、技术服务和地质勘查业	水利、环境和公共设施管理业	居民服务和其他服务业	教育	卫生、社会保障和社会福利业	文化、体育和娱乐业	公共管理和社会组织
2006	10000				7786	18000	
2007	10143				9949	18500	
2008	10257		15877		9949	18500	
2009	10257		17048		9588	18500	
2010	24133		21737			18163	
2011	24000		25558			22136	
市直汇							
城区	24000					22136	
沁水县							
阳城县							
陵川县			25558				
泽州县							
高平市							

5-18 按登记注册类型分其他单位职工平均工资

单位:元

年份 地区	合计	股份合作单位	联营单位	有限责任公司	股份有限公司	其他	港、澳、台商投资单位	外商投资单位
2000	4759	4079		4826	4794	5214	3992	4250
2005	25955	10683	5538	27216	16129		6218	33747
2006	28937	12896	17500	30077	18991	14500	7074	43202
2007	34116	11339	8974	35380	22654	15000	8208	48775
2008	40722	19458	7031	41932	26243	17121	9485	59730
2009	43091	22736	18000	44019	32338	16557	10152	55943
2010	50925	19269	17500	52016	34121	21033	12113	59750
2011	61654	17837	23600	63844	34394	25558	15596	34472
市直汇	73473			75346	35518			
城区	46832	50560		48780	31927			
沁水县	44357			45619	8118			57430
阳城县	35072	14766	23600	37780	96648		15596	33109
陵川县	30141			30719		25558		
泽州县	57928			57928				
高平市	58293			58293				

5-19 各地区国有及国有控股企业就业人数和劳动报酬(2011年)

地区	就业人员(人)	女性	职工人数(人)	劳务派遣人员	其他从业人员	就业人员劳动报酬(万元)	职工工资总额(万元)	职工平均工资(元)
全市	193575	52241	187285	3092	3198	1049139	1037451	57628
市直汇	86654	24268	84379	1082	1193	597727	593715	72723
城区	26975	8055	25899	912	164	111980	108749	46500
沁水县	14775	3140	13799	539	437	60582	59010	46275
阳城县	16240	3775	15806	50	384	55149	54359	34289
陵川县	4263	1174	3888	150	225	9410	8788	22585
泽州县	16359	3989	16189	125	45	64963	64466	40461
高平市	28309	7840	27325	234	750	149327	148363	55841

5-20 各地区职业介绍工作情况(2011年)

单位:人

地区	本年末职业介绍机构个数(个)	本年末职业介绍机构人数	本年登记招聘人数	本年登记求职人数			
					女性	下岗职工	失业人员
全市	14	228	133640	82524	28657	3591	22612
城区	1	43	7000	4941	1236	983	1895
沁水县	2	12	1958	2449	192	65	1894
阳城县	2	16	12918	8568	2449	6	1996
陵川县	3	26	13877	6326	1536	808	2424
泽州县	2	55	14230	14141	4828	1266	6653
高平市	2	21	7657	7276	2446	15	3772

5-20 续表

单位:人

地区		本年职业指导人数	本年介绍成功人数				
	获得职业资格人员			女性	下岗职工	失业人员	获得职业资格人员
全市	13652	45211	71300	27119	2127	17680	16564
城区		5000	2685	879	983	1399	
沁水县	3	2036	1326	63	41	1326	
阳城县		1869	6631	2038		1731	
陵川县	4	4959	4546	823	589	1257	
泽州县	1340	8263	7894	3060	177	3981	625
高平市	5	4261	4408	1740	14	3105	1739

5-21 各地区城镇登记失业人员

单位:人

地区	失业人员								
	2003年	2004年	2005年	2006年	2007年	2008年	2009年	2010年	2011年
全市	4739	3361	3786	5792	6112	6285	6518	6719	6050
城区	102	187	194	207	564	940	1762	950	816
沁水县	247	249	255	282	266	351	94	389	388
阳城县	466	383	237	155	170	31	582	260	265
陵川县	1062	1048	1042	1039	1080	1178	779	532	377
泽州县	157	262	338	421	540	766	1008	923	750
高平市	532	664	675	725	368	496	632	1235	698

5-22 各地区城镇登记失业率

单位:%

地区	失业率								
	2003年	2004年	2005年	2006年	2007年	2008年	2009年	2010年	2011年
全市	1.60	1.50	1.90	2.40	2.50	2.50	2.50	2.40	2.20
城区	0.60	1.70	1.90	2.00	1.80	1.90	1.90	2.00	1.70
沁水县	1.40	1.50	1.50	1.70	1.60	1.90	1.90	2.00	1.60
阳城县	1.50	1.20	1.00	1.00	0.50	0.90	0.90	1.00	0.70
陵川县	2.90	2.80	3.00	2.80	2.40	2.20	2.20	1.90	2.80
泽州县	1.50	2.10	2.60	2.80	2.30	1.90	1.90	2.10	2.00
高平市	0.80	0.90	1.00	1.10	1.00	1.00	1.00	2.90	1.70

5-23 离休、退休、退职人员人数及保险福利费用构成情况(2011年)

单位:人

指标	离退休人员			
	合计		离休人员	退休人员
		女性		
总计	48472	19179	443	48029
一、城镇单位				
(一)企业	39260	15529	298	38962
(二)事业	6966	2861	132	6834
(三)机关	473	114	13	460
二、其他	1773	675		1773

5-23 续表

单位:千元

指标	保险福利费			
	合计	离休金	退休金	其他费用
总计	95252	1790	92249	1213
一、城镇单位				
(一)企业	68745	1029	66506	1210
(二)事业	21501	651	20850	
(三)机关	1475	110	1365	
二、其他	3531		3528	3

5-24　城乡劳动力资源配置情况(2011年)

单位:万人

指　　标	城乡合计	城　镇	乡　村
一、年末劳动力资源总数	**158.51**	**64.22**	**94.29**
#当年新增加的劳动力资源	7.58	7.26	0.32
年末16岁以上全部人数	185.03	85.27	99.76
#不计入劳动力资源的人数	29.22	13.09	16.13
二、经济活动人口	**139.46**	**56.03**	**83.43**
从业人员	138.57	55.14	83.43
1.按就业身份分			
(1)全部职工	28.29	28.29	
(2)再就业和离退休人员	0.59	0.59	
(3)私营业主	1.07	0.57	0.50
(4)个体户主	9.41	5.52	3.89
(5)私营企业和个体从业人员	29.21	16.06	13.15
(6)乡镇企业从业人员	22.73	1.23	21.50
(7)农村从业人员	44.39		44.39
(8)其他	2.88	2.88	
2.按经济类型分			
(1)国有经济	11.63	11.63	
(2)集体经济	65.67	6.04	59.63
(3)私营经济	12.11	5.12	6.99
(4)个体经济	27.33	12.88	14.45
(5)联营经济	0.21	0.12	0.09
(6)股份制经济	9.83	8.28	1.55
(7)外商投资经济	0.78	0.78	
(8)港澳台投资经济	2.86	2.86	
(9)其他经济	8.15	7.43	0.72
3.按国民经济行业分			
(1)农、林、牧渔业	44.67	0.28	44.39
(2)采矿业	22.29	13.82	8.47

5-24 续表

单位:万人

指　　标	城乡合计	城　镇	乡　村
（3）制造业	9.96	5.62	4.34
（4）电力、煤气及水的生产和供应业	1.45	1.18	0.27
（5）建筑业	9.55	2.37	7.18
（6）交通运输、仓储及邮政业	7.94	2.37	5.57
（7）信息传输、计算机服务和软件业	1.73	1.19	0.54
（8）批发和零售业	13.94	9.11	4.83
（9）住宿和餐饮业	4.44	1.82	2.62
（10）金融业	2.31	2.01	0.30
（11）房地产业	0.95	0.58	0.37
（12）租赁和商务服务业	2.86	2.38	0.48
（13）科学研究、技术服务和地质勘查业	0.81	0.52	0.29
（14）水利、环境和公共设施管理业	1.16	0.76	0.40
（15）居民服务和其他服务业	1.18	0.71	0.47
（16）教育	5.31	4.25	1.06
（17）卫生、社会保障和社会福利业	2.84	1.79	1.05
（18）文化、体育和娱乐业	1.19	0.81	0.38
（19）公共管理和社会组织	3.99	3.57	0.42
4.按三次产业分			
（1）第一产业	44.67	0.28	44.39
（2）第二产业	43.25	22.99	20.26
（3）第三产业	50.65	31.87	18.78
（二）失业人员	0.89	0.89	
三、非经济活动人口	**19.05**	**8.19**	**10.86**
# 16岁以上的在校学生	9.28	5.82	3.46
家务劳动者	7.22	1.99	5.23

主要统计指标解释

经济活动人口 指在16周岁及以上，有劳动能力，参加或要求参加社会经济活动的人口。包括就业人员和失业人员。

就业人员 指在16周岁及以上，从事一定社会劳动并取得劳动报酬或经营收入的人员。这一指标反映了一定时期内全部劳动力资源的实际利用情况，是研究我国基本国情国力的重要指标。

单位的就业人员 指在各级国家机关、政党机关、社会团体及企业、事业单位中工作，取得工资或其他形式的劳动报酬的全部人员。包括在岗职工、再就业的离退休人员、民办教师以及在各单位中工作的外方人员和港澳台方人员、兼职人员、借用的外单位人员和第二职业者。不包括离开本单位仍保留劳动关系的职工。各单位的就业人员反映了各单位实际参加生产或工作的全部劳动力。

城镇私营和个体就业人员 城镇私营就业人员指在工商管理部门注册登记，其经营地址设在县城关镇（含县城关镇）以上的私营企业就业人员，包括私营企业投资者和雇工。城镇个体就业人员指在工商管理部门注册登记，并持有城镇户口或在城镇长期居住，经批准从事个体工商经营的就业人员，包括个体经营者和在个体工商户劳动的家庭帮工和雇工。

城镇登记失业人员 指有非农业户口，在一定的劳动年龄内（16周岁至退休年龄），有劳动能力，无业而要求就业，并在当地就业服务机构进行求职登记的人员。

城镇登记失业率 城镇登记失业人员与城镇单位就业人员（扣除使用的农村劳动力、聘用的离退休人员、港澳台及外方人员）、城镇单位中的不在岗职工、城镇私营业主、个体户主、城镇私营企业和个体就业人员、城镇登记失业人员之和的比。计算公式为：

$$\text{城镇登记失业率}=\frac{\text{城镇登记失业人数}}{\text{(城镇单位就业人员-使用的农村劳动力-聘用的离退休人员-聘用的港澳台及外方人员)+不在岗职工+城镇私营业主+城镇个体户主+城镇私营企业及个体就业人员+城镇登记失业人数}}\times 100\%$$

职工 指在国有、城镇集体、联营、股份制、外商和港、澳、台投资、其他单位及其附属机构工作，并由其支付工资的各类人员。不包括下列人员：(1)乡镇企业就业人员；(2)私营企业就业人员；(3)城镇个体劳动者；(4)离休、退休、退职人员；(5)再就业的离、退休人员；(6)民办教师；(7)在城镇单位中工作的外方及港、澳、台人员；(8)其他按有关规定不列入职工统计范围的人员。(1998年及以后的数据均为在岗职工数据，其他相关指标如职工工资总额，职工平均工资等指标也从1998年按此口径进行了相应调整)。

国有单位 指资产归国家所有的经济组织。包括按《中华人民共和国企业法人登记管理条例》规定登记注册的非公司制的经济组织，以及中央、地方各级国家机关、事业单位和社会团体。

集体单位 指生产资料归集体所有，并按《中华人民共和国企业法人登记管理条例》规定登记注册的经济组织。

其他单位 包括股份合作单位、联营单位、有限责任公司、股份有限公司、港澳台商投资单位以及外商投资单位等其他登记注册类型单位。

在岗职工 指在本单位工作并由单位支付工资的人员，以及有工作岗位，但由于学习、病伤产假等原因暂未工作，仍由单位支付工资的人员。

工资总额 指各单位在一定时期内直接支付给本单位全部职工的劳动报酬总额。工资总额的计算原则应以直接支付给职工的全部劳动报酬为根据。各单位支付给职工的劳动报酬以及其他根据有关规定支付的工资，不论是计入成本的还是不计入成本的，不论是按国家规定列入计征奖金税项目的，还是未列入计征奖金税项目的，不论是以货币形式支付的还是以实物形式支付的，均包括在工资总额内。

平均工资 指企业、事业、机关单位的职工在一定时期内平均每人所得的货币工资额。它表明一定时期职工工资收入的高低程度，是反映职工工资水平的主要指标。计算公式为：

$$\text{平均工资}=\frac{\text{报告期实际支付的全部职工工资总额}}{\text{报告期全部职工平均人数}}$$

平均工资指数 指报告期职工平均工资与基期职工平均工资的比率,是反映不同时期职工货币工资水平变动情况的相对数。计算公式为:

$$平均工资指数=\frac{报告期职工平均工资}{基期职工平均工资}\times 100\%$$

平均实际工资指数 职工平均实际工资指扣除物价变动因素后的职工平均工资。职工平均实际工资指数是反映实际工资变动情况的相对数,表明职工实际工资水平提高或降低的程度。计算公式为:

$$平均实际工资指数=\frac{报告期职工平均工资指数}{报告期城镇居民消费价格指数}\times 100\%$$

6

固定资产投资

Investment in Fixed Assets

简 要 说 明

一、本篇资料的主要内容

本篇资料通过对一定时期建造和购置固定资产活动的数量方面的描述，反映报告期内固定资产投资的规模和速度、固定资产投资的结构和比例关系、固定资产投资的资金来源及固定资产投资的效果等。

二、本篇资料的统计范围

从2011年起，投资统计调查范围由全社会固定资产投资（包括城镇固定资产投资（不含农户）与农村固定资产投资。其中城镇固定资产投资是指一定时期内城镇区域范围内各种登记注册类型的企业、事业、行政单位、个体户等进行的计划总投资50万元及以上的固定资产投资活动）变为固定资产投资（城镇和农村各种登记注册类型的企业、事业、行政单位，以及城镇个体户进行的计划总投资500万元及500万元以上的建设项目）。

三、本篇资料的来源及统计调查方法

固定资产投资统计资料来自于市统计局投资科的全面统计调查。

6-1 固定资产投资

指　　标	2011 年	2011 年比 2010 年增长(%)
投资总额(万元)	5041207	29.5
按经济类型分		
内资企业	4844393	31.4
国有经济	1488677	0.3
集体经济	514487	23.7
港澳台商投资经济	99728	77.3
外商投资经济	90802	-31.4
个体经济		
按城乡分		
城镇以上	5041207	29.5
# 房地产开发	375014	15.9
按资金来源分		
国家预算内资金	262973	10.7
国内贷款	487748	-33.0
利用外资	103991	-24.8
自筹资金	3387058	21.7
其他资金	693370	86.8
按构成分		
建筑安装工程	3119077	15.0
设备工具器具购置	1333044	6.2
其他费用	589086	-34.4
房屋建筑面积(平方米)		
施工面积	9475779	13.2
# 住宅	5893441	9.5
竣工面积	3118285	19.2
# 住宅	1922472	24.2

注:1.按资金来源分组为财务拨款数,各项相加不等于投资总额;
2.增长速度未扣除价格因素;
3.2011 年投资统计口径变更,为便于比较,对 2010 年投资数据进行调整,并不对外公布。

6–2 各地区固定资产投资

单位:万元

年 份 地 区	固定资产投资	# 房地产开发
2000	576225	21593
2001	576648	31859
2002	681263	34874
2003	823249	49088
2004	1078759	89442
2005	1308989	82252
2006	1647534	68756
2007	2154911	81196
2008	2675397	148040
2009	3666119	265430
2010	4326382	323666
2011	5041207	375014
跨县(市、区)	184537	
城 区	1312231	283556
沁 水 县	728094	1520
阳 城 县	682214	16610
陵 川 县	173051	0
泽 州 县	976645	7826
高 平 市	784524	17400
开 发 区	199911	48102

6–3 各地区固定资产投资建设总规模

单位:万元

年 份 地 区	建设总规模	在建总规模	在建净规模
2000	2085188	1437913	647275
2001	2134376	1787400	346976
2002	2434050	1787401	646649
2003	3091557	1787402	1304155
2004	3954863	1787403	2167460
2005	5006058	1787404	3218654
2006	6498765	1787405	4711360
2007	7468388	4320267	3148121
2008	8477709	5721583	2756126
2009	11623755	6520467	5103288
2010	14003232	8035856	5967376
2011	18251320	9796530	8454790
跨县(市、区)	1818872	788642	1030230
城 区	2506005	1924873	581132
沁 水 县	4652219	2010124	2642095
阳 城 县	2397648	1324132	1073516
陵 川 县	386889	280519	106370
泽 州 县	2978253	1849966	1128287
高 平 市	2558672	1053265	1505407
开 发 区	952762	565009	387753

6-4 各地区按经济类型分固定资产投资

单位:万元

年份 地区	总计	国有经济	集体经济	私营个体经济
2000	576225	135817	7456	1098
2001	576648	165555	2992	2400
2002	681263	278263	17224	4402
2003	823249	384785	7628	4505
2004	1078759	569702	111143	5059
2005	1308989	439298	136199	84100
2006	1647534	631962	163931	61705
2007	2154911	757203	309655	156544
2008	2675397	1214920	425297	124304
2009	3666119	1848796	489317	165319
2010	4326382	1785557	535799	347219
2011	5041207	1488677	514487	530751
跨县(市、区)	184537	156243		
城　区	1312231	490391	200800	229141
沁水县	728094	184883	1200	73449
阳城县	682214	169341	85359	17889
陵川县	173051	71533	3470	24379
泽州县	976645	180835	79838	42009
高平市	784524	133785	143820	140109
开发区	199911	101666		3775

6-4 续表

单位:万元

年份 地区	联营经济	股份制经济	外商投资经济	港澳台商投资经济	其他经济
2000		146	286331	17589	127788
2001		6737	216973	3511	178480
2002	5093	16700	135361		224220
2003	1987	75993	17522		330829
2004	8990	73200	4708	2161	303796
2005	100	84807	4752	48092	511641
2006	1000	125008	405	39377	624146
2007	800	176122	8184	133647	612756
2008	3709	254477	39353	125351	487986
2009	5300	210821	41510	50115	854941
2010	2950	378822	132827	56259	1086949
2011	5750	432613	90802	99728	2102507
跨县(市、区)		23549	4685		23609
城　区		94173		15300	230151
沁水县		158245	53067	2988	409257
阳城县		57635	25350	13226	357524
陵川县		8052	1200		71806
泽州县		23058			672963
高平市	1000	54195			335897
开发区	4750	13706	6500	68214	1300

6–5 按资金来源和构成分固定资产投资

年份	按资金来源分				按构成分		
	国家预算内资金	国内贷款	利用外资	自筹和其他资金	建筑安装工程	设备工具器具购置	其他费用
投资额(万元)							
1985	6841	2120		6865	8232	5176	2315
1986	6821	2364		9613	9850	6353	2595
1987					12025	7234	1710
1988	1808	9297		3906	13709	9395	2238
1989	8595	2368		4954	13538	10995	2273
1990	18710	1692		8780	26200	10102	2742
1991	8365	27372		10080	32990	20815	5817
1992	9448	32553		28497	41900	20559	9505
1993	3523	31366	1125	40933	51742	19008	11082
1994	2905	34497	3757	38195	50852	21138	11593
1995	1675	31346		60298	68787	13293	11239
1996	8450	68592		95244	122634	21294	28358
1997	6060	33810		159706	116475	33696	64232
1998	4601	18953	24950	86490	66961	21972	21866
1999	5451	113851	150	83218	126916	31634	22586
2000	13140	44137	234462	154073	177019	208064	81221
2001	7587	56347	72765	293310	190349	125320	112850
2002	24382	246296	51664	171922	246578	162707	123316
2003	37140	221680	1518	374665	401271	193655	90632
2004	40044	333032	10938	651564	574048	281687	98566
2005	52933	356953	645	688874	741302	429148	138539
2006	87918	427129	14169	1194000	949912	505784	191838
2007	133010	596172	130969	1494877	1239105	585907	329899
2008	161121	506033	56113	2069675	1749339	681684	244374
2009	244083	543013	39002	2712095	2223409	810489	632221
2010	282135	764410	138372	3496112	2651438	995627	679317
2011	262973	487748	103991	4080428	3119077	1333044	589086
构成(%)							
1985	43.2	13.4		43.4	52.4	32.9	14.7
1986	36.3	12.6		51.1	52.4	33.8	13.8
1987					57.3	34.5	8.2
1988	12.0	61.9		26.0	54.1	37.1	8.8
1989	54.0	14.9		31.1	50.5	41.0	8.5
1990	64.1	5.8		30.1	67.1	25.9	7.0
1991	18.3	59.7		22.0	55.3	34.9	9.8
1992	13.4	46.2		40.4	58.2	28.6	13.2
1993	4.6	40.8	1.5	53.2	63.2	23.2	13.5
1994	3.7	43.5	4.7	48.1	60.8	25.3	13.9
1995	1.8	33.6		64.6	73.7	14.2	12.0
1996	4.9	39.8		55.3	71.2	12.4	16.5
1997	3.0	16.9		80.0	54.3	15.7	30.0
1998	3.4	14.0	18.5	64.1	60.4	19.8	19.7
1999	2.0	56.0	1.0	41.0	70.0	17.0	23.0
2000	3.0	9.0	53.0	35.0	38.0	44.6	17.4
2001	1.8	13.1	16.9	68.2	44.4	29.2	26.3
2002	4.9	49.8	10.5	34.8	46.3	30.5	23.2
2003	5.8	34.9	0.2	59.0	58.5	28.2	13.2
2004	3.9	32.2	1.1	62.9	60.2	29.5	10.3
2005	4.8	32.5	0.1	62.7	56.6	32.8	10.6
2006	5.1	24.8	0.8	69.3	57.7	30.7	11.6
2007	5.6	25.3	5.6	63.5	57.5	27.2	15.3
2008	5.8	18.1	2.0	74.1	65.4	25.5	9.1
2009	6.9	15.3	1.1	76.7	60.6	22.1	17.2
2010	6.0	16.3	3.0	74.7	61.3	23.0	15.7
2011	5.3	9.9	2.1	82.7	61.9	26.4	11.7

6-6 各地区固定资产投资资金来源

单位:万元

年份 地区	本年资金来源 小计	国家预算内 资金	国内贷款	利用外资	自筹资金	其他资金
2000	454812	13140	44137	234462	124220	29853
2001	406700	7412	48418	72765	182161	95224
2002	543585	24382	246296	51664	171922	49321
2003	674003	37140	221680	1518	305082	69583
2004	1035578	40044	333032	10938	538197	113367
2005	1218738	52933	356953	645	688874	119333
2006	1723216	87918	427129	14169	1086430	107570
2007	2355028	133010	596172	130969	1253626	241251
2008	2792942	161121	506033	56113	1820204	249471
2009	3538193	244083	543013	39002	2311061	401034
2010	4681029	282135	764410	138372	3077322	418790
2011	4935140	262973	487748	103991	3387058	693370
跨县(市、区)	184661	19434	53891		109562	1774
城区	1250092	137916	85749		731571	294856
沁水县	683542	24991	125556	33362	340426	159207
阳城县	516409	12408	82656		336966	84379
陵川县	167402	6531	19210	180	132132	9349
泽州县	1023902	28567	38586	2235	900499	54015
高平市	865445	30210	68600		728527	38108
开发区	243687	2916	13500	68214	107375	51682

6-7 各地区施工、竣工房屋面积和价值

年份 地区	施工房屋 建筑面积 (平方米)	#住宅	竣工房屋 建筑面积(平方米)	#住宅	竣工房屋 价值 (万元)	#住宅
2000	1019190	464307	385354	271818	32721	21920
2001	953605	654779	382665	258303	31614	21102
2002	1614446	925397	838267	418409	72407	35568
2003	1984942	1078857	1154614	576640	106579	46959
2004	2815152	1545607	1177967	682777	127082	51868
2005	3113797	1580449	1568319	723809	147139	61006
2006	5131454	3742504	1921206	931583	192319	94405
2007	3682871	2195477	1707504	1036525	207322	139026
2008	3930865	2952161	1893929	1243576	250586	129312
2009	6339859	4662172	2067214	1431898	597532	491435
2010	9776297	5482614	3493032	1625530	623781	319712
2011	9475779	5893441	3118285	1922472	704566	433863
跨县(市、区)						
城区	5436774	3639728	2005865	1437258	487647	340180
沁水县	228083	170949	72768	59190	14052	11578
阳城县	1072417	345068	397899	118990	99798	25617
陵川县	49680	13304	13604	13304	1373	1353
泽州县	895706	628102	249751	143981	31588	19065
高平市	754992	442072	374926	149749	65108	36070
开发区	1038127	654218	3472		5000	

6-8 各地区按主要行业分的固定资产投资

单位：万元

年份 地区	合计	农、林、牧、渔业	采矿业	制造业	电力、燃气及水的生产和供应业	建筑业	交通运输、仓储和邮政业
2005	1251820	7872	476566	298632	98991	584	119407
2006	1647534	52066	497623	314247	316290		139936
2007	2154911	63544	412926	652458	318267		205566
2008	2675397	43072	867982	578997	290710		215755
2009	3666119	99010	1061962	439151	370523	580	563278
2010	4326382	132047	964253	656236	485468		593094
2011	5041207	147815	1716679	748317	424387		293810
跨县(市、区)	184537		60		4685		177296
城区	1312231	17040	272812	81958	139260		9980
沁水县	728094	11255	524215	11449	96151		11190
阳城县	682214	6755	262922	134759	82634		3135
陵川县	173051	16856	35837	51158	5049		7924
泽州县	976645	21283	431847	115106	74782		66775
高平市	784524	74626	188986	219428	21826		17510
开发区	199911			134459			

6-8 续表1

单位：万元

年份 地区	信息传输、计算机服务和软件业	批发和零售业	住宿和餐饮业	金融业	房地产业	租赁和商务服务业	科学研究、技术服务和地质勘查业
2005	5050	10540	5500	229	103806	1512	187
2006	380	23027	8500	628	112170	646	1390
2007	206	23130			110882	5500	
2008		25220	6422		278923	5600	6100
2009	1835	30054	33961		519581	8200	1335
2010	7646	57243	46244	4700	680911	4180	3675
2011	26860	224970	81228	2648	808108	11167	2649
跨县(市、区)							
城区	3300	96872	22673		508993	11167	2649
沁水县		2369		680	21835		
阳城县		13117			61105		
陵川县	960	2771	5575		8975		
泽州县	22600	99241		1968	41278		
高平市		10600	52980		108470		
开发区					57452		

6-8 续表2

单位：万元

年份 地区	水利、环境和公共设施管理业	居民服务和其他服务业	教育	卫生、社会保障和社会福利业	文化、体育和娱乐业	公共管理和社会组织	国际组织
2005	51315	3650	27323	2357	12878	25421	
2006	125266	350	37310	1964	5796	9945	
2007	216725	270	62645	3022	9255	70460	
2008	241710	2400	34100	14103	13146	51157	
2009	412712	3546	84936	8826	12239	14390	
2010	416223	12226	183301	20164	32158	26613	
2011	383473	11038	81367	24172	31533	20986	
跨县(市、区)	2496						
城区	84997		23301	14088	14340	8801	
沁水县	33183		8695	2704	1155	3213	
阳城县	103043		2832	2350	5690	3872	
陵川县	29841		3682	1000	3423		
泽州县	71099	11038	16423	1600	1605		
高平市	50814		26434	2430	5320	5100	
开发区	8000						

6-9 固定资产投资完成情况(2011 年)

单位:万元

指　　标	总　计	中央	地方
一、计划投资(万元)			
1.计划总投资	18251320	1363759	16887561
#本年新开工项目	12002		12002
2.自开始建设累计完成投资	9796530	982334	8814196
二、自年初累计完成投资(万元)	5041207	222245	4818962
#住宅	661555		661555
1.按登记注册类型分			
内资企业	4844393	216221	4628172
国有企业	1488677	51398	1437279
集体企业	514487		514487
股份合作企业	45843		45843
联营企业	5750		5750
国有联营企业			
集体联营企业			
国有与集体联营企业			
其他联营企业	5750		5750
有限责任公司	1667385	33779	1633606
国有独资公司	32549		32549
其他有限责任公司	1634836	33779	1601057
股份有限公司	386770	131044	255726
私营企业	530751		530751
其他企业	204730		204730
港、澳、台商投资企业	99728		99728
合资经营企业(港或澳、台资)	5531		5531
合作经营企业(港或澳、台资)			
港、澳、台商独资经营企业	82197		82197
港、澳、台商投资股份有限公司	12000		12000
外商投资企业	90802	6024	84778
中外合资经营企业	21940		21940
中外合作经营企业	31823	6024	25799
外资企业	37039		37039
外商投资股份有限公司			
个体经营			
个体户			
个人合伙			
2.按建设性质分			

6-9 续表1

单位:万元

指标	总计	中央	地方
(1)新建	2565821	197311	2368510
(2)扩建	877903		877903
(3)改建和技术改造	803726	22503	781223
(4)单纯建造生活设施	217761		217761
3.按构成分			
建筑工程	2646729	156162	2490567
安装工程	472348	16246	456102
设备工器具购置	1333044	18333	1314711
#用于更新的设备	381735	2556	379179
其他费用	589086	31504	557582
4.按国民经济行业分			
(一)农、林、牧、渔业	147815		147815
农业	88662		88662
林业	25305		25305
畜牧业	24148		24148
渔业			
农、林、牧、渔服务业	9700		9700
(二)采矿业	1716679	147897	1568782
煤炭开采和洗选业	1301474	13818	1287656
石油和天然气开采业	415205	134079	281126
黑色金属矿采选业			
有色金属矿采选业			
非金属矿采选业			
其他采矿业			
(三)制造业	748317		748317
农副食品加工业	16626		16626
食品制造业	6873		6873
饮料制造业	14886		14886
烟草制品业			
纺织业	3071		3071
纺织服装、鞋、帽制造业	8460		8460
皮革、毛皮、羽毛(绒)及其制品业			
木材加工及木、竹、藤、棕、草制品业			
家具制造业			
造纸及纸制品业	4000		4000
印刷业和记录媒介的复制			
文教体育用品制造业			
石油加工、炼焦及核燃料加工业	3598		3598
化学原料及化学制品制造业	73038		73038

6-9 续表 2

单位：万元

指 标	总 计	中央	地方
医药制造业	18759		18759
化学纤维制造业			
橡胶制品业			
塑料制品业	510		510
非金属矿物制品业	132777		132777
黑色金属冶炼及压延加工业	25944		25944
有色金属冶炼及压延加工业	1673		1673
金属制品业	10206		10206
通用设备制造业	57013		57013
专用设备制造业	64463		64463
交通运输设备制造业	51644		51644
电气机械及器材制造业	150087		150087
通信设备、计算机及其他电子设备	66170		66170
仪器仪表及文化、办公用机械制造	847		847
工艺品及其他制造业	28121		28121
废弃资源和废旧材料回收加工业	9551		9551
(四)电力、燃气及水的生产和供应业	424387	51748	372639
电力、热力的生产和供应业	365378	51748	313630
燃气生产和供应业	50555		50555
水的生产和供应业	8454		8454
(五)建筑业			
房屋和土木工程建筑业			
建筑安装业			
建筑装饰业			
其他建筑业			
(六)交通运输、仓储和邮政业	293810		293810
铁路运输业	21053		21053
道路运输业	197102		197102
城市公共交通业	1980		1980
水上运输业			
航空运输业			
管道运输业			
装卸搬运和其他运输服务业			
仓储业	73675		73675
邮政业			
(七)信息传输、计算机服务和软件业	26860		26860
电信和其他信息传输服务业	4260		4260
计算机服务业			
软件业	22600		22600

6-9 续表 3

单位:万元

指　　标	总　计	中央	地方
(八)批发和零售业	224970		224970
批发业	44539		44539
零售业	180431		180431
(九)住宿和餐饮业	81228		81228
住宿业	52921		52921
餐饮业	28307		28307
(十)金融业	2648		2648
银行业	2648		2648
证券业			
保险业			
其他金融活动			
(十一)房地产业	808108		808108
房地产业	808108		808108
(十二)租赁和商务服务业	11167		11167
租赁业			
商务服务业	11167		11167
(十三)科学研究、技术服务和地质勘查业	2649		2649
研究与试验发展			
专业技术服务业	2649		2649
科技交流和推广服务业			
地质勘查业			
(十四)水利、环境和公共设施管理业	383473	22600	360873
水利管理业	49344	22600	26744
环境管理业	10341		10341
公共设施管理业	323788		323788
(十五)居民服务和其他服务业	11038		11038
居民服务业	4538		4538
其他服务业	6500		6500
(十六)教育	81367		81367
教育	81367		81367
(十七)卫生、社会保障和社会福利业	24172		24172
卫生	21322		21322
社会保障业			
社会福利业	2850		2850
(十八)文化、体育和娱乐业	31533		31533
新闻出版业			
广播、电视、电影和音像业			
文化艺术业	20721		20721
体育	6300		6300

6-9 续表 4

单位:万元

指标	总计	中央	地方
娱乐业	4512		4512
(十九)公共管理和社会组织	20986		20986
中国共产党机关			
国家机构	17114		17114
人民政协和民主党派			
群众团体、社会团体和宗教组织			
基层群众自治组织	3872		3872
(二十)国际组织			
国际组织			
三、新增固定资产(万元)	2908026	42676	2865350
四、施工个数(个)			
1.施工项目个数	844	14	830
#本年新开工	584	10	574
2.本年投产项目个数	481	7	474
五、房屋建筑面积(万平方米)			
1.施工面积	9475779	17000	9458779
#住宅	5893441		5893441
2.竣工面积	3118285	17000	3101285
#住宅	1922472		1922472
3.竣工房屋价值	704566	3500	701066
#住宅	433863		433863
六、本年资金来源合计(万元)	5842179	224921	5617258
1.上年末结余资金	907039	23730	883309
2.本年资金来源小计	4935140	201191	4733949
(1)国家预算内资金	262973	1695	261278
(2)国内贷款	487748	11204	476544
(3)债券			
(4)利用外资	103991		103991
#外商直接投资	90998		90998
(5)自筹资金	3387058	185257	3201801
#企、事业单位自有资金	759950	5131	754819
(6)其他资金来源	693370	3035	690335
七、各项应付款合计(万元)	930129	46687	883442
#工程款	620624	7491	613133
八、征用和购置土地情况			
1.规划用地面积(万平方米)	76204691	17641195	58563496
2.本年实际征用和购置土地面积(平方米)	3802922		3802922
3.本年实际征用和购置土地成交价款(万元)	247018		247018

6-10 各地区按项目规模分固定资产投资(2011年)

单位:万元

地 区	总 计	500万元-1亿元	1-5亿元	5-10亿元	10亿元以上
总 计	5041207	1721209	1563286	587110	1169602
跨县(市、区)	184537	2496	4685		177356
城 区	1312231	573602	582538	107765	48326
沁 水 县	728094	104375	51170	57175	515374
阳 城 县	682214	240971	194734	161395	85114
陵 川 县	173051	154541	18510		
泽 州 县	976645	288505	360820	207989	119331
高 平 市	784524	355406	326579	12822	89717
开 发 区	199911	1313	24250	39964	134384

注:本表不含房地产投资。

6-11 各地区能源工业投资

单位:万元

年 份 地 区	合 计	煤炭开采及洗选业	石油及天然气开采业	石油及炼焦加工业	电力、热力及燃气的生产和供应业
2003	204875	177515	4		27360
2004	342148	283364	175	31270	27339
2005	580352	451333		30433	98586
2006	774680	435449		24291	314940
2007	770578	381812	158	76341	312267
2008	1172145	755204	17447	115316	284178
2009	1446567	924381	123768	39527	358891
2010	1410889	788906	160050	7325	454608
2011	2144664	1301474	415205	3598	365378
跨县(市、区)	4745	60			
城 区	415670	228812	44000	3598	121425
沁 水 县	620366	178637	345578		89644
阳 城 县	345556	237295	25627		64358
陵 川 县	40886	35837			4699
泽 州 县	506629	431847			65322
高 平 市	210812	188986			19930
开 发 区					

注:2011年之前为城镇固定资产投资。

6-12　500万元以上施工、投资项目个数

年　份 地　区	施工项目 （个）	新开工项目 （个）	全部建成投产项目 （个）	项目建成投产率 （%）
2000	179	106	84	46.9
2001	130	64	41	31.5
2002	394	314	232	58.8
2003	299	186	83	27.7
2004	381	224	90	23.6
2005	295	139	113	38.3
2006	363	247	153	42.1
2007	299	175	150	50.2
2008	367	230	253	68.9
2009	692	504	398	57.5
2010	1300	885	779	59.9
2011	932	584	481	51.6
跨县(市、区)	7	1		
城　　区	182	107	91	50.0
沁 水 县	83	38	39	47.0
阳 城 县	190	122	67	35.3
陵 川 县	86	37	31	36.0
泽 州 县	149	93	80	53.7
高 平 市	223	184	171	76.7
开 发 区	6	2	2	33.3

注：2011年之前为城镇50万元以上投资的项目个数。

6-13　新增固定资产及交付使用率

年　份 地　区	固定资产投资额 （万元）	新增固定资产 （万元）	固定资产交付使用率 （%）
2000	466304	57793	12.4
2001	428519	269764	62.9
2002	532601	1635297	307.1
2003	685558	402029	58.6
2004	866631	530091	61.1
2005	1170405	526035	44.9
2006	1458587	508070	34.8
2007	1981615	1180651	59.6
2008	2392521	1281674	53.6
2009	3290945	2158427	65.6
2010	3893245	2174329	55.8
2011	5041207	2908026	57.7
跨县(市、区)	184537		
城　　区	1312231	897107	68.4
沁 水 县	728094	218983	30.1
阳 城 县	682214	593248	87.0
陵 川 县	173051	64587	37.3
泽 州 县	976645	501593	51.4
高 平 市	784524	540338	68.9
开 发 区	199911	92170	46.1

注：2011年之前为城镇固定资产投资。

6-14 固定资产投资新增生产能力(2011年)

指标	计量单位	建设规模	本年施工规模	本年新开工能力	累计新增生产能力	本年新增
原煤开采	万吨/年	7688	3922	1917	525	390
洗煤	万吨/年	60	60	60	60	60
焦炭	万吨/年	120				
天然气开采	亿立方米/年	37.9	22.2	14.2	18.0	7.5
生铁	万吨/年	11	5	5		
热轧钢材	万吨/年	3	3	3		
水力发电	万千瓦	613.8	0.2			
火力发电	万千瓦	120	60	13	13	13
其他发电	万千瓦	1.2				
输电线路长度(110KV及以上)	公里	126.5	93.5	93.5	38.5	38.5
水泥	吨/年	326.0	126.0		126.0	126.0
氮肥	万吨/年	40100	40000		40000	40000
精甲醇	万吨/年	15000	15000		15000	15000
新建铁路里程	公里	64.9				
新建公路	公里	142.8	135.3	72.4		
#高速公路	公里	132.4	132.4	69.5		
一级公路	公里	7.5				
二级公路	公里	2.9	2.9	2.9		
改建公路	公里	141.3	87.3	50.5	27.1	27.1
一级公路	公里	90.8	36.8			
二级公路	公里	47.9	47.9	47.9	27.1	27.1
新建独立公路桥梁	延长米	297	228	228	228	228
新建独立公路桥梁	座	3	2	2	3	2
新(扩)建公路客、货运站	个	1	1			
新(扩)建公路客、货运站	平方米	4500	4500			
城市自来水供水能力	万吨/日	3.6	3.6	3.6		
城市公共交通车辆购置	辆	40	40	40	40	40

6-15 房地产开发企业(单位)主要指标

指 标		2003年	2004年	2005年	2006年	2007年	2008年	2009年	2010年	2011年
企业个数	**(个)**	49	67	66	69	69	81	87	89	96
内资		48	66	65	69	69	81	87	88	95
#国有		9	8	10	9	9	8	8	8	8
集体		3	6	4	4	4	2	1		
港、澳、台投资		1	1	1						
外商投资									1	1
平均从业人数	**(人)**	1286	1661	1715	1668	1754	1921	1955	2362	2176
内资		1266	1640	1694	1668	1754	1921	1955	2361	2156
#国有		412	679	518	449	451	435	336	425	377
集体		204	489	102	228	111	52			
港、澳、台投资		20	21	21						
外商投资									1	20
土地开发及购置	**(平方米)**									
本年土地购置面积		231606	606871	128382	39768	163844	299605	233877	227255	441528
本年完成投资额	**(万元)**	49088	89442	82252	68759	81196	148040	265430	323666	375014
#住宅		30096	69311	62253	59545	65533	109239	221029	270043	300284
#经济适用房屋		9860	4380	3350	620	5255	5212		11248	
资金来源小计	**(万元)**	46695	84098	83303	70439	67825	160341	302157	398981	400232
#国内贷款		11422		17455	19767	11700	19710	52177	54123	33969
利用外资										
自筹资金		11193		22279	11104	18642	76963	122036	185767	152183
房屋建筑面积	**(平方米)**									
施工面积		792863	902857	1052645	2981600	1013003	1804470	2851180	4087667	4885229
竣工面积		359343	290870	293450	265830	271015	261808	609578	694055	794057
本年新开工面积		515965	632587	619909	2474363	262354	930476	1152295	1863770	1644334
#住宅		481510		586377	2432314	240377	813290	1021807	1544642	1351453
#经济适用房屋		77938					66152		180988	
商品房屋销售面积	**(平方米)**	326017	290535	487800	319579	208227	384161	606486	614319	1046391
#住宅		305801	278725	471592	313073	203642	371145	578935	553126	986462
#经济适用房屋		111724	22932	61200			1600			
商品房销售额	**(万元)**	35524	37418	77942	64373	59085	108568	166552	184448	365546
#住宅		32100	33852	71479	61865	54202	99235	152937	152257	334749
#经济适用房屋		10857	2042	7300			290			
实收资本合计	**(万元)**	38878	371177	47025	64223	70935	79238	74529	130001	1313416
#国家资本金		1292	94123	5935	9555	5333	6466	6643	-260	
资产负债率	**(%)**	75.0	71.8	74.9	75.3	77.4	76.8	87.1	87.5	89.6
主营业务收入	**(万元)**	34934	387372	58252	41321	79872	88923	153263	174344	133822
#土地转让收入				230	2036	2036		425	1185	5

6-16 房地产开发企业(单位)个数

单位:个

年份/地区	企业个数	内资企业	国有	集体	港、澳、台投资企业	外商投资企业
2000	19	14	12	2		
2001	26	14	11	3		
2002	49	12	9	3	1	
2003	49	12	9	3	1	
2004	67	66	8	6	1	
2005	66	65	10	4	1	
2006	87	69	9	4		
2007	69	69	9	4		
2008	81	81	8	2		
2009	87	87	8	1		
2010	89	88	8			1
2011	96	95	8			1
城　区	53	52	4			1
沁水县	6	6	1			
阳城县	12	12	1			
陵川县	5	5				
泽州县	10	10	1			
高平市	10	10	1			

6-17 房地产开发企业(单位)从业人员数

单位:人

年份/地区	企业人数	内资企业	国有	集体	港、澳、台投资企业	外商投资企业
2000	696	696	586	52		
2001	1027	647	443	204		
2002	1279	930	493	437		
2003	1286	616	412	204	20	
2004	1661	1640	489	111	21	
2005	1715	1694	518	102	21	
2006	1668	1668	449	228		
2007	1754	1754	451	111		
2008	1919	1919	441	52		
2009	1955	1955	336			
2010	2362	2361	425			1
2011	2176	2156	377			20
城　区	1356	1336	230			20
沁水县	72	72	24			
阳城县	278	278	50			
陵川县	81	81				
泽州县	121	121				
高平市	268	268	73			

6-18　房地产开发企业(单位)土地开发及购置

单位:平方米

年份 地区	土地购置 费用(万元)	待开发 土地面积	本年购置 土地面积
2000			35948
2001			89127
2002			211739
2003			231606
2004			606871
2005	7361	278137	128382
2006	4049	292618	39768
2007	16010	294420	163844
2008	31882	284755	299605
2009	47951	283346	233877
2010	33222	227255	46546
2011	49661	171313	441528
城　　区	46024	91313	437132
沁 水 县			
阳 城 县			
陵 川 县			
泽 州 县	625	80000	4396
高 平 市	3012		

6-19　房地产开发企业(单位)建设投资总规模及完成投资(2011 年)

单位:万元

地区	计划总投资	自开始建设至本年底累计完成投资	本年完成投资
全　　市	1511013	1050542	375014
城　　区	1301883	881300	331658
沁 水 县	7737	1781	1520
阳 城 县	55623	46064	16610
陵 川 县	4805	4785	
泽 州 县	70939	47576	7826
高 平 市	70026	69037	17400

6-20 按用途分房地产开发企业(单位)投资完成额

单位:万元

年份 地区	本年完成 投资额	住宅	别墅、高档公寓	经济适用房屋	办公楼	商业营业用房	其他
2000	21593	16150			751	3500	1192
2001	31856	18574		17334	1727	8398	3160
2002	34874	16073	450	6599	3592	5696	9513
2003	49088	30096	2668	9860	1378	8172	9442
2004	89442	69311	798	4380	2262	3087	14782
2005	82252	62253		3350	1520	6118	12361
2006	68756	59545	4195	620	188	3446	5577
2007	81196	65533	6872	5255	206	4029	11428
2008	148040	109239		5212	3760	8414	26627
2009	265430	221029			5817	27770	10814
2010	323666	270043	11248	6205	3717	31802	18104
2011	375014	300284	12002		4454	44581	25695
城　　区	331658	263375	263375		4454	38711	25118
沁 水 县	1520	1215	1215			185	120
阳 城 县	16610	14083	14083			2085	442
陵 川 县							
泽 州 县	7826	7446	7446			365	15
高 平 市	17400	14165	14165			3235	

6-21 房地产开发企业(单位)资金来源

单位:万元

年份 地区	本年资金来源 小计	国内贷款	利用外资	外商直接投资	自筹资金	其他资金来源
2000	28252	9387	3424	3424	2680	12706
2001	24029	7929			4565	11360
2002	41528	8201			6549	26588
2003	674003	221680	1518	1364	305082	69583
2004	84098					
2005	83303	17455			22279	43569
2006	70439	19767			11104	39568
2007	67825	11700			18642	37483
2008	160341	19710			76963	63668
2009	302157	52177			122036	127944
2010	398981	54123			185767	159091
2011	400232	33969			152183	214080
城　　区	335138	26195			138262	170681
沁 水 县	1530				800	730
阳 城 县	27169				6460	20709
陵 川 县	1489					1489
泽 州 县	9387				3661	5726
高 平 市	25519	7774			3000	14745

6-22 房地产开发企业(单位)建设房屋建筑面积和造价

年份 地区	施工房屋面积 (平方米)	竣工房屋面积 (平方米)	房屋建筑面积 竣工率(%)	竣工房屋价值 (万元)	竣工房屋造价 (元/平方米)
2000	489539	234981	48.00	19410	826
2001	520174	304045	58.45	27964	920
2002	533542	340928	63.90	31149	914
2003	792863	359343	45.32	31697	882
2004	902857	290870	32.22	28362	975
2005	1052645	293450	27.88	32743	1116
2006	3023600	265830	8.79	36894	1388
2007	1013003	271015	26.75	43292	1597
2008	1804470	261808	14.51	27662	1057
2009	2851180	609578	21.38	129537	2125
2010	4087667	694055	16.98	128055	1845
2011	4885229	794057	16.25	217369	2737
城区	3944254	650775	16.50	189397	2910
沁水县	36607				
阳城县	133644	48145	36.02	15646	3250
陵川县					
泽州县	536563	46586	8.68	5615	1205
高平市	234161	48551	20.73	6711	1382

6-23 按用途分房地产开发企业(单位)新开工房屋面积

单位:平方米

年份 地区	本年新开工 房屋面积	住宅			办公楼	商业营业用房	其他
			别墅、高档公寓	经济适用房屋			
2000							
2001							
2002	261273	242676	40630	52818	5873	12654	70
2003	515965	481510	41260	77938	4900	24455	5100
2004							
2005	619909	586377			9576	18740	5216
2006	2474363	2432314	22000		2217	22960	16872
2007	262354	240377				11976	10001
2008	930476	813290		66152	31195	55740	30251
2009	1152295	1021807			5837	80880	43771
2010	1863770	1544642	180988	53153	41325	154935	122868
2011	1644334	1351453			30000	136233	126648
城区	1455802	1187904			30000	123917	113981
沁水县	16800	13758				1484	1558
阳城县	91116	80410				7105	3601
陵川县							
泽州县	43293	32387				3398	7508
高平市	37323	36994				329	

6-24 商品房屋销售情况

年份 地区	房屋销售面积（平方米）	住宅	商品房销售额（万元）	住宅
2000	143858	138702	17142	13753
2001	226152	194568	28231	23731
2002	269934	260435	32403	29001
2003	326017	305801	35524	32100
2004	290535	278725	37418	33852
2005	487800	471592	77942	71479
2006	319579	313073	64373	61865
2007	208227	203642	59085	54202
2008	384161	371145	108568	99235
2009	606486	578935	166552	152937
2010	614319	553126	184448	152257
2011	1046391	986462	365546	334749
城区	890152	839539	317996	292690
沁水县				
阳城县	62765	56779	19398	15456
陵川县	11915	11915	1888	1888
泽州县	35256	35106	10341	10296
高平市	46303	43123	15923	14419

6-25 按用途分商品房屋销售面积

单位:平方米

年份 地区	房屋销售面积	住宅			办公楼	商业营业用房	其他
			别墅、高档公寓	经济适用房屋			
2000	143858	138702			980	4176	
2001	226152	194568		111450	16628	14956	
2002	269934	260435		91509	700	8799	
2003	326017	305801		111724	2800	17416	
2004	290535	278725		22932	2376	9434	
2005	487800	471592		61200		15901	307
2006	319579	313073	3000			3357	3149
2007	208227	203642	4565			4290	295
2008	384161	371145		1600		8675	4341
2009	606486	578935			1065	18476	8010
2010	614319	553126			17824	34852	8517
2011	1046391	986462			22033	21146	16750
城区	890152	839539			22033	12292	16288
沁水县							
阳城县	62765	56779				5524	462
陵川县	11915	11915					
泽州县	35256	35106				150	
高平市	46303	43123				3180	

6-26 按用途分商品房屋平均销售价格

单位:元/平方米

年份 地区	房屋销售价格	住宅	别墅、高档公寓	经济适用房屋	办公楼	商业营业用房	其他
2000	1192	992		931	9949	5781	
2001	1248	1220		1244	1460	1385	
2002	1200	1114		917	3986	3549	
2003	1090	1050		972	900	1821	
2004	1288	1215		890	1625	3371	
2005	1598	1516		1193		4016	2508
2006	2014	1976	2500			4751	2899
2007	2838	2662	2970			11156	3288
2008	2826	2674		1813		8505	4504
2009	2746	2642			4695	5637	3371
2010	3002	2753			5502	6147	1126
2011	3493	3393			5034	8386	1177
城区	3572	3486			5034	9998	1182
沁水县							
阳城县	3091	2722				7051	1017
陵川县	1585						
泽州县	2933	2933				3000	
高平市	3439	3344				4730	

6-27 房地产开发企业(单位)资产负债

单位:万元

年份 地区	实收资本合计	国家资本金	资产总计	累计折旧	本年折旧	负债总计	所有者权益	资产负债率(%)
2000	6403	1735	54264	379	71	45731	8533	84.28
2001	9322	1991	70872	618	132	55719	15153	78.62
2002	17175	2057	100662	841	296	82998	17664	82.45
2003	38878	1292	135428	1224	323	101522	33906	74.96
2004	37117	9412	202249	1574	520	145140	73884	71.76
2005	47025	5935	227128	2179	634	170001	57127	74.85
2006	64223	9555	298324	2306	749	224535	73789	75.27
2007	70935	5333	353135	3102	898	273158	79977	77.35
2008	79238	6466	444692	3734	880	341674	103018	76.83
2009	74529	6643	763878	6134	1348	665368	98510	87.10
2010	130001	-260	1176981	9091	2188	1029759	147222	87.49
2011	130813		1694775	11128	2237	1518247	176527	89.58
城区	99930		1319659	5779	992	1188507	131151	90.06
沁水县	1406		5400	23		3954	1446	73.22
阳城县	6614		105876	818	225	101858	4019	96.20
陵川县	3079		4898	235		1260	3638	25.72
泽州县	8650		103724	498	141	90160	13564	86.92
高平市	11135		155218	3775	879	132509	22709	85.37

6-28 房地产开发企业(单位)经营情况

单位:万元

年份 地区	主营业务收入	土地转让收入	商品房屋销售收入	房屋出租收入	其他收入	主营业务税金及附加	主营业务利润
2000	16500		16182		318	741	2
2001	14786	1387	12797		602	727	-104
2002	27905		27737	26	142	1375	6
2003	34934		33029	282	1623	1387	269
2004	38737		37872		864	2166	4421
2005	58252	230	58022		466	4043	5788
2006	46103	2036	35109		8958	2805	-1318
2007	79872	2036	70522	79	7235	4913	551
2008	88923		86715	230	1978	4878	10043
2009	153263	425	152226	272	340	9209	12447
2010	174344	1185	172247	850	63	10914	24403
2011	133822	5	132618	751	448	9019	
城区	101528	5	100435	669	419	6233	
沁水县						143	
阳城县	7508		7508			502	
陵川县	1570		1489	51	29	103	
泽州县	10884		10854	30		836	
高平市	12333		12332		0.4	1202	

6-29 按规模分房地产开发企业(单位)完成投资(2011年)

单位:万元

地区	500万元以下	500-1000万元	1000-3000万元	3000-5000万元	5000万-1亿元	1-5亿元	5-10亿元	10亿元以上
总计		1095	10633	7028	41008	204433	62491	48326
城区			4923	5433	41008	169477	62491	48326
沁水县				1520				
阳城县		1095	3230			12285		
陵川县								
泽州县			2480			5346		
高平市				75		17325		

6-30 房地产开发企业(单位)建设成套住宅竣工与销售情况

年份 地区	住宅竣工套数合计(套)	别墅、高档公寓	经济适用房屋	住宅销售套数合计(套)	别墅、高档公寓	经济适用房屋
2005	2464		744	3903		740
2006	1925	107		2546	20	
2007	2189	107		1710	70	
2008	2085		516	2852		12
2009	4505			5040		
2010	4975		96	4734		
2011	5833			8272		
城区	4790			7044		
沁水县						
阳城县	304			416		
陵川县				106		
泽州县	306			295		
高平市	433			411		

6-31 按登记注册类型分房地产开发企业情况(2011 年)

单位:万元、平方米、套

分组指标	总计	内资											外商投资企业	
			国有企业	集体企业	股份合作企业	其他有限责任公司	股份有限公司	私营独资企业	私营合伙企业	私营有限责任公司	私营股份有限公司	其他企业		外资企业
企业(单位)个数(个)	96	95	8		1	26	5	3		49	1	2	1	1
计划总投资	1511013	1493013	106905			330522	118067	2389		868510	1650	64970	18000	18000
自开始建设累计完成投资	1050542	1036140	88214			258714	77087	2500		559224	921	49480	14402	14402
本年完成投资	375014	368514	28736			108995	18865	380		199655	800	11083	6500	6500
# 土地开发投资额														
配套工程投资	11089	11089	100			574		50		9480		885		
按构成分														
建筑工程	276098	271798	28596			84879	17557	300		131108	160	9198	4300	4300
安装工程	34837	32637	10			6444	603	50		24235	10	1285	2200	2200
设备工器具购置	6348	6348				3353		30		2960	5			
其他费用	57731	57731	130			14319	705			41352	625	600		
# 旧建筑物购置费	188	188								188				
土地购置费	49661	49661				11635	700			36701	625			
按工程用途分														
商品住宅	300284	295984	26874			89924	17809	300		150894	800	9383	4300	4300
#90 平方米以下	60344	60344	2610			23643	2590	300		31026	175			
140 平方米以上	40644	40644	656			16838	1502			17398		4250		
别墅、高档公寓	12002	12002				8279				3723				
办公楼	4454	4454				3012				1442				
商业营业用房	44581	43771	1742			9179	55	80		32115		600	810	810
其他	25695	24305	120			6880	1001			15204		1100	1390	1390
本年新增固定资产	228091	228091	23000			21416	36930	380		145100	800	465		
一、本年资金来源合计	602155	597260	37226		460	186818	23335	1340		312475	1650	33956	4895	4895
1.上年末结余资金	201923	200528	4493		460	63988	7407	140		105538	879	17623	1395	1395
2.本年资金来源小计	400232	396732	32733			122830	15928	1200		206937	771	16333	3500	3500
(1)国内贷款	33969	30469				3500				16969		10000	3500	3500
银行贷款	26145	22645				3500				9145		10000	3500	3500
非银行金融机构贷款	7824	7824								7824				
(2)利用外资														
# 外商直接投资														
(3)自筹资金	152183	152183	8030			30530	12350	1200		99302	771			
# 自有资金	67636	67636	8020			30250		1200		28166				
(4)其他资金来源	214080	214080	24703			88800	3578			90666		6333		
# 定金及预收款	188456	188456	23174			83454	2813			75872		3143		
个人按揭贷款	13669	13669				4210				6269		3190		
二、本年各项应付款合计	134109	130109	2860			32374	7222			84760		2893	4000	4000
# 工程款	69662	65662	2350			20945	7217			32457		2693	4000	4000

6–31

分组指标	总 计	内 资			
			国有企业	集体企业	股份合作企业
待开发土地面积	171313	171313			
本年购置土地面积	441528	441528			
本年土地成交价款	91834	91834			
其中:拆迁补偿	431	431			
土地使用权出让金	82389	82389			
契税	3081	3081			
年初存货	417523	417523	67117		
流动资产合计	1410031	1406794	143530		600
#存货	492569	492569	60199		
固定资产原价	42322	42319	1808		278
累计折旧	11128	11128	571		
#本年折旧	2237	2237	61		
资产总计	1694775	1667183	162566		878
负债合计	1518247	1506225	151270		278
所有者权益合计	176527	160958	11295		600
#实收资本	130813	115244	8916		600
主营业务收入	133822	133822	24552		
#土地转让收入	5	5			
商品房屋销售收入	132618	132618	24254		
房屋出租收入	751	751	288		
其他收入	448	448	10		
主营业务成本	113033	113033	18680		
主营业务税金及附加	9019	9019	2092		
其他业务利润	4094	4094	203		
销售费用	2870	2870	718		
管理费用	11794	11715	2086		10
#税金	1067	1067	113		
差旅费	655	655	25		
工会经费	136	136	12		
财务费用	7087	6957	4817		
#利息支出	2670	2530	430		
营业利润	145	355	2013		–10
营业外收入	536	536	62		
营业外支出	442	442	82		
利润总额	275	485	1993		–10
应交所得税	3223	3223	574		

续表 1

单位:万元、平方米、套

							外商投资企业	
其他有限责任公司	股份有限公司	私营独资企业	私营合伙企业	私营有限责任公司	私营股份有限公司	其他企业		外资企业
68487				102826				
46109	1962			389061	4396			
7790	700			82694	650			
227				204				
	700			81689				
	27			3054				
83349	17993			187255	8037	53771		
276952	131689	4669		698119	12885	138352	3237	3237
97559	36226			235784	8071	54731		
15885	1179	616		21659	70	824	3	3
3199	308	13		6754	50	232	0.4	0.4
591	69			1364	31	119	0.4	0.4
326642	164296	6794		852676	12955	140377	27592	27592
297399	155453	4210		745481	12344	139789	12023	12023
29243	8843	2584		107195	611	588	15569	15569
23670	11260	2080		64107	611	4000	15569	15569
58837	5979			44454				
				5				
58330	5979			44055				
463								
44				395				
46805	4280			43269				
3967	525			2278		158		
3705				186				
1341	2			583	14	211		
4176	275	90		4265	114	699	79	79
624	3	0.1		206		121		
351	14	3		226		37		
42	3			77		2		
1641	-34	2		426	8	97	131	131
1670	0.3			323		108	140	140
4994	931	-93			-136	-1165	-210	-210
19	13			442				
118	26	1		199		17		
4932	919	-93			-136	-1182	-210	-210
2177	2	3		456	11			

6-31

分组指标	总 计	内 资			
			国有企业	集体企业	股份合作企业
本年应付工资总额	4552	4538	731		6
资产减值损失	-251	-251			
公允价值变动收益	-3	-3			
投资收益	5957	5957	5651		
全部从业人员年平均人数(人)	2176	2156	377		6
房屋施工面积	4885229	4817078	214679		
住宅施工面积	3937952	3889777	204565		
办公楼施工面积	98181	98181			
商业营业用房施工面积	464171	460843	8556		
其他房屋施工面积	384925	368277	1558		
房屋竣工面积	794057	794057	87672		
住宅竣工面积	714603	714603	84200		
办公楼竣工面积					
商业营业用房竣工面积	41206	41206	3472		
其他房屋竣工面积	38248	38248			
商品房销售面积	1046391	1046391	114998		
住宅销售面积	986462	986462	112679		
办公楼销售面积	22033	22033			
商业营业用房销售面积	21146	21146	2319		
其他房屋销售面积	16750	16750			
商品房销售额	365546	365546	30475		
住宅销售额	334749	334749	27147		
办公楼销售额	11092	11092			
商业营业用房销售额	17733	17733	3328		
其他房屋销售额	1972	1972			
商品住宅销售套数	8272	8272	958		
待售面积	101439	101439	37129		
住宅待售面积	91338	91338	35602		
办公楼待售面积					
商业营业用房空置面积	10101	10101	1527		
其他房屋空置面积					

续表 2

单位:万元、平方米、套

其他有限责任公司	股份有限公司	私营独资企业	私营合伙企业	私营有限责任公司	私营股份有限公司	其他企业	外商投资企业	外资企业
1099	254	79		2149	114	105	14	14
-251								
				-3				
131				175				
512	76	74		1053		58	20	20
1194462	477372	22762		2645229	12000	250574	68151	68151
996528	468296	22462		1996530	12000	189396	48175	48175
36527				60502		1152		
73919	4061	300		361582		12425	3328	3328
87488	5015			226615		47601	16648	16648
135208	143916			427261				
108139	136570			385694				
12779	4061			20894				
14290	3285			20673				
190240	112170	150		628833				
185797	110859			577127				
				22033				
2093	1311	150		15273				
2350				14400				
65861	31854	45		237311				
65472	31199			210931				
				11092				
210	655	45		13495				
179				1793				
1587	900			4827				
1935				62375				
1935				53801				
				8574				

6-32　按隶属关系分房地产开发企业情况(2011 年)

单位:万元、平方米、套

分组指标	总计	市	县	乡镇	村委会	其他
企业(单位)个数(个)	96	6	12		6	72
计划总投资	1511013	312424	83222		6623	1108744
自开始建设累计完成投资	1050542	223788	58286		5819	762649
本年完成投资	375014	91107	12500		4325	267082
# 土地开发投资额						
配套工程投资	11089	74	100			10915
按构成分						
建筑工程	276098	89100	11710		3797	171491
安装工程	34837		610		218	34009
设备工器具购置	6348	233	50			6065
其他费用	57731	1774	130		310	55517
# 旧建筑物购置费	188					188
土地购置费	49661					49661
按工程用途分						
商品住宅	300284	80268	7530		3673	208813
# 90 平方米以下	60344	21047	2610			36687
140 平方米以上	40644	5684	4906		898	29156
别墅、高档公寓	12002	8279				3723
办公楼	4454	1017	1995			1442
商业营业用房	44581	3775	2355		210	38241
其他	25695	6047	620		442	18586
本年新增固定资产	228091	43321			3923	180847
一、本年资金来源合计	602155	148568	28768		7174	417645
1.上年末结余资金	201923	46799	4719		3573	146832
2.本年资金来源小计	400232	101769	24049		3601	270813
(1)国内贷款	33969		12000			21969
银行贷款	26145		12000			14145
非银行金融机构贷款	7824					7824
(2)利用外资						
# 外商直接投资						
(3)自筹资金	152183	17410	3890			130883
# 自有资金	67636	5710	3880			58046
(4)其他资金来源	214080	84359	8159		3601	117961
# 定金及预收款	188456	84359	6630		1700	95767
个人按揭贷款	15169	1500				13669
二、本年各项应付款合计	134109	5050	6635		1988	120436
# 工程款	69662	5050	5018		1988	57606

6-32 续表 1

单位:万元、平方米、套

分组指标	总计	市	县	乡镇	村委会	其他
待开发土地面积	171313	68487				102826
本年购置土地面积	441528	24665				416863
本年土地成交价款	91834	1125				90709
其中:拆迁补偿	431	84				347
土地使用权出让金	82389	1015				81374
契税	3081	42				3039
年初存货	417523	101793	76163		2118	237448
流动资产合计	1410031	278961	245540		23352	862179
#存货	492569	97832	72441		8508	313789
固定资产原价	42322	1957	5940		3875	30550
累计折旧	11128	699	1965		632	7833
#本年折旧	2237	127	330		181	1599
资产总计	1694775	339430	267704		29890	1057751
负债合计	1518247	314827	260049		27751	915620
所有者权益合计	176527	24603	7655		2139	142130
#实收资本	130813	17870	11046		2875	99022
主营业务收入	133822	64064	9541		6896	53322
土地转让收入	5					5
商品房屋销售收入	132618	63998	8889		6896	52835
房屋出租收入	751	56	643			51
其他收入	448	10	8			430
主营业务成本	113033	51203	5378		5716	50736
主营业务税金及附加	9019	4495	902		471	3151
其他业务利润	4094	3471	211		76	336
销售费用	2870	1571	355		155	789
管理费用	11794	2660	2198		415	6522
#税金	1067	372	208		23	464
差旅费	655	90	60		189	316
工会经费	136	31	16		5	84
财务费用	7087	4643	1442		345	658
#利息支出	2670	996	735		343	596
营业利润	145	8996			-130	-8198
营业外收入	536	45	37		1	455

6–32 续表 2

单位:万元、平方米、套

分组指标	总计					
		市	县	乡镇	村委会	其他
营业外支出	442	85	78		32	247
利润总额	275	8991	-565		-161	-7990
应交所得税	3223	2496	212		43	472
本年应付工资总额	4552	869	685		181	2817
资产减值损失	-251	-251				
公允价值变动收益	-3					-28
投资收益	5957	5782				175
全部从业人员年平均人数(人)	2176	344	295		143	1394
房屋施工面积	4885229	1044714	279559		47775	3513181
住宅施工面积	3937952	938234	193824		39388	2766506
办公楼施工面积	98181	6527	31152			60502
商业营业用房施工面积	464171	30783	22202		2093	409093
其他房屋施工面积	384925	69170	32381		6294	277080
房屋竣工面积	794057	217263			23972	552822
住宅竣工面积	714603	189277			18724	506602
办公楼竣工面积						
商业营业用房竣工面积	41206	14158			2093	24955
其他房屋竣工面积	38248	13828			3155	21265
商品房销售面积	1046391	197014	3240		21279	824858
住宅销售面积	986462	192807	3240		18724	771691
办公楼销售面积	22033					22033
商业营业用房销售面积	21146	2319			2093	16734
其他房屋销售面积	16750	1888			462	14400
商品房销售额	365546	61839	1427		4014	298266
住宅销售额	334749	58379	1427		3757	271186
办公楼销售额	11092					11092
商业营业用房销售额	17733	3328			210	14195
其他房屋销售额	1972	132			47	1793
商品住宅销售套数	8272	1657	31		152	6432
待售面积	101439	36755	374			64310
住宅待售面积	91338	35602				55736
办公楼待售面积						
商业营业用房待售面积	10101	1153	374			8574
其他房屋待售面积						

6-33 按资质等级分房地产开发企业情况(2011 年)

单位:万元、平方米、套

分组指标	总计	二级	三级	四级	暂定
企业(单位)个数(个)	96	5	19	49	23
计划总投资	1511013	239615	246609	432257	592532
自开始建设累计完成投资	1050542	181835	222088	353502	293117
本年完成投资	375014	75931	38414	132560	128109
# 土地开发投资额					
配套工程投资	11089	74		1035	9980
按构成分					
建筑工程	276098	73574	26095	81525	94904
安装工程	34837	300	6451	20155	7931
设备工器具购置	6348	283	2760	2880	425
其他费用	57731	1774	3108	28000	24849
# 旧建筑物购置费	188				188
土地购置费	49661		700	25000	23961
按工程用途分					
商品住宅	300284	60922	22551	110302	106509
# 90 平方米以下	60344	18457	2010	26329	13548
140 平方米以上	40644	5740	5692	12624	16588
别墅、高档公寓	12002	8279	3723		
办公楼	4454	3012	1422	20	
商业营业用房	44581	5950	9761	13919	14951
其他	25695	6047	4680	8319	6649
本年新增固定资产	228091	25321	45765	80859	76146
本年资金来源合计	602155	128492	78909	223560	171194
上年末结余资金	201923	36782	19781	75329	70031
本年资金来源小计	400232	91710	59128	148231	101163
国内贷款	33969	2000	14000	17919	50
# 银行贷款	26145	2000	14000	10145	
非银行金融机构贷款	7824			7774	50
利用外资					
# 外商直接投资					
自筹资金	152183	1570	9094	57594	83925
# 自有资金	67636	1570	8434	38337	19295
其他资金来源	214080	88140	36034	72718	17188
# 定金及预付款	188456	88070	34256	53942	12188
个人按揭贷款	13669		1388	12281	
本年各项应付款合计	134109		9138	59356	65615
# 工程款	69662		7078	39489	23095

6-33 续表1

单位:万元、平方米、套

分组指标	总计	二级	三级	四级	暂定
待开发土地面积	171313	68487	80000		22826
本年购置土地面积	441528		1962	177289	262277
本年土地成交价款	91834		700	14561	76573
其中:拆迁补偿	431			411	20
土地使用权出让金	82389		700	5789	75900
契税	3081		27	179	2875
年初存货	417523	97993	132841	152475	34214
流动资产合计	1410031	247404	412738	494511	255379
#存货	492569	103649	170308	171826	46786
固定资产原价	42322	5718	14322	17935	4347
累计折旧	11128	1930	4811	3356	1032
#本年折旧	2237	301	1162	646	128
资产总计	1694775	281376	448201	572378	392820
负债合计	1518247	254608	428573	475489	359577
所有者权益合计	176527	26768	19628	96889	33243
#实收资本	130813	17250	24345	60979	28239
主营业务收入	133822	71511	13420	35546	13344
土地转让收入	5				5
商品房屋销售收入	132618	71074	13183	35103	13259
房屋出租收入	751	438	232	30	51
其他收入	448		6	413	30
主营业务成本	113033	57339	10262	31325	14108
主营业务税金及附加	9019	4817	1305	1831	1067
主营业务利润	4094	3471	377	246	0.2
销售费用	2870	1557	310	826	176
管理费用	11794	3264	2708	4376	1447
#税金	1067	361	222	377	108
差旅费	655	88	111	398	58
工会经费	136	32	6	48	50
财务费用	7087	5087	787	1066	148
#利息支出	2670	707	845	1109	8
营业利润	145	8951	-1575	-3631	-3600
营业外收入	536	55	339	24	118

6-33 续表 2

单位：万元、平方米、套

分组指标	总计	二级	三级	四级	暂定
营业外支出	442	110	70	234	29
利润总额	275	8932	-1305	-3841	-3511
应交所得税	3223	2274	631	318	
本年应付工资总额	4552	762	893	1950	946
资产减值损失	218	37	42	100	38
公允价值变动收益	-251	-251			
投资收益	-3			-3	
全部从业人员年平均人数(人)	59573	57823	1750		
房屋施工面积	4885229	725833	730315	1311797	2117284
住宅施工面积	3937952	578863	479043	1121356	1758690
办公楼施工面积	98181	36527	32347	1307	28000
商业营业用房施工面积	464171	41273	152608	110716	159574
其他房屋施工面积	384925	69170	66317	78418	171020
房屋竣工面积	794057	133063	165514	311050	184430
住宅竣工面积	714603	105077	150996	288500	170030
办公楼竣工面积					
商业营业用房竣工面积	41206	14158	7653	19395	
其他房屋竣工面积	38248	13828	6865	3155	14400
商品房销售面积	1046391	116054	212481	421214	296642
住宅销售面积	986462	111847	184442	407931	282242
办公楼销售面积	22033		22033		
商业营业用房销售面积	21146	2319	6006	12821	
其他房屋销售面积	16750	1888		462	14400
商品房销售额	365546	46266	73014	128881	117385
住宅销售额	334749	42806	57155	119196	115592
办公楼销售额	11092		11092		
商业营业用房销售额	17733	3328	4767	9638	
其他房屋销售额	1972	132		47	1793
商品住宅销售套数	8272	968	1600	3224	2480
空置面积	101439	36755	17277	47407	
住宅空置面积	91338	35602	14644	41092	
办公楼空置面积					
商业营业用房空置面积	10101	1153	2633	6315	
其他房屋空置面积					

主要统计指标解释

固定资产投资 是以货币形式表现的在一定时期内建造和购置固定资产的工作量以及与此有关的费用的总称。该指标是反映固定资产投资规模、结构和发展速度的综合性指标,又是观察工程进度和考核投资效果的重要依据。固定资产投资统计范围为城镇和农村各种登记注册类型的企业、事业、行政单位,以及城镇个体户进行的计划总投资500万元及500万元以上的建设项目。

房地产开发投资 指各种登记注册类型的房地产开发公司、商品房建设公司及其他房地产开发法人单位和附属于其他法人单位实际从事房地产开发或经营活动的单位统一开发的包括统代建、拆迁还建的住宅、厂房、仓库、饭店、宾馆、度假村、写字楼、办公楼等房屋建筑物和配套的服务设施,土地开发工程(如道路、给水、排水、供电、供热、通讯、平整场地等基础设施工程)的投资;不包括单纯的土地交易活动。

农村投资 包括在农村区域范围内进行固定资产投资活动的企业、事业、行政单位及农户投资。

建设总规模 是指在报告期内所有施工项目的计划总投资。这个指标和施工项目相对应。

在建总规模 是指在报告期末所有在建项目的计划总投资。

在建净规模 是指报告期末所有在建项目建成投产尚需的投资总量。

在建净规模=在建总规模-未投产项目(项末在建)累计完成投资。

固定资产投资的资金来源 根据固定资产投资的资金来源不同,分为国家预算内资金、国内贷款、利用外资、自筹资金和其他资金。

(1)国家预算内资金:分为财政拨款和财政安排的贷款两部分。包括中央财政的基本建设基金(分经营性基金和非经营性基金两部分)、专项支出(如煤代油专项等)、收回再贷、贴息资金,财政安排的挖潜改造和新产品试制支出、城建支出、商业部门简易建筑支出、不发达地区发展基金等资金中用于固定资产投资的资金;地方财政中由国家统筹安排的资金等。

(2)国内贷款:指报告期固定资产投资单位向银行及非银行金融机构借入的用于固定资产投资的各种国内借款,包括银行利用自有资金及吸收的存款发放的贷款、上级主管部门拨入的国内贷款、国家专项贷款(包括煤代油贷款、劳改煤矿专项贷款等)、地方财政专项资金安排的贷款、国内储备贷款、周转贷款等。

(3)利用外资:指报告期收到的用于固定资产建造和购置的国外资金(包括设备、材料、技术在内)。包括对外借款(外国政府、国际金融组织贷款、出口信贷、外国银行商业贷款、对外发行债券和股票)、外商直接投资及外商其他投资。不包括我国自有外汇资金(国家外汇、地方外汇、留成外汇、调剂外汇和中国银行自有资金发行的外汇贷款等)。计算利用外资时,需要折算成人民币,折算中所使用的外汇汇率按现汇计算,即按使用外汇时的汇率计算。

(4)自筹资金:指固定资产投资单位报告期收到的,由各地区、各部门及企、事业单位筹集用于固定资产投资的预算外资金,包括中央各部门、各级地方和企、事业单位的自筹资金。

(5)其他资金:指在报告期收到的除以上各种资金之外其他用于固定资产投资的资金,包括企业或金融机构通过发行各种债券筹集到的资金、群众集资、个人资金、无偿捐赠的资金及其他单位拨入的资金等。

固定资产投资按国民经济行业分 根据建设项目建成投产后的主要产品或主要用途及社会经济活动性质来确定国民经济行业。一般情况下,一个建设项目或一个企业、事业单位只能属于一种国民经济行业。

固定资产投资按建设性质分 根据整个建设项目情况来确定。建设项目的性质一般分为新建、扩建、改建和技术改造、迁建、恢复。房地产开发单位、农村投资、城镇工矿区私人建房投资不划分建设性质。

(1)新建:一般指从无到有开始建设的企业、事业和行政单位或建设项目。但如有的单位原有基础很小,经过建设后新增的固定资产价值超过该企、事业、行政单位原有固定资产价值(原值)三倍以上的也应作为新建。

(2)扩建:指在厂内或其他地点,为扩大原有产品的生产能力(或效益)或增加新的产品生产能力,而增建主要的生产车间(或主要工程)、分厂、独立的生产线。行政、事业单位在原单位增建业务用房(如学校增建教学用房、医院增建门诊部、病房等)也作为扩建。

现有企、事业单位为扩大原有主要产品生产能力或增加新的产品生产能力,增建一个或几个主要生产车间(或主要工程)、分厂,同时进行一些更新改造工程的,也应作为扩建。

(3)改建和技术改造:指现有企业、事业单位,对原有设施进行技术改造或更新(包括相应配套的辅助性生产、生活福利设施)的建设项目。现有企业、事业单位为适应市场变化的需要,而改变企业的主要产品种类(如军工企业转产民用品等)的建设项目,应作为改建。原有产品生产作业线由于各工序(车间)之间能力不平衡,为填平补齐充分发挥原有生产能力而增建不增加本企业主要产品设计能力的车间，也应作为改建。技术改造是指企业、事业单位在现有基础上，用先进的技术代替落后的技术，用先进的工艺和装备代替落后的工艺和装备，以改变企业落后的技术经济面貌，实现以内涵为主的扩大再生产，达到提高产品质量、促进产品更新换代、节约能源、降低消耗、扩大生产规模、全面提高社会经济效益的目的。技术改造具体包括以下内容：机器设备和工具的更新改造；生产工艺改革、节约能源和原材料的改造；厂房建筑和公共设施的改造；劳动条件和生产环境的改造等。

固定资产投资按构成分 固定资产投资活动按其工作内容和实现方式分为建筑安装工程，设备、工具、器具购置，其他费用三个部分。

（1）建筑安装工程（建筑安装工作量）：指各种房屋、建筑物的建造工程和各种设备、装置的安装工程。包括各种房屋建造工程；各种用途设备基础和各种工业窑炉的砌筑工程及金属结构工程；为施工而进行的各种准备工作和临时工程以及完工后的清理工作等；铁路、道路的铺设，矿井的开凿及石油管道的架设等；水利工程；防空地下建筑等特殊工程；列入房屋工程预算内的暖气、卫生、通风、照明、煤气等设备的价值及装设油饰工程；列入建筑工程预算内的各种管道（蒸汽、压缩空气、石油、给排水等管道）、电力、电讯电缆导线等的敷设工程；以及各种机械设备的安装工程；为测定安装工程质量，对设备进行的试运工作；房地产开发单位进行的商品房屋开发建设工程、土地开发工程。

在安装工程中，不包括被安装设备本身的价值。

（2）设备、工具、器具购置：指建设单位或企、事业单位购置或自制的，达到固定资产标准的设备、工具、器具的价值。新建单位及扩建单位的新建车间，按照设计或计划要求购置或自制的全部设备、工具、器具，不论是否达到固定资产标准均计入“设备、工具、器具购置”中。

（3）其他费用：指在固定资产建造和购置过程中发生的，除上述几项内容以外的各种应分摊计入固定资产的费用。

施工项目 指报告期内进行过建筑或安装施工活动的项目。凡是报告期内施过工的建设项目，不论施工时间长短，均作为施工项目统计。施工项目个数可以反映一定时期固定资产投资的实际规模，与同期全部建成投产项目个数相比，可以从建设速度的角度反映固定资产投资的效果。根据建设项目施工活动的不同性质，施工项目又分为：本年正式施工项目、本年收尾项目和以前年度全部停缓建项目。

全部建成投产项目 工业项目指设计文件规定形成生产能力的主体工程及其相应配套的辅助设施全部建成，经负荷试运转，证明具备生产设计规定合格产品的条件，并经过验收鉴定合格或达到竣工验收标准，与生产性工程配套的生活福利设施可以满足近期正常生产的需要，正式移交生产的建设项目。非工业项目指设计文件规定的主体工程和相应的配套工程全部建成，能够发挥设计规定的全部效益，经验收鉴定合格或达到竣工验收标准，正式移交使用的建设项目。

房屋建筑面积 指房屋建筑物勒脚以上外墙外围的水平截面面积，包括房屋建筑物的有效面积和结构面积。该指标是从实物形态上反映建设规模和建设成果的重要指标之一，也是检查工程形象进度、计算工程造价、分析投资效果、研究施工任务和建筑材料之间平衡情况的重要依据。

施工面积 指报告期内施工的全部房屋建筑面积。包括本期新开工的面积和上期开工跨入本期继续施工的房屋面积，以及上期已停建在本期恢复施工的房屋面积。本期竣工和本期施工后又停缓建的房屋，其建筑面积仍计入本期房屋施工面积中。

竣工面积 指在报告期内房屋建筑按照设计要求已经全部完工，达到住人和使用条件，经验收鉴定合格（或达到竣工验收标准），正式移交使用单位的各栋房屋建筑面积的总和。

新增固定资产 指报告期内已经完成建造和购置过程，并已交付生产或使用单位的固定资产价值。该指标是表示固定资产投资成果的价值指标，也是反映建设进度，计算固定资产投资效果的重要指标。

固定资产交付使用率 指一定时期新增固定资产与同期完成投资额的比率。该指标是反映固定资产动用速度，衡量建设过程中宏观投资效果的综合指标。由于新增固定资产是较长时期内形成的结果，而投资额则是当年完成的，因此，该指标一般适宜于反映较长时期内固定资产的动用情况。

7

能 源

Energy

简 要 说 明

一、本篇资料的主要内容

本篇包括的主要内容有能源生产、消费及品种构成,能源生产、消费和库存量,主要能源品种的单项平衡表,分行业、分主要能源品种的消费量,能源加工转换效率及全社会用电量等。

二、本篇的资料来源

本篇数据主要来自能源消费统计,有关电力数据由市电力公司提供。

7-1 主要能源生产量

年 份	原 煤（万吨）	天然气（万立方米）	水 电（万千瓦时）	火 电（万千瓦时）	焦 炭（吨）
1985	2248		3439	18120	
1986	2327		2357	18833	
1987	2581		2111	20470	
1988	2823		2544	25717	
1989	3084		2874	29132	
1990	3099		4115	35727	
1991	3129		3271	36668	
1992	3271		6366	49545	
1993	3292		8176	61873	
1994	3226		9092	64323	
1995	3549		10492	75838	
1996	3986		12285	72696	32700
1997	3825		8216	101317	137000
1998	4021		11602	95664	119600
1999	2551		6578	66880	118360
2000	3807		7918	65596	120000
2001	3294		8306	406274	69628
2002	4902		7167	1022082	76131
2003	6561		12228	1220850	113989
2004	7536		10548	1343510	217998
2005	7628	912	9968	1334084	231043
2006	7667	9707	11364	1301036	375500
2007	7867	19660	10896	1460630	696110
2008	8611	55270	11723	1950054	799100
2009	8532	131633	6898	1986306	761400
2010	8434	215455	5661	2035428	841526
2011	9140	217000	7430	1984167	916700

7-2 煤炭平衡表

单位:万吨

指 标	2006年	2007年	2008年	2009年	2010年	2011年
可供量	1782.0	1208.5	1273.9	1713.0	1962.4	3034.9
生产量	7666.9	7867.4	8610.5	8531.9	8433.7	9140.4
进口量						
出省量(-)	5897.7	6629.1	7338.3	6779.3	6293	5711.9
年初年末库存差额	12.8	-29.8	1.7	-39.6	-178.3	-393.6
消费量	587.5	559.0		569.0	443.9	597.5
在消费量中:						
1.农、林、牧、渔、水利业	3.0	3.0		2.6	22.3	6.3
2.工业	497.0	470.0		484.2	374.8	548.6
3.建筑业	6.0	6.0		3.1	0.3	0.3
4.交通运输、仓储和邮政业	0.5	0.5		1.1	0.3	
5.批发、零售业和住宿、餐饮业	6.8	6.5		6.6	2.5	2.5
6.其他	6.3	6.0		10.0	6.5	6.5
7.生活消费	68.0	67.0		61.3	37.6	33.4
在消费量中:						
(一)终端消费	587.5	559.0		569.0	443.9	794.2
#工 业	497.0	470.0		484.2	374.8	713.9
(二)中间消费						
(用于加工转换)						
发 电						772.3
供 热						22.5
制 气						
(三)洗选消耗						
平衡差额	1194.5	649.5		1144.1	1518.5	

注:生产量为原煤产量。

7-3 电力平衡表

单位:万千瓦小时

指 标	1995年	2000年	2005年	2006年	2007年	2008年	2009年	2010年	2011年
可供量	176739	253103	572863	696626	821513	929791	1040913	1144365	1308030
生产量	86330	73514	117726	132801	134318	142605	208890	134897	118012
水 电	10492	7918	9968	11364	10896	11723	6898	5661	7430
火 电	75838	65596	107758	121437	123422	130882	201992	129236	110582
核 电									
购入量	90409	179589	455137	563825	687195	787186	832023	1009468	1190018
消费量	176739	253103	572862	696626	821513	929791	1040913	1107555	1224963
在消费量中:									
1.农、林、牧、渔、水利业	11860	13267	8268	8994	8683	8172	11184	13460	13198
2.工业	129976	198033	473546	586390	705753	800911	898797	952368	1058165
3.建筑业	3083	4179	2837	3186	3837	6038	7275	8769	7966
4.交通运输、仓储和邮政业	9058	14946	38052	42083	41900	43206	41740	44624	44596
5.批发、零售业和住宿、餐饮业	2840	2523	5951	7349	8342	8624	9852	11528	13241
6.其他	4833	5751	17647	17780	19052	20173	72066	76806	87797
7.生活消费	15089	14404	26561	30844	33945.38	42668	48807	51439	60693
在消费量中:									
(一)终端消费	150243	224814	530335	655208	788290	897172	1005605	1055044	1171310
#工 业	129976	198033	473546	586390	705753	800911	898797	952368	1058165
(二)输配电损失量	16657	26781	42527	41418	33225	32619	35309	52511	53653

注:1、此表为市供电公司提供,不包括省调电厂常用电及线路损失量;

2、生产量统计口径为省及以下口径。

7–4 按行业分能源消费量(2010年)

行 业	能源消费总量（吨标准煤）	原煤消费量（吨）	焦炭消费量（吨）	原油消费量（吨）	汽油消费量（吨）
合 计	10906275	4438599	1662494		87780
农、林、牧、渔、水利业	234782	223000			10856
工业	8376014	3747733	820859		7803
建筑业	43350	3337			933
交通运输、仓储和邮政业	1055549				20900
批发、零售业和住宿、餐饮业	96412	24541	109		2220
其他行业	262271	64500			13408
生活消费	837899	375487			31660

7–4 续表

行 业	煤油消费量（吨）	柴油消费量（吨）	燃料油消费量（吨）	天然气消费量（万立方米）	电力消费量（亿千瓦小时）
合 计	32441	276134	7967	50641	126.12
农、林、牧、渔、水利业		12026			1.35
工业	1218	20734	7680	229	110.60
建筑业		2842		599	0.88
交通运输、仓储和邮政业		231700		41200	4.46
批发、零售业和住宿、餐饮业	17327	2782	95	517	1.15
其他行业	13897	1797	192	6991	2.54
生活消费		4253		1104	5.14

注：分品种消费量为终端能源消费量，未包含加工转换投入量。

7-5 按行业分能源消费量(2011年)

行 业	能源消费总量（吨标准煤）	原煤消费量（吨）	焦炭消费量（吨）	原油消费量（吨）	汽油消费量（吨）
合 计	12011423	5974806	1092178		145433
农、林、牧、渔、水利业	108808	63000			9904
工业	9900703	5486368	1091730		8941
建筑业	37091	2837			1109
交通运输、仓储和邮政业	386713				20900
批发、零售业和住宿、餐饮业	157136	24541	109		2220
其他行业	281801	64500			30000
生活消费	772559	333559	339		72360

7-5 续表

行 业	煤油消费量（吨）	柴油消费量（吨）	燃料油消费量（吨）	天然气消费量（万立方米）	电力消费量（亿千瓦小时）
合 计	18441	136292	1632	60627	121.11
农、林、牧、渔、水利业		5060			1.35
工业	1114	22006	1537	9931	105.84
建筑业		3852		487	0.80
交通运输、仓储和邮政业		71700	95	18800	4.46
批发、零售业和住宿、餐饮业	17327	2782		10200	1.32
其他行业		30601		12800	2.20
生活消费		291		8409	5.14

注：分品种消费量为终端能源消费量，未包含加工转换投入量。

7-6 规模工业企业能源购进、消费与库存(2011年)

指 标	计量单位	企业单位数（个）	年初库存量	购进量	
				实物量	金额（千元）
原煤	吨	99	531782	13861209	10333746
# 无烟煤	吨	50	311641	5250659	5447456
炼焦烟煤	吨	1	19250	149131	113787
一般烟煤	吨	50	200254	8452111	4767290
褐煤	吨	1	637	9307	5212
洗精煤	吨	5	135951	1081476	1121365
其它洗煤	吨	8	2597	278830	210404
煤制品	吨	5	950	386463	330258
焦炭	吨	23	29425	1091103	1631052
其它焦化产品	吨				
焦炉煤气	万立方米				
高炉煤气	万立方米				
转炉煤气	万立方米				
发生炉煤气	万立方米				
天然气(气态)	万立方米	2		151	1417
液化天然气(液态)	吨				
煤层气(煤田)	万立方米	17		48260	102034
原油	吨				
汽油	吨	129	99	8943	63619
煤油	吨	6	300	815	7431
柴油	吨	121	479	22210	157572
燃料油	吨	1	3218	315	2169
液化石油气	吨	1		8	54
炼厂干气	吨				
石脑油	吨				
润滑油	吨	3	29	632	8856
石蜡	吨				
溶剂油	吨				
石油焦	吨				
石油沥青	吨				
其它石油制品	吨	9	86	1593	17075
热力	百万千焦	2			
电力	万千瓦时	202		939258	4171315
煤矸石用于燃料	吨	2		325468	60981
城市垃圾用于燃料	吨				
生物质废料用于燃料	吨				
余热余压	百万千焦	2			
其它工业废料用于燃料	吨	1		73100	5106
其它燃料	吨标准煤				
能源合计	吨标准煤	202			

7-6 续表

指 标	计量单位	消费量 合计	消费量 工业生产消费	消费量 工业生产消费 用于原材料	消费量 非工业生产消费	消费量 非工业生产消费 运输工具消费	年末库存量
原煤	吨	13629684	13510291	3520064	119393		912276
# 无烟煤	吨	5128641	5071166	3185766	57474		511403
炼焦烟煤	吨	143686	143686	143686			24694
一般烟煤	吨	8351387	8289768	190612	61619		372205
褐煤	吨	5970	5670		300		3974
洗精煤	吨	1182637	1182492		145		34777
其它洗煤	吨	82815	82815				10835
煤制品	吨	387144	386720	364466	424		269
焦炭	吨	1091730	1091730	69851			15015
其它焦化产品	吨						
焦炉煤气	万立方米						
高炉煤气	万立方米						
转炉煤气	万立方米						
发生炉煤气	万立方米						
天然气(气态)	万立方米	151	151	26			
液化天然气(液态)	吨						
煤层气(煤田)	万立方米	56538	55666		872		
原油	吨						
汽油	吨	8941	6231	15	2710	2925	82
煤油	吨	1114	1114				1
柴油	吨	22006	18951	118	3056	2275	709
燃料油	吨	1537	1537				1996
液化石油气	吨	8	8				
炼厂干气	吨						
石脑油	吨						
润滑油	吨	628	628				33
石蜡	吨						
溶剂油	吨						
石油焦	吨						
石油沥青	吨						
其它石油制品	吨	1659	1609	52	49		21
热力	百万千焦	4081214	4081214				
电力	万千瓦时	1058231	1034951		23280		
煤矸石用于燃料	吨	325468	323768		1700		
城市垃圾用于燃料	吨						
生物质废料用于燃料	吨						
余热余压	百万千焦	222804	222804				
其它工业废料用于燃料	吨	69808	69808				
其它燃料	吨标准煤						
能源合计	吨标准煤	14599465	14459939		139526		

7-7 能源加工转换工业企业能源投入与产出(2011年)

指 标	计量单位	工业生产消费量	加 工转换投入	火力发电	供 热
原煤	吨	9907639	7948509	7723316	225193
# 无烟煤	吨	2015544	56414	4903	51511
炼焦烟煤	吨				
一般烟煤	吨	7892095	7892095	7718413	173682
褐煤	吨				
洗精煤	吨	1179602	1179602		
其它洗煤	吨				
煤制品	吨				
焦炭	吨				
其它焦化产品	吨				
焦炉煤气	万立方米				
高炉煤气	万立方米				
转炉煤气	万立方米				
发生炉煤气	万立方米				
天然气(气态)	万立方米				
液化天然气(液态)	吨				
煤层气(煤田)	万立方米	46607	46607	46607	
原油	吨				
汽油	吨	79			
煤油	吨	8			
柴油	吨	1852			
燃料油	吨	1537			
液化石油气	吨				
炼厂干气	吨				
石脑油	吨				
润滑油	吨	610			
石蜡	吨				
溶剂油	吨				
石油焦	吨				
石油沥青	吨				
其它石油制品	吨				
热力	百万千焦	4081214	4081214	4081214	
电力	万千瓦时	320918			
煤矸石用于燃料	吨	317468	317468	297759	19709
城市垃圾用于燃料	吨				
生物质废料用于燃料	吨				
余热余压	百万千焦	222804	222804	222804	
其它工业废料用于燃料	吨	69808	69808	39275	30533
其它燃料	吨标准煤				
能源合计	吨标准煤	9212819	7219129	5976831	184787

7-7 续表

指 标	计量单位				能源加工转换产出	回收利用
		原煤入洗	炼 焦	制 气		
原煤	吨					
# 无烟煤	吨					
炼焦烟煤	吨					
一般烟煤	吨					
褐煤	吨					
洗精煤	吨		1179602			
其它洗煤	吨					
煤制品	吨					
焦炭	吨				916743	
其它焦化产品	吨					
焦炉煤气	万立方米					
高炉煤气	万立方米					260945
转炉煤气	万立方米					
发生炉煤气	万立方米					
天然气(气态)	万立方米					
液化天然气(液态)	吨					
煤层气(煤田)	万立方米					
原油	吨					
汽油	吨					
煤油	吨					
柴油	吨					
燃料油	吨					
液化石油气	吨					
炼厂干气	吨					
石脑油	吨					
润滑油	吨					
石蜡	吨					
溶剂油	吨					
石油焦	吨					
石油沥青	吨					
其它石油制品	吨					
热力	百万千焦				3763253	
电力	万千瓦时				1917018	
煤矸石用于燃料	吨					
城市垃圾用于燃料	吨					
生物质废料用于燃料	吨					
余热余压	百万千焦					7280965
其它工业废料用于燃料	吨					
其它燃料	吨标准煤					
能源合计	吨标准煤		1057511		3379602	583856

7-8 规模以上工业分行业产值能耗

指 标	2010年			2011年		
	综合能源消费量（吨标准煤）	工业总产值（万元）	产值单耗（吨标准煤/万元）	综合能源消费量（吨标准煤）	工业总产值（万元）	产值单耗（吨标准煤/万元）
工业合计	**9543960**	**9037215**	**1.06**	**10496480**	**11705807**	**0.90**
（一）采矿业	**871876**	**5254558**	**0.17**	**1500579**	**6838709**	**0.22**
煤炭开采和洗选业	837157	5013981	0.17	1447011	6575139	0.22
石油和天然气开采业	34720	240576	0.14	53569	263570	0.20
黑色金属矿采选业						
有色金属矿采选业						
非金属矿采选业						
其他采矿业						
（二）制造业	**4686327**	**2723110**	**1.72**	**5223704**	**3754883**	**1.39**
农副食品加工业	3957	45859	0.09	5321	90252	0.06
食品制造业	1218	10110	0.12	919	10345	0.09
饮料制造业	1915	53879	0.04	1894	56056	0.03
烟草制品业						
纺织业	10712	23339	0.46	9765	24136	0.40
纺织服装、鞋、帽制造业	550	11575	0.05	893	6888	0.13
皮革、毛皮、羽毛(绒)及其制品业						
木材加工及木、竹、藤、棕、草制品业						
家具制造业						
造纸及纸制品业	17	887	0.02			
印刷业和记录媒介的复制	73	3197	0.02	97	4289	0.02
文教体育用品制造业	49	2240	0.02	55	2415	0.02
石油加工、炼焦及核燃料加工业	112875	131725	0.86	120892	156065	0.77
化学原料及化学制品制造业	3458742	692724	4.99	3489958	859418	4.06
医药制造业	1425	18170	0.08	3127	16648	0.19
化学纤维制造业						
橡胶制品业	662	3569	0.19	667	3520	0.19
塑料制品业	1113	10600	0.11	715	7558	0.09
非金属矿物制品业	193561	115117	1.68	289006	111585	2.59
黑色金属冶炼及压延加工业	840138	910557	0.92	1246577	1291251	0.97
有色金属冶炼及压延加工业	1177	17285	0.07			
金属制品业	2208	53860	0.04	661	68051	0.01
通用设备制造业	21390	77182	0.28	11891	100600	0.12
专用设备制造业	8047	121636	0.07	7544	138290	0.05
交通运输设备制造业	14966	82074	0.18	15196	107993	0.14
电气机械及器材制造业	1037	22342	0.05	1069	26135	0.04
通信设备、计算机及其他电子设备制造业	10421	310768	0.03	17419	672062	0.03
仪器仪表及文化、办公用机械制造业	16	2295	0.01	38	1328	0.03
工艺品及其他制造业	57	2121	0.03			
废弃资源和废旧材料回收加工业						
（三）电力、燃气及水的生产和供应业	**3985756**	**1059547**	**3.76**	**3772197**	**1112215**	**3.39**
电力、热力的生产和供应业	3982221	1050535	3.79	3769234	1100838	3.42
燃气生产和供应业	656	3783	0.17	665	4802	0.14
水的生产和供应业	2879	5230	0.55	2298	6575	0.35

7-9 煤炭产品产销存(2011年)

单位:万吨

地 区	年初库存量	本年收入量	#生产量	本年销售量	省内地销
全市合计	166.68	9211.01	9140.36	8220.41	2508.50
一、省属企业	10.77	4165.96	4165.96	3732.64	787.63
晋煤集团	10.10	4070.86	4070.86	3638.78	777.71
晋普山	0.67	95.10	95.10	93.86	9.92
二、市及以下	155.91	5045.05	4974.40	4487.77	1720.87
城 区					
沁水县	8.64	672.28	601.63	585.39	345.71
阳城县	27.30	1178.54	1178.54	1108.86	777.58
陵川县	10.70	165.23	165.23	169.44	24.90
泽州县	4.75	726.33	726.33	683.98	139.40
高平市	61.57	1185.97	1185.97	1161.59	168.97
兰花集团	42.95	1116.70	1116.70	778.51	264.31
不分地区					

7-9 续表

单位:万吨

地 区	售给集运站	通过铁路直接售予外省市数	通过公路售予外省市数	#供应出口	年末库存量
全市合计	211.67	4244.67	1255.57	443.71	560.28
一、省属企业		2853.17	91.84	73.45	9.38
晋煤集团		2769.23	91.84	73.45	7.47
晋普山		83.94			1.91
二、市及以下	211.67	1391.50	1163.73	370.26	550.90
城 区					
沁水县		196.03	120.88		95.53
阳城县	16.64	52.80	213.41		53.37
陵川县			144.54		6.47
泽州县	10.91	328.75	212.00		35.97
高平市	59.19	345.47	427.15		83.89
兰花集团		468.45	45.75		275.67
不分地区	124.93			370.26	

7-10 焦炭产品产销存(2011年)

单位:万吨

地 区	年初库存量	本年收入量		本年销售量	
			生产量		省内地销
全市焦炭合计	3.86	91.67	91.67	87.66	41.66
一、省属企业					
晋煤集团					
晋普山					
二、市及以下	3.86	91.67	91.67	87.66	41.66
城 区					
沁水县	0.81	10.01	10.01	8.30	
阳城县					
陵川县					
泽州县					
高平市	3.05	81.66	81.66	79.36	41.66
兰花集团					
不分地区					

7-10 续表

单位:万吨

地 区					年 末 库存量
	售给集运站	通过铁路直接售予外省市数	通过公路售予外省市数	#供应出口	
全市焦炭合计			46.00		7.87
一、省属企业					
晋煤集团					
晋普山					
二、市及以下			46.00		7.87
城 区					
沁水县			8.30		2.52
阳城县					
陵川县					
泽州县					
高平市			37.70		5.35
兰花集团					
不分地区					

7-11 全社会用电量(2011年)

单位:个、千伏安、万千瓦小时

指 标	用户户数	装接容量	用电量
全社会用电总计	566510	6440324	1224963
A、全行业用电合计	56998	5249856	1164270
第一产业	11404	105633	13198
第二产业	17603	4271389	1066131
第三产业	27991	872834	84941
B、城乡居民生活用电合计	509512	1190468	60693
城镇居民	50892	359298	31071
乡村居民	458620	831170	29621
全行业用电分类	56998	5249856	1164270
一、农、林、牧、渔业	11404	105633	13198
1.农业	6410	50000	6157
2.林业	105	1956	139
3.畜牧业	3860	16652	1447
4.渔业	28	210	29
5.农、林、牧、渔服务业	1001	36815	5427
#排灌	966	35564	5360
二、工业	15054	4087690	1058165
1.轻工业	7709	131519	23152
2.重工业	7345	3956171	1035013
(一)采矿业	1977	1143599	214561
1.煤炭开采和洗选业	1202	1051805	200184
2.石油和天然气开采业	57	52334	11692
3.黑色金属矿采选业	68	1721	215
4.有色金属矿采选业	8	368	4
5.非金属矿采选业	365	28342	1842
6.其他采矿业	277	9029	625
(二)制造业	12388	2014964	744425
1.食品、饮料和烟草制造业(轻)	6531	41821	3606
#农副食品加工业	5629	29877	2329
2.纺织业(轻)	162	7206	1947
3.服装鞋帽、皮革羽绒及其制品业	73	1328	165
4.木材加工及制品和家具制品业	460	5802	393
#轻工业	104	1912	162

7-11 续表1

单位：个、千伏安、万千瓦小时

指 标	用户户数	装接容量	用电量
5.造纸及纸制品业(轻)	38	1933	57
6.印刷业和记录媒介的复制(轻)	80	2442	281
7.文体用品制造业(轻)	7	556	60
8.石油加工、炼焦及核燃料加工业	64	11139	1040
9.化学原料及化学制品制造业	585	1032448	462006
#轻工业	28	555	6
#氯碱	1	8	2
电石	2	8400	1965
黄磷			
#肥料制造	61	803514	401804
10.医药制造业(轻)	23	3379	231
11.化学纤维制造业(轻)	11	114	33
12.橡胶和塑料制品业	156	6632	988
#轻工业	24	918	273
13.非金属矿物制品业	1638	255482	57920
#轻工业	8	6761	30
#水泥制造	246	143032	29864
14.黑色金属冶炼及压延加工业	133	280078	160060
#铁合金冶炼	4	38	195
15.有色金属冶炼及压延加工业	315	66112	13256
#铝冶炼	1	13	2
16.金属制品业	726	74458	15580
#轻工业	53	853	45
17.通用及专用设备制造业	709	56547	10756
#轻工业	3	325	24
18.交通运输、电气、电子设备制造业	97	10680	2204
#轻工业	5	17	2
#交通运输设备制造业	16	5409	1685
19.工艺品及其他制造业(轻)	439	48451	12894
20.废弃资源和废旧材料回收加工业	141	108356	948
(三)电力、燃气及水的生产和供应业	689	929127	99179
1.电力、热力的生产和供应业	147	23548	53738
#电厂生产全部耗用电量	33	9026	9388

7-11 续表2

单位:个、千伏安、万千瓦小时

指 标	用户户数	装接容量	用电量
线路损失电量	12	1428	44323
抽水蓄能抽水耗用电量	102	13094	27
2.燃气生产和供应业	308	854571	39841
3.水的生产和供应业	234	51008	5600
#轻工业	120	12948	3337
三、建筑业	**2549**	**183699**	**7966**
四、交通运输、仓储和邮政业	**640**	**491917**	**44596**
1.交通运输业	292	483607	43950
#城市公共交通	10	435	78
管道运输业	5	421	30
电气化铁路	6	1907	35
2.仓储业	303	7454	471
3.邮政业	45	856	174
五、信息传输、计算机服务和软件业	**4434**	**22690**	**4212**
1.电信和其他信息传输服务业	4275	21903	4064
2.计算机服务和软件业	159	787	148
六、商业、住宿和餐饮业	**10282**	**117543**	**13241**
1.批发和零售业	8557	67640	7211
2.住宿和餐饮业	1725	49903	6030
七、金融、房地产、商务及居民服务业	**6788**	**97748**	**8720**
1.金融业	337	13522	1536
2.房地产业	127	20019	1207
3.租赁和商务服务业、居民服务和其他服务业	6324	64207	5977
八、公共事业及管理组织	**5847**	**142936**	**14173**
1.科学研究、技术服务和地质勘查业	91	3446	271
#地质勘查业	6	33	5
2.水利、环境和公共设施管理业	1160	53696	5532
#水利管理业	423	20744	3279
#公共照明	289	7649	179
3.教育、文化、体育和娱乐业	841	27961	1401
#教育	321	8610	485
4.卫生、社会保障和社会福利业	539	14932	1883
5.公共管理和社会组织、国际组织	3216	42901	5086

7-12 各地区电力消费量

单位:亿千瓦小时

地 区	2005年	2006年	2007年	2008年	2009年	2010年	2011年
全 市	**66.94**	**78.09**	**95.60**	**107.59**	**119.52**	**126.04**	**136.52**
城 区	16.26	16.21	21.40	23.53	16.13	22.89	24.37
沁水县	5.81	6.21	6.89	9.43	9.64	11.30	12.74
阳城县	15.04	16.22	19.31	15.40	29.05	28.82	27.77
陵川县	3.72	2.88	2.40	3.26	3.01	3.40	4.50
泽州县	19.88	22.27	26.63	33.04	39.25	37.43	42.37
高平市	8.79	18.04	23.39	22.93	22.44	22.19	24.78

注:高平市用电量包括晋丰闻喜用电量;阳城县从2009年起包括省调用电厂(大唐和阳电的常用电量)。

7-13 各地区能源消耗指标(2011年)

地 区	单位GDP能耗(等价值)(吨标准煤/万元)	单位GDP电耗(等价值)(千瓦小时/万元)	单位工业增加值能耗(规模以上当量值)(吨标准煤/万元)
全 市	**1.45**	**1644.48**	**1.98**
城 区	1.30	1420.89	1.15
沁水县	0.94	1103.28	0.32
阳城县	1.20	1968.50	5.05
陵川县	1.67	1688.07	2.88
泽州县	2.20	2365.27	2.40
高平市	1.84	1309.91	1.46

主要统计指标解释

能源生产总量 指一定时期内，全市一次能源生产量的总和。该指标是观察全国能源生产水平、规模、构成和发展速度的总量指标。一次能源生产量包括原煤、原油、天然气、水电、核能及其他动力能（如风能、地热能等）发电量，不包括低热值燃料生产量、生物质能、太阳能等的利用和由一次能源加工转换而成的二次能源产量。

能源消费总量 指一定时期内，全市各行业和居民生活消费的各种能源的总和。该指标是观察能源消费水平、构成和增长速度的总量指标。能源消费总量包括原煤和原油及其制品、天然气、电力，不包括低热值燃料、生物质能和太阳能等的利用。能源消费总量分为终端能源消费量、能源加工转换损失量和能源损失量三部分。

（1）终端能源消费量：指一定时期内，全市生产和生活消费的各种能源在扣除了用于加工转换二次能源消费量和损失量以后的数量。

（2）能源加工转换损失量：指一定时期内，全市投入加工转换的各种能源数量之和与产出各种能源产品之和的差额。该指标是观察能源在加工转换过程中损失量变化的指标。

（3）能源损失量：指一定时期内，能源在输送、分配、储存过程中发生的损失和由客观原因造成的各种损失量，不包括各种气体能源放空、放散量。

能源生产弹性系数 是研究能源生产增长速度与国民经济增长速度之间关系的指标。计算公式：

$$能源生产弹性系数=\frac{能源生产总量年平均增长速度}{国民经济年平均增长速度}$$

国民经济年平均增长速度，可根据不同的目的或需要，用国民生产总值、国内生产总值等指标来计算，本年鉴是采用国内生产总值指标计算的。

电力生产弹性系数 是研究电力生产增长速度与国民经济增长速度之间关系的指标。一般来说，电力的发展应当快于国民经济的发展，也就是说电力应超前发展。计算公式为：

$$电力生产弹性系数=\frac{电力生产量年平均增长速度}{国民经济年平均增长速度}$$

能源消费弹性系数 反映能源消费增长速度与国民经济增长速度之间比例关系的指标。计算公式为：

$$能源消费弹性系数=\frac{能源消费量年平均增长速度}{国民经济年平均增长速度}$$

电力消费弹性系数 反映电力消费增长速度与国民经济增长速度之间比例关系的指标。计算公式为：

$$电力消费弹性系数=\frac{电力消费量年平均增长速度}{国民经济年平均增长速度}$$

能源加工转换效率 指一定时期内，能源经过加工、转换后，产出的各种能源产品的数量与同期内投入加工转换的各种能源数量的比率。该指标是观察能源加工转换装置和生产工艺先进与落后、管理水平高低等的重要指标。计算公式为：

$$能源加工转换效率=\frac{能源加工转换产出量}{能源加工转换投入量}\times 100\%$$

单位国内生产总值能耗 指一定时期内，一个国家或地区每生产一个单位的国内生产总值所消耗的能源。计算公式为：

$$单位国内生产总值能源=\frac{能源消耗总量}{国内生产总值}$$

单位国内生产总值电耗 指一定时期内，一个国家或地区每生产一个单位的国内生产总值所消耗的电力。计算公式为：

$$单位国内生产总值电耗=\frac{全社会用电量}{国内生产总值}$$

单位工业增加值能耗 指一定时期内，一个国家或地区每生产一个单位的工业增加值所消耗的能源。计算公式为：

$$单位工业增加值能耗=\frac{工业能源消费量}{工业增加值}$$

8

财　政

Government Finance

简 要 说 明

一、本篇的主要内容和资料来源

本篇反映全市财政收支状况，资料来源于财政部门，资料基础为市财政决算、预算外资金收支决算和有关财务报表。

有关财政收支方面的资料，根据决算收支总表、决算收入明细表、决算支出明细表的数据加工整理编制。

预算外资金收支决算和有关财务报表的编报与国家决算的编报基本相同。

二、统计口径的变化和数据调整

针对历年财政收入、财政支出以及各项财政收支之间由于财政体制、预算编列方法的改变，而存在口径不统一的情况，本年鉴对有关数据进行了调整，使各年之间基本可比。主要调整的项目有：

1.财政收入：将1993年及以前各年的国内外债务收入从财政收入中剔除，不再作为财政收入。将1978-1985年财政价格补贴由冲减财政收入改列财政支出。相应地，“财政分项目收入”中取消债务收入一项。

2.财政支出：将1993年及以前各年的国内外债务还本付息支出和利用国外借款安排的基本建设支出从财政支出中剔除，不再作为财政支出。将1978-1985年财政价格补贴由冲减财政收入改列财政支出。相应地，“财政分项目支出”、“财政分费用类别支出”取消债务支出一项，“财政分项目支出”中的基本建设支出不再包括利用国外借款安排的基本建设支出，“财政分费用类别支出”中的有关项目也进行了调整。从2000年起，财政支出中包括国内外债务付息支出。

3.预算外资金从1982年开始建立统计制度，预算外收入和预算外支出项目几经变化。1993年由于实施新的财务通则和会计准则，预算外收支范围又一次做了较大调整，国营企业更新改造资金、大修理基金等不再作为预算外资金，因此1992年以前年度与1993年以后年度的预算外资金收支不可比。从1997年起，预算外资金收支不包括纳入预算内管理的政府性基金（收费），与以前各年也不可比。

8-1 财税主要指标

单位:万元

指标 地区	2010年	2011年	2011年为 2010年%
一、财政总收入	1532288	1818009	118.6
城 区	64317	84186	130.9
沁水县	222276	260651	117.3
阳城县	250918	253438	101.0
陵川县	27747	36256	130.7
泽州县	296609	341725	115.2
高平市	314288	364588	116.0
开发区	32487	43842	135.0
市 级	323646	433323	133.9
二、人均财政总收入	6723	7964	118.5
三、一般预算收入	554890	679222	122.4
四、一般预算支出	895069	1132373	126.5
五、国税收入	904271	996032	110.1
城 区	17686	20376	115.2
沁水县	160471	191901	119.6
阳城县	173184	141718	81.8
陵川县	12296	18241	148.3
泽州县	169996	191837	112.8
高平市	200333	225637	112.6
开发区	17462	23403	134.0
市 级	152843	182919	119.7
六、地税收入	561050	740721	132.0
城 区	42479	55775	131.3
沁水县	53419	63716	119.3
阳城县	68105	92548	135.9
陵川县	13300	15634	117.5
泽州县	105005	134909	128.5
高平市	106324	129180	121.5
开发区	15062	20300	134.8
市 级	157357	228659	145.3

8–2 财政收支总额及增长速度

年份	财政总收入（万元）	一般预算收入（万元）	一般预算支出（万元）	比上年增长（%）	
				一般预算收入	一般预算支出
1985	10927	10927	12764		
1990	20118	20118	23924	13.0	13.4
1995	58423	37421	53141	13.2	17.3
2000	115512	70794	99029	13.6	13.3
2001	139205	85943	124602	21.4	25.8
2005	616693	200454	313156	44.7	27.6
2006	790065	280487	392581	32.2	25.4
2007	965529	340783	540495	21.5	36.0
2008	1131565	418641	632928	22.9	17.1
2009	1361365	480742	764896	14.8	20.9
2010	1532288	554890	895069	15.4	17.0
2011	1818009	679222	1132373	22.4	26.5

8–3 中央和地方财政主要收入项目（2011年）

单位：万元

指标	财政总收入	中央	省	地方
各项税收	1659635	964129	174658	520848
消费税	7804	7804		
增值税	858913	644260	64427	150226
营业税	134874		40463	94411
资源税	24528		7358	17170
城市维护建设税	45575			45575
企业所得税	434780	260871	52171	121738
个人所得税	85323	51194	10239	23890
城镇土地使用税	23663			23663
其他各税	35678			35678
契税	6408			6408
耕地占用税	2089			2089
征收排污费和城市水资源费收入	15840			15840
其他收入	3123			3123
教育费附加收入	30383			30383

8-4 各地区一般预算收入分类完成情况(2011年)

单位:万元

地 区	合 计	增值税	营业税	企业所得税	个人所得税	资源税
总 计	679222	150226	94411	121738	23980	17170
城 区	52001	2750	20732	2617	1066	1
沁水县	72302	23428	8457	7225	1776	3124
阳城县	77585	17121	7597	14902	2378	1142
陵川县	12596	2312	2566	1707	218	282
泽州县	108388	24414	12679	16872	1848	3380
高平市	102639	29086	8295	16155	3358	4308
开发区	20125	2289	4616	3420	837	
市 级	233586	48826	29469	58840	12409	4933

8-4 续表1

单位:万元

地 区	城市维护建设税	房产税	印花税	城镇土地使用税	土地增值税	车船税(款)
总 计	45575	16463	7737	23663	6028	5450
城 区	2972	1807	697	1897	2870	2929
沁水县	9945	1106	639	1290	109	252
阳城县	2407	3821	884	1477	501	572
陵川县	626	132	165	334	106	170
泽州县	8832	1799	1513	3884	296	338
高平市	9156	3209	1481	5785	241	689
开发区	1341	1126	654	2350	1339	495
市 级	10296	3463	1704	6646	566	5

8-4 续表2

单位:万元

地区	耕地占用税（款）	契税（款）	非税收入			
				专项收入		
					排污费收入	教育费附加收入
总计	**2089**	**6408**	**158374**	**62666**	**6792**	**30383**
城区	560	1742	9361	3100	100	1323
沁水县	303	606	14042	8772	995	4941
阳城县	339	599	23845	6001	454	3217
陵川县	120	282	3576	1015	187	467
泽州县	365	1167	31001	8861	563	6143
高平市	402	699	19775	10094	752	7425
开发区		960	698	554		554
市级		353	56076	24269	3741	6313

8-4 续表3

单位:万元

地区						
	矿产资源补偿费收入	行政事业性收费收入	罚没收入	国有资本经营收入	国有资源（资产）有偿使用收入	
						利息收入
总计	**14554**	**38009**	**22459**	**24732**	**7385**	**5524**
城区		2895	2853	15	498	211
沁水县	1382	2412	1417		1441	1441
阳城县	750	2381	2305	12650	508	397
陵川县	222	1509	789		263	240
泽州县	1089	7749	1823	12067	501	285
高平市	1115	5277	3711		693	693
开发区		24	70		50	50
市级	9996	15762	9491		3431	2207

8–5 各地区一般预算支出分类完成情况(2011年)

单位:万元

地区	合计	一般公共服务	国防	公共安全	教育	科学技术	文化体育与传媒
总计	1132373	139467	449	65325	238221	15073	25531
城区	87501	15463		2755	23389	714	1000
沁水县	115322	15279		6922	27348	1382	1282
阳城县	153257	18631	90	6463	39478	1396	1734
陵川县	97265	8766		3423	21033	575	1171
泽州县	163694	15964	315	6506	41344	2706	3251
高平市	178266	17215		7462	46672	1773	2989
开发区	48847	4117		286	1204	150	74
市级	288221	44032	44	31508	37753	6377	14030

8–5 续表1

单位:万元

地区	社会保障和就业					
		抚恤	社会福利	城市居民最低生活保障	自然灾害生活救助	农村最低生活保障
总计	135494	9367	2456	10146	3052	12023
城区	11596	500	110	3265	82	443
沁水县	17882	1075	40	1161	525	1631
阳城县	20450	1221	85	1391	687	1892
陵川县	19548	1139	40	1559	550	2435
泽州县	25587	2345	57	880	646	3222
高平市	24904	1880	127	1890	562	2370
开发区	198	18				30
市级	15329	1192	1997			

8–5 续表2

单位:万元

地区	医疗卫生	环境保护	城乡社区事务	农林水事务	农业	林业	水利
总计	94003	62279	69063	133502	49164	17068	35579
城区	5756	888	5598	6753	1840	585	3394
沁水县	8625	8261	2815	15890	5131	2200	3731
阳城县	18366	4698	8494	21024	8713	1674	5235
陵川县	10163	1173	8547	16139	3837	1709	3445
泽州县	17911	3595	756	26978	9981	4220	5727
高平市	16653	3989	9899	31031	13634	4438	7004
开发区	178	162	3941	33	4	3	20
市级	16351	39513	29013	15654	6024	2239	7023

8–5 续表3

单位:万元

地区	交通运输	资源勘探电力信息等事务	商业服务业等事务	国土资源气象等事务	住房保障支出	粮油物资储备管理	其他支出
总计	26456	20236	15804	22387	45756	5108	14398
城区	888	1444	2239	129	6188		2400
沁水县	3495	1179	854	2153	195	281	1125
阳城县	3059	2708	2023	2995	24	384	1217
陵川县	1157	982	741	1313	1002	253	818
泽州县	7201	2494	2299	3669	1431	496	354
高平市	2386	1495	2965	2881	1536	226	3229
开发区		3066	50	547	34682		149
市级	8270	6868	4633	8700	698	3468	5106

8-6　分企业类型税收收入完成情况(2011年)

单位:万元

指　标	合 计	内资企业					
		小 计	国有企业	集体企业	股份合作企　业	联营企业	股份公司
地税系统合计	701755	667434	45866	11080	3936	44	573092
营业税	134874	122393	11426	5268	574	22	86209
企业所得税	352908	352908	21757	3382	84	4	324467
个人所得税	84329	72842	5003	497	2	3	63967
资源税	24529	24057	839	171			23009
固投税							
城维税	45773	43189	3174	420	29	6	37764
房产税	16463	12322	1135	560	23		9830
印花税	7737	6688	386	91	4	7	5611
土地税	23664	21607	1984	681	11	2	17518
地增税	6028	5978	160	6			3537
车船税	5450	5450	2	4	3209		1180
屠宰税							
国税系统合计	996032	853963	67682	6230	66	51	751620
增值税	868744	786440	54486	2789	56	42	707516
消费税	10662	10630	7334				3264
营业税							
企业所得税	81917	47564	2444	815			40146
车辆购置税	33716						
个人所得税	993	9329	3418	2626	10	9	694

8-6 续表

单位:万元

指标	私营企业	其他企业	港澳台投资企业	外商投资企业	个体经营企业	附：乡镇企业
地税系统合计	23861	9555	2979	16757	14585	56738
营业税	14390	4504	1305	2617	8559	8725
企业所得税	2445	769				36348
个人所得税	940	2430	375	6102	5010	3435
资源税	38			470	2	1439
固投税						
城维税	1280	516	245	1845	494	1558
房产税	293	481	741	2958	442	1114
印花税	458	131	150	833	66	657
土地税	1074	337	163	1885	9	3352
地增税	2258	17		47	3	68
车船税	685	370				42
屠宰税						
国税系统合计	27707	607	17100	91672	33297	84310
增值税	21521	30	8549	65870	7885	82268
消费税	32				32	42
营业税						
企业所得税	4153	6	8551	25802		2000
车辆购置税					993	
个人所得税	2001	571			24387	

8-7 分行业国税主要税收收入情况(2011年)

单位:万元

指 标	合 计	免抵调库	内资企业				
			小 计	国有企业	集体企业	股份合作企业	联营企业
增值税	**868744**	**5000**	**786440**	**54486**	**2789**	**56**	**42**
采矿业	692638		641407	31891	581	31	20
制造业	56082	4969	51848	286	1369	23	
# 饮料制造业	595		595	2			
食品制造业	71		69				
纺织业	755	192	754				
造纸及纸制品业	21		20		1		
纺织服装、鞋帽制造业	921	29	921		5		
家具制造业	40		37	1			
石油加工、冶炼及核燃料业	3931		3931				
化学原料及化学制品业	4317	186	4312	10	112		
医药制造业	1040		1040				
橡胶制品业	1082		1082				
非金属矿物制品业	6127	23	6013	1	692	23	
黑色金属冶炼及压延加工业	13012	40	12998		11		
有色金属冶炼及压延加工业	34		34	9	2		
通用设备制造业	10331	1449	10200		113		
专用设备制造业	3823	2977	491	4	267		
交通运输设备制造业	792		756	2	12		
电气机械及器材制造业	590		536		41		
其他制造业	5476	46	5032	193	28		
电力、燃气及水的生产和供应业	44528		25229	14484	36		
批发和零售业	75127	31	67644	7825	800	2	22
其他行业	369		312		3		
税款滞纳金、罚款收入	798						

8-7 续表

单位:万元

指 标				港澳台投资企业	外商投资企业	个体经营
	股份公司	私营企业	其 他			
增值税	707516	21521	30	8549	65870	7885
采矿业	605219	3665			51148	83
制造业	41171	8999		2781	932	521
#饮料制造业	583	10				
食品制造业	66	3				2
纺织业	687	67				1
造纸及纸制品业	15	4				1
纺织服装、鞋帽制造业	885	31				
家具制造业	7	29				3
石油加工、冶炼及核燃料业	2207	1724				
化学原料及化学制品业	3811	379			5	
医药制造业	1030	10				
橡胶制品业	1070	12				
非金属矿物制品业	4642	655			56	58
黑色金属冶炼及压延加工业	12251	736				14
有色金属冶炼及压延加工业	23					
通用设备制造业	7750	2337			110	21
专用设备制造业	98	122		2748	583	1
交通运输设备制造业	653	89				36
电气机械及器材制造业	415	80			54	
其他制造业	3351	1460		11	124	309
电力、燃气及水的生产和供应业	10632	48	29	5679	13615	5
批发和零售业	50299	8696		89	175	7219
其他行业	195	113	1			57
税款滞纳金、罚款收入						

8-8 分行业地税主要税种收入情况(2011年)

单位:万元

指 标	合 计	内 资 企 业				
		小 计	国有企业	集体企业	股份合作企 业	联营企业
一、营业税	**134874**	**122393**	**11426**	**5268**	**574**	**22**
建筑业	60331	56651	5317	2262	6	22
交通运输、仓储及邮政业	6940	5559	810	87		
信息传输、计算机服务和软件业	4664	1414	79	1		
住宿和餐饮业	6435	5153	609	211		
金融业	11092	11064	21	2187		
房地产业	21020	20785	1958	6		
租赁和商务服务业	2710	2295	180	38		
居民服务和其他服务业	13752	12078	668	358	552	
教育	121	120	10	1		
卫生、社会保险和社会福利业	33	31				
文化、体育和娱乐业	685	567	46	27		
其他行业	7091	6676	1728	90	16	
二、企业所得税	**352908**	**352908**	**21757**	**3382**	**84**	**4**
采矿业	284777	284777	19062	2690		
制造业	2311	2311	14	20		
电力、燃气及水的生产和供应业	296	296	18			
建筑业	12013	12013	724	484	3	1
交通运输、仓储及邮政业	19243	19243	312	47		
信息传输、计算机服务和软件业	110	110				
批发和零售业	3197	3197	180	66		3
住宿和餐饮业	119	119	11	6		
金融业	2902	2902				
房地产业	5288	5288	952	1		
租赁和商务服务业	352	352	88	6		
居民服务和其他服务业	22217	22217	368	62	81	
教育	41	41	23			
卫生、社会保险和社会福利业						
文化、体育和娱乐业	42	42	5			
其他行业						

8-8 续表

单位:万元

指 标				港澳台投资企业	外商投资企业	个体企业
	股份公司	私营企业	其他企业			
一、营业税	86209	14390	4504	1305	2617	8559
建筑业	43595	2465	2984	11	42	3627
交通运输、仓储及邮政业	4275	371	16			1381
信息传输、计算机服务和软件业	1314	13	7	1029	2195	26
住宿和餐饮业	3491	842			117	1165
金融业	8746	110			28	
房地产业	11654	7116	51		157	78
租赁和商务服务业	1551	383	143			415
居民服务和其他服务业	7907	2011	582	1	1	1672
教育	28	13	68			1
卫生、社会保险和社会福利业			31			2
文化、体育和娱乐业	211	213	70			118
其他行业	3437	853	552	264	77	74
二、企业所得税	324467	2445	769			
采矿业	263011	10	4			
制造业	2275	2				
电力、燃气及水的生产和供应业	278					
建筑业	10019	591	191			
交通运输、仓储及邮政业	18829	53	2			
信息传输、计算机服务和软件业	109	1				
批发和零售业	2834	114				
住宿和餐饮业	91	11				
金融业	2767	135				
房地产业	3198	865	272			
租赁和商务服务业	165	26	67			
居民服务和其他服务业	20851	626	229			
教育	17		1			
卫生、社会保险和社会福利业						
文化、体育和娱乐业	23	11	3			
其他行业						

主要统计指标解释

财政收入 指国家财政参与社会产品分配所取得的收入,是实现国家职能的财力保证。主要包括:

(1)各项税收:包括国内增值税、国内消费税、进口货物增值税和消费税、出口货物退增值税和消费税、营业税、企业所得税、个人所得税、资源税、城市维护建设税、房产税、印花税、城镇土地使用税、土地增值税、车船税、船舶吨税、车辆购置税、关税、耕地占用税、契税、烟叶税等。

(2)非税收入:包括专项收入、行政事业性收费、罚没收入和其他收入。

财政支出 指国家财政将筹集起来的资金进行分配使用,以满足经济建设和各项事业的需要。主要包括:

(1)一般公共服务:指政府提供基本公共管理与服务的支出,包括人大事务、政协事务、政府办公厅(室)及相关机构事务、发展与改革事务、统计信息事务、财政事务、税收事务、审计事务、海关事务、人力资源事务、纪检监察事务、人口与计划生育事务、商贸事务、知识产权事务、工商行政管理事务、国土资源事务、海洋管理事务、测绘事务、地震事务、气象事务、民族事务、宗教事务、港澳台侨事务、档案事务、共产党事务、民主党派事务及工商联事务、群众团体事务、彩票事务等。

(2)外交:指政府外交事务支出,包括外交行政管理、驻外机构、对外援助、国际组织、对外合作与交流、边界勘界联检等方面的支出。

(3)国防:指政府用于国防方面的支出,包括用于现役部队、预备役部队、民兵、国防科研事业、专项工程、国防动员等方面的支出。

(4)公共安全:指政府维护社会公共安全方面的支出,包括武装警察、公安、国家安全、检察、法院、司法行政、监狱、劳教、国家保密、缉私警察等。

(5)教育:指政府教育事务支出,包括教育行政管理、学前教育、小学教育、初中教育、普通高中教育、普通高等教育、初等职业教育、中专教育、技校教育、职业高中教育、高等职业教育、广播电视教育、留学生教育、特殊教育、干部继续教育、教育机关服务等。

(6)科学技术:指用于科学技术方面的支出,包括科学技术管理事务、基础研究、应用研究、技术研究与开发、科技条件与服务、社会科学、科学技术普及、科技交流与合作等。

(7)文化教育与传媒:指政府在文化、文物、体育、广播影视、新闻出版等方面的支出。

(8)社会保障和就业:指政府在社会保障与就业方面的支出,包括社会保障和就业管理事务、民政管理事务、财政对社会保险基金的补助、补充全国社会保障基金、行政事业单位离退休、企业改革补助、就业补助、抚恤、退役安置、社会福利、残疾人事业、城市居民最低生活保障、其他城镇社会救济、农村社会救济、自然灾害生活救助、红十字事务等。

(9)医疗卫生:指政府医疗卫生方面的支出,包括医疗卫生管理事务支出、医疗服务支出、医疗保障支出、疾病预防控制支出、卫生监督支出、妇幼保健支出、农村卫生支出等。

(10)环境保护:指政府环境保护支出,包括环境保护管理事务支出、环境监测与监察支出、污染治理支出、自然生态保护支出、天然林保护工程支出、退耕还林支出、风沙荒漠治理支出、退牧还草支出、已垦草原退耕还草、能源节约利用、污染减排、可再生能源和资源综合利用等支出。

(11)城乡社区事务:指政府城乡社区事务支出,包括城乡社区管理事务支出、城乡社区规划与管理支出、城乡社区公共设施支出、城乡社区住宅支出、城乡社区环境卫生支出、建设市场管理与监督支出等。

(12)农林水事务:指政府农林水事务支出,包括农业支出、林业支出、水利支出、扶贫支出、农业综合开发支出等。

(13)交通运输:指政府交通运输和邮政业方面的支出,包括公路运输支出、水路运输支出、铁路运输支出、民用航空运输支出、邮政业支出等。

(14)工业商业金融等事务:指政府对工业、商业及金融等方面的支出,包括采掘业支出、制造业支出、建筑业支出、工业和信息产业监管支出、国有资产监管支出、商业流通事务支出、金融业监管支出、旅游业管理与服务支出等。

中央财政收入和地方财政收入 指按现行分税制财政体制划分的中央本级收入和地方本级收入。属于中央财政的收入包括关税,进口货物增值税和消费税,出口货物退增值税和消费税,消费税,铁道部门、各银行总行、各保险公司总公司等集中交纳的营业税和城市维护建设税,增值税75%部分,纳入共享范围的企业所得税60%部分,未纳入共享范围的中央企业所得税、中央企业上交的利润,个人所得税60%部分,车辆购置税,船舶吨税,证券交易印花税97%部分,海洋石油资源税,中央非税收入等。属于地方财政的收入包括营业税(不含铁道部门、各银行总行、各保险公司总公司集中交纳的营业税)，地方企业上交利润，城市维护建设税(不含铁道部门、各银行总行、各保险公司总公司集中交纳的部分)，房产税，城镇土地使用税，土地增值税，车船税，耕地占用税，契税，烟叶税，印花税，增值税25%部分，纳入共享范围的企业所得税40%部分，个人所得税40%部分，证券交易印花税3%部分，海洋石油资源税以外的其他资源税，地方非税收入等。

中央财政支出和地方财政支出 指根据政府在经济和社会活动中的不同职责，划分中央和地方政府的责权，按照政府的责权划分确定的支出。中央财政支出包括一般公共服务，外交支出，国防支出，公共安全支出，以及中央政府调整国民经济结构、协调地区发展、实施宏观调控的支出等。地方财政支出包括一般公共服务，公共安全支出，地方统筹的各项社会事业支出等。

9

价格指数

Price Indices

简 要 说 明

一、本篇资料的主要内容

本篇价格指数资料，反映生产、流通、消费等环节的价格变动趋势和变动幅度。主要包括居民消费价格指数、商品零售价格指数、工业生产者出厂价格指数、工业生产者购进价格指数等。

二、本篇的资料来源

价格指数编制由国家统计局晋城调查队依据国家统计局统一制定的价格统计调查制度整理提供。

9-1 各种价格指数

（上年＝100）

年份	居民消费价格指数	城市居民消费价格指数	农村居民消费价格指数	商品零售价格指数	工业生产者出厂价格指数	工业生产者购进价格指数
1985	113.7	113.7		110.6		
1990	102.1	102.1		101.7		
1995	116.6	116.6		114.5		
2000	102.2	102.2		94.7		
2001	99.1	99.1		97.9		
2002	99.3	99.3		99.5		
2003	100.9	100.9		99.7	110.4	115.1
2004	103.0	103.0		102.3	119.8	117.7
2005	102.2	102.2		100.0	121.9	112.7
2006	101.5	101.5		99.1	102.8	102.7
2007	104.2	104.2		104.1	104.6	112.6
2008	106.5	106.5		106.3	121.6	130.8
2009	100.3	100.3		99.1	102.6	94.4
2010	102.5	102.5		101.8	106.4	111.1
2011	104.9	104.9		104.4	107.5	107.1

注：从2011年起，工业出厂价格和原材料、燃料、动力购进价格改称为：工业生产者出厂价格和工业生产者购进价格，下同。

9-2 各种价格定基指数

年份	居民消费价格指数（1985=100）	城市居民消费价格指数	农村居民消费价格指数	商品零售价格指数（1985=100）	工业生产者出厂价格指数（2002=100）	工业生产者购进价格指数（2002=100）
1985						
1990	195.0	195.0		187.4		
1995	382.0	382.0		342.7		
2000	405.6	405.6		324.1		
2001	401.9	401.9		317.3		
2002	399.1	399.1		315.7		
2003	402.7	402.7		314.7	110.4	115.1
2004	414.8	414.8		322.0	145.9	155.8
2005	423.9	423.9		322.0	213.1	206.8
2006	430.3	430.3		319.1	267.0	239.5
2007	448.4	448.4		332.2	287.3	276.8
2008	477.5	477.5		353.1	210.9	230.9
2009	478.9	478.9		349.9	216.1	218.0
2010	490.9	490.9		356.2	230.2	242.0
2011	514.9	514.9		371.9	247.5	259.2

9-3 居民消费价格分类指数

（上年=100）

项　　目	2010年	2011年
居民消费价格指数	102.5	104.9
食　品	108.7	111.5
粮食	108.2	108.6
#大米	118.6	110.8
面粉	105.6	106.4
淀粉及薯类	112.5	115.9
干豆类及豆制品	107.0	103.5
油脂	106.1	114.2
肉禽及其制品	97.6	123.9
蛋	112.2	115.3
水产品	104.9	119.1
菜	120.5	102.4
#鲜菜	119.5	101.9
调味品	105.6	103.6
糖	111.3	117.0
茶及饮料	100.3	103.9
#茶	100.0	100.0
饮料	100.4	104.8
干鲜瓜果	122.9	122.5
#鲜果	123.6	125.8
糕点饼干面包	103.4	106.8
奶及奶制品	101.6	102.0
在外用膳食品	106.7	109.4
其他食品	102.9	105.1
烟酒及用品	103.1	100.7
烟草	100.0	100.0
酒	110.0	102.1
吸烟、饮酒用品	100.0	100.0
衣着	94.0	101.5
服装	94.5	102.2
衣着材料	107.2	110.8
鞋袜帽	90.7	98.9
衣着加工服务费	100.0	103.3
家庭设备用品及服务	98.2	102.5
耐用消费品	98.3	101.6
家具	99.0	104.0
家庭设备	97.9	100.1

9-3 续表

（上年=100）

项　　目	2010年	2011年
室内装饰品	100.0	100.2
床上用品	90.1	110.0
家庭日用杂品	98.0	101.8
家庭服务及加工维修服务费	105.2	108.7
医疗保健和个人用品	**102.1**	**103.5**
医疗保健	101.8	103.6
医疗器具及用品	107.4	102.1
中药材及中成药	111.8	120.2
西药	98.2	101.0
保健器具及用品	102.3	107.5
医疗保健服务	100.9	101.3
个人用品及服务	102.7	103.2
化妆美容用品	99.4	100.2
清洁化妆用品	99.2	100.4
个人饰品	111.5	104.8
个人服务	101.5	103.8
交通和通信	**99.5**	**100.6**
交通	100.7	102.8
交通工具	97.1	100.3
车用燃料及零配件	111.4	110.7
车辆使用及维修费	100.5	101.7
市内公共交通费	101.1	105.0
城市间交通费	102.7	104.6
通信	98.7	97.5
通信工具	89.9	81.5
通信服务	100.0	100.0
娱乐教育文化用品及服务	**100.9**	**102.7**
文娱用耐用消费品及服务	95.7	92.8
教育	100.2	102.7
教材及参考书	102.2	105.5
教育服务	100.0	102.4
文化娱乐类	100.2	107.4
文化娱乐	96.7	97.7
书报杂志	100.0	100.0
文娱费	105.9	113.9
旅　　游	110.1	105.8
居住	**101.3**	**103.0**
建房及抓装修材料	98.9	108.6
租　　房	102.0	100.5
自有住房	101.2	102.5
水电燃料	102.9	101.3

9-4 商品零售价格分类指数(2011 年)

(上年=100)

项目	2010 年	2011 年
商品零售价格总指数	101.8	104.4
食品类	108.8	111.6
粮 食	108.2	108.6
油 脂	106.1	114.2
肉禽及其制品	97.9	123.8
蛋	111.9	115.3
水产品	103.9	119.1
菜	119.9	102.4
调味品	105.7	103.6
糖	111.5	117.0
干鲜瓜果	122.8	122.5
糕点饼干面包	103.4	106.8
液体乳及乳制品	101.6	102.0
在外用膳食品	106.7	109.4
主 食	104.6	117.3
炒 菜	106.3	108.1
地方小吃	115.2	113.5
其它食品	102.9	100.0
饮料、烟酒	102.5	101.3
茶及饮料	100.3	103.5
烟 草	100.0	100.0
酒	110.0	102.1

9-4 续表

（上年=100）

项　　目	2010 年	2011 年
服装、鞋帽	93.6	101.4
服　装	94.5	102.2
鞋袜帽	90.6	98.9
纺织品	97.5	112.4
衣着材料	107.2	110.8
床上用品	90.1	112.5
家用电器及音像器材	96.1	96.2
文化办公用品	100.0	97.9
日用品	97.6	100.9
日用百货	98.6	100.0
日用杂品	97.1	102.7
体育娱乐用品	97.0	99.7
交通、通信用品	95.0	100.2
家　具	99.0	104.2
化妆品	99.2	100.1
金银珠宝	114.8	112.8
中西药品及医疗保健用品	103.9	105.3
医疗器具及用品	107.4	102.1
中药材及中成药	111.8	120.2
西　药	98.4	101.0
书报杂志及电子出版物	101.0	104.3
燃　料	105.5	105.1
建筑材料及五金电料	100.8	106.6
建筑装璜材料	100.2	109.2
五金电料	101.7	104.4

9-5 工业生产者出厂价格指数

（上年=100）

项　　目	2010 年	2011 年
全部工业品	**106.38**	**107.53**
# 轻工业	103.53	108.04
以农产品为原料	106.61	108.44
以非农产品为原料	101.79	105.92
重 工 业	106.70	107.51
采　掘	109.04	114.74
原　料	106.31	104.98
加　工	107.48	113.16
# 生产资料	106.40	107.56
采　掘	107.94	114.74
原　料	104.68	104.98
加　工	106.02	113.25
生活资料	106.78	106.55
食　品	107.67	105.87
衣　着	106.87	117.88
一般日用品	99.40	106.09
耐用消费品		
按工业行业大类分		
煤炭开采和洗选业	108.09	106.92
石油和天然气开采业	100.64	114.18
黑色金属矿采选业		
有色金属矿采选业		
非金属矿采选业		
其他采矿业		
农副食品加工业	112.67	115.57
食品制造业	104.21	116.64
饮料制造业	107.02	100.22

9-5 续表

（上年=100）

项　　　目	2010 年	2011 年
烟草制品业		
纺织业	106.76	123.73
纺织服装、鞋、帽制造业	99.69	100.15
皮革、毛皮、羽毛(绒)及其制品业		
木材加工及木、竹、藤、棕、草制品业		
家具制造业		
造纸及纸制品业		
印刷业和记录媒介的复制业		
文教体育用品制造业		
石油加工、炼焦及核燃料加工业	108.64	102.63
化学原料及化学制品制造业	110.18	115.86
医药制造业	100.09	101.29
塑料制品业	100.00	102.27
非金属矿物制品业	101.29	111.65
黑色金属冶炼及压延加工业	116.08	110.76
有色金属冶炼及压延加工业		
金属制品业	100.64	99.45
通用设备制造业	106.86	106.95
专用设备制造业	100.00	100.00
交通运输设备制造业	96.89	104.21
电气机械及器材制造业	132.11	95.66
通信设备、计算机及其他电子设备制造业	99.33	97.55
仪器仪表及文化、办公用机械制造业	100.00	100.00
工艺品及其他制造业		
废弃资源和废旧材料回收加工业		
电力、热力的生产和供应业	100.12	101.69
燃气生产和供应业	100.00	100.00
水的生产和供应业	120.38	105.64

9-6 工业生产者购进价格指数

（上年=100）

项 目	2010年	2011年
全部原材料	**111.08**	**107.06**
按类别分		
燃料、动力类	108.63	102.45
黑色金属材料类	117.49	110.30
# 钢材	107.67	109.96
有色金属材料和电线类	140.67	113.88
化工原料类	122.41	103.00
木材及纸浆类	99.76	114.58
建筑材料及非金属矿类	99.47	113.17
其它工业原材料及半成品类	109.69	111.90
农副产品类	112.97	108.83
纺织原料类	123.07	157.57
按行业分		
煤炭开采和洗选业	108.34	103.11
石油和天然气开采业	101.11	100.00
黑色金属矿采选业		111.25
有色金属矿采选业		
非金属矿采选业		102.38
其他采矿业		
农副食品加工业	105.62	123.22
食品制造业	102.62	94.44
饮料制造业	128.04	
烟草制品业		
纺织业	120.11	157.57
纺织服装、鞋、帽制造业	109.09	
皮革、毛皮、羽毛(绒)及其制品业		

9-6 续表

（上年=100）

项　　目	2010 年	2011 年
木材加工及木、竹、藤、棕、草制品业		
家具制造业		
造纸及纸制品业		
印刷业和记录媒介的复制业		
文教体育用品制造业		
石油加工、炼焦及核燃料加工业	106.36	101.21
化学原料及化学制品制造业	120.64	101.93
医药制造业	100.00	101.39
化学纤维制造业		
橡胶制品业	145.90	104.08
塑料制品业	100.00	103.09
非金属矿物制品业	101.32	140.70
黑色金属冶炼及压延加工业	117.83	109.78
有色金属冶炼及压延加工业		113.88
金属制品业	113.11	105.62
通用设备制造业	107.83	98.74
专用设备制造业	100.00	
交通运输设备制造业	112.57	
电气机械及器材制造业	146.76	
通信设备、计算机及其他电子设备制造业	100.41	100.10
仪器仪表及文化、办公用机械制造业	77.73	
工艺品及其他制造业		
废弃资源和废旧材料回收加工业		
电力、热力的生产和供应业	107.68	100.60
燃气生产和供应业	100.00	
水的生产和供应业	100.61	

主要统计指标解释

居民消费价格指数 是反映一定时期内城乡居民所购买的生活消费品价格和服务项目价格变动趋势和程度的相对数，是对城市居民消费价格指数和农村居民消费价格指数进行综合汇总计算的结果。该指数可以观察和分析消费品的零售价格和服务项目价格变动对城乡居民实际生活费支出的影响程度。

城市居民消费价格指数 是反映一定时期内城市居民家庭所购买的生活消费品价格和服务项目价格变动趋势和程度的相对数。该指数可以观察和分析消费品的零售价格和服务项目价格变动对城镇职工货币工资的影响，作为研究职工生活和确定工资政策的依据。

农村居民消费价格指数 是反映一定时期内农村居民家庭所购买的生活消费品价格和服务项目价格变动趋势和程度的相对数。该指数可以观察农村消费品的零售价格和服务项目价格变动对农村居民生活消费支出的影响，直接反映农村居民生活水平的实际变化情况，为分析和研究农村居民生活问题提供依据。

商品零售价格指数 是反映一定时期内城乡商品零售价格变动趋势和程度的相对数。商品零售价格的变动直接影响到城乡居民的生活支出和国家的财政收入，影响居民购买力和市场供需的平衡，影响到消费与积累的比例关系。因此，该指数可以从一个侧面对上述经济活动进行观察和分析。

工业生产者出厂价格指数 是反映一定时期内全部工业产品出厂价格总水平的变动趋势和程度的相对数，包括工业企业售给本企业以外所有单位的各种产品和直接售给居民用于生活消费的产品。该指数可以观察出厂价格变动对工业总产值及增加值的影响。

工业生产者购进价格指数 是反映工业企业作为生产投入，而从物资交易市场和能源、原材料生产企业购买原材料、燃料和动力产品时，所支付的价格水平变动趋势和程度的统计指标，是扣除工业企业物质消耗成本中的价格变动影响的重要依据。

目前，我国编制的工业生产者购进价格指数所调查的产品包括燃料动力、黑色金属、有色金属、化工、建材等九大类的近 1800 种产品。

10

人民生活

People's Livelihood

简 要 说 明

一、本篇资料的主要内容

本篇主要反映我市人民生活现状及变化情况，分为城镇居民生活和农村居民生活两部分。

二、本篇的资料来源

城镇居民生活状况的数据来源于国家统计局晋城调查队的城镇住户调查，是对城镇居民家庭抽样调查汇总的结果。调查内容主要包括家庭人口及其构成、家庭现金收支、主要商品购买数量及支出金额、劳动就业状况、居住状况和耐用消费品的拥有量等。

农村居民生活状况的数据来源于市统计局农调队的农村住户抽样调查。主要内容包括农村居民家庭基本情况、生活消费支出、主要消费品消费量、耐用消费品拥有量等。

10-1 人民生活基本情况

指　　标	1985年	1995年	2000年	2006年	2007年	2008年	2009年	2010年	2011年
城镇居民家庭每户就业人口（人）	2.2	2.1	2.0	1.6	1.6	1.3	1.3	1.4	1.6
农村居民家庭每户整半劳动力（人）		2.0	2.0	2.0	2.6	2.6	2.6	2.6	2.5
城镇居民家庭每一就业者负担人数（人）	2.0	1.6	1.7	1.9	1.9	2.3	2.3	2.2	1.9
农村居民家庭每一劳动力负担人数（人）		2.0	1.5	1.5	1.5	1.4	1.4	1.4	1.5
城镇居民可支配收入（元）	537	3475	4842	10132	12404	14146	15161	17353	20127
农村居民人均纯收入（元）	369	1552	2629	3939	4435	4856	5255	5899	7043
城镇居民人均消费支出（元）	451	2394	3284	6605	7637	9223	9470	10586	12967
农村居民人均生活消费支出（元）	291	948	1364	2588	2982	3383	3651	3853	5289
人均储蓄存款余额（元）	156	2877	6134	15235	16554	21603	24327	27196	28625
居民家庭恩格尔系数（%）									
城镇	51.77	42.96	34.32	30.42	31.90	29.50	30.30	27.54	28.30
农村	48.45	35.44	39.83	34.59	34.63	38.07	37.42	38.75	35.97
居住条件									
城市人均住宅建筑面积（平方米）	10.5	12.9	15.2	28.5	29.4	30.3	30.5	30.4	32.5
农村人均住房面积（平方米）	21.8	30.5	27.0	32.0	33.0	34.0	35.0	34.9	36.4
广播人口覆盖率（%）		90.0	91.5	95.3	95.4	96.4	97.4	97.4	97.6
电视人口覆盖率（%）			94.0	96.21	96.3	98.0	98.5	98.7	98.8
每百户彩色电视机拥有量（部/百户）									
城镇	26	102	107	114	110	114	117	120	119
农村	3	50	81	114	118	120	120	121	130
每百户家用电脑拥有量（部/百户）									
城镇			4	43	55	60	65	67	77
农村			1	2	4	8	11	13	42
居民家庭文教娱乐支出比重（%）									
城镇	9.09	9.48	11.65	9.99	8.80	12.50	12.60	12.04	10.90
农村	3.96	5.55	8.81	11.17	10.57	10.56	10.18	9.39	9.46
居民家庭医疗保健支出比重（%）									
城镇	1.33	3.47	8.47	10.95	6.20	7.80	8.80	6.00	6.10
农村		2.94	5.01	8.38	7.14	7.48	8.01	7.58	10.22

10-2　城乡居民家庭人均收入及恩格尔系数

年　份	城镇居民家庭人均可支配收入		农村居民家庭人均纯收入		城镇居民家庭恩格尔系数（%）	农村居民家庭恩格尔系数（%）
	绝对数（元）	指数（1985=100）	绝对数（元）	指数（1985=100）		
1985	508	100.0	369	100.0	51.8	48.5
1990	1453	270.6	611	165.6	46.5	47.9
1995	3475	647.1	1552	420.6	43.0	35.4
2000	4842	901.7	2629	712.5	34.3	39.8
2001	5374	1000.8	2594	703.0	31.7	37.1
2002	6107	1137.2	2707	733.6	29.6	37.3
2003	7071	1316.8	2942	797.3	30.4	35.8
2004	8097	1507.8	3278	888.3	29.9	37.8
2005	8911	1659.4	3593	973.7	33.3	35.7
2006	10132	1886.9	3939	1067.5	30.4	34.6
2007	12404	2309.9	4435	1201.9	31.9	34.6
2008	14146	2634.2	4856	1316.0	29.5	38.1
2009	15161	2823.2	5255	1424.1	30.3	37.4
2010	17353	3415.9	5899	1598.6	27.5	38.8
2011	20127	3962.0	7043	1908.7	28.3	36.0

10-3　城乡居民人民币储蓄存款

单位：万元

年　份	年底余额			年增加额		
	总　计	定期	活期	总　计	定期	活期
1985	28413					
1990	138943					
1995	583477					
2000	1288919	1115839	173080	99032	69743	29289
2001	1437079	1221162	215919	148160	105323	42839
2002	1670422	1385387	285035	233343	164225	69116
2003	1952885	1580636	372249	282463	195249	87214
2004	2372650	1856803	515847	419765	276167	143598
2005	2904916	2257321	647595	532266	400518	131748
2006	3300761	2547530	753231	395845	290209	105636
2007	3673062	2763276	909786	372301	215746	156555
2008	4812788	3650361	1162427	1139726	887085	252641
2009	5438723	4071899	1366824	636240	416251	219989
2010	6145618	1616216	4529102	706894	249391	457503
2011	6534922			389345		

注：2011年金融统计报表制度调整，储蓄存款不分定期和活期。

10-4 各地区城乡居民人民币储蓄存款(年底余额)

单位:万元

地　　区	1995年	2000年	2001年	2002年	2003年	2004年
全　　市	583477	1288919	1437079	1670422	1952885	2372650
市　　区	319056	734093	817883	937339	1098337	1323996
沁 水 县	31263	60090	68208	79338	95103	124703
阳 城 县	90067	195459	216444	247342	274677	333544
陵 川 县	34170	64168	71460	82103	98217	120413
高 平 市	108921	235109	263084	324300	386551	469994

10-4 续表

单位:万元

地　　区	2005年	2006年	2007年	2008年	2009年	2010年	2011年
全　　市	2904916	3300761	3673062	4812788	5438723	6145618	6543256
市　　区	1708909	1917268	2052908	2729104	3087649	3544637	3705549
沁 水 县	153032	174563	199522	261773	296123	345346	388756
阳 城 县	385117	369931	435796	554541	627106	724767	805053
陵 川 县	80005	173339	203389	249019	276359	306081	360546
高 平 市	577853	665660	781447	1018351	1151486	1224787	1283352

注:由于城区和泽州县的特殊原因,居民储蓄无法区分,本表中市区数为城区与泽州县的数据之和。

10-5　城镇居民家庭基本情况

指　　标	1985年	1995年	2000年	2006年	2007年	2008年	2009年	2010年	2011年
调查户数（户）	50	100	100	100	100	100	100	100	100
平均每户家庭人口（人）	4.3	3.4	3.3	3.0	3.0	3.0	3.0	3.0	289
平均每户就业人口（人）	2.2	2.1	2.0	1.6	1.6	1.3	1.3	1.4	1.6
平均每户就业面（%）	50.2	61.7	59.5	52.9	54.0	45.0	43.9	45.3	536
平均每一就业者负担人数（人）（包括就业者本人）	2.0	1.6	1.7	1.9	1.9	2.3	2.3	2.2	1.9
平均每人全部年收入（元）	533	3475	4864	10763	13963	15114	16784	19289	22995
工薪收入	442	3173	4176	8432	10834	10884	11500	13105	17567
经营净收入			22	546	1149	1533	1680	1695	447
财产性收入		99	61	150	72	267	636	673	517
转移性收入		140	461	1635	1908	2430	2968	3816	4464
人均可支配收入	508	3475	4842	10132	12404	14146	15161	17353	20127
平均每人消费性支出（元）	451	2394	3284	6605	7637	9223	9470	10586	12967
食　品	284	1029	1127	2009	2436	2724	2873	2915	3667
衣　着	75	627	596	1172	1298	1440	1536	1482	1965
家庭设备用品及服务	38	204	205	293	468	443	416	616	1080
医疗保健	6	83	278	723	473	719	835	635	795
交通通信		78	235	730	1009	1192	868	1973	2094
教育文化娱乐服务	41	227	383	660	676	1155	1196	1275	1417
居　住	17	76	233	797	1067	1286	1333	1043	1343
杂项商品与服务	40	72	227	221	211	264	413	646	422
平均每人消费性支出构成（人均消费性支出=100）									
食　品	63.0	43.0	34.3	30.4	31.9	29.5	30.3	27.5	28.3
衣　着	16.6	26.2	18.2	17.7	17.0	15.6	16.2	14.0	15.2
家庭设备用品及服务	8.4	8.5	6.2	4.4	6.1	4.8	4.4	5.8	8.3
医疗保健	1.3	3.5	8.5	11.0	6.2	7.8	8.8	6.0	6.1
交通通信		3.3	7.2	11.1	13.2	12.9	9.2	18.6	16.2
教育文化娱乐服务	9.1	9.5	11.7	10.0	8.8	12.5	12.6	12.0	10.9
居　住	3.8	3.2	7.1	12.1	14.0	13.9	14.1	9.9	10.4
杂项商品与服务	8.9	3.0	6.9	3.4	2.8	2.9	4.4	6.1	3.3

10-6　城镇居民家庭基本情况(2011年)

指　　标	全市	按收入等级分							
		最低收入户（10%）	困难户（5%）	低收入户（10%）	中等偏下户（20%）	中等收入户（20%）	中等偏上户（20%）	高收入户（10%）	最高收入户（10%）
调查户数（户）	100	11	6	10	20	21	20	9	9
调查户比重（%）	100	11	6	10	20	21	20	9	9
平均每户家庭人口（人）	2.9	2.9	2.8	3.6	3.0	3.0	2.8	2.6	2.2
平均每户就业人口（人）	1.6	1.0	0.9	1.4	1.8	1.6	1.8	1.2	1.5
平均每户就业面（%）	53.6	35.1	33.2	40.4	58.9	53.2	65.7	45.4	66.5
平均每一就业者负担人数(包括就业者本人)(人)	1.9	2.9	3.0	2.5	1.7	1.9	1.5	2.2	1.5
平均每人全部年收入（元）	22995	6157	5436	10947	16066	21413	31383	35984	57415
平均每人可支配收入（元）	20127	5574	4461	9761	13846	19285	26234	32136	51233
平均每人消费性支出（元）	12967	5214	4664	7718	10161	14316	14516	20006	25910

10-7　城镇居民家庭平均每人全年消费性支出(2011年)

指　　标	总平均	按收入等级分							
		最低收入户（10%）	困难户（5%）	低收入户（10%）	中等偏下户（20%）	中等收入户（20%）	中等偏上户（20%）	高收入户（10%）	最高收入户（10%）
消费性支出（元）	12967	5214	4664	7718	10161	14316	14516	20006	25910
食　品	3667	1920	1718	3106	2797	4120	4508	5272	4380
粮食	359	351	368	488	216	384	360	362	478
肉禽蛋水产品类	560	364	337	441	388	689	676	784	601
蔬菜类	363	335	336	363	264	382	364	529	446
干鲜瓜果类	299	142	108	204	246	363	311	410	506
奶及奶制品	313	126	61	249	265	443	339	349	350
衣　着	1965	734	593	977	1548	2609	2275	3249	2534
服装	1502	506	406	691	1148	2051	1821	2375	1949
家庭设备用品及服务	1080	259	138	499	1071	1050	997	2689	1860
耐用消费品	545	100	6	143	560	417	452	1842	1035
医疗保健	795	320	308	287	802	828	1076	1214	1050
交通通信	2094	436	482	631	1165	2169	1736	1960	10809
教育文化娱乐服务	1417	802	675	994	1391	1727	1415	1315	2371
文娱用品	321	199	135	94	301	342	312	565	643
居　住	1343	658	673	1013	1023	1273	1908	1629	2266
住房	467	36	69	405	28	415	946	704	1111
杂项商品与服务	606	85	77	210	363	542	601	2677	641
消费性支出构成（%）									
食　品	28.3	36.8	36.8	40.2	27.5	28.8	31.0	26.4	16.9
衣　着	15.2	14.1	12.7	12.7	15.2	18.2	15.6	16.2	9.8
家庭设备用品及服务	8.3	5.0	3.0	6.5	10.5	7.3	6.9	13.4	7.2
医疗保健	6.1	6.1	6.6	3.7	7.9	5.8	7.4	6.1	4.1
交通通信	16.2	8.4	10.3	8.2	11.5	15.1	11.9	9.8	41.7
教育文化娱乐服务	10.9	15.4	14.5	12.9	13.7	12.1	9.7	6.6	9.1
居　住	10.4	12.6	14.4	13.1	10.1	8.9	13.1	8.1	8.7
杂项商品与服务	4.7	1.6	1.6	2.7	3.6	3.8	4.1	13.4	2.5

10-8 城镇居民家庭平均每人全年购买主要商品数量

单位：千克

指　　标	1985年	1995年	2000年	2004年	2005年	2006年	2007年	2008年	2009年	2010年	2011年
粮　　食	174.8	115.2	151.7	70.7	96.9	102.8			53.0	82.9	73.9
鲜　　菜	176.9	192.0	241.4	129.4	163.9	136.8	139.1	122.3	124.1	115.0	95.4
食用植物油	4.1	4.8	13.5	5.4	7.0	7.7	6.0	8.1	7.8	7.3	6.2
猪　　肉	8.8	19.2	19.7	8.4	8.4	9.2	8.1	8.1	8.7	9.3	9.0
牛 羊 肉	0.4	2.1	1.6	1.0	0.8	0.7	1.0	1.3	1.5	1.1	1.3
家　　禽	0.1	2.8	2.2	1.4	2.2	1.9			1.1	2.5	2.5
鲜　　蛋	1.7	23.0	22.7	12.5	13.4	12.8	12.9	13.1	12.8	11.2	10.6
水 产 品	0.9	4.4	2.7	1.7	1.6	1.9	1.4		1.8	2.2	3.1
鲜　　奶	1.0	3.9	17.5	23.4	22.5	25.4	38.1	25.7	20.7	15.5	15.9
鲜　　果	11.5	36.4	42.0	34.7	28.3	30.8	32.2	26.2	27.8	27.1	32.8
鲜　　瓜	3.1	15.8	14.9	5.5	7.3	8.3	7.9	6.8	8.6	9.2	6.9
酒	1.1	7.2	6.7	2.3	2.7	3.2	2.0		1.3	2.6	2.6
煤　　炭	265.6	25.2	107.0	153.4	226.1	226.4	101.4	122.8	73.4	79.6	92.2

10-9 城镇居民家庭平均每百户年底耐用消费品拥有量

指　　标	1985年	1995年	2000年	2004年	2005年	2006年	2007年	2008年	2009年	2010年	2011年
摩 托 车（辆）	2	23	37	53	43	46	49	39	45	50	26
洗 衣 机（台）	42	93	100	97	95	96	96	98	100	101	102
电 冰 箱（台）		69	83	80	83	86	95	87	87	89	94
彩　　电（台）	26	102	107	117	113	114	110	114	117	120	119
录放像机（台）		6	14	13	10	5					
组合音响（套）		11	12	15	23	21	23	20	23	21	6
照 相 机（架）	6	25	23	40	36	35	34	17	19	23	34
空 调 器（台）		1	4	18	13	20	30	22	24	29	32
淋浴热水器（台）		22	28	40	31	37	63	59	59	64	78
排油烟机（台）		37	75	65	51	62					
影 碟 机（台）			27	68	52	54					
家用电脑（台）			4	28	35	43	55	60	65	67	77
摄 像 机（架）				2	4	6	7	8	8	7	7
微 波 炉（台）			5	16	18	28	43	36	38	41	43
健身器材（套）			1	5	3	3	2	2	2	1	
移动电话（部）			4	102	114	123	140	142	154	167	177
家用汽车（辆）				1	2	5	5	7	10	14	31

10-10 按收入等级分城镇居民家庭平均每人全年购买主要商品数量(2011年)

指　　标	总平均	最低收入户（10%）		低收入户（10%）	中等偏下户（20%）	中等收入户（20%）	中等偏上户（20%）	高收入户（10%）	最高收入户（10%）
			困难户（5%）						
粮　　食（千克）	73.87	76.34	81.14	104.41	44.31	81.95	70.94	69.55	90.9
淀粉及薯类（千克）	22.93	32.38	28.9	23.19	15.93	25.54	18.88	31.57	21.04
食用植物油（千克）	6.19	5.74	5.49	11.87	4.59	6.50	5.82	4.19	3.94
猪　　肉（千克）	9.01	7.14	6.60	8.33	5.81	11.09	9.34	14.37	8.99
牛　　肉（千克）	0.85	0.24	0.42	0.29	0.49	1.44	1.48	0.63	0.52
羊　　肉（千克）	0.43	0.14	0.17	0.12	0.21	0.66	0.72	0.61	0.32
家　　禽（千克）	2.54	1.28	1.50	1.71	1.61	3.01	3.57	3.30	3.60
鲜　　蛋（千克）	10.64	10.47	8.39	11.34	10.31	10.29	10.3	12.31	10.69
鱼　　（千克）	1.15	0.71	0.48	0.54	0.65	1.87	1.61	1.01	1.03
虾　　（千克）	0.11			0.04	0.04	0.11	0.15	0.44	0.17
鲜　　菜（千克）	95.35	104.64	105.88	101.04	69.54	103.47	87.18	125.85	107.97
白　　酒（千克）	1.01	0.20	0.09	0.49	0.29	1.23	1.26	3.35	1.24
果　　酒（千克）	0.13	0.07	0.08	0.21		0.31	0.04	0.20	0.10
啤　　酒（千克）	1.44			2.21	0.51	0.70	4.43	0.78	3.61
茶　　叶（千克）	0.07	0.06	0.09	0.04	0.02	0.12	0.10	0.08	0.09
鲜 瓜 果（千克）	39.66	22.22	18.06	30.37	34.96	46.41	42.03	53.70	53.52
糕　　点（千克）	5.02	2.62	2.43	4.11	3.52	5.01	7.83	5.43	6.71
鲜　　奶（千克）	15.85	7.08	2.78	15.95	17.19	18.68	14.22	17.61	19.24
奶　　粉（千克）	0.31	0.02	0.03	0.12	0.13	0.66	0.46	0.48	0.24
酸　　奶（千克）	5.53	6.26	2.46	5.46	3.05	8.20	5.11	4.73	5.61
男士服装（件）	12.56	6.47	5.29	7.98	7.67	12.19	12.16	41.22	13.44
女士服装（件）									
儿童服装（件）									
鞋　　类（双）	3.18	2.41	1.88	3.23	2.48	3.81	3.46	3.69	3.12

10-11 按收入等级分城镇居民家庭平均每百户年底耐用消费品拥有量(2011年)

指　　标	总平均	最低收入户（10%）	困难户（5%）	低收入户（10%）	中等偏下户（20%）	中等收入户（20%）	中等偏上户（20%）	高收入户（10%）	最高收入户（10%）
摩托车（辆）	26	9	17	20	30	33	50	10	
助力车（辆）	22	27	33	40	20	19	15	20	20
家用汽车（辆）	31	9	17	10	35	33	30	40	60
洗衣机（台）	102	100	100	100	100	100	105	110	100
电冰箱（台）	94	82	83	90	95	100	95	90	100
彩　电（台）	119	100	100	120	115	129	125	120	110
家用电脑（台）	77	27	17	70	90	81	95	70	80
组合音响（套）	6			10	5	5	5	20	
摄像机（架）	7				10		5	20	20
照相机（架）	34			20	20	38	60	30	60
钢　琴（架）	2				5	5			
其他中高档乐器（件）									
微波炉（台）	43			40	40	57	35	60	70
空调器（台）	32	9	17	10	45	33	45	30	30
电炊具（台）									
淋浴热水器（台）	78	73	67	40	95	81	80	70	90
消毒碗柜（台）	4				5	5		20	
洗碗机（台）									
健身器材（套）									
普通电话（部）	76	55	67	70	80	76	85	80	80
移动电话（部）	177	109	150	150	205	167	210	190	170

10-12 农村居民家庭基本情况

指标	1995年	2000年	2006年	2007年	2008年	2009年	2010年	2011年
调查户数（户）	440	480	480	480	480	480	480	480
调查户人口（人）								
常住人口	1815	1918	1821	1832	1821	1783	1783	1770
平均每户常住人口	4	3	3	4	4	4	4	4
平均每户整半劳动力	2	2	2	3	3	3	3	3
平均每个劳动力负担人口（含本人）	2.0	1.5	1.5	1.5	1.4	1.4	1.4	1.5
平均每人年收入（元）								
总收入	1896	3040	4423	5022	5557	5905	6609	8037
工资性收入	687	1290	1938	2154	2386	2780	3185	4007
家庭经营收入	1173	1600	2252	2543	2731	2633	2934	3197
财产性收入	13	66	61	112	161	172	152	130
转移性收入	23	85	172	213	279	320	338	703
现金收入	1579	2496	4015	4487	5102	5676	5973	7240
工资性收入	789	1283	1929	2145	2382	2780	3185	4000
家庭经营收入	737	1072	1882	2074	2369	2463	2344	2663
财产性收入	7	63	54	85	114	145	138	127
转移性收入	46	78	151	182	237	288	306	450
平均每人年支出（元）								
总支出	1424	1831	3050	3592	4215	4413	4626	6626
家庭经营费用支出	235	218	338	447	547	512	581	753
购置生产性固定资产	23	30	31	24	72	36	56	96
税费支出	29	74	3	8	5	1		1
生活消费支出	1072	1364	2588	2982	3383	3651	3853	5289
转移性和财产性支出	65	144	90	130	208	210	134	487
现金支出	1167	1587	2808	3332	3935	4102	4306	6381
家庭经营费用支出	217	210	333	445	545	510	572	735
购置生产性固定资产	23	30	31	24	72	36	56	96
税费支出	29	73	3	8	5	1		1
生活消费支出	691	1139	2353	2724	3111	3346	3544	5063
转移性和财产性支出	207	134	89	130	201	206	132	486
平均每人年纯收入（元）	1552	2629	3939	4435	4856	5255	5899	7043
工资性收入	687	1290	1938	2154	2386	2780	3185	4007
家庭经营收入	835	1204	1793	1978	2062	2012	2247	2258
财产性收入	13	63	61	112	161	173	152	130
转移性收入	18	73	147	191	247	290	315	649

10-13 农村居民家庭平均每人纯收入

单位:元

指　　标	2000年	2004年	2005年	2006年	2007年	2008年	2009年	2010年	2011年
纯收入	2629	3278	3593	3939	4435	4856	5255	5899	7043
按收入来源分									
工资性收入	1290	1510	1669	1938	2154	2386	2780	3185	4007
家庭经营纯收入	1204	1661	1737	1793	1978	2062	2012	2247	2258
农业收入		623	572	558	631	684	515	693	732
林业收入		25	36	32	42	46	62	79	67
牧业收入		192	235	264	305	323	338	313	419
渔业收入									
工业收入		61	48	52	72	69	64	97	41
建筑业收入		18	33	26	28	30	28	25	54
交通、运输、邮电业收入		303	297	323	332	333	447	368	375
批发、零售贸易及餐饮业		129	216	223	231	294	368	427	372
社会服务业收入		75	91	122	118	115	154	161	145
文教卫生业收入		8		2		5	7	2	23
其他收入		226	208	193	219	163	30	80	29
转移性和财产性收入	135	29	60	208	303	408	463	467	779

10-14 农村居民家庭住房情况

指　　标	2000年	2004年	2005年	2006年	2007年	2008年	2009年	2010年	2011年
本年新建房屋									
面积（平方米/人）	0.05		0.33	0.75	0.65	0.46	0.20	0.08	1.45
价值（元/平方米）					628.93	404.98	333.33	1182.10	625.02
住房结构（平方米/人）	0.05		0.33	0.76	0.66	0.46	0.20	0.08	1.62
#钢筋混凝土结构			0.33	0.56	0.11			0.01	0.95
砖木结构	0.05			0.20	0.55	0.46	0.20	0.07	0.67
年末住房情况									
住房面积（平方米/人）	27.00	28.99	32.19	32.46	33.24	33.82	35.00	34.82	36.35
住房价值（元/平方米）					359.46	389.41	376.22	422.28	720.11
住房结构（平方米/人）	27.00	28.99	32.19	32.46	33.24	33.81	35.00	34.82	36.35
#钢筋混凝土结构	4.90	9.37	11.28	10.03	5.69	6.01	9.23	6.46	5.20
砖木结构	20.83	19.25	20.82	22.11	27.35	27.80	25.77	28.09	30.18

注:本表为农村住户抽样调查资料。

10-15　各地区农村居民家庭人均纯收入

单位:元

地　　　区	1995年	2000年	2005年	2006年	2007年	2008年	2009年	2010年	2011年
全　　　市	1552	2629	3593	3939	4435	4856	5255	5899	7043
城　　　区	2703	3400	4427	4669	5074	5506	5968	6655	7963
沁　水　县	1214	2160	2863	3152	3600	3991	4371	5059	6089
阳　城　县	1556	2586	3466	3838	4389	4859	5262	5920	7078
陵　川　县	1107	2060	2690	2898	3163	3378	3618	4017	4780
泽　州　县	1721	3018	4218	4590	5060	5517	5967	6646	7940
高　平　市	1505	2575	3639	4038	4688	5184	5629	6340	7596

10-16　各地区按来源分农村居民家庭人均纯收入(2011年)

单位:元

地　　　区	纯收入				
		工资性收入	家庭经营纯收入	财产性收入	转移性收入
全　　　市	7043	4007	2258	130	649
城　　　区	7963	5551	1551	283	578
沁　水　县	6089	2806	2469	92	721
阳　城　县	7078	3322	2826	225	705
陵　川　县	4780	2802	1523	15	440
泽　州　县	7940	4941	2004	119	876
高　平　市	7596	4446	2569	128	453

10-17 农村居民家庭平均每人生活消费支出

单位:元

指标	1995年	2000年	2004年	2005年	2006年	2007年	2008年	2009年	2010年	2011年
生活消费总支出	1072	1364	2101	2375	2588	2982	3383	3651	3853	5289
食品	609	543	795	848	895	1033	1288	1366	1493	1902
衣着	177	173	286	303	325	369	411	490	528	602
居住	92	82	100	123	317	468	392	418	459	662
家庭设备用品及服务	72	68	165	170	131	130	150	167	196	283
交通通讯	9	104	237	309	311	338	415	432	410	578
文教娱乐用品及服务	65	120	267	314	289	315	357	372	362	501
医疗保健	33	191	173	206	217	213	253	292	292	541
其他商品与服务	15	83	79	102	102	117	117	114	113	220
生活消费现金支出	676	1139	1841	2126	2353	2724	3111	3346	3544	5063
食品	228	318	536	599	661	784	1016	1062	1184	1676
衣着	177	173	286	303	325	369	411	490	528	602
居住	92	191	173	206	317	468	392	418	459	662
家庭设备用品及服务	72	82	100	123	131	130	150	167	196	283
交通通讯	9	104	237	309	311	338	415	431	410	578
文教娱乐用品及服务	65	120	267	314	289	315	357	372	362	501
医疗保健	33	68	165	170	217	213	253	292	292	541
其他商品与服务	15	83	78	102	101	108	117	114	113	220

10-18 各地区农村居民家庭平均每人生活消费支出(2011年)

单位:元

地区	生活消费支出合计	食品	衣着	居住	家庭设备用品及服务	交通通讯	文教娱乐用品及服务	医疗保健	其他商品与服务
全市	5289	1902	602	662	283	578	501	541	220
城区	5849	1953	901	623	542	630	639	313	248
沁水县	4788	1787	521	580	209	644	486	350	211
阳城县	5080	1770	640	405	341	654	593	393	283
陵川县	3855	1323	351	558	165	372	450	461	176
泽州县	5779	1853	666	1003	254	587	518	699	199
高平市	5873	2446	628	588	324	592	419	658	218

10-19 各地区农村居民家庭平均每人生活消费现金支出(2011年)

单位:元

地区	生活消费支出合计	食品	衣着	居住	家庭设备用品及服务	交通通讯	文教娱乐用品及服务	医疗保健	其他商品与服务
全市	5063	1676	602	662	283	578	501	541	220
城区	5796	1899	901	623	542	630	639	313	248
沁水县	4474	1473	521	580	209	644	486	350	211
阳城县	4849	1539	640	405	341	654	593	393	283
陵川县	3741	1208	351	558	165	372	450	461	176
泽州县	5498	1572	666	1003	254	587	518	699	199
高平市	5647	2220	628	588	324	592	419	658	218

10-20　农村居民家庭平均每人主要食品消费量

单位：公斤

指　　标	1985年	1995年	2000年	2005年	2006年	2007年	2008年	2009年	2010年	2011年
粮　食（原粮）	218.0	221.0	224.0	222.0	224.0	208.7	214.1	220.0	212.0	157.1
小　麦			116.0	119.0	124.0	116.5	124.5	123.8	118.4	96.7
稻　谷			10.0	16.0	19.0	19.4	23.2	19.2	24.9	16.4
大　豆						4.0	3.0	3.5	2.8	3.4
蔬　菜	202.0	85.0	62.0	72.0	79.0	76.4	80.1	70.0	76.9	71.7
食　油	4.0	7.0	7.0	6.0	6.0	6.8	7.8	8.5	7.4	7.3
植物油						6.8	7.8	8.5	7.4	7.3
肉禽及其制品	2.0	2.5	3.8	4.7	5.7	4.9	5.0	4.8	5.2	5.5
猪　肉			3.2	3.9	3.9	3.9	4.1	3.8	4.3	4.2
牛　肉			0.1	0.1	0.1	0.1	0.1	0.1	0.1	0.1
羊　肉			0.1			0.1		0.1		0.1
家　禽			0.1	0.2	0.2	0.3	0.2	0.2	0.2	0.4
蛋及制品	1.2	3.0	4.2	6.0	5.9	6.0	7.5	7.4	7.5	8.2
奶及制品			0.2	7.0	9.0	12.0	10.2	10.0	10.1	11.7
水产品			0.3	0.3	0.2	0.3	0.4	0.3	0.3	1.8
食　糖	1.2	1.5	1.4	0.9	0.9	0.8	1.1	0.9	0.8	1.0
酒			5.1	4.1	4.1	3.9	4.1	3.8	3.0	3.9
瓜果及制品			9.2	11.6	9.0	10.7	12.8	11.9	14.2	16.3
坚果及制品			0.4	2.2	0.7	2.3	0.7	0.8	0.8	0.9

10-21　农村居民家庭平均每百户年底耐用消费品拥有量

指　　标	1985年	1995年	2000年	2005年	2006年	2007年	2008年	2009年	2010年	2011年
洗衣机（台）	4.0	34.0	59.0	77.9	81.3	87.0	88.0	89.3	88.9	93.9
电风扇（台）	7.0	50.0	67.9	78.3	82.1					
电冰箱（台）		9.0	23.3	23.5	24.8	27.0	29.0	29.8	30.4	37.7
空调机（台）			0.8	1.0	2.1	3.0	5.0	5.1	5.2	5.8
抽油烟机（台）			0.6	1.5	2.3	2.0	2.0	2.4	3.4	5.9
自行车（辆）	80.0	119.0	91.5	43.8	46.3	49.0	54.0	55.0	59.6	43.2
摩托车（辆）		16.0	39.2	71.3	74.0	76.0	79.0	79.0	83.3	83.6
电话机（部）			25.4	83.5	83.8	88.0	89.0	89.6	89.0	67.4
移动电话（部）			1.0	65.6	86.7	96.0	105.0	110.5	122.9	203.6
组合音响（套）			15.2	16.9	15.6					
彩色电视机（台）	3.0	50.0	81.5	105.4	114.2	118.0	120.0	120.5	120.0	130.3
黑白电视机（台）	12.0	48.0	26.3	4.0	2.3	2.0	1.7	1.4	1.5	
收录机（台）	84.0	38.0	33.3	10.8	9.8					
照相机（架）		4.0	4.2	4.6	5.2	4.0	4.0	4.2	4.9	7.7
录放像机（台）		1.0	3.8	4.2	4.0					
家用电脑（台）			1.3	1.5	2.1	4.0	8.0	10.7	13.1	41.5

10-22 各地区农村居民家庭平均每人主要食品消费量(2011年)

单位:公斤

指标	全市	城区	沁水县	阳城县	陵川县	泽州县	高平市
粮食(原粮)	157.06	81.76	170.35	157.32	78.90	172.03	195.70
小麦	96.66	55.30	118.36	100.20	43.19	137.79	78.64
稻谷	16.41	12.71	13.02	11.23	26.24	13.98	19.50
大豆	3.41	0.51	3.38	3.78	0.78	4.75	3.81
蔬菜	71.65	58.04	94.04	69.08	44.49	64.64	90.40
食油	7.26	7.80	6.72	6.39	3.88	7.13	10.19
植物油	7.26	7.80	6.72	6.39	3.88	7.13	10.19
肉禽及其制品	5.54	8.20	6.50	6.98	2.00	6.05	5.02
猪肉	4.17	4.77	5.48	4.72	1.84	3.91	4.72
牛肉	0.09	0.27	0.04	0.11	0.01	0.16	0.01
羊肉	0.05	0.10	0.06	0.09	0.01	0.08	0.00
家禽	0.41	0.49	0.62	0.74	0.08	0.51	0.11
蛋及制品	8.24	7.84	10.04	7.38	4.22	9.00	9.76
奶及制品	11.67	17.75	3.24	21.83	8.86	15.44	3.73
水产品	1.75	0.50	0.42	8.08	0.16	0.38	0.14
食糖	1.02	2.50	1.07	1.12	0.64	1.50	0.31
酒	3.86	4.28	3.57	5.29	2.07	3.44	4.36
瓜果及制品	16.26	15.27	11.50	14.18	7.76	14.74	26.89
坚果及制品	0.90	1.79	0.54	0.34	0.79	1.37	0.85

10-23 各地区农村居民家庭平均每百户年底耐用消费品拥有量(2011年)

指标	全市	城区	沁水县	阳城县	陵川县	泽州县	高平市
洗衣机(台)	94	17	14	16	16	17	16
电风扇(台)							
电冰箱(台)	38	12	5	10	3	6	5
空调机(台)	6	3	1	2		1	1
抽油烟机(台)	6	5		1	1	1	1
自行车(辆)	43	14	2	4	2	8	14
摩托车(辆)	84	7	13	18	12	13	15
电话机(部)	67	12	12	13	14	8	12
移动电话(部)	204	32	31	35	27	39	35
组合音响(套)							
彩色电视机(台)	130	21	21	25	22	23	19
黑白电视机(台)							
收录机(台)							
照相机(架)	8	3	1	3	1	1	1
录放像机(台)							
家用电脑(台)	42	10	5	10	3	8	7

10-24　农村新建住宅面积和居民住房情况

单位:平方米

年　　份	农村人均新建住宅面积	农村人均住房面积
2000	0.05	27
2001	0.74	27
2002	0.63	29
2003	1.00	29
2004		30
2005	0.33	32
2006	0.75	32
2007	0.65	33
2008	0.46	34
2009	0.20	35
2010	0.08	35
2011	1.45	36

10-25　各地区农村居民家庭住房情况(2011年)

地　　区	住房面积（平方米/人）	住房价值（元/平方米）	住房结构（平方米/人）	
			钢筋混凝土结构	砖木结构
全　　市	**36.35**	**720.11**	**5.20**	**30.18**
城　　区	43.54	1789.35	4.05	39.33
沁 水 县	29.78	371.33	0.84	23.43
阳 城 县	44.30	675.19	22.86	19.62
陵 川 县	29.78	547.08	2.79	26.98
泽 州 县	40.18	881.02	0.76	39.42
高 平 市	31.40	482.18		31.40

主要统计指标解释

一、城镇住户

城镇家庭人口 指居住在一起，经济上合在一起共同生活的家庭成员。凡计算为家庭人口的成员其全部收支都包括在本家庭中。

城镇就业面 指就业人口占家庭人口的百分比。

城镇就业者负担人数 指家庭人口与就业人口之比。

城镇家庭总收入 指家庭成员得到的工薪收入、经营净收入、财产性收入、转移性收入之和，不包括出售财物收入和借贷收入。

城镇家庭可支配收入 指家庭成员得到可用于最终消费支出和其它非义务性支出以及储蓄的总和，即居民家庭可以用来自由支配的收入。它是家庭总收入扣除交纳的所得税、个人交纳的社会保障支出以及记账补贴后的收入。计算公式为：

可支配收入=家庭总收入-交纳个人所得税-个人交纳的社会保障支出-记帐补贴

城镇家庭消费性支出 指家庭用于日常生活的支出，包括食品、衣着、居住家庭设备用品及服务、医疗保健、交通和通信、娱乐教育文化服务、居住、其他商品和服务等八大类支出。

城镇家庭收入分组方法 是将所有调查户按户人均可支配收入由低到高排队，按10%，10%，20%，20%，20%，10%，10%的比例依次分成：最低收入户、低收入户、中等偏下收入户、中等收入户、中等偏上收入户、高收入户、最高收入户等七组。总体中最低5%的户为困难户。

恩格尔系数 指食物支出金额在消费性总支出金额中所占的比例。计算公式为：

$$恩格尔系数(\%)=\frac{食品支出金额}{消费性总支出金额}\times 100\%$$

二、农村住户

农村住户 指农村常住户。农村常住户指长期（一年以上）居住在乡镇（不包括城关镇）行政管理区域内的住户，以及长期居住在城关镇所辖行政村范围内的农村住户。户口不在本地而在本地居住一年及以上的住户也包括在本地农村常住户范围内；有本地户口，但举家外出谋生一年以上的住户，无论是否保留承包耕地都不包括在本地农村住户范围内。

常住人口 指全年经常在家或在家居住6个月以上，而且经济和生活与本户连成一体的人口。外出从业人员在外居住时间虽然在6个月以上，但收入主要带回家中，经济与本户连为一体，仍视为家庭常住人口；在家居住，生活和本户连成一体的国家职工、退休人员也为家庭常住人口。但是现役军人、中专及以上（走读生除外）的在校学生、以及常年在外（不包括探亲、看病等）且已有稳定的职业与居住场所的外出从业人员，不算家庭常住人口。家庭常住人口主要作为计算农村住户平均每人收入、消费和积累水平及分析家庭人口状况的依据。

整、半劳动力 整劳动力指男子18周岁到50周岁，女子18周岁到45周岁；半劳动力指男子16周岁到17周岁，51周岁到60周岁；女子16周岁到17周岁，46周岁到55周岁，同时具有劳动能力的人。虽然在劳动年龄之内，但已丧失劳动能力的人，不应算为劳动力；超过劳动年龄，但能经常参加劳动，计入半劳动力数内。常住人口中的职工，若这些职工为劳动力，就包括在本户的整半劳动力中。

总收入 指调查期内农村住户和住户成员从各种来源渠道得到的收入总和。按收入的性质划分为工资性收入、家庭经营收入、财产性收入和转移性收入。

工资性收入 指农村住户成员受雇于单位或个人，靠出卖劳动而获得的收入。

家庭经营收入 指农村住户以家庭为生产经营单位进行生产筹划和管理而获得的收入。农村住户家庭经营活动按行业划分为农业、林业、牧业、渔业、工业、建筑业、交通运输业邮电业、批发和零售贸易餐饮业、社会服务业、文教卫生业和其他家庭经营。

财产性收入 指金融资产或有形非生产性资产的所有者向其他机构单位提供资金或将有形非生产性资产供其支配，作为回报而从中获得的收入。

转移性收入 指农村住户和住户成员无须付出任何对应物而获得的货物、服务、资金或资产所有权等，不包括无偿提供的用于固定资本形成的资金。一般情况下，是指农村住户在二次分配中的所有收入。

现金收入 指农村住户和住户成员在调查期内得到以现

金形态表现的收入。按来源分成工资性收入、家庭经营现金收入、财产性收入、转移性收入。

纯收入 指农村住户当年从各个来源得到的总收入相应地扣除所发生的费用后的收入总和。计算方法：

纯收入=总收入-税费支出-家庭经营费用支出

-生产性固定资产折旧-记帐补贴

-赠送农村外部亲友支出

纯收入主要用于再生产投入和当年生活消费支出，也可用于储蓄和各种非义务性支出。"农民人均纯收入"按人口平均的纯收入水平，反映的是一个地区或一个农户农村居民的平均收入水平。

总支出 指农村住户用于生产、生活和再分配的全部支出。家庭经营费用支出、购置生产性固定资产支出、生产性固定资产折旧、税费支出、生活消费支出、财产性支出和转移性支出。

11

城市概况

General Survey of Cities

简 要 说 明

一、本篇资料的主要内容

本篇资料主要反映我市城市公用事业的基本情况，主要内容包括：城市建设、供水、供气、供热、市政设施、公共交通、城市绿化、环境卫生等。

二、本篇的资料来源

本篇资料由市城建局根据其《城市建设统计报表制度》和《房地产统计报表制度》汇总整理提供。

11-1 城市公用事业基本情况

指　　　标	2006年	2007年	2008年	2009年	2010年	2011年
城市及建筑物面积						
建成区绿化覆盖率(%)	41.9	45.3	45.8	45.8	45.8	46.4
年末实有住宅建筑面积(万平方米)		1585	1922	1975	2091	2168
供水、供气及供热						
年供水总量(万吨)	2596	1748	1806	1896	1964	1966
#生活用水量	126	622	696	742	988	942
人均生活用水(吨)	4.0	19.4	21.1	22.5	29.9	26.6
用水普及率(%)	100	100	100	100	100	100
人工煤气供气量(万立方米)	1620	2065	2884	5227	7532	
#家庭用量	686	800	1062	3200	3300	
天然气供气量(万立方米)	2246	1273	1560	1809	7196	16717
#家庭用量		680	1300	738	897	6054
液化石油气供气量(万吨)	2759	2665	1358	1911	1763	1893
#家庭用量	1608	2149	1175	1613	1428	1550
供气管道长度(公里)						
用气普及率(%)	86.5	84.0	85.6	86.8	88.0	99.0
集中供热面积(万平方米)	600	660	953	972	1032	1184
市政设施						
道路长度(公里)	120.84	121.84	122.83	165.00	165.00	185.00
每万人拥有道路长度(公里)	3.85	3.81	3.88	5.18	4.14	5.23
道路面积(万平方米)	274	280	283	379	379	500
人均拥有道路面积(平方米)	8.73	8.75	8.99	12.00	12.00	12.40
排水管道长度(公里)	240	240	244	244	327	327
排水管道密度(公里/平方公里)	1.68	1.68	1.71	1.71	2.29	2.29
城市桥梁(座)	19	19	20	22	22	22
城市路灯(盏)	11298	11889	12573	12683	12683	13287
公共交通						
公共交通运营车数(辆)	247	281	275	278	278	346
每万人拥有公交车辆(标台)	7.23	8.16	8.68	8.73	8.70	9.77
出租汽车数量(辆)	1413	1403	1453	1453	1453	1453
城市绿化						
园林绿地面积(公顷)	1339	1385	1377	1467	1495	1494
人均公共绿地面积(平方米)	11.3	11.1	15.5	15.5	15.5	15.5
公园个数(个)	16	16	16	16	16	16
公园面积(公顷)	354	309	354	354	354	403
环境卫生						
清扫保洁面积(万平方米)	264	376	382	382	382	382
清运生活垃圾(吨)	150000	127800	127600	127800	130000	143400

11-2 各地区城市建设情况(2011年)

地　　　区	建成区面积（平方公里）	征用土地面积（平方公里）	年末实有房屋建筑面积（万平方米）	年末实有住宅建筑面积（万平方米）
市　　区	35.80		3041.61	2167.55
沁 水 县	5.50			
阳 城 县	10.00			
高 平 市	17.80			
陵 川 县	5.13			

11-3 各地区城市市政设施(2011年)

地　　　区	年末实有道路长度（公里）	年末实有道路面积（万平方米）	城市桥梁（座）	城市排水管道长度（公里）	城市污水日处理能力（万立方米）	城市路灯（盏）
市　　区	185.00	500.46	22	327.0	7.5	13287
沁 水 县	48.63	53.50	29	31.5	1.0	1650
阳 城 县	44.90	164.00		100.4	1.8	4407
高 平 市	125.50	195.50	16	102.0	1.5	23200
陵 川 县	25.70	45.70		23.0	0.3	860

11-4 各地区城市供水情况(2011年)

地区	年末供水管道长度（公里）	全年供水总量（万立方米）			用水人口（万人）
			生活用水	生产用水	
市　　区	357.2	1966.0	942.4	222.9	35.4
沁 水 县					
阳 城 县					
高 平 市					
陵 川 县					

11-5 各地区城市园林和面积(2011年)

地区	城市园林绿地面积（公顷）	公园个数（个）	公园面积（公顷）	年游人量（万人次）
市　　区	1494	16	403.2	
沁 水 县	220	2	30.0	
阳 城 县	387	6	108.0	
高 平 市	626	5	105.6	
陵 川 县	116	3	8.0	

11-6 各地区城市设施水平(2011年)

地区	人均住宅建筑面积（平方米）	城市用水普及率（%）	城市用气普及率（%）	每万人拥有公交车辆（标台）	人均拥有道路面积（平方米）
市　　区	32.5	100.0	99.0		12.4
沁 水 县	35.1	98.0	74.3		13.0
阳 城 县	31.4	90.0	90.0		16.4
高 平 市	32.3	98.0	84.0		16.4
陵 川 县	31.7	100.0	62.2		8.4

11-7 城市房屋概况(2011年)

指　　标	单　　位	数　　量
一、房屋状况		
年末实有房屋建筑面积	万平方米	3055.37
#住　宅	万平方米	2167.55
#私有(自有)住宅	万平方米	2104.81
年末成套住宅套数	套	175449
年末成套住宅建筑面积	万平方米	2104.81
本年房屋减少建筑面积	万平方米	
#住　宅	万平方米	
二、居住状况		
居住人口	万人	66.45
居住户数	户	195441
人均建筑面积在10平方米以下住户	户	
人均住宅建筑面积	平方米/人	32.6
户均住宅套数	套/户	0.9

主要统计指标解释

供水综合生产能力 指按供水设施取水、净化、送水、出厂输水干管等环节设计能力计算的综合生产能力。包括在原设计能力的基础上，经挖、革、改增加的生产能力。计算时，以四个环节中最薄弱的环节为主确定能力。

年末供水管道长度 指从送水泵至用户水表之间所有管道的长度。不包括新安装尚未使用的管道。

全年供水总量 指报告期供水企业（单位）供出的全部水量。包括有效供水量和漏损水量。

生活用水量 包括公共服务用水和居民家庭用水。公共服务用水指为城市社会公共生活服务的用水。包括行政事业单位、部队营区和公共设施服务、社会服务业、批发零售贸易业、旅馆饮食业以及其他公共服务业等单位的用水。居民家庭用水指城市范围内所有居民家庭的日常生活用水。包括城市居民、农民家庭、公共供水站用水。

用水普及率 指城市用水人口数与城市人口总数的比率。计算公式：

$$用水普及率=\frac{城市用水人口数}{城市人口总数}\times100\%$$

人工煤气生产能力 指报告期末人工煤气生产厂制气、净化、输送等环节的综合生产能力，不包括备用设备能力。一般按设计能力计算，如果实际生产能力大于设计能力时，应按实际测定的生产能力计算。测定时应以制气、净化、输送三个环节中最薄弱的环节为主。

供气管道长度 指报告期末从气源厂压缩机的出口或门站出口至各类用户引入管之间的全部已经通气投入使用的管道长度。不包括煤气生产厂、输配站、液化气储存站、灌瓶站、储配站、气化站、混气站、供应站等厂（站）内的管道。

全年供气总量 指全年燃气企业（单位）向用户供应的燃气数量。包括销售量和损失量。

用气普及率 指报告期末使用燃气的城市人口数与城市人口总数的比率。计算公式为：

$$用气普及率=\frac{城市用气人口数}{城市人口总数}\times100\%$$

城市供热能力 指供热企业（单位）向城市热用户输送热能的设计能力。

城市供热总量 指在报告期供热企业（单位）向城市热用户输送全部蒸汽和热水的总热量。

城市供热管道长度 指从各类热源到热用户建筑物接入口之间的全部蒸汽和热水的管道长度。不包括各类热源厂内部的管道长度。

年末道路长度 指年末道路长度和与道路相通的广场、桥梁、隧道的长度，按车行道中心线计算。在统计时只统计路面宽度在3.5米（含3.5米）以上的各种铺装道路，包括开放型工业区和住宅区道路在内。

城市桥梁 指为跨越天然或人工障碍物而修建的构筑物。包括跨河桥、立交桥、人行天桥以及人行地下通道等。包括永久性桥和半永久性桥。

城市排水管道长度 指所有排水总管、干管、支管、检查井及连接井进出口等长度之和。

城市污水日处理能力 指污水处理厂（或处理装置）每昼夜处理污水量的设计能力。

年末运营车数 指年末公交企业（单位）用于运营业务的全部车辆数。以企业（单位）固定资产台帐中已投入运营的车辆数为准。

城市园林绿地面积 指报告期末用作园林和绿化的各种绿地面积。包括公共绿地、居住区绿地、单位附属绿地、防护绿地、生产绿地、道路绿地和风景林地面积。

不包括：

1.屋顶绿化、垂直绿化、阳台绿化和室内绿化。

2.以物质生产为主的林地、耕地、牧草地、果园和竹园等。

3.城市总体规划中不列入绿地的水域。

公共绿地 指向公众开放的市级、区级、居住区级各类公园、街旁游园，包括其范围内的水域。其中居住区级公园应不小于1万平方米，街旁游园的宽度不小于8米，面积不小于400平方米。

清扫保洁面积 指报告期末对城市道路和公共场所（主要包括城市行车道、人行道、车行隧道、人行过街地下通道、道路附属绿地、地铁站、高架路、人行过街天桥、立交桥、广场、停车场及其他设施等）进行清扫保洁的面积。一天清扫多次的，按清扫保洁面积最大的一次计算。

市容环卫专用车辆 指用于环境卫生作业、监察的专用车辆和设备，包括用于道路清扫、冲洗、洒水、除雪、垃圾粪便清运、市容监察以及与其配套使用的车辆和设备。

每万人拥有公共交通车辆 指报告期末城区内每万人平均拥有的公共交通车辆标台数。计算公式：

$$每万人拥有公共交通车辆=\frac{公共交通运营车标台数}{城市人口总数}$$

12

环境保护

Environment Protection

简 要 说 明

一、本篇章的主要内容

本篇主要反映我市环境保护事业发展情况。主要内容包括水环境、大气环境、固体废物、声环境、生态环境、自然灾害和环境污染治理投资等内容。

主要反映我市总的水资源、供水、用水情况以及工业废水和生活污水的排放及治理情况；城市空气质量，废气排放及处理情况；工业固体废物的产生、处理及利用情况以及城市生活垃圾清运及处理情况；我市控城市道路交通和区域环境噪声监测情况；我市的土地利用、耕地变动、森林资源、造林及其自然保护基本情况；地质、地震、海洋、森林灾害及环境污染与破坏事故情况；环境污染治理投资等情况。

二、本篇章的资料来源

环境污染与治理、生活污染物排放及处理、声环境、工业污染治理投资情况由市环境保护局提供。

水资源、城市生活垃圾清运及处理、土地利用和耕地变动、森林资源等情况分别由市水利局、城建局、国土资源局、林业局提供。

12-1 环境保护基本情况

指　　标	2006年	2007年	2008年	2009年	2010年	2011年
水资源						
水资源总量（万立方米）	131688	131688	131688	80161	80296	119353
地表水	113153	113153	113153	59676	60429	99410
地下水	89279	89279	89279	74574	63053	86373
地表水与地下水资源重复量	70744	70744	70744	54089	43186	66430
人均水资源量（立方米/人）	626	615	612	370		
供水总量（万立方米）	36788	37231	37369	39117	41261	47641
地表水	10905	11427	11571	11626	11957	15943
地下水	16834	18140	18737	20097	21968	27660
用水总量（万立方米）	36288	36766	37369	38616	40761	47112
农业	13383	15873	15966	16491	16957	17538
工业	15737	16489	16404	16925	17826	19339
生活	5491	4404	4999	5200	5978	10236
工业废水排放量（万吨）	5630	6369	5756	4759	5188	5600
# 排入污水处理厂	3943	4442	1199	679	377	424
工业废水排放达标量（万吨）	5503	6364	5756	4759	5188	5600
工业废水排放达标率（%）	97.7	99.9	100.0	100.0	100.0	100.0
噪　声						
城市环境噪声达标区面积（平方公里）	24.5	29.4	29.4	29.4	29.4	
固体废物						
工业固体废物产生量（万吨）	751	993	1250	1467	1755	1618
工业固体综合利用量（万吨）	373	550	778	1119	1320	1246
大气环境						
工业废气排放量（亿标立方米）	1040	1503	1539	1687	61997	3777

12-1 续表

指　　标	2006 年	2007 年	2008 年	2009 年	2010 年	2011 年
二氧化硫排放量(吨)	93459	95410	92900	86874	98125	94469
# 排放达标量	93064	95381	92900	86874	98125	94469
烟粉尘排放量(吨)	65364	60386	50800	34449	48202	72876
# 排放达标量	64641	60343	50800	34449	48202	72876
工业二氧化硫去除量(吨)	11185	31208	61000	53976	78767	82219
工业烟粉尘去除量(吨)	335446	1361298	1954800	1941817	1161946	3256389
烟尘控制区面积(平方公里)	34.1	34.1	34.1	34.1	34.1	
生态环境						
森林面积(公顷)	313333	336000	336000	336000	336330	336330
森林覆盖率(%)	33.6	35.7	35.7	35.7	35.7	35.7
当年造林面积(公顷)	14809	8192	6843	5950	9780	13083
自然灾害						
发生地质灾害起数(次)	24	6		2	1	
滑坡	21	1		1		
崩塌					1	
森林病虫鼠害发生面积(公顷)	78.82	50.43	30.45	41.38	38.26	
森林病虫鼠害防治面积(公顷)	13.64	16.68	17.16	21.71	23.94	
森林病虫鼠害防治率(%)	18.23	76.00	56.35	52.47	62.57	

注:2011 年以前,烟粉尘相关指标数据为烟尘相关指标数据。

12-2 空气质量指标(2011年)

单位:天

月份	II级以上天数			III1级天所占天数	III2级天所占天数	IV1级天所占天数	IV2级天所占天数	V级天所占天数	主要污染物"可吸入颗粒"所占天数	主要污染物"二氧化硫"所占天数	主要污染物"二氧化氮"所占天数
		I级天所占天数	II级天所占天数								
全年	354	112	242	11					170	83	
1月	25	2	23	6					3	26	
2月	26	4	22	2					9	15	
3月	31	11	20						8	12	
4月	29	3	26	1					25	2	
5月	31	7	24						23	1	
6月	30	3	27						27		
7月	31	4	27						23	4	
8月	31	10	21						21		
9月	30	25	5						5		
10月	31	22	9						9		
11月	30	20	10						5	5	
12月	29	1	28	2					12	18	

12-3 各地区供水用水情况(2011 年)

单位:万立方米

地区	供水总量	地表水	地下水	其他	损失水量	用水总量	农业	工业	生活
全市	**47641**	**15943**	**27660**	**3509**	**528**	**47112**	**17538**	**19339**	**10236**
城区	8959	960	7139	500	360	8599	1487	2297	4815
沁水县	4971	2586	2135	220	30	4941	2707	1613	621
阳城县	9846	5133	4101	560	53	9793	3609	4985	1199
陵川县	1880	1416	424		40	1840	841	413	586
泽州县	10588	3740	6271	577		10588	4281	4800	1508
高平市	11396	2108	7589	1653	46	11351	4613	5231	1507

12-4 各地区土地利用情况(2011 年)

单位:公顷

地区	土地调查面积	耕地	园地	林地	草地	城镇村及工矿用地	交通运输用地	水利及水利设施用地	其他用地
全市	**942487**	**204685**	**12573**	**403759**	**194576**	**49490**	**17980**	**12345**	**47079**
城区	14259	3928	312	1847	1434	5404	681	73	581
沁水县	265821	32432	1499	136021	74338	5242	2793	4541	8956
阳城县	191752	38787	3673	91223	29155	9446	4178	2598	12690
陵川县	170179	32166	1524	90171	31190	5616	2335	1223	5955
泽州县	202441	50953	957	63826	52780	14016	5526	2812	11570
高平市	98035	46418	4610	20671	5679	9766	2467	1098	7326

12-5 各地区造林面积(2011 年)

单位:公顷

地区	造林总面积	按造林方式分	按林种用途分	
		#人工造林	经济林	防护林
全市	13083	10281	5221	7736
城区	334	334	200	134
沁水县	3367	2166	1047	2287
阳城县	3074	2474	1027	2014
陵川县	2507	2173	1074	1400
泽州县	2121	1454	960	1134
高平市	1680	1680	913	767

12-6 各地区地质灾害及防治情况(2011 年)

地区	发生地质灾害起数(次)	直接经济损失(万元)	地质灾害防治项目数(个)
全市	5	150.0	
城区			
沁水县			
阳城县			
陵川县	1		
泽州县	4		
高平市			

12-7 各地区森林病虫鼠害防治情况(2011年)

地区	合计			森林虫害		
	发生面积(公顷)	防治面积(公顷)	防治率(%)	发生面积(公顷)	防治面积(公顷)	防治率(%)
全市	24999.47	16026.2	64.11	24139.47	15232.87	63.10
城区						
沁水县	8386.67	6853.33	81.72	8046.67	6513.33	80.94
阳城县	4290.13	4190.20	97.67	4290.13	4190.20	97.67
陵川县	4889.33	1349.33	27.60	4702.67	1229.33	26.24
泽州县	6006.67	2273.33	37.85	5673.33	1940.00	34.20
高平市	1426.67	1360.00	95.33	1426.67	1360.00	95.33

12-8 各地区林业系统营林固定资产投资完成情况(2011年)

单位:万元

地区	本年完成投资	#国家投资	
			#国债资金
全市	21622	9444	
市直	940	576	
城区	733	335	
沁水县	9496	2224	
阳城县	3039	1667	
陵川县	2680	1682	
泽州县	2276	1444	
高平市	2458	1516	

12-9 各地区林业系统营林固定资产投资资金来源

单位：万元

年份 地区	合计	上年底结余资金	国家预算内资金	# 国债资金	# 中央财政专项资金	国内贷款	利用外资	自筹资金	其他资金
2001	1297		1160	356	104			138	
2002	3321	80	2860	1303	1274		160	10	211
2003	4733		4368	1219	2865	100	135	131	
2004	4280	110	3979	536	2868		148	44	
2005	5277		5269	371	3767		8		
2006	6519		5452	436	3514			767	301
2007	9745		7546	224	3402	48		1918	233
2008	10238		8641	67	3814			516	1081
2009	16943		8969		3981			6819	1155
2010	14139		10233		4616			2940	966
2011	19669		9444		5905			10225	
市直	587		576		116			11	
城区	543		335		80			208	
沁水县	9208		2224		1825			6984	
阳城县	3039		1667		1159			1372	
陵川县	2374		1682		1042			692	
泽州县	1920		1444		1074			476	
高平市	1998		1516		609			482	

12-10 自然保护区及生态示范区工作情况(2011 年)

指　标	单　位	数　量
一、自然保护区个数	个	5
自然保护区面积	公顷	155623.7
# 国家级	公顷	30400.0
省级	公顷	125223.7
管理人员	人	80
# 技术人员	人	30
二、生态示范区个数	个	2
生态示范区面积	万公顷	44.3

12-11 自然保护区及生态示范区名录(2011 年)

单位:公顷

名　称	面　积	主要保护对象及建设内容
山西历山国家级自然保护区	24800	暖温性植被及猕猴、大鲵等珍稀动物
山西阳城蟒河猕猴国家级自然保护区	5600	猕猴及匙叶栎、山白树植物
山西省崦山自然保护区	10009	天然侧伯母树林生态系统及爬行类动物
山西省泽州猕猴自然保护区	93775	猕猴及森林生态系统
山西省南方红豆杉自然保护区	21440	以南方红豆杉为主的森林生态系统及猕猴、金钱豹等野生动物

主要统计指标解释

水资源总量 指评价区内降水形成的地表和地下产水总量，即地表产流量与降水入渗补给地下水量之和，不包括过境水量。

地表水资源量 指评价区内河流、湖泊、冰川等地表水体中可以逐年更新的动态水量，即当地天然河川径流量。

地下水资源量 指评价区内降水和地表水对饱水岩土层的补给量，包括降水入渗补给量和河道、湖库、渠系、渠灌田间等地表水体的入渗补给量。

地表水与地下水资源重复量 指地表水和地下水相互转化的部分，即天然河川径流量中的地下水排泄量，和地下水补给量中来源于地表水的入渗补给量。

供水总量 指各种水源工程为用户提供的包括输水损失在内的毛供水量之和，不包括海水直接利用量。

地表水源供水量 指地表水体工程的取水量，按蓄、引、提、调四种形式统计。从水库、塘坝中引水或提水，均属蓄水工程供水量；从河道或湖泊中自流引水的，无论有闸或无闸，均属引水工程供水量；利用扬水站从河道或湖泊中直接取水的，属提水工程供水量；跨流域调水指水资源一级区或独立流域之间的跨流域调配水量，不包括在蓄、引、提水量中。

地下水源供水量 指水井工程的开采量，按浅层淡水、深层承压水和微咸水分别统计。城市地下水源供水量包括自来水厂的开采量和工矿企业自备井的开采量。

其他水源供水量 包括污水处理再利用、集雨工程、海水淡化等水源工程的供水量。

用水总量 指分配给各类用户的包括输水损失在内的毛用水量之和，不包括海水直接利用量。

农业用水 指农田灌溉用水、林果地灌溉用水、草地灌溉用水和鱼塘补水。

工业用水 指工矿企业在生产过程中用于制造、加工、冷却、空调、净化、洗涤等方面的用水，按新水取用量计，不包括企业内部的重复利用水量。

生活用水 包括城镇生活用水和农村生活用水。城镇生活用水由居民用水和公共用水（含第三产业及建筑业等用水）组成；农村生活用水除居民生活用水外，还包括牲畜用水在内。

生态用水 仅包括人为措施供给的城镇环境用水和部分河湖、湿地补水，而不包括降水、径流自然满足的水量。

工业废水排放量 指经过企业厂区所有排放口排到企业外部的工业废水量。包括生产废水、外排的直接冷却水、超标排放的矿井地下水和与工业废水混排的厂区生活污水，不包括外排的间接冷却水（清污不分流的间接冷却水应计算在内）。

直接排入海的 指经企业位于海边的排放口，直接排入海的废水量。直接排放指废水经过工厂的排污口直接排入海，而未经过城市下水道或其他中间体，也不受其他水体的影响。

工业废水排放达标量 指报告期内废水中各项污染物指标都达到国家或地方排放标准的外排工业废水量，包括未经处理外排达标的，经废水处理设施处理后达标排放的，以及经污水处理厂处理后达标排放的。

工业废水排放达标率 指工业废水排放达标量占工业废水排放量的百分率，计算公式为：

$$工业废水排放达标率=\frac{工业废水排放达标量}{工业废水排放量}\times 100\%$$

城镇生活污水排放量 指城镇居民每年排放的生活污水。用人均系数法测算。测算公式为：

城镇生活污水排放量 = 城镇生活污水排放系数 × 市镇非农业人口 × 365

城镇生活污水中化学需氧量（COD）产生量 指城镇居民每年排放的生活污水中的 COD 的产生量。用人均系数法测算。测算公式为：

城镇生活污水中 COD 产生量 = 城镇生活污水中 COD 产生系数 × 市镇非农业人口 × 365

化学需氧量（COD） 测量有机和无机物质化学分解所消耗氧的质量浓度的水污染指数。

工业废气排放量 指报告期内企业厂区内燃料燃烧和生产工艺过程中产生的各种排入大气的含有污染物的气体的总量，以标准状态（273K，101325Pa）计算。测算公式为：

工业废气排放量 = 燃料燃烧过程中废气排放量 + 生产工艺过程中废气排放量

生活及其他 SO_2 排放量 以生活及其他煤炭消费量和其含硫量为基础，根据以下公式计算：

生活及其他 SO_2 排放量 = 生活及其他煤炭消费量 × 含硫量 × 0.8 × 2

工业 SO_2 排放量 指报告期内企业在燃料燃烧和生产工艺过程中排入大气的 SO_2 总量，计算公式为：

工业 SO_2 排放量 = 燃料燃烧过程中 SO_2 排放量 + 生产工

艺过程中 SO_2 排放量

工业烟尘排放量 指企业厂区内燃料燃烧过程中产生的烟气中夹带的颗粒物排放量。

生活及其他烟尘排放量 指除工业生产活动以外的所有社会、经济活动及公共设施的经营活动中燃烧所排放的烟尘纯重量。以生活及其他煤炭消费量为基础进行测算。

工业粉尘排放量 指企业在生产工艺过程中排放的能在空气中悬浮一定时间的固体颗粒物排放量。如钢铁企业的耐火材料粉尘、焦化企业的筛焦系统粉尘、烧结机的粉尘、石灰窑的粉尘、建材企业的水泥粉尘等。不包括电厂排入大气的烟尘。

工业固体废物产生量 指报告期内企业在生产过程中产生的固体状、半固体状和高浓度液体状废弃物的总量,包括危险废物、冶炼废渣、粉煤灰、炉渣、煤矸石、尾矿、放射性废物和其他废物等;不包括矿山开采的剥离废石和掘进废石(煤矸石和呈酸性或碱性的废石除外)。酸性或碱性废石指采掘的废石其流经水、雨淋水的 pH 值小于 4 或 pH 值大于 10.5 者。

危险废物 指列入国家危险废物名录或根据国家规定的危险废物鉴别标准和鉴别方法认定的,具有爆炸性、易燃性、易氧化性、毒性、腐蚀性、易传染疾病等危险特性之一的废物。

工业固体废物综合利用量 指报告期内企业通过回收、加工、循环、交换等方式,从固体废物中提取或者使其转化为可以利用的资源、能源和其他原材料的固体废物量(包括当年利用往年的工业固体废物贮存量),如用作农业肥料、生产建筑材料、筑路等。综合利用量由原产生固体废物的单位统计。

工业固体废物综合利用率 指工业固体废物综合利用量占工业固体废物产生量(包括综合利用往年贮存量)的百分率。计算公式为:

$$\text{工业固体废物综合利用率}=\frac{\text{工业固体废物综合利用量}}{\text{工业固体废物产生量}+\text{综合利用往年贮存量}}\times 100\%$$

工业固体废物贮存量 指报告期内企业以综合利用或处置为目的,将固体废物暂时贮存或堆存在专设的贮存设施或专设的集中堆存场所内的数量。专设的固体废物贮存场所或贮存设施必须有防扩散、防流失、防渗漏、防止污染大气、水体的措施。

工业固体废物处置量 指报告期内企业将固体废物焚烧或者最终置于符合环境保护规定要求的场所,并不再回取的工业固体废物量(包括当年处置往年的工业固体废物贮存量)。处置方式有填埋(其中危险废物应安全填埋)、焚烧、专业贮存场(库)封场处理、深层灌注、回填矿井及海洋处置(经海洋管理部门同意投海处置)等。

工业固体废物排放量 指报告期内企业将所产生的固体废物排到固体废物污染防治设施、场所以外的数量,不包括矿山开采的剥离废石和掘进废石(煤矸石和呈酸性或碱性的废石除外)。

"三废"综合利用产品产值 指报告期内利用"三废"作为主要原料生产的产品价值(现行价);已经销售或准备销售的应计算产品价值,留作生产自用的不应计算产品价值。

生活垃圾清运量 指报告期内收集和运送到垃圾处理厂(场)的生活垃圾数量。生活垃圾指城市日常生活或为城市日常生活提供服务的活动中产生的固体废物以及法律行政规定的视为城市生活垃圾的固体废物。包括:居民生活垃圾、商业垃圾、集市贸易市场垃圾、街道清扫垃圾、公共场所垃圾和机关、学校、厂矿等单位的生活垃圾。

生活垃圾无害化处理率 指报告期生活垃圾无害化处理量与生活垃圾产生量比率。在统计上,由于生活垃圾产生量不易取得,可用清运量代替。计算公式为:

$$\text{生活垃圾无害化处理率}=\frac{\text{生活垃圾无害化处理量}}{\text{生活垃圾产生量}}\times 100\%$$

土地调查面积 指行政区域内的土地调查总面积,包括农用地、建设用地和未利用地。

农用地 指直接用于农业生产的土地,包括耕地、园地、林地、牧草地及其他农用地。

人工林面积 指由人工播种、植苗或扦插造林形成的生长稳定,(一般造林 3–5 年后或飞机播种 5–7 年后)每公顷保存株数大于或等于造林设计植树株数 80%或郁闭度 0.20 以上(含 0.20)的林分面积。

造林总面积 指报告期内在荒山、荒地、沙丘、退耕地等一切可以造林的土地上,采用人工播种、飞机播种、植苗造林、分植造林等方法新植成片乔木林和灌木林,经过检查验收符合《造林技术规程》要求的单位面积株数,并按《中华人民共和国森林法实施条例》规定,成活率达 85%以上(含 85%,年降雨量在 400 毫米以下且无浇灌条件的地区造林成活率达 70%以上)的总面积。四旁植树如一侧在四行以上,连片面积 0.066 公顷(一亩)以上,应统计在造林面积内。造林面积,通常按所有制(国有、国有集体合作、集体和个人)、造林方式(人工、飞机播种)、主要林种用途(用材林、经济林、防护林、薪炭林、特种用途林)分组进行统计。

用材林 指以生产木材为主要目的的森林和林木,包括以生产竹材为主要目的的竹林。

速生丰产林 指在凡具备一定条件的宜林地,经过科学规划设计，相对集中连片，采取集约经营方式，以达到高速度、高质量、高标准地提供林木产品的基地上，选用生长快、成材早、材质好、经济价值高的速生优良树种，通过各项技术措施培育，以缩短林木生长周期，提高林木生长量和木材质量，并达到部颁标准（每亩年生长量0.6立方米以上）或省颁标准而营造的森林。

经济林 指以生产果品，食用油料、饮料、调料，工业原料和药材为主要目的的林木。经济林是人们为了取得林木的果实、叶片、皮层、胶液等产品作为工业原料或者供食用所营造的林木，如油茶、油桐、核桃、樟树、花椒、茶、桑、果等。

防护林 指以防护为主要目的的森林、林木和灌木丛。包括水源涵养林，水土保持林，防风固沙林，农田、牧场防护林，护岸林，护路林等。

薪炭林 指以生产燃料为主要目的的林木。

特种用途林 指以国防、环境保护、科学实验等为主要目的的森林和林木。包括国防林、实验林、母树林、环境保护林、风景林，名胜古迹和革命纪念地的林木，自然保护区的森林。

天然林保护工程 是我国林业的"天"字号工程、一号工程，也是投资最大的生态工程。具体包括三个层次：全面停止长江上游、黄河上中游地区天然林采伐；大幅度调减东北、内蒙古等重点国有林区的木材产量；同时保护好其他地区的天然林资源。主要解决这些区域天然林资源的休养生息和恢复发展问题。

退耕还林还草工程 是我国林业建设上涉及面最广、政策性最强、工序最复杂、群众参与度最高的生态建设工程。主要解决重点地区的水土流失问题。

三北和长江流域等重点防护林体系建设工程 三北和长江中下游地区等重点防护林体系建设工程，是我国涵盖面最大、内容最丰富的防护林体系建设工程。具体包括三北防护林四期工程、长江中下游及淮河太湖流域防护林二期工程、沿海防护林二期工程、珠江防护林二期工程、太行山绿化二期工程和平原绿化二期工程。主要解决三北地区的防沙治沙问题和其他区域各不相同的生态问题。

京津风沙源治理工程 环北京地区防沙治沙工程，是首都乃至中国的"形象工程"，也是环京津生态圈建设的主体工程。虽然规模不大，但是意义特殊。主要解决首都周围地区的风沙危害问题。

野生动植物保护及自然保护区建设工程 野生动植物保护及自然保护区建设工程，是一个面向未来，着眼长远，具有多项战略意义的生态保护工程，也是呼应国际大气候、树立中国良好国际形象的"外交工程"。主要解决基因保存、生物多样性保护、自然保护、湿地保护等问题。

重点地区速生丰产用材林基地建设工程 重点地区以速生丰产用材林为主的林业产业基地建设工程，是我国林业产业体系建设的骨干工程，也是增强林业实力的"希望工程"。主要解决我国木材和林产品的供应问题。

湿地 指天然或人工、长久或暂时性的沼泽地、泥炭地或水域地带，包括静止或流动、淡水、半咸水、咸水体，低潮时水深不超过6米的水域以及海岸地带地区的珊瑚滩和海草床、滩涂、红树林、河口、河流、淡水沼泽、沼泽森林、湖泊、盐沼及盐湖。

红树林 指生长在热带、亚热带低能海岸潮间带上部，受周期性潮水浸淹，以红树植物为主体的常绿灌木或乔木组成的潮滩湿地木本生物群落。

自然保护区 指对有代表性的自然生态系统、珍稀濒危野生动植物物种的天然分布区、水源涵养区、有特殊意义的自然历史遗迹等保护对象所在的陆地、陆地水体或海域，依法划出一定面积进行特殊保护和管理的区域。以县及县以上各级人民政府正式批准建立的自然保护区为准（包括"六五"以前由部门或"革委会"批准且现仍存在的自然保护区）。风景名胜区、文物保护区不计在内。

生态示范区 指省级以上环境保护行政主管部门批准，以省、地、县政府为主按批准的生态示范区建设规划实施的行政区域。包括已经过国家或省级环境保护行政主管部门验收的和正在开展试点工作的。

滑坡 指斜坡上不稳定的岩土体在重力作用下沿一定软面（或滑动带）整体向下滑动的物理地质现象。地表水和地下水的作用以及人为的不合理工程活动对斜坡岩、土体稳定性的破坏，经常是促使滑坡发生的主要因素。在露天采矿、水利、铁路、公路等工程中，滑坡往往造成严重危害。

崩塌 指陡坡上大块的岩土体在重力作用下突然脱离母体崩落的物理地质现象。它可因多裂隙的岩体经强烈的物理风化、雨水渗入或地震而造成，往往毁坏建筑物，堵塞河道或交通路线。

泥石流 指山地突然爆发的包含大量泥沙、石块的特殊洪流，多见于半干旱山地高原地区。其形成条件是地形陡峻，松散堆积物丰富，有特大暴雨或大量冰融水的流出。

地面塌陷 指地表岩、土体在自然或人为因素作用下向下陷落，并在地面形成塌陷坑（洞）的一种动力地质现象。由于其发育的地质条件和作用因素的不同，地面塌陷可分为：岩溶塌陷、非岩溶塌陷。

环境污染与破坏事故 指由于违反环境保护法规的经

济、社会活动与行为，以及意外因素的影响或不可抗拒的自然灾害等原因，致使环境受到污染，国家重点保护的野生动植物、自然保护区受到破坏，人体健康受到危害，社会经济和人民财产受到损失，造成不良社会影响的突发性事件。

环境污染治理投资 指在工业污染源治理和城市环境基础设施建设的资金投入中，用于形成固定资产的资金。包括工业新老污染源治理工程投资、建设项目“三同时”环保投资，以及城市环境基础设施建设所投入的资金。

营林固定资产投资 指在报告期内进行的营林基本建设和营林更新改造活动投资。

上年末结余资金 指在上年资金来源中没有形成固定资产投资额而结余的资金。包括尚未用到工程上去的材料价值、未开始安装的需要安装设备价值及结存的现金和银行存款等。

本年完成投资 指从本年1月1日起至本年最后一天止完成的全部投资额。本年完成投资是反映本年的实际投资规模，计算有关投资效果，进行年度国民经济平衡分析的重要指标。

13

农　业

Agriculture

简 要 说 明

一、本篇资料的主要内容及统计范围

本篇资料反映我市农业生产和农村经济的基本情况，内容主要包括乡村从业人员、耕地、农业机械拥有量、农林牧渔业产值、主要农产品产量、水利设施与除涝治碱、农村居民家庭拥有生产性固定资产、国营农场基本情况等方面的统计资料。

农业统计范围包括全社会除军马生产及农业科研机构进行的农业生产以外的所有农业生产活动。即农村各种经济组织和农户经营的农林牧渔业生产活动；各种专业性农、林、牧、渔场的农业生产活动；国家各级机关、团体、学校、部队进行的农业生产活动；集体所有制的乡、镇、村办农场的农业生产活动；以及工矿企业经营的农、林、牧、渔业生产活动。

1.农业:指对各种农作物的种植活动。包括谷物、豆类、薯类、棉花、油料、糖料、麻类、烟叶、蔬菜、园艺作物、水果、坚果、饮料和香料作物、中草药及其他作物的种植。

2.林业:包括林木的栽培(不包括茶园、桑园和果园的栽培、管理和收获等活动),木材和竹材的采运,林产品的采集。

3.畜牧业:包括牲畜饲养和放牧,家禽饲养以及野生动物的捕猎和饲养。

4.渔业:包括水生动物和海藻类植物的养殖和捕捞。

农村社会经济统计范围包括除县城关镇以外所有乡镇的社会经济活动。

二、本篇资料来源及调查方法

1.农村基层组织、乡村从业人员和农业生产基本情况等(13-1至13-8表、13-15至13-22表)，由市统计局农村社会经济调查队根据《农林牧渔业统计报表制度》、《农业产值和价格综合统计报表制度》、《乡村社会经济调查方案》和《农产量抽样调查制度》的有关资料整理提供。

《农林牧渔业统计报表制度》是各省、自治区、直辖市统计局上报国家统计局的全面报表，由各级统计部门根据当地实际情况，采取抽样调查、重点调查或全面调查的办法搜集资料并逐层上报；或利用同级业务部门统计资料。如农业生产条件中的部分指标及林业生产情况、渔业生产情况等指标取自同级业务部门的统计资料。

《农产量抽样调查制度》是国家统计局为取得高质量的农产品产量等相关指标数据，在全国范围内统一抽选样本调查、推算，并由直属调查队伍实施的抽样调查制度。主要以农业普查资料作为有关标识编制抽样框，采取综合运用多阶段、多相、分层、系统随机抽样等多种方法确定调查网点，选取样本，利用了多目标与规模成比例的概率抽样确定样本容量，开展多主题调查。全国共抽选了约2万个村，13万个样本地块进行实割实测调查，并运用这些样本科学地推算全国粮食产量数据，在95%的概率把握程度下，误差系数不超过±2%。农产量抽样调查实行样本轮换制度，五年为一个周期。粮食产量、棉花产量、播种面积、主要畜产品产量等指标来源于《农产量抽样调查制度》。

《乡村社会经济调查方案》是国家统计局为了解乡镇社会经济基本情况、农村劳动力总量规模和转移情况、以及农村固定资产投资情况等内容而专门设置的统计调查制度。制度规定对镇基本情况每年进行一次全面调查，对乡、村基本情况每三年进行一次全面调查；其他内容采用抽样调查方法，调查网点包括乡镇级调查网点、村级调查网点和住户调查网点，前两套网点分别是以全省乡镇一级单位编制抽样框和以全省村一级单位编制抽样框，抽选样本进行直接调查，住户调查网点与农村住户调查网点相同。

2.农村家庭固定资产、经营耕地及农产品出售情况(13-12至13-14表)，由市统计局农村社会经济调查队根据《农村住户调查方案》的有关资料整理提供。《农村住户调查方案》的说明见本年鉴“十、人民生活”部分。

3.国营农场基本情况资料主要取材于农业局汇总的统计报表。统计方法为逐级上报、全面汇总。

4.灌溉、水库和除涝、治水、治碱情况及各地区水利设施和除涝、治碱面积资料，主要来源于水利局汇总的统计报表。资料收集以县为基本统计单位，采取逐级汇总上报的方式。有些特殊指标如灌区数、大型水库、跨县的中小型水库，由市水利局直接统计。

5.受灾面积和成灾面积是与民政局、水利局、气象局等部门共同核定的数据。

6.乡镇企业与民营企业数据由中小企业局提供。

13-1 农村基层组织和农业基本情况

指 标	1985年	1995年	2000年	2005年	2006年	2007年	2008年	2009年	2010年	2011年
乡镇数（个）	117	123	123	84	84	83	83	83	83	82
#镇数	30	34	34	48	48	48	48	48	48	48
村民委员会（个）	2407	2437	2442	2288	2337	2286	2285	2286	2286	2281
乡村户数（万户）	41.45	47.03	48.26	49.31	45.99	49.95	50.51	51.18	52.62	53.86
乡村从业人员（万人）	62.29	73.04	76.19	79.86	91.04	82.03	83.29	82.60	83.44	83.43
男	33.78	39.10	41.26	43.23	48.90	43.94	44.48	44.19	44.63	44.64
女	28.51	33.94	34.93	36.63	42.14	38.09	38.81	38.41	38.81	38.79
按行业分乡村从业人员（万人）	62.29	73.04	76.19	79.86	91.04	82.03	83.29	82.60	83.44	83.43
农林牧渔业	29.66	37.16	43.11	44.19	49.49	44.58	45.12	44.67	44.77	44.39
工业	17.61	17.29	14.04	15.09	15.43	15.29	15.68	14.47	13.63	13.08
建筑业	3.22	3.64	3.94	4.49	3.54	5.37	5.42	5.94	6.65	7.18
交通运输业、仓储及邮电通信业	2.91	7.20	6.43	6.42	5.10	6.31	6.28	5.76	5.66	5.57
批发零售贸易业餐饮业	1.18	3.04	3.96	4.76	4.20	4.91	5.28	6.34	7.28	7.44
其他非农行业	7.71	4.71	4.71	4.91	13.28	5.57	5.52	5.41	5.45	5.77
农业机械总动力（万千瓦）	60.73	138.36	154.29	191.10	194.39	195.34	202.01	212.25	225.25	234.00
农用大中型拖拉机（台）	2364	1389	1113	1158	1285	1400	1685	1963	2255	2609
农用大中型拖拉机动力（万千瓦）	7.51	4.23	3.29	3.82	4.25	4.91	5.91	7.73	8.51	9.87
小型拖拉机 （台）	10699	14591	15300	41045	41003	41696	42871	44041	44993	45981
小型拖拉机动力 （万千瓦）	9.64	13.91	13.95	33.15	33.23	33.89	39.86	40.50	41.69	42.02
大中型拖拉机配套农具（部）	2175	1841	1504	2590	2748	2921	3562	4938	5964	6665
小型拖拉机配套农具（部）	7667	20846	27800	55254	56841	59099	62703	67771	72017	92085
农用排灌柴油机（台）	620	340	600	756	871	700	700	747	761	851
农用排灌柴油机动力（万千瓦）	0.74	0.43	0.57	0.84	0.96	0.64	0.66	1.46	1.52	1.59
有效灌溉面积（千公顷）	24.37	26.05	40.41	44.07	44.67	40.75	40.99	41.09	42.05	42.72
化肥施用量 （万吨）	11.23	19.96	22.48	24.71	24.84	25.10	25.32	25.15	25.39	25.84
乡村办水电站个数 （个）	50	35	24	21	22	23	26	26	26	26
乡村办水电站发电能力（万千瓦）	0.76	1.21	1.18	1.14	1.19	1.19	1.37	1.72	1.72	1.71
农村用电量 （亿千瓦小时）	0.84	5.56	5.50	5.71	5.80	6.33	6.64	6.88	6.84	6.89
农作物总播种面积 （千公顷）	225.20	240.41	255.11	213.95	216.64	214.75	215.56	212.00	218.21	216.59
粮食	194.53	209.48	211.75	198.11	202.59	202.09	203.95	201.64	207.51	205.82
谷物	170.77	168.07	158.44	152.32	153.78	155.54	157.72	156.95	160.55	159.70
#小麦	74.03	79.13	81.76	66.43	66.11	65.15	63.08	63.86	66.72	65.27
玉米	43.59	51.45	48.44	74.01	75.71	80.00	85.26	83.28	84.48	86.01
豆类	16.91	34.91	46.19	40.59	43.99	42.13	42.36	40.63	43.06	42.24
薯类	6.85	6.50	7.12	5.20	4.82	4.42	3.87	4.06	3.91	3.87
油料	11.23	15.08	15.14	7.36	5.98	4.87	4.31	3.62	3.92	3.44
棉花	4.57	6.15	3.47	0.77	0.56	0.43	0.45	0.31	0.28	0.36
麻类	0.22	0.10	0.35	0.01	0.02	0.04	0.03	0.01	0.02	0.01
蔬菜	8.57	8.35	8.30	5.91	5.84	5.74	5.54	5.19	5.33	5.86
果园面积 （千公顷）	12.53	15.36	11.07	4.72	4.17	3.85	3.61	3.80	4.00	4.30

注：1.2000年及以后大中型拖拉机中不包括变形拖拉机；

2.2006年为农普数，从业人员为从业时间在一个月以上的人员。

13-2 主要农牧渔业生产情况

指 标	2001年	2005年	2006年	2007年	2008年	2009年	2010年	2011年
农产品产量（吨）								
粮食	533077	790466	852991	781092	864531	700069	914645	920386
谷物	444404	676188	735770	675086	762863	628465	807584	811971
#小麦	166294	194142	234335	188206	241973	220294	246316	228613
玉米	212895	437430	458136	452880	491923	388064	531101	555444
豆类	59273	86040	91007	81803	79040	51636	86367	85521
薯类	29400	28238	26214	24203	22627	19968	20694	22894
油料	12788	11666	10075	7814	7058	4779	6532	6189
#花生	1507	747	603	657	688	541	570	552
油菜籽	850	1543	1428	1340	1609	1279	1590	1223
芝麻	915	533	387	336	329	396	448	579
棉花	1441	525	430	372	406	184	228	351
麻类	227	11	29	55	68	10	12	7
蚕茧	2660	3771	4300	4825	5272	4010	4925	5324
#桑蚕茧	2660	3771	4300	4825	5272	4010	4925	5324
水果	39220	50820	60670	61620	59619	57081	57441	64809
农产品单位面积产量（公斤/公顷）								
谷物	2945	4439	4785	4340	4837	4004	5030	5084
棉花	567	682	768	865	902	609	809	981
花生	1437	1737	1630	1685	1859	1300	1960	1912
油菜籽	685	1135	1058	1241	1518	1172	1124	1140
芝麻	631	1110	1018	622	748	964	1325	1496
大牲畜年底头数 （头）	82219	80761	30802	28529	32889	19407	16343	25310
#牛	70406	74957	28076	26332	31206	18111	15460	24465
马	2488	1141	547	482	390	354	264	295
驴	2928	1483	736	583	435	314	212	179
骡	6397	3180	1443	1132	858	628	407	371
肉猪出栏头数（头）	438369	854717	627102	671667	990009	1076681	1183141	1444106
猪年底头数 （头）	343508	557051	398072	445426	790941	714545	586956	899847
羊年底头数 （只）	407469	594559	299757	304843	401605	340310	328335	492889
山羊	210657	360818	188320	198814	260915	186779	130113	289639
绵羊	196812	233741	111437	106029	140690	153531	198222	203250
肉类产量	39950	74533	52999	56427	83511	89287	100412	113548
#猪牛羊肉	37963	71537	51137	54630	79806	84517	94624	107749
猪肉	32029	62667	46947	50281	74251	79764	88478	100973
牛肉	3829	4062	1631	1693	2049	1747	1434	2178
羊肉	2105	4808	2559	2656	3506	3006	4712	4598
奶类 （吨）	2211	5384	4358	5096	5165	5175	3409	3489
#牛奶	2211	5384	4358	5096	5165	5175	3409	3489
绵羊毛 （吨）	355	494	265	257	414	382	322	489
山羊毛 （吨）	94	105	80	87	122	56	72	86
羊绒（吨）	25	59	25	29	58	20	20	27
禽蛋 （吨）	20077	31499	27000	29631	39234	47530	35066	64595
水产品产量 （吨）	326	913	1212	1362	1190	1150	1235	1375

注:2003年起水果产量包括瓜果类产量。畜牧业数字是根据省反馈06年和07年数字进行调整后的。

13-3 各地区农村基层组织情况(2011年)

地 区	乡镇数（个）	镇 数	村民委员会（个）	乡村户数（户）	乡村人口数（万人）	乡村从业人员（万人）
全 市	82	48	2281	538594	163.37	83.43
城 区	5	1	108	25453	6.81	3.95
沁水县	14	7	251	60716	17.15	8.74
阳城县	18	10	467	121778	31.2	16.62
陵川县	12	7	378	68224	22.99	10.91
泽州县	17	14	632	142171	44.95	21.82
高平市	16	9	445	120252	40.27	21.39

注:乡村人口数是指户口在乡村的常住人口,包括后来的新建制镇人口,口径大于人口篇的乡村总人口。

13-4 各地区耕地面积(2011年底数)

地 区	耕地面积（总资源）（千公顷）	占全市比重（%）
全 市	204.75	100.00
城 区	3.99	1.95
沁水县	32.38	15.81
阳城县	38.80	18.95
陵川县	32.11	15.68
泽州县	51.05	24.93
高平市	46.42	22.67

注:本表数字来源于土地部门。

13-5 农、林、牧、渔业总产值及指数

年份 地区	绝对数（万元）					指数（上年=100）				
	农林牧渔业总产值	农 业	林 业	牧 业	渔 业	农林牧渔业总产值	农 业	林 业	牧 业	渔 业
1985	41326	29468	3938	7913	7	77.80	68.60	96.60	108.20	64.30
1990	86806	59833	5674	21231	68	104.60	102.40	100.30	113.30	100.00
1995	98690	66495	4228	27862	105	110.30	110.90	100.90	110.60	118.00
2000	182925	125670	5367	51596	292	105.04	103.74	88.92	111.32	109.68
2001	152474	97916	3737	50587	234	84.33	78.21	64.68	103.14	88.97
2002	172114	112568	6831	52523	192	112.46	114.55	160.53	104.40	100.00
2003	205994	122808	7615	68913	192	109.84	99.11	106.84	116.94	106.61
2004	246484	142220	7138	90079	221	106.92	101.34	88.81	119.72	114.73
2005	274363	143799	6367	116153	597	107.47	97.25	89.42	124.67	259.46
2006	277893	172313	7476	91734	606	108.38	107.26	107.18	109.90	115.75
2007	322411	180409	9636	124154	995	108.03	102.19	130.20	115.35	111.75
2008	406580	201385	10756	185778	1006	118.65	106.55	110.12	138.22	87.74
2009	449810	205512	30734	199646	2871	102.63	83.70	171.66	117.21	96.42
2010	538198	272267	29022	221074	3080	116.22	127.09	112.28	105.45	107.26
2011	670478	294024	26795	331746	3500	118.43	106.28	108.92	133.92	101.99
城 区	18013	10697	1430	4929	235	103.11	98.15	104.72	1140.96	102.00
沁水县	73651	38543	7452	25153	739	106.55	99.83	108.42	118.44	102.00
阳城县	120801	51968	4950	60355	524	112.33	105.05	110.11	120.24	101.91
陵川县	67765	36355	4156	25176	268	113.32	101.75	110.50	137.41	102.02
泽州县	189507	82094	4515	97725	1517	126.13	112.61	109.09	143.21	102.00
高平市	200741	74367	4292	118408	217	123.95	107.72	108.22	138.59	102.02

注：本表绝对数按当年价格计算，指数按可比价格计算。2003年执行新国民经济行业分类标准，总产值包括农林牧渔服务业产值。

13-6 分产业农林牧渔业总产值(2011年)

单位:万元

指 标	按现行价格计算	按可比价格计算
农林牧渔业总产值	670478	566131
一、农业产值	294024	276645
1.谷物及其他作物	220348	208287
(1)谷 物	166157	150696
# 小 麦	46351	41519
玉 米	108575	98010
(2)薯 类	10594	13473
(3)油 料	2431	2373
# 花 生	276	224
油菜籽	520	514
(4)豆 类	34208	30158
# 大 豆	30413	27173
(5)棉 花	168	161
(6)麻 类	3	3
(7) 糖 类		
(8)烟 草		
(9)其他农作物	6788	11424
#饲料作物		
2.蔬菜、园艺作物	44498	44097
(1)蔬 菜(含菜用瓜)	37897	41247
(2)花 卉	743	1101
(3)其他园艺作物	144	144
3.水果、坚果、饮料及香料作物	24217	20398
(1)水果、坚果(含果用瓜)	21168	18911
#苹 果	8266	8541
梨	3749	3755
4.中药材	4960	3863
二、林业产值	26795	23935
1. 林木的培育和种植	26110	23935
(1)育种育苗	2470	2810
(2)造 林	7850	6209
(3)抚育和管理	117	60
2.竹木采运	685	665

13-6 续表

单位:万元

指 标	按现行价格计算	按可比价格计算
#村及村以下	52	50
3. 林产品		
三、牧业产值	**331746**	**247715**
1. 牲畜饲养	29611	28704
(1)牛的饲养	8237	8082
(2)羊的饲养	18379	16152
(3)其他牲畜饲养	54	54
(4)奶产品	872	690
#牛 奶	872	690
(5)毛绒产品	1103	1152
#羊 毛	1035	1089
羊 绒	68	63
(6)其他牲畜副产品	966	2575
2. 猪的饲养	227304	155117
(1)肉 猪	223721	152036
(2)猪的副产品	3583	3081
3.家禽饲养	53858	48006
(1)肉 禽	6098	5420
(2)禽 蛋	47760	42604
(3)羽 绒		
4. 狩猎和捕捉动物		
5. 其他畜牧业	20636	15618
#蚕 茧	17918	12779
兔	680	725
四、渔业产值	**3450**	**3432**
# 养 殖		
1.鱼 类	3476	3408
2.虾蟹类		
3.贝 类		
4.藻 类		
5.其 他	24	24
五、农林牧渔服务业	**14413**	**13740**

13-7 各地区按产业分农林牧渔业总产值(2011年)

单位:万元

指 标	城 区		沁水县		阳城县	
	按现行价格计算	按可比价格计算	按现行价格计算	按可比价格计算	按现行价格计算	按可比价格计算
农林牧渔业总产值	18013	17470	73651	69127	120801	107538
一、农业产值	10697	10899	38544	38609	51969	494695
1.谷物及其他作物	3356	3236	31097	31034	37817	37656
(1)谷 物	2259	2048	25397	24639	32813	31814
#小 麦	1508	1352	5008	4905	9236	9266
玉 米	550	495	18628	17988	20383	19359
(2)薯 类	321	355	1003	1254	392	451
(3)油 料	3	2	620	582	286	275
#花 生			208	171	52	43
油菜籽			59	58	148	147
(4)豆 类	725	681	2634	2348	1685	1474
#大 豆	698	663	576	547	325	309
(5)棉 花			121	116	29	28
(6)麻 类			2	2	1	1
(7)糖 类						
(8)烟 草						
(9)其他农作物	48	151	1321	2095	2611	3614
#饲料作物						
2.蔬菜、园艺作物	7002	7330	4972	5200	6716	6990
(1)蔬 菜(含菜用瓜)	6040	6473	4861	5134	5156	5725
(2)花 卉	317	455	15	24	242	377
(3)其他园艺作物	65	65				
3.水果、坚果、饮料及香料作物	339	333	2317	2248	5406	3200
(1)水果、坚果(含果用瓜)	339	333	2294	2237	3380	2213
#苹 果	81	84	1278	1321	186	192
梨	115	121	204	204	31	27
4.中药材			158	127	2030	1624
二、林业产值	1430	1365	7452	6873	4950	4495
1. 林木的培育和种植	1430	1365	7181	6613	4817	4817
(1)育种育苗	93	94	771	881	542	619
(2)造 林	200	171	2020	1595	1844	1456
(3)抚育和管理			38	19	31	16
2.竹木采运			271	261	132	133

13-7 续表1

单位:万元

指标	陵川县		泽州县		高平市	
	按现行价格计算	按可比价格计算	按现行价格计算	按可比价格计算	按现行价格计算	按可比价格计算
农林牧渔业总产值	**67765**	**59801**	**189505**	**150248**	**200741**	**161951**
一、农业产值	**36356**	**35731**	**82095**	**72899**	**74367**	**69035**
1.谷物及其他作物	27853	28278	66764	59994	53464	48086
(1)谷　物	22852	21252	37875	32578	44963	38364
#小　麦	316	283	24224	20567	6061	5146
玉　米	20833	19271	10485	8854	37699	32044
(2)薯　类	3622	5423	3879	4392	1377	1598
(3)油　料	318	317	1137	1132	68	65
#花　生	4	3	9	7	3	3
油菜籽			313	309		
(4)豆　类	417	414	22933	20067	5814	5524
#大　豆	69	65	22932	20066	5814	5524
(5)棉　花			18	18		
(6)麻　类						
(7)糖　类						
(8)烟　草						
(9)其他农作物	644	1221	922	1809	1242	2535
#饲料作物						
2.蔬菜、园艺作物	3642	3929	10258	7976	11908	12674
(1)蔬　菜(含菜用瓜)	2913	3728	7515	7933	11412	12254
(2)花　卉			17	25	153	220
(3)其他园艺作物	4	4	14	14	17	17
3.水果、坚果、饮料及香料作物	3117	2235	4051	4111	8988	8270
(1)水果、坚果(含果用瓜)	2117	1747	4051	4111	8987	8269
#苹　果	954	986	1178	1218	4588	4741
梨	68	68	1060	1060	2271	2271
4.中药材	1743	1289	1022	818	7	6
二、林业产值	**4156**	**3760**	**4515**	**4139**	**4293**	**3967**
1.林木的培育和种植	3908	3521	4515	4139	4259	3934
(1)育种育苗	355	405	355	405	355	405
(2)造　林	1504	1187	1273	4005	1008	796
(3)抚育和管理	24	12	8	4	16	8
2.竹木采运	248	239			34	32

13-7 续表2

单位:万元

指标	城区		沁水县		阳城县	
	按现行价格计算	按可比价格计算	按现行价格计算	按可比价格计算	按现行价格计算	按可比价格计算
#村及村以下					114	116
3.林产品						
三、牧业产值	4929	4287	25153	21239	60355	50195
1.牲畜饲养	1119	1090	8230	7975	4152	4063
(1)牛的饲养	536	526	1076	1056	1304	1280
(2)羊的饲养	487	423	6201	5440	2554	2303
(3)其他牲畜饲养			30	30	3	3
(4)奶产品	68	68	262	252	43	41
#牛奶	68	68	262	252	43	41
(5)毛绒产品			344	353	114	118
#羊毛			307	320	103	108
羊绒			36	33	10	10
(6)其他牲畜副产品			316	843	135	360
2. 猪的饲养	1768	14444	8057	6162	26162	21713
(1)肉猪	1733	1386	7899	5899	25793	20266
(2)猪的副产品	35	58	158	263	369	1447
3. 家禽饲养	2032	1744	3343	2875	17571	16223
(1)肉禽	162	145	461	409	2335	2075
(2)禽蛋	1870	1600	2882	2465	15236	14148
(3)羽绒						
4. 狩猎和捕捉动物						
5. 其他畜牧业	2	2	5498	4207	12839	9642
#蚕茧			4652	3328	11717	8522
兔			38	40	45	49
四、渔业产值	235	230	740	725	524	514
#养殖						
1.鱼类	235	230	740	725	500	490
2.虾蟹类						
3.贝类						
4.藻类						
5.其他					24	24
五、农林牧渔服务业	723	689	1763	1681	3005	2865

13-7 续表3

单位:万元

指 标	陵川县		泽州县		高平市	
	按现行价格计算	按可比价格计算	按现行价格计算	按可比价格计算	按现行价格计算	按可比价格计算
#村及村以下	248	248			34	32
3.林产品						
三、牧业产值	**25176**	**18322**	**97725**	**68240**	**118407**	**85440**
1. 牲畜饲养	3913	3848	10342	10072	1855	1656
(1)牛的饲养	617	605	4035	3960	668	656
(2)羊的饲养	2849	2555	5290	4596	997	833
(3)其他牲畜饲养	15	14	5	5	2	2
(4)奶产品	155	149	230	221	114	
#牛 奶	155	149	230	221	114	
(5)毛绒产品	131	136	494	523	20	22
#羊 毛	120	126	484	513	20	22
羊 绒	11	10	10	10		
(6)其他牲畜副产品	146	389	287	766	54	143
2. 猪的饲养	15274	9445	70712	43731	105330	73707
(1)肉 猪	15073	9244	69782	42801	103440	72447
(2)猪的副产品	201	201	930	930	1890	1260
3. 家禽饲养	5336	4587	15404	13233	10171	9343
(1)肉 禽	704	626	1638	1456	798	710
(2)禽 蛋	4632	3962	13766	11797	9373	8633
(3)羽 绒						
4. 狩猎和捕捉动物						
5.其他畜牧业	854	643	1175	554	1007	699
#蚕 茧	524	315	224	135	801	481
兔	59	62	393	419	146	156
四、渔业产值	**268**	**262**	**1517**	**1488**	**217**	**213**
#养 殖						
1.鱼 类	268	262	1517	1488	217	213
2.虾蟹类						
3.贝 类						
4.藻 类						
5.其 他						
五、农林牧渔服务业	**1810**	**1726**	**3653**	**3482**	**3458**	**3297**

13-8 各地区农林牧渔业增加值(2011年)

单位:万元

地区	农林牧渔业增加值	农业	林业	牧业	渔业	农林牧渔服务业
合计	388183	186252	11738	180965	2021	7207
城区	10512	6582	604	2827	138	361
沁水县	43656	22770	3690	15883	432	881
阳城县	71826	32341	2045	35635	303	1502
陵川县	39599	23156	1815	13571	150	907
泽州县	109303	53651	1927	51019	879	1827
高平市	113287	47752	1657	62030	119	1729

13-8 续表1

单位:万元

地区	农林牧渔业中间消耗	农业	林业	牧业	渔业	农林牧渔服务业
合计	282295	107772	15057	150781	1479	7206
城区	7501	4115	826	2102	97	361
沁水县	29995	15773	3762	9270	307	883
阳城县	48975	19627	2905	24720	221	1502
陵川县	28166	13199	2341	11605	118	903
泽州县	80204	28443	2588	46706	638	1829
高平市	87454	26615	2635	56378	98	1728

13-8 续表2

单位:万元

地区	(一)中间物质消耗	农业	林业	牧业	渔业
合计	271753	105572	14622	150356	1203
城区	6890	3895	816	2097	82
沁水县	28782	15593	3682	9240	267
阳城县	47002	19477	2770	24570	185
陵川县	26578	12699	2261	11525	93
泽州县	77365	27743	2508	46626	488
高平市	85136	26165	2585	56298	88

13-8 续表3

单位:万元

地区	(二)生产服务性支出	农业	林业	牧业	渔业	农林牧渔服务业
合计	10542	2200	435	425	276	7206
城区	611	220	10	5	15	361
沁水县	1213	180	80	30	40	883
阳城县	1973	150	135	150	36	1502
陵川县	1588	500	80	80	25	903
泽州县	2839	700	80	80	150	1829
高平市	2318	450	50	80	10	1728

13-9 主要农业机械拥有量

年份 地区	农业机械总动力（万千瓦）	农用大中型拖拉机		小型拖拉机	
		数量（台）	动力（万千瓦）	数量（台）	动力（万千瓦）
1985	60.73	2364	7.51	10699	9.64
1990	82.04	2548	8.80	18720	17.28
1995	138.36	1389	4.23	14591	13.91
2000	154.29	1113	3.29	15300	13.95
2001	162.51	993	3.13	20174	16.45
2002	163.59	890	2.76	21322	16.87
2003	171.51	744	2.38	21011	16.45
2004	190.22	1075	3.55	42496	33.88
2005	191.10	1158	3.82	41045	33.15
2006	194.39	1285	4.25	41003	33.23
2007	195.34	1400	4.91	41696	33.89
2008	202.01	1685	5.91	42871	39.86
2009	212.25	1963	7.73	44041	40.50
2010	225.25	2255	8.51	44993	41.69
2011	234.00	2609	9.87	45981	42.02
城区	5.69	206	0.59	158	0.17
沁水县	32.94	285	1.03	13037	12.40
阳城县	40.94	474	1.63	17831	13.43
陵川县	30.03	237	0.84	2348	1.98
泽州县	71.64	916	3.60	6023	7.75
高平市	52.76	491	2.18	6584	6.29

注：2002年及以后大中型拖拉机中不包括变形拖拉机。

13-9 续表

年份 地区	大中型拖拉机配套农具（部）	小型拖拉机配套农具（部）	农用排灌柴油机	
			数量（台）	动力（万千瓦）
1985	2175	7667	620	0.74
1990	1947	15168	426	0.63
1995	1841	20846	340	0.43
2000	1504	27800	600	0.57
2001	1476	33608	471	0.51
2002	2074	30368	666	0.70
2003	2038	34842	710	0.76
2004	2370	45421	724	0.80
2005	2590	55254	756	0.84
2006	2748	56841	871	0.98
2007	2921	59099	700	0.64
2008	3562	62703	700	0.66
2009	4938	67771	747	1.46
2010	5964	72017	761	1.52
2011	6665	92085	851	1.59
城　区	218	263	107	0.11
沁水县	858	25034	393	1.06
阳城县	1050	40396	73	0.07
陵川县	509	3364	8	0.02
泽州县	2590	13152	270	0.33
高平市	1440	9876		

13-10 有效灌溉面积、农用化肥施用量、农村水电站及用电量

年份 地区	有效灌溉面积（公顷）	化肥施用量（吨）	氮肥	磷肥	钾肥	复合肥	乡村办水电站 个数（个）	乡村办水电站 发电能力（万千瓦）	农村用电量（万千瓦时）
1985	24367	112326	57232	37039	3928	14127	50	0.76	8402
1990	21500	166387	84221	65496	1897	14773	48	1.11	21935
1995	26050	199562	90834	75695	3183	29850	35	1.21	55587
2000	40410	224782	101602	81387	7954	33839	24	1.18	55037
2001	41490	214154	98572	77121	3935	34526	23	1.18	56868
2002	42100	219887	99235	78105	4086	38461	23	2.46	53327
2003	42940	228698	102225	80057	7959	38457	23	2.46	55660
2004	43400	237251	105950	80060	8662	42579	22	1.18	56080
2005	44070	247071	111279	83006	7852	44934	21	1.14	57117
2006	44670	248438	110698	81832	6288	49620	22	1.19	57932
2007	40750	251042	107622	81397	6490	55533	23	1.19	63334
2008	40990	253231	108665	81578	5655	57333	26	1.34	66351
2009	41090	251539	105518	80677	5459	59885	26	1.71	68782
2010	42050	253903	102197	80165	6495	65046	26	1.71	68438
2011	42720	258403	102768	80851	6847	67937	26	1.71	68912
城区	3080	4710	1209	1289	43	2169			5684
沁水县	7200	42522	18995	13564	528	9435	6	0.48	3482
阳城县	9050	51649	25761	18796	1150	5942	2	0.05	25844
陵川县	2330	39649	14894	9689	896	14170	4	0.44	3576
泽州县	10380	52052	18485	18036	1805	13726	14	0.74	17528
高平市	10680	67821	23424	19477	2425	22495			12798

13-11 各地区水利设施和除涝面积(2011年)

地 区	水库数（座）	水库总库容量（万立方米）	除涝面积（公顷）	水土流失治理面积（公顷）
全 市	104	25597.0	230	321020
城 区	5	228.0		2670
沁 水 县	2	520.0		86500
阳 城 县	26	3698.0		65060
陵 川 县	15	6325.0		54050
泽 州 县	30	10873.0		67640
高 平 市	26	3953.0	230	45100

13-12 受灾面积和成灾面积

单位:公顷

年份 地区	受灾面积	成灾面积	成灾面积占受灾面积比重（%）	旱灾	
				受灾面积	成灾面积
1985	149254	143853	96.38	116838	116423
1990	141067	93800	66.49	64333	44000
1995	208500	177230	85.00	178450	158760
2000	113314	71560	63.15	65390	35791
2001	217200	172800	79.56	191870	151070
2002	217604	149475	68.69	135405	83932
2003	91995	67795	73.69	91995	67795
2004	87280	73710	84.45	16987	9820
2005	62432	50690	81.19	54333	15533
2006	76008	59000	77.62	18620	15200
2007	141113	11289	8.00	103196	6766
2008	68100	60100	88.25	61900	51600
2009	171320	86586	50.54	171320	86586
2010	65789	34311	52.15	26087	13310
2011	109069	64563	59.19	77882	46175
城 区	1598	115	7.20	227	115
沁 水 县	10675	9995	93.63	3067	2796
阳 城 县	23223	19080	82.16	15333	13333
陵 川 县	21733	9066	41.72	21733	9066
泽 州 县	42185	21766	51.60	31567	18000
高 平 市	9655	4540	47.02	5955	2865

注:2007年所有的成灾面积改为绝收面积,相应的成灾面积占受灾面积的比重为绝收面积占受灾面积的比重。

13-13 农作物总播种面积

单位:千公顷

年份 地区	农作物总播种面积	粮食作物播种面积	谷物	小麦	玉米	豆类	薯类
1985	225.20	194.53	170.77	74.03	43.59	16.91	6.85
1990	244.11	215.79	183.85	82.43	52.46	25.77	6.17
1995	240.41	209.48	168.07	79.13	51.45	34.91	6.50
2000	255.11	211.75	158.44	81.76	48.44	46.19	7.12
2001	230.85	203.05	150.88	78.05	48.22	44.97	7.20
2002	226.12	199.47	149.3	73.91	50.98	43.04	7.14
2003	215.05	188.64	141.42	68.41	50.84	40.68	6.54
2004	206.58	187.24	147.29	60.87	73.04	36.21	3.74
2005	213.95	198.11	152.32	66.43	74.01	40.59	5.20
2006	216.64	202.59	153.78	66.11	75.71	43.99	4.82
2007	214.75	202.09	155.54	65.15	80.00	42.13	4.42
2008	215.56	203.95	157.72	63.08	85.26	42.36	3.87
2009	212.00	201.64	156.95	63.86	83.28	40.63	4.06
2010	218.21	207.51	160.55	66.72	84.47	43.06	3.91
2011	216.59	205.82	159.70	65.27	86.01	42.24	3.87
城区	4.50	3.87	2.88	2.27	0.49	0.93	0.06
沁水县	33.56	31.29	27.19	8.59	16.62	3.59	0.51
阳城县	44.13	42.43	39.85	15.06	22.20	2.40	0.17
陵川县	22.82	21.44	19.03	0.51	17.35	0.45	1.96
泽州县	70.94	67.64	39.41	31.64	6.03	27.47	0.76
高平市	40.64	39.15	31.34	7.20	23.32	7.40	0.41

13-13 续表

单位：千公顷

年份 地区	油料	花生	油菜籽	棉花	麻类	蔬菜	果园面积
1985	11.23	0.51	0.55	4.57	0.22	8.57	12.53
1990	11.89	1.05	0.31	5.24	0.15	9.22	18.55
1995	15.08	1.18	0.15	6.15	0.10	8.56	15.36
2000	15.14	1.05	0.97	3.47	0.35	8.30	11.07
2001	12.88	1.05	1.24	2.54	0.43	7.77	9.61
2002	12.94	0.96	1.80	1.54	0.35	7.71	8.30
2003	12.41	0.89	1.99	1.31	0.17	8.17	6.38
2004	8.56	0.41	1.48	1.01	0.01	6.46	5.37
2005	7.36	0.43	1.36	0.77	0.01	5.91	4.72
2006	5.98	0.37	1.35	0.56	0.02	5.84	4.18
2007	4.87	0.39	1.08	0.43	0.04	5.74	3.85
2008	4.31	0.37	1.06	0.45	0.03	5.54	3.61
2009	3.63	0.42	1.09	0.31	0.01	5.19	3.80
2010	3.92	0.29	1.41	0.28	0.02	5.33	4.00
2011	3.44	0.29	1.07	0.36	0.01	5.86	4.30
城　区						0.63	0.15
沁水县	0.94	0.22	0.1	0.24	0.01	0.98	0.51
阳城县	0.78	0.06	0.52	0.09		0.74	0.46
陵川县	0.23	0.01				0.6	0.30
泽州县	1.41		0.45	0.03		1.55	0.70
高平市	0.08					1.36	2.18

13-14 主要农作物种植结构

单位:%

指 标	1985年	1995年	2000年	2005年	2006年	2007年	2008年	2009年	2010年	2011年
农作物总播种面积	100.00	100.00	100.00	100.00	100.00	100.00	100.00	100.00	100.00	100.00
粮食作物	86.38	87.13	83.00	92.60	93.51	94.09	94.61	95.11	95.10	95.02
谷物	87.79	80.23	74.82	76.89	75.91	76.97	77.33	77.84	77.37	77.59
小麦	45.41	47.08	51.60	43.61	42.99	41.89	39.99	40.69	41.56	40.87
玉米	26.74	30.61	30.57	48.59	49.23	51.43	54.06	53.06	52.62	53.86
谷子	24.63	17.71	14.92	6.74	6.84	6.08	5.55	5.88	5.48	4.97
高粱	3.23	3.89	2.25	0.95	0.80	0.48	0.34	0.28	0.26	0.24
其他谷物		0.70	0.65	0.11	0.14	0.12	0.06	0.09	0.08	0.06
豆类	8.69	16.67	21.81	20.49	21.71	20.85	20.77	20.15	20.75	20.52
#大豆	100.00	80.32	85.45	88.91	84.97	86.87	87.09	89.73	88.84	87.88
杂豆		19.68	14.55	11.09	15.03	13.13	12.91	10.27	11.18	12.12
薯类	3.52	3.10	3.36	2.62	2.38	2.19	1.90	2.01	1.88	1.88
#马铃薯	59.24	62.00	61.80	63.27	65.98	64.93	70.80	71.65	74.19	74.31
油料作物	4.99	6.27	5.93	3.44	2.76	2.27	2.00	1.71	1.80	1.59
#花 生	4.57	7.82	6.94	5.84	6.19	8.01	8.58	11.48	7.42	8.4
油菜籽	4.87	0.99	6.41	18.48	22.58	22.18	24.59	30.11	36.06	31.22
芝 麻	18.22	15.72	12.29	6.52	6.35	11.09	10.21	11.34	8.62	11.26
向日葵	3.80	52.25	54.16	53.53	49.67	43.33	41.07	32.61	32.19	33.96
棉花	2.03	0.84	1.36	0.36	0.26	0.20	0.21	0.15	0.13	0.17
麻类	0.10	0.04	0.14		0.01	0.02	0.01	0.01	0.01	0.01
大麻	100.00			100.00	100.00	100.00	100.00	100.00	100.00	100.00
药材	0.38	0.32	6.17	0.71	0.67	0.61	0.55	0.52	0.41	0.43
蔬菜、瓜果	3.83	3.56	3.35	2.82	2.75	2.72	2.63	2.51	2.53	2.79
#蔬菜	99.31	97.55	97.19	98.01	97.99	98.12	97.88	97.60	96.47	96.99
其他农作物		0.11	0.18	0.07	0.04	0.07	0.01	0.01	0.02	

13-15 主要农产品产量

单位:吨

年份 地区	粮食	谷物	小麦	玉米	豆类	薯类
1985	434434	409219	211875	105434	10983	14232
1990	685540	629222	262183	222905	34672	21646
1995	649303	565412	174454	249508	57196	26695
2000	751277	633239	221209	301997	77608	40430
2001	533077	444404	166294	212895	59273	29400
2002	641378	544379	188938	277932	64382	32617
2003	724373	622721	260292	287226	68652	33000
2004	800301	707577	214972	445348	72042	20682
2005	790466	676188	194142	437430	86040	28238
2006	852991	735770	234335	458136	91007	26214
2007	781092	675086	188206	452880	81803	24203
2008	864531	762863	241973	491923	79040	22627
2009	700069	628465	220294	388064	51636	19968
2010	914645	807584	246316	531101	86367	20694
2011	920386	811971	228613	555444	85521	22894
城区	12763	10359	7115	2748	1816	591
沁水县	133292	124619	25680	94078	6581	2090
阳城县	177991	173027	51480	113874	4213	751
陵川县	119808	109727	1488	104166	1042	9039
泽州县	239303	174210	114262	52085	57334	7759
高平市	237230	220031	28588	188494	14535	2664

13-15 续表1

单位:吨

年份 地区	棉花	油料				麻类
			花生	油菜籽	芝麻	
1985	1019	6407	545	282	1024	169
1990	2196	12096	1440	209	1773	127
1995	2647	16104	1699	111	1960	134
2000	1639	20914	1753	614	1708	450
2001	1441	12788	1507	850	915	227
2002	743	15315	1667	1624	1204	133
2003	722	16559	1375	2308	1120	193
2004	714	14321	738	1154	737	12
2005	525	11666	747	1543	533	11
2006	430	10075	603	1428	387	29
2007	372	7814	657	1340	336	55
2008	406	7058	688	1609	329	68
2009	184	4779	541	1279	396	10
2010	228	6532	570	1590	448	12
2011	351	6189	552	1223	579	7
城　　区		5			4	
沁 水 县	252	1534	416	138	119	6
阳 城 县	61	695	1053	349	23	1
陵 川 县		908	8			
泽 州 县	38	2880	18	736	403	
高 平 市		168	5		30	

13-15 续表2

单位:吨

年份 地区	蚕茧	桑蚕茧	水果	苹果	梨	葡萄
1985	2062	2062	53551	14496	18694	24
1990	2825	2825	31911	9436	11292	26
1995	2844	2844	29450	12482	8916	56
2000	2636	2615	47836	29516	8472	161
2001	2660	2660	39220	26601	4480	124
2002	3002	3002	42911	27932	6003	171
2003	2927	2927	46585	27904	6863	198
2004	3419	3419	53592	26996	8853	220
2005	3771	3771	54901	22155	15699	189
2006	4300	4300	60670	32090	10941	264
2007	4825	4825	61620	28371	13540	230
2008	5272	5272	59619	27257	12677	231
2009	4010	4010	57081	25131	11930	324
2010	4925	4925	57441	22746	16658	551
2011	5324	5324	64809	27552	18744	799
城　区			1522	270	577	15
沁水县	1386	1386	6091	4260	1020	2
阳城县	3551	3551	5763	620	156	71
陵川县	131	131	3782	3179	340	27
泽州县	56	56	18903	3928	5299	374
高平市	200	200	28748	15295	11352	311

注:2003年以后水果产量包括瓜果类产量。

13-16 主要农产品单位面积产量

单位:公斤/公顷

年份 地区	谷物	棉花	花生	油菜籽	芝麻
1985	2396	225	1065	510	495
1990	3422	420	1380	660	765
1995	3364	430	1440	740	827
2000	3997	472	1670	633	918
2001	2945	567	1437	685	631
2002	3646	482	1736	902	919
2003	4403	551	1545	1160	1000
2004	4804	707	1800	780	996
2005	4439	682	1737	1135	1110
2006	4785	768	1630	1058	1018
2007	4340	865	1685	1241	622
2008	4837	902	1859	1518	748
2009	4004	609	1300	1172	964
2010	5030	809	1960	1124	1325
2011	5084	981	1912	1223	1496
城区	3601				1481
沁水县	4584	1059	1903	138	1582
阳城县	4342	696	1761	349	911
陵川县	5766		1818		
泽州县	4421	1186	5029	736	1526
高平市	7021		2120		1500

13–17 牲畜饲养情况

单位:头、只

年份 地区	大牲畜 年底 头数					肉猪 出栏 头数	猪 年底 头数	羊 年底 只数		
		牛	马	驴	骡				山 羊	绵 羊
1985	151900	95800	15400	21300	19400	270200	326700	136200	60500	75700
1990	160027	110008	10360	18975	20684	283010	274200	189029	65117	123912
1995	167917	133253	7910	11435	15319	404309	353215	213108	77384	135724
2000	108147	89586	3446	5256	9859	412100	326557	341848	175323	166115
2001	82219	70406	2488	2928	6397	438369	343508	407469	210657	196812
2002	76187	65961	1970	2718	5536	456094	369595	493909	256312	237597
2003	77980	69462	1576	2276	4664	550021	406955	570260	318465	251795
2004	78374	70881	1379	2032	4082	678232	502855	610831	347069	263762
2005	80761	74957	1141	1483	3180	854717	557051	594559	360818	233741
2006	30802	28076	547	736	1443	627102	398072	299757	188320	111437
2007	28529	26332	482	583	1132	671667	445426	304843	198814	106029
2008	32889	31206	390	435	858	990009	790941	401605	260915	140690
2009	19407	18111	354	314	628	1076681	714545	340310	186779	153531
2010	16343	15460	264	212	407	1183141	586956	328335	130113	198222
2011	25310	24465	295	179	371	1444106	899847	492889	289639	203250
城 区	983	979			4	11551	10255	8440	272	8168
沁 水 县	4214	3767	168	84	195	52657	43217	189127	150067	39060
阳 城 县	3631	3620		6	5	184235	125660	75795	48838	26957
陵 川 县	1662	1369	98	76	119	100487	74399	60802	46253	14549
泽 州 县	12054	12054				465216	270214	127473	42100	85373
高 平 市	2766	2676	29	13	48	629960	376102	31252	2109	29143

13-18 畜产品产量

年份 地区	肉类产量（吨）	猪牛羊肉	猪 肉	牛 肉	羊 肉	奶类（吨）	牛 奶
1985	18952	18463	15831	1407	1225	324	321
1990	24886	23703	19696	2638	1369	443	443
1995	36136	34386	27859	5266	1261	703	703
2000	39135	37069	30883	4230	1956	1486	1486
2001	39950	37963	32029	3829	2105	2211	2211
2002	41665	39390	33581	2963	2846	2724	2724
2003	49188	46781	40135	2819	3827	3927	3927
2004	59458	56664	49164	3274	4226	4665	4665
2005	74533	71537	62667	4062	4808	5384	5384
2006	52999	51137	46947	1631	2559	4358	4358
2007	56427	54630	50281	1693	2656	5096	5096
2008	83511	79806	74251	2049	3506	5165	5165
2009	89287	84517	79764	1747	3006	5175	5175
2010	100412	94624	88478	1434	4712	3409	3409
2011	113548	107749	100973	2178	4598	3489	3489
城　区	1202	1066	803	142	122	272	272
沁水县	6132	5692	3857	285	1550	1049	1049
阳城县	16338	14346	13362	345	639	173	173
陵川县	8740	8086	7207	164	715	620	620
泽州县	36711	34950	32561	1066	1323	920	920
高平市	44425	43610	43184	177	249	454	454

13-18 续表

单位:吨

年份 地区	绵羊毛	细羊毛	半细羊毛	山羊毛	羊 绒	禽 蛋	蜂 蜜
1985	166	53	84	18	9	7157	551
1990	383	186	143	23	9	11575	782
1995	494	200	270	41	11	18578	851
2000	320	90	152	92	13	18356	858
2001	355	89	218	94	25	20077	641
2002	392	81	228	77	22	17839	532
2003	431	73	239	83	27	20489	557
2004	452	75	234	99	31	24364	705
2005	494	82	224	105	59	31499	987
2006	265	71	99	80	25	27000	928
2007	257	60	100	87	29	29631	1067
2008	414	36	101	122	58	39234	1270
2009	382			56	20	47530	1245
2010	322			72	20	35066	1336
2011	489	179	158	86	27	64596	1698
城 区						2461	2
沁 水 县	125			46	15	3792	674
阳 城 县	43		17	14	4	21766	482
陵 川 县	53		53	13	4	6096	26
泽 州 县	256	179	77	13	4	18148	465
高 平 市	11		11			12333	50

13-19 主要林产品、水产品产量

单位:吨

年份 地区	花椒	核桃	淡水产品	鱼类	其他
1985	84	1445	32	32	
1990	40	1054	112	112	
1995	54	1526	364	364	
2000	97	1848	327	324	3
2001	60	560	326	324	2
2002	97	877	361	361	
2003	103	1203	455	452	3
2004	166	2033	853	839	14
2005	239	1376	913	899	14
2006	264	558	1212	1211	1
2007	254	1724	1362	1352	10
2008	327	2181	1190	1178	12
2009	755	2435	1150	1140	10
2010	643	3389	1235	1219	16
2011	762	2820	1375	1363	12
城 区			92	92	
沁水县	6	144	290	290	
阳城县	507	1297	208	196	12
陵川县	250	657	105	105	
泽州县		298	595	595	
高平市		423	85	85	

13-20 主要农产品人均占有量

单位:公斤

年份 地区	粮 食	棉 花	油 料	猪牛羊肉	水产品	牛 奶
1985	239.15	0.56	3.53	10.16	0.02	0.18
1990	359.97	1.15	6.35	12.45	0.06	0.23
1995	320.15	1.31	7.94	16.95	0.18	0.35
2000	357.65	0.78	9.95	17.64	0.16	0.71
2001	253.31	0.68	6.08	18.04	0.15	1.05
2002	304.32	0.35	7.27	18.69	0.17	1.29
2003	342.50	0.34	7.83	22.12	0.22	1.86
2004	377.43	0.34	6.75	26.73	0.40	2.20
2005	372.81	0.25	5.50	33.74	0.43	2.54
2006	399.60	0.20	4.72	23.96	0.57	2.04
2007	363.68	0.17	3.64	25.44	0.63	2.37
2008	401.69	0.19	3.28	37.08	0.55	2.40
2009	323.32	0.08	2.21	39.03	0.53	2.39
2010	423.00	0.11	3.02	43.76	0.57	1.58
2011	553.23	0.21	3.72	64.77	0.83	2.10
城　区	187.47		0.07	15.66	1.35	4.00
沁水县	777.29	1.47	8.95	33.19	1.69	6.12
阳城县	570.43	0.20	2.23	45.98	0.67	0.55
陵川县	521.14		3.95	35.17	0.46	2.70
泽州县	532.33	0.08	6.41	77.75	1.32	2.05
高平市	589.18		0.42	108.31	0.21	1.13

13-21 平均每一农林牧渔业从业人员主要农产品生产量

单位:公斤

年份 地区	粮 食	棉 花	油 料	猪牛羊肉	水产品	牛 奶
1985	1464.95	3.44	21.60	62.26	0.11	1.08
1990	1765.40	5.66	31.15	61.04	0.29	1.14
1995	1747.45	7.12	43.34	92.54	0.98	1.89
2000	1743.51	3.80	48.52	85.99	0.76	3.45
2001	1223.51	3.31	29.35	87.13	0.75	5.07
2002	1467.82	1.70	35.05	90.15	0.83	6.23
2003	1655.24	1.65	37.84	106.90	1.04	8.97
2004	1828.60	1.63	32.73	129.49	1.95	10.66
2005	1788.90	1.19	26.40	161.89	2.07	12.18
2006	1930.40	0.97	22.80	115.73	2.74	9.86
2007	1752.04	0.83	17.53	122.54	3.06	11.43
2008	1916.24	0.90	15.64	176.89	2.64	11.45
2009	1567.11	0.41	10.70	189.19	2.57	11.58
2010	2043.14	0.51	14.59	211.37	2.76	7.61
2011	2073.31	0.79	13.94	242.72	3.10	7.86
城 区	1154.71		0.45	96.44	8.32	24.63
沁 水 县	2453.20	4.64	28.23	104.76	5.34	19.30
阳 城 县	2055.80	0.70	8.03	165.70	2.40	2.00
陵 川 县	1899.54		14.40	128.20	1.66	9.83
泽 州 县	1987.53	0.32	23.92	290.28	4.94	7.64
高 平 市	2186.85		1.55	402.01	0.78	4.19

13-22 乡镇企业主要经济指标

单位:万元

指 标	2011年	2010年	2011年比2010年增长%
乡镇企业增加值	2505751	2209898	13.39
#集体企业	351811	372032	-5.44
私营企业	2153940	1837866	17.20
乡镇企业总产值	7605344	6704111	13.44
#集体企业	958449	967109	-0.90
私营企业	6646895	5737002	15.86
乡镇企业营业收入	6440715	5699775	13.00
#集体企业	847027	814212	4.03
私营企业	5593688	4885563	14.49
乡镇企业利润总额	584690	530334	10.25
#集体企业	72085	69131	4.27
私营企业	512605	461203	11.15
乡镇企业应交税金	291226	260793	11.67
#集体企业	64474	56208	14.71
私营企业	226752	204585	10.84
民营企业营业收入	13468792	11042595	21.97
城 区	1323405	1070387	23.64
沁 水 县	885987	684213	29.49
阳 城 县	2006766	1936302	3.64
陵 川 县	506126	432587	17.00
泽 州 县	3526507	2977863	18.42
高 平 市	3024381	2553001	18.46

13-23 各地区民营企业主要经济指标

单位:万元

地 区	2011年	2010年	2011年比2010年增长%
民营企业现价总产值	15373646	12522764	22.77
城 区	1631021	1329781	22.65
沁水县	1035149	796569	29.95
阳城县	2204921	2119438	4.03
陵川县	592817	508856	16.50
泽州县	4024016	3500324	14.96
高平市	3360990	2700256	24.47
民营企业增加值	5264475	4404825	19.52
城 区	437250	355272	23.07
沁水县	455483	351152	29.71
阳城县	896351	852726	5.12
陵川县	192900	167013	15.50
泽州县	1358705	1136973	19.50
高平市	1106403	930027	18.96
民营工业总产值	3324376	2880243	15.42
城 区	66473	55821	19.08
沁水县	342070	262696	30.22
阳城县	674542	744333	-9.38
陵川县	112665	97572	15.47
泽州县	912952	745987	22.38
高平市	647892	557294	16.26

主要统计指标解释

农林牧渔业总产值 指以货币表现的农、林、牧、渔业全部产品和对农林牧渔业生产活动进行的各种支持性服务活动的价值总量,它反映一定时期内农林牧渔业生产总规模和总成果。1957年以前的农林牧渔业总产值中包括了厩肥和农民自给性手工业(如农民自制衣服、鞋、袜,自己从事粮食初步加工等)。1958年及以后,林业中增加了村及村以下竹木采伐产值;牧业中取消了厩肥产值;副业中取消了农民自给性手工业产值,增加了村及村以下办的工业产值;渔业中增加了海洋捕捞水产品产值。1980年及以后,在副业中增加了农民家庭兼营工业商品部分的产值。从1984年起村及村以下工业产值划归工业。从1993年起取消副业,将野生动物的捕猎划入牧业,野生植物采集和农民家庭兼营商品性工业划归农业。从2003年起,执行新的国民经济行业分类标准,农林牧渔业总产值中包括了农林牧渔服务业产值。林业中增加了森林采运业产值。农业中取消了家庭兼营商品性工业产值,将野生林产品的采集划归林业。第一次农业普查以后,由于畜牧业产品年报数据与普查数据之间存在一定的差距,国家统计局农调总队对畜牧业年报数据与普查数据进行衔接,对畜牧业产值进行相应调整。

农林牧渔业总产值的计算方法通常是按农、林、牧、渔业产品及其副产品的产量分别乘以各自单位产品价格求得;少数生产周期较长,当年没有产品或产品产量不易统计的,则采用间接方法匡算其产值;然后将四业产品产值及农林牧渔服务业产值相加即为农林牧渔业总产值。

粮食产量 指全社会的产量。包括国有经济经营的、集体统一经营的和农民家庭经营的粮食产量,还包括工矿企业办的农场和其他生产单位的产量。粮食除包括稻谷、小麦、玉米、高粱、谷子及其他杂粮外,还包括薯类和豆类。其产量计算方法,豆类按去豆荚后的干豆计算;薯类(包括甘薯和马铃薯,不包括芋头和木薯)1963年以前按每4公斤鲜薯折1公斤粮食计算,从1964年开始改为按5公斤鲜薯折1公斤粮食计算。城市郊区作为蔬菜的薯类(如马铃薯等)按鲜品计算,并且不作粮食统计。其他粮食一律按脱粒后的原粮计算。1989年以前全国粮食产量数据主要靠全面报表取得,1989年开始使用抽样调查数据。

棉花产量 指全社会的产量。包括春播棉和夏播棉。产量按皮棉计算。不包括木棉。

油料产量 指全部油料作物的生产量。包括花生、油菜籽、芝麻、向日葵籽、胡麻籽(亚麻籽)和其他油料。不包括大豆、木本油料和野生油料。花生以带壳干花生计算。

水产品产量 指人工养殖的水产品和天然生长的水产品的捕捞量。包括海水的鱼类、虾蟹类、贝类和藻类以及内陆水域的鱼类、虾蟹类和贝类,不包括淡水生植物。水产品产量是通过各级水产和统计部门逐级上报取得数据。1995年及以前,贝类中牡蛎按鲜肉计算;蚶、蛤、蛙按5斤鲜品折1斤计算。1996年以后则统一按鲜品计算。

猪、牛、羊肉产量 指当年出栏并已屠宰、除去头蹄下水后带骨肉(即胴体重)的重量。包括全社会范围内的产量。1996年前为各级逐级上报数据。1996年第一次农业普查以后,由于畜牧业产品年报数据与普查数据之间存在一定的差距,国家统计局农调总队对畜牧业年报数据与普查数据进行衔接。1999年以后,国家统计局在部分地区开展了猪、牛、羊、禽等主要畜禽品种的抽样调查,并用抽样数据作为国家定案数据使用。未开展抽样调查的地区和品种,仍使用各级统计部门逐级上报数据。

期初(末)畜禽存栏头(只)数 指报告期初(末)农村各种合作经济组织和国营农场、农民个人、机关、团体、学校、工矿企业、部队等单位以及城镇居民饲养的大牲畜、猪、羊、家禽等畜禽的存栏数。数据上报方式及数据调整情况同猪、牛、羊肉产量。

农作物播种面积 指实际播种或移植有农作物的面积。凡是实际种植有农作物的面积,不论种植在耕地上还是种植在非耕地上,均包括在农作物播种面积中。在播种季节基本结束后,因遭灾而重新改种和补种的农作物面积,也包括在内。它是反映我国耕地面积利用情况的一个重要指标。目前,农作物播种面积主要包括粮食、棉花、油料、糖料、麻类、烟叶、蔬菜和瓜类、药材和其他农作物九大类。

有效灌溉面积 指具有一定的水源,地块比较平整,灌溉工程或设备已经配套,在一般年景下,当年能够进行正常灌溉的耕地面积。在一般情况下,有效灌溉面积应等于灌溉工程或设备已经配备,能够进行正常灌溉的水田和水浇地面积之和。它是反映我国耕地抗旱能力的一个重要指标。

农用化肥施用量 指本年内实际用于农业生产的化肥数量,包括氮肥、磷肥、钾肥和复合肥。化肥施用量要求按折纯量计算数量。折纯量是指把氮肥、磷肥、钾肥分别按含氮、含五氧化二磷、含氧化钾的百分之百成份进行折算后的数量。复合肥按其所含主要成分折算。公式为：

折纯量=实物量×某种化肥有效成份含量的百分比

农业机械总动力 指主要用于农、林、牧、渔业的各种动力机械的动力总和。包括耕作机械、排灌机械、收获机械、农用运输机械、植物保护机械、牧业机械、林业机械、渔业机械和其他农业机械〔内燃机按引擎马力折成瓦(特)计算、电动机按功率折成瓦(特)计算〕。不包括专门用于乡、镇、村、组办工业、基本建设、非农业运输、科学试验和教学等非农业生产方面用的动力机械与作业机械。这个指标的统计数据主要来源于农机部门。

14

工 业

Industry

简 要 说 明

一、本篇资料的主要内容

本篇资料反映我市工业经济方面的基本情况，包括七个县（市、区）的主要工业经济统计数据：

1.年主营业务收入2000万元以上的工业法人企业单位数和总产值，以及按企业登记注册类型、轻重工业、企业规模、工业行业大类和按地区分组的主要经济指标和经济效益指标；

2. 国有及国有控股、外商投资、港澳台商投资和私营工业企业按工业行业大类和按地区分组的主要经济指标和经济效益指标；

3. 大中型工业企业按工业行业大类和按地区分组的主要经济指标和经济效益指标；

4. 主要工业产品产量和生产能力等。

二、本篇的统计范围

工业统计调查范围为我市境内的全部工业企业。1997年以前，我市工业的统计范围按隶属关系划分，分为乡及乡以上独立核算工业企业和非独立核算生产单位、村办工业、城镇合作工业、农村合作工业、城镇个体工业、农村个体工业六大部分。（1984年以前村办工业不在工业统计范围内）。

1998年–2010年，工业统计调查范围由按隶属关系划分，改变为按企业规模划分，分为全部国有及年主营业务收入在500万元以上非国有工业企业和年主营业务收入在500万元以下非国有工业企业两部分；2011年为主营业务收入2000万元及以上的工业法人企业。

本篇资料中工业行业分类按2011年《国民经济行业分类标准》划分；企业大中小微型划分按2011年《统计上大中小微型企业划分办法》标准执行。

三、数据来源和调查方法

本篇工业企业统计数据主要是根据工业统计年度报表中有关资料整理汇总的。工业统计年度报表是全市各县（市、区）统计局上报给市统计局的全面报表，由各级统计部门根据当地实际情况采取全面调查的方法向工业企业布置和收集。

14-1 规模工业总产值及主营业务收入(2011年)

单位:千元

地区	工业总产值	主营业务收入
总计	108577095	123764365
1、按隶属关系分:		
中央企业	6501723	6675429
省属企业	31603396	50939885
市及以下企业	70471976	66149051
市属企业	16097793	16270427
县属企业	18239653	15045581
乡镇街道企业	1860822	1848699
乡属企业	881911	865996
镇属企业	963215	960395
街道企业	15696	22308
村及村以下企业	34273708	32984344
村委办企业	2969707	2871353
居委办企业		
其他企业	31304001	30112991
2、按县(市、区)分:		
市直汇	24868084	44292689
城区	3445320	3152143
沁水县	8553184	8546269
阳城县	15438531	14565512
陵川县	1670781	1639793
泽州县	24598037	23794104
高平市	23002807	21042103
开发区	7000351	6731752

注:本表按当年价格计算。

14-2 规模工业企业

指标	企业单位数（个）	亏损企业	工业总产值（当年价）
总计	217	57	108577095
一、按登记注册类型分			
内资企业	204	53	91546004
国有企业	7	3	10685920
中央企业	2		763753
地方企业	5	3	9922167
集体企业	8	2	119438
股份合作企业			
联营企业	1		251780
国有联营企业			
集体联营企业	1		251780
国有与集体联营企业			
其他联营企业			
有限责任公司	108	23	40418233
国有独资公司	2		343750
其他有限责任公司	106	23	40074483
股份有限公司	12	3	22451210
私营企业	66	22	17530015
私营独资企业	7	3	394218
私营合伙企业	1		81023
私营有限责任公司	53	18	16431225
私营股份有限公司	5	1	623549
其他企业	2		89408
港、澳、台商投资企业	4	2	8480836
合资经营企业(港或澳、台资)	2	1	2288285
合作经营企业(港或澳、台资)			
港澳台商独资经营企业	2	1	6192551
港澳台商投资股份有限公司			
其他港澳台投资			
外商投资企业	9	2	8550255
中外合资经营企业	4		3542691
中外合作经营企业	2	1	4790211
外资企业	3	1	217353
外商投资股份有限公司			
其他外商投资			
二、按经济组织类型分组			
独资企业	27	10	17609480
国有企业	7	3	10685920
集体企业	8	2	119438
私营独资企业	7	3	394218
港澳台商独资经营企业	2	1	6192551
外资企业	3	1	217353
合作、合伙企业	6	1	5212422
股份合作企业			

主要指标(2011年)

单位:千元

工业销售产值(当年价)	出口交货值	年初存货	产成品	在产品
107223887	4303868	6626796	2347461	1244050
90267689	822514	5147485	2123152	435584
10676082		430748	50804	
762811		15144	987	
9913271		415604	49817	
117309	35810	53107	25497	
201500		6265	2961	
201500		6265	2961	
39749375	236962	2564370	1031667	397965
311620		101607	8431	45089
39437755	236962	2462763	1023236	352876
22590742	344390	810150	382447	5501
16848376	198255	1266379	614794	32118
391297		32844	19405	106
80236		4055	3985	
15808908	178205	1132797	540440	24680
567935	20050	96683	50964	7332
84305	7097	16466	14982	
8521516	3481354	987179	139164	790566
2288895		59909	2854	
6232621	3481354	927270	136310	790566
8434682		492132	85145	17900
3565648		68679	38759	17900
4650852		414841	40907	
218182		8612	5479	
17635491	3517164	1452581	237495	790672
10676082		430748	50804	
117309	35810	53107	25497	
391297		32844	19405	106
6232621	3481354	927270	136310	790566
218182		8612	5479	
5016893	7097	441627	62835	

14–2

指　　标	企业单位数（个）	亏损企业	工业总产值（当年价）
国有联营企业			
集体联营企业	1		251780
国有与集体联营企业			
其他联营企业			
私营合伙企业	1		81023
合作经营企业(港或澳、台资)			
中外合作经营企业	2	1	4790211
其他企业(内资)	2		89408
其他港澳台商投资企业			
其他外商投资企业			
股份有限公司	17	4	23074759
股份有限公司(内资)	12	3	22451210
私营股份有限公司	5	1	623549
港澳台商投资股份有限公司			
外商投资股份有限公司			
有限责任公司	167	42	62680434
国有独资公司	2		343750
私营有限责任公司	53	18	16431225
合资经营企业(港或澳、台资)	2	1	2288285
中外合资经营企业	4		3542691
其他有限责任公司	106	23	40074483
三、在总计中:亏损企业	57	57	14208717
在总计中:国有控股企业	81	20	70413053
在总计中:农村工业	18	3	3851618
在总计中:轻工业	28	5	2306419
重工业	189	52	106270676
在总计中:大型企业	29	4	73744489
中型企业	80	26	26091503
小型企业	91	26	8706415
微型企业	17	1	34688
四、按隶属关系分			
中央	6	2	6501723
省	19	5	31603396
市及以下	192	50	70471976
市属企业	26	9	16097793
县属企业	41	6	18239653
乡镇街道企业	14	1	1860822
乡属企业	3		881911
镇属企业	10	1	963215
街道企业	1		15696
村及村以下企业	111	34	34273708
村委办企业	15	3	2969707
居委办企业			
其他企业	96	31	31304001

续表1

单位:千元

工业销售产值（当年价）		年初存货		
	出口交货值		产 成 品	在 产 品
201500		6265	2961	
80236		4055	3985	
4650852		414841	40907	
84305	7097	16466	14982	
23158677	364440	906833	433411	12833
22590742	344390	810150	382447	5501
567935	20050	96683	50964	7332
61412826	415167	3825755	1613720	440545
311620		101607	8431	45089
15808908	178205	1132797	540440	24680
2288895		59909	2854	
3565648		68679	38759	17900
39437755	236962	2462763	1023236	352876
14221047	144842	1557876	538761	153183
70200615	398507	3534829	1240774	372232
3800324	35810	144030	40639	
2241726	46768	272002	119002	17990
104982161	4257100	6354794	2228459	1226060
73143978	3825744	3879042	1074322	1065912
25388300	399030	1904539	816477	133331
8631803	79094	812056	433750	44807
59806		31159	22912	
6468651		383919	9418	45089
31572701	351719	1546010	333275	278219
69182535	3952149	4696867	2004768	920742
16434425	1082	1293617	710667	36388
17580402	162129	661343	333990	15206
1856587		71774	23460	
875613		42614	2460	
966008		15966	9761	
14966		13194	11239	
33311121	3788938	2670133	936651	869148
2924711	35810	101416	38179	
30386410	3753128	2568717	898472	869148

14–2

指　　标	企业单位数（个）	亏损企业	工业总产值（当年价）
五、按行业分组			
采矿业	93	11	65064972
煤炭开采和洗选业	85	9	62429756
烟煤和无烟煤开采洗选	85	9	62429756
石油和天然气开采业	7	2	2142733
天然气开采	7	2	2142733
开采辅助活动	1		492483
石油和天然气开采辅助活动	1		492483
制造业	114	39	36909386
农副食品加工业	7	1	902515
谷物磨制	5	1	221450
屠宰及肉类加工	1		584459
牲畜屠宰	1		584459
其他农副食品加工	1		96606
淀粉及淀粉制品制造	1		96606
食品制造业	2		103448
乳制品制造	1		80002
调味品、发酵制品制造	1		23446
酱油、食醋及类似制品制造	1		23446
酒、饮料和精制茶制造业	3	1	560564
酒的制造	1	1	16210
啤酒制造	1	1	16210
饮料制造	2		544354
果菜汁及果菜汁饮料制造	1		497760
含乳饮料和植物蛋白饮料制造	1		46594
纺织业	1		190428
麻纺织及染整精加工	1		190428
麻织造加工	1		190428
纺织服装、服饰业	3		119811
机织服装制造	2		68883
针织或钩针编织服装制造	1		50928
印刷和记录媒介复制业	1		42892
印刷	1		42892
包装装潢及其他印刷	1		42892
文教、工美、体育和娱乐用品制造业	1		24153
体育用品制造	1		24153
训练健身器材制造	1		24153
石油加工、炼焦和核燃料加工业	3	1	1560650
炼焦	3	1	1560650
化学原料和化学制品制造业	20	12	8609778
基础化学原料制造	12	10	1032928

续表2

单位:千元

工业销售产值(当年价)	出口交货值	年初存货	产成品	在产品
64413420	361912	2092650	742840	48137
61779443	361912	1910902	734854	48137
61779443	361912	1910902	734854	48137
2141494		180882	7986	
2141494		180882	7986	
492483		866		
492483		866		
36217912	3941956	4215427	1592818	1195913
888426		52880	36674	461
203206		20891	6713	461
591255		8869	8124	
591255		8869	8124	
93965		23120	21837	
93965		23120	21837	
111004		10318	3502	
80002		3674		
31002		6644	3502	
31002		6644	3502	
552738		32224	9046	
15162		8120	29	
15162		8120	29	
537576		24104	9017	
490982		23799	8767	
46594		305	250	
179101	1082	57793	18393	12080
179101	1082	57793	18393	12080
179101	1082	57793	18393	12080
96440		41213	15236	1492
43507		24546	3103	
52933		16667	12133	1492
38242		2048	564	
38242		2048	564	
38242		2048	564	
25929		4018	3080	
25929		4018	3080	
25929		4018	3080	
1517313		400939	97426	13502
1517313		400939	97426	13502
8821023	43970	1017821	563355	120403
1048169	43970	171608	90305	1130

14-2

指 标	企业单位数（个）	亏损企业	工业总产值（当年价）
无机碱制造	1		20452
无机盐制造	3	3	140039
有机化学原料制造	3	3	731617
其他基础化学原料制造	5	4	140820
肥料制造	6	2	7346851
氮肥制造	5	2	7296716
有机肥料及微生物肥料制造	1		50135
专用化学产品制造	2		229999
化学试剂和助剂制造	1		35298
信息化学品制造	1		194701
医药制造业	4	1	166477
化学药品原料药制造	1	1	24862
化学药品制剂制造	1		21872
中成药生产	1		22422
生物药品制造	1		97321
橡胶和塑料制品业	4	1	110782
橡胶制品业	1		35204
日用及医用橡胶制品制造	1		35204
塑料制品业	3	1	75578
塑料丝、绳及编织品制造	3	1	75578
非金属矿物制品业	17	9	1031002
水泥、石灰和石膏制造	6	5	659847
水泥制造	6	5	659847
石膏、水泥制品及类似制品制造	1		23375
水泥制品制造	1		23375
砖瓦、石材等建筑材料制造	5	2	147406
建筑陶瓷制品制造	5	2	147406
玻璃制品制造	2	1	49710
日用玻璃制品制造	2	1	49710
陶瓷制品制造	2		76779
特种陶瓷制品制造	1		46516
日用陶瓷制品制造	1		30263
石墨及其他非金属矿物制品制造	1	1	73885
其他非金属矿物制品制造	1	1	73885
黑色金属冶炼和压延加工业	23	8	13693596
炼铁	18	7	3950319
黑色金属铸造	4	1	781091
钢压延加工	1		8962186
金属制品业	3	2	382129
结构性金属制品制造	2	2	106629
金属结构制造	2	2	106629

续表3

单位：千元

工业销售产值（当年价）		年初存货		
	出口交货值		产 成 品	在 产 品
24751		7579	2036	
145423		46074	43898	1130
738063	43970	102058	39631	
139932		15897	4740	
7542593		808401	460485	114581
7492551		806570	459544	114581
50042		1831	941	
230261		37812	12565	4692
36020		6374	2672	
194241		31438	9893	4692
162159		33009	8088	3957
25965		1388	674	369
20337		9085	554	1049
22198		2512	2151	
93659		20024	4709	2539
123501		21535	12751	
41178		5761	5160	
41178		5761	5160	
82323		15774	7591	
82323		15774	7591	
930585	52783	204802	120295	25479
608317		107921	50658	25479
608317		107921	50658	25479
23375				
23375				
119600		44331	37671	
119600		44331	37671	
45686	45686	16262	14925	
45686	45686	16262	14925	
73604	7097	14580	14486	
46063	7097	14418	14418	
27541		162	68	
60003		21708	2555	
60003		21708	2555	
13025408	234065	668285	331829	7790
3910175	234065	315902	163596	7790
779546		25015	22635	
8335687		327368	145598	
355067		100029	25235	53343
111697		32030	21362	8254
111697		32030	21362	8254

14-2

指　　标	企业单位数（个）	亏损企业	工业总产值（当年价）
其他金属制品制造	1		275500
专用设备制造业	7	1	1737474
采矿、冶金、建筑专用设备制造	6	1	1692735
矿山机械制造	6	1	1692735
印刷、制药、日化及日用品生产专用设备制造	1		44739
印刷专用设备制造	1		44739
汽车制造业	5	1	1044957
汽车零部件及配件制造	5	1	1044957
铁路、船舶、航空航天和其他运输设备制造业	1		68250
航空、航天器及设备制造	1		68250
飞机制造	1		68250
电气机械和器材制造业	5	1	261350
输配电及控制设备制造	1		30129
配电开关控制设备制造	1		30129
电线、电缆、光缆及电工器材制造	2	1	180812
电线、电缆制造	2	1	180812
家用电力器具制造	1		27688
家用电力器具专用配件制造	1		27688
照明器具制造	1		22721
照明灯具制造	1		22721
计算机、通信和其他电子设备制造业	1		6107463
电子元件制造	1		6107463
电子元件及组件制造	1		6107463
金属制品、机械和设备修理业	3		191667
通用设备修理	3		191667
电力、热力、燃气及水生产和供应业	10	7	6602737
电力、热力生产和供应业	8	5	6488966
电力生产	6	3	6301147
火力发电	6	3	6301147
热力生产和供应	2	2	187819
燃气生产和供应业	1	1	48022
水的生产和供应业	1	1	65749
自来水生产和供应	1	1	65749
六、按分县(市、区)分组			
市　　直	5		24868084
城　　区	21	13	3445320
沁 水 县	20	4	8553184
阳 城 县	38	14	15438531
陵 川 县	15	4	1670781
泽 州 县	62	12	24598037
高 平 市	45	10	23002807
开 发 区	11		7000351

续表4

单位:千元

工业销售产值(当年价)	出口交货值	年初存货	产成品	在产品
243370		67999	3873	45089
1778895		371714	97884	136242
1739834		348815	89470	124878
1739834		348815	89470	124878
39061		22899	8414	11364
39061		22899	8414	11364
915621	121373	153462	73484	11590
915621	121373	153462	73484	11590
68250		33608	4558	
68250		33608	4558	
68250		33608	4558	
287863	7329	75060	33067	19008
30129		1444	468	975
30129		1444	468	975
198841	7329	56113	23173	18033
198841	7329	56113	23173	18033
28277		5704	2571	
28277		5704	2571	
30616		11799	6855	
30616		11799	6855	
6148680	3481354	925639	135073	790566
6148680	3481354	925639	135073	790566
6148680	3481354	925639	135073	790566
191667		9030	3278	
191667		9030	3278	
6592555		318719	11803	
6488966		314106	11803	
6301147		296621	11803	
6301147		296621	11803	
187819		17485		
48022		41		
55567		4572		
55567		4572		
25206682	344390	931530	242279	45089
3476308	53015	551263	188602	149940
8324377	20050	356103	69373	15477
15081832	36892	819499	192647	21678
1707878		150910	112136	22592
23560104	59949	1204027	631983	26372
22820980	207932	1576219	707315	158205
7045726	3581640	1037245	203126	804697

14-2

指标	资产合计	流动资产合计	应收帐款
总计	195480264	87307811	8535916
一、按登记注册类型分			
内资企业	168004078	76232443	6606307
国有企业	66835052	27363758	27356
中央企业	5014443	477494	
地方企业	61820609	26886264	27356
集体企业	201649	75409	11111
股份合作企业			
联营企业	133899	41896	7191
国有联营企业			
集体联营企业	133899	41896	7191
国有与集体联营企业			
其他联营企业			
有限责任公司	55629014	27758316	2044019
国有独资公司	1119389	547082	87496
其他有限责任公司	54509625	27211234	1956523
股份有限公司	32032899	14286391	3095993
私营企业	13018574	6608615	1400623
私营独资企业	183565	154469	45065
私营合伙企业	27882	21033	960
私营有限责任公司	12198631	6089767	1299635
私营股份有限公司	608496	343346	54963
其他企业	152991	98058	20014
港、澳、台商投资企业	9316095	3169880	1303974
合资经营企业(港或澳、台资)	4375617	375804	121892
合作经营企业(港或澳、台资)			
港澳台商独资经营企业	4940478	2794076	1182082
港澳台商投资股份有限公司			
其他港澳台投资			
外商投资企业	18160091	7905488	625635
中外合资经营企业	8612688	4376223	205425
中外合作经营企业	8709726	3372040	372781
外资企业	837677	157225	47429
外商投资股份有限公司			
其他外商投资			
二、按经济组织类型分组			
独资企业	72998421	30544937	1313043
国有企业	66835052	27363758	27356
集体企业	201649	75409	11111
私营独资企业	183565	154469	45065
港澳台商独资经营企业	4940478	2794076	1182082
外资企业	837677	157225	47429
合作、合伙企业	9024498	3533027	400946
股份合作企业			

续表5

单位:千元

存 货			固定资产合计	固定资产原价
	产成品	在产品		
8375117	3069626	1047891	77785517	99451874
6755449	2540340	527082	65094654	74483994
438708	35314		25064179	20827870
56989			4508661	3025915
381719	35314		20555518	17801955
59190	43946		126029	161160
8780	4872		55949	39500
8780	4872		55949	39500
3112717	1048266	494027	21609677	27604536
175703	7662	112873	470593	712005
2937014	1040604	381154	21139084	26892531
1118025	535887	6866	12224145	18233876
1997219	853071	26189	5971201	7574925
32976	10309	143	29025	48282
13559	11266		4529	8790
1815800	792363	26046	5706230	7322977
134884	39133		231417	194876
20810	18984		43474	42127
1037647	460073	502596	5953158	7696699
75681	1422		3953338	5147609
961966	458651	502596	1999820	2549090
582021	69213	18213	6737705	17271181
90122	61096	18213	987998	1491209
483073	4553		5100175	15321887
8826	3564		649532	458085
1501666	551784	502739	27868585	24044487
438708	35314		25064179	20827870
59190	43946		126029	161160
32976	10309	143	29025	48282
961966	458651	502596	1999820	2549090
8826	3564		649532	458085
526222	39675		5204127	15412304

14-2

指　　标	资产合计	流动资产合　计	应收帐款
国有联营企业			
集体联营企业	133899	41896	7191
国有与集体联营企业			
其他联营企业			
私营合伙企业	27882	21033	960
合作经营企业(港或澳、台资)			
中外合作经营企业	8709726	3372040	372781
其他企业(内资)	152991	98058	20014
其他港澳台商投资企业			
其他外商投资企业			
股份有限公司	32641395	14629737	3150956
股份有限公司(内资)	32032899	14286391	3095993
私营股份有限公司	608496	343346	54963
港澳台商投资股份有限公司			
外商投资股份有限公司			
有限责任公司	80815950	38600110	3670971
国有独资公司	1119389	547082	87496
私营有限责任公司	12198631	6089767	1299635
合资经营企业(港或澳、台资)	4375617	375804	121892
中外合资经营企业	8612688	4376223	205425
其他有限责任公司	54509625	27211234	1956523
三、在总计中:亏损企业	25110956	7645957	1280119
在总计中:国有控股企业	152286043	65195203	5046875
在总计中:农村工业	3686066	1415366	93584
在总计中:轻工业	2388110	1092857	248208
重工业	193092154	86214954	8287708
在总计中:大型企业	147044856	67771013	6003487
中型企业	35787858	13965893	1722064
小型企业	12295049	5418529	808009
微型企业	352501	152376	2356
四、按隶属关系分			
中央	14578247	1946118	563401
省	92412487	41345663	3747727
市及以下	88489530	44016030	4224788
市属企业	29036095	13458165	427671
县属企业	21278941	11934256	507993
乡镇街道企业	1877225	922106	161915
乡属企业	936310	534866	32559
镇属企业	905143	354128	117957
街道企业	35772	33112	11399
村及村以下企业	36297269	17701503	3127209
村委办企业	2749756	880500	61025
居委办企业			
其他企业	33547513	16821003	3066184

续表6

单位：千元

存货	产成品	在产品	固定资产合计	固定资产原价
8780	4872		55949	39500
13559	11266		4529	8790
483073	4553		5100175	15321887
20810	18984		43474	42127
1252909	575020	6866	12455562	18428752
1118025	535887	6866	12224145	18233876
134884	39133		231417	194876
5094320	1903147	538286	32257243	41566331
175703	7662	112873	470593	712005
1815800	792363	26046	5706230	7322977
75681	1422		3953338	5147609
90122	61096	18213	987998	1491209
2937014	1040604	381154	21139084	26892531
1776040	574120	126719	16148648	28377843
4323133	1273103	463370	62562417	80240335
186605	68936		1417903	1629382
350914	159738	15875	1044952	1272731
8024203	2909888	1032016	76740565	98179143
4740066	1595757	794170	53565157	72761119
2588813	907487	206008	18724226	20688617
1038031	566382	47713	5397607	5893536
8207			98527	108602
583846	7662	112873	12490200	21753199
1654323	257195	291008	34194409	39634007
6136948	2804769	644010	31100908	38064668
1611733	713651	36804	10597296	12353562
827155	432976	27245	6423482	8522817
80376	39393		730319	859986
34400	7378		355018	443535
29102	17977		372876	409661
16874	14038		2425	6790
3617684	1618749	579961	13349811	16328303
152205	61558		1062885	1185847
3465479	1557191	579961	12286926	15142456

14–2

指　　标	资产合计	流动资产合　计	应收帐款
五、按行业分组			
采矿业	145689607	68277884	4440131
煤炭开采和洗选业	134661024	64653602	3679802
烟煤和无烟煤开采洗选	134661024	64653602	3679802
石油和天然气开采业	10508109	3437509	664267
天然气开采	10508109	3437509	664267
开采辅助活动	520474	186773	96062
石油和天然气开采辅助活动	520474	186773	96062
制造业	38001745	17040721	3544860
农副食品加工业	593696	279851	115938
谷物磨制	172837	71850	10345
屠宰及肉类加工	295017	120068	106148
牲畜屠宰	295017	120068	106148
其他农副食品加工	125842	87933	–555
淀粉及淀粉制品制造	125842	87933	–555
食品制造业	69580	27387	5380
乳制品制造	40187	12680	3607
调味品、发酵制品制造	29393	14707	1773
酱油、食醋及类似制品制造	29393	14707	1773
酒、饮料和精制茶制造业	481783	145071	29293
酒的制造	59694	9311	
啤酒制造	59694	9311	
饮料制造	422089	135760	29293
果菜汁及果菜汁饮料制造	406728	130840	27179
含乳饮料和植物蛋白饮料制造	15361	4920	2114
纺织业	232698	142730	8139
麻纺织及染整精加工	232698	142730	8139
麻织造加工	232698	142730	8139
纺织服装、服饰业	167037	114347	20159
机织服装制造	123235	83278	14079
针织或钩针编织服装制造	43802	31069	6080
印刷和记录媒介复制业	48023	21324	5265
印刷	48023	21324	5265
包装装潢及其他印刷	48023	21324	5265
文教、工美、体育和娱乐用品制造业	26127	13542	3025
体育用品制造	26127	13542	3025
训练健身器材制造	26127	13542	3025
石油加工、炼焦和核燃料加工业	2030189	1040841	64570
炼焦	2030189	1040841	64570
化学原料和化学制品制造业	11820957	3601854	117422
基础化学原料制造	1657835	449222	48190

续表7

单位:千元

存 货	产成品	在产品	固定资产合 计	固定资产原 价
2866400	966356	96789	49299737	55057712
2486311	963059	96789	42894054	50181980
2486311	963059	96789	42894054	50181980
379572	3297		6370915	4827120
379572	3297		6370915	4827120
517			34768	48612
517			34768	48612
5086538	2098479	951102	18888232	23600493
69604	16734	461	267466	256138
21652	9092	461	86994	67849
5231	4224		142565	152529
5231	4224		142565	152529
42721	3418		37907	35760
42721	3418		37907	35760
11385	3200		42160	45483
3651			27507	27507
7734	3200		14653	17976
7734	3200		14653	17976
48479	13825		300699	338374
6390	1055		34897	70416
6390	1055		34897	70416
42089	12770		265802	267958
39358	11740		255361	252676
2731	1030		10441	15282
83301	43490	10090	82530	142868
83301	43490	10090	82530	142868
83301	43490	10090	82530	142868
42634	26144	2055	29672	49703
25079	15541		17829	18513
17555	10603	2055	11843	31190
1826			26699	21615
1826			26699	21615
1826			26699	21615
4069	2846		12585	13147
4069	2846		12585	13147
4069	2846		12585	13147
537393	164590	15498	933291	1146956
537393	164590	15498	933291	1146956
986468	365858	119393	7468614	9565994
206952	111040	970	1048208	1423775

14-2

指　　标	资产合计	流动资产合　计	应收帐款
无机碱制造	24226	16457	1668
无机盐制造	192116	92677	12841
有机化学原料制造	1383242	307363	13098
其他基础化学原料制造	58251	32725	20583
肥料制造	9944721	3017295	52801
氮肥制造	9913514	3007903	49595
有机肥料及微生物肥料制造	31207	9392	3206
专用化学产品制造	218401	135337	16431
化学试剂和助剂制造	32335	11798	5428
信息化学品制造	186066	123539	11003
医药制造业	328074	158542	39584
化学药品原料药制造	7770	1351	
化学药品制剂制造	151793	67506	9562
中成药生产	36833	8074	-317
生物药品制造	131678	81611	30339
橡胶和塑料制品业	331115	139936	64536
橡胶制品业	69379	19765	4321
日用及医用橡胶制品制造	69379	19765	4321
塑料制品业	261736	120171	60215
塑料丝、绳及编织品制造	261736	120171	60215
非金属矿物制品业	2093014	670104	119524
水泥、石灰和石膏制造	1447698	348886	56063
水泥制造	1447698	348886	56063
石膏、水泥制品及类似制品制造	44386	41413	37978
水泥制品制造	44386	41413	37978
砖瓦、石材等建筑材料制造	217035	95294	3150
建筑陶瓷制品制造	217035	95294	3150
玻璃制品制造	86273	40380	6022
日用玻璃制品制造	86273	40380	6022
陶瓷制品制造	135220	91738	16311
特种陶瓷制品制造	104968	76734	14749
日用陶瓷制品制造	30252	15004	1562
石墨及其他非金属矿物制品制造	162402	52393	
其他非金属矿物制品制造	162402	52393	
黑色金属冶炼和压延加工业	8929170	4311571	981835
炼铁	2285866	1388816	487303
黑色金属铸造	224487	144763	54460
钢压延加工	6418817	2777992	440072
金属制品业	1051881	526844	120998
结构性金属制品制造	125258	86514	39425
金属结构制造	125258	86514	39425

续表8

单位：千元

存 货	产成品	在产品	固定资产合 计	固定资产原 价
8124	445		7767	15460
59532	56967	970	68760	100846
133606	51753		946227	1274255
5690	1875		25454	33214
724937	230510	113437	6342038	8048895
722763	230417	113437	6320223	8029963
2174	93		21815	18932
54579	24308	4986	78368	93324
4566	2738		19636	25472
50013	21570	4986	58732	67852
35520	15208	3269	85384	108204
896	66		6036	8205
10675	6608	1049	15736	23672
4958	3690		28759	25028
18991	4844	2220	34853	51299
25122	11228		114949	247020
5694	4398		43091	51765
5694	4398		43091	51765
19428	6830		71858	195255
19428	6830		71858	195255
284051	191138	30117	1349164	1315193
156758	83307	30117	1075122	991575
156758	83307	30117	1075122	991575
			2972	13300
			2972	13300
44459	37923		121080	130258
44459	37923		121080	130258
21938	18990		28559	40543
21938	18990		28559	40543
29864	25716		31895	41005
18984	18984		16775	20512
10880	6732		15120	20493
31032	25202		89536	98512
31032	25202		89536	98512
1198420	505432	2370	4408763	5858979
420207	157947	2370	693799	940146
60484	39493		74139	108482
717729	307992		3640825	4810351
158938	18276	115875	422042	617147
20857	18276	3002	37463	43228
20857	18276	3002	37463	43228

14-2

指标	资产合计	流动资产合计	应收帐款
其他金属制品制造	926623	440330	81573
专用设备制造业	2855350	1819945	334991
采矿、冶金、建筑专用设备制造	2804200	1775452	329088
矿山机械制造	2804200	1775452	329088
印刷、制药、日化及日用品生产专用设备制造	51150	44493	5903
印刷专用设备制造	51150	44493	5903
汽车制造业	1451094	694447	155935
汽车零部件及配件制造	1451094	694447	155935
铁路、船舶、航空航天和其他运输设备制造业	192766	106752	5923
航空、航天器及设备制造	192766	106752	5923
飞机制造	192766	106752	5923
电气机械和器材制造业	542595	396142	142923
输配电及控制设备制造	27108	26009	21898
配电开关控制设备制造	27108	26009	21898
电线、电缆、光缆及电工器材制造	378296	276008	107197
电线、电缆制造	378296	276008	107197
家用电力器具制造	29102	14757	5196
家用电力器具专用配件制造	29102	14757	5196
照明器具制造	108089	79368	8632
照明灯具制造	108089	79368	8632
计算机、通信和其他电子设备制造业	4604248	2706811	1181674
电子元件制造	4604248	2706811	1181674
电子元件及组件制造	4604248	2706811	1181674
金属制品、机械和设备修理业	152348	122680	27746
通用设备修理	152348	122680	27746
电力、热力、燃气及水生产和供应业	11788912	1989206	550925
电力、热力生产和供应业	11295388	1860785	553674
电力生产	10501161	1556917	540059
火力发电	10501161	1556917	540059
热力生产和供应	794227	303868	13615
燃气生产和供应业	306148	87867	-2762
水的生产和供应业	187376	40554	13
自来水生产和供应	187376	40554	13
六、按分县(市、区)分组			
市直	83143606	36479453	2885764
城区	6214354	3167892	524598
沁水县	25577466	11765266	969779
阳城县	21744836	8061956	778213
陵川县	2404671	1111923	188963
泽州县	23829593	11214460	1259921
高平市	26421133	11990115	506621
开发区	6144605	3516746	1422057

续表9

单位：千元

存　货	产成品	在产品	固定资产合计	固定资产原价
138081		112873	384579	573919
297924	100855	119793	753458	780128
267549	90342	108004	746973	763025
267549	90342	108004	746973	763025
30375	10513	11789	6485	17103
30375	10513	11789	6485	17103
153886	73840	12969	610914	480534
153886	73840	12969	610914	480534
37622	7662		86014	138086
37622	7662		86014	138086
37622	7662		86014	138086
126163	69039	16616	107730	145550
2393	38	2355	1099	3503
2393	38	2355	1099	3503
105564	56432	14261	86973	104873
105564	56432	14261	86973	104873
5777	2396		14323	29011
5777	2396		14323	29011
12429	10173		5335	8163
12429	10173		5335	8163
960540	457944	502596	1766264	2297325
960540	457944	502596	1766264	2297325
960540	457944	502596	1766264	2297325
23193	11170		19834	32049
23193	11170		19834	32049
422179	4791		9597548	20793669
418954	4791		9309027	20426195
386801	4791		8838803	19867486
386801	4791		8838803	19867486
32153			470224	558709
153			154101	168485
3072			134420	198989
3072			134420	198989
1270273	383067	112873	28437478	30433478
525934	214833	124474	2533179	3213380
676229	125481	14770	9535356	8656177
1003150	252107	15447	11507774	23653703
202947	79358	22432	1000219	977979
1828338	854233	22360	11046204	14045182
1792173	625160	216866	11648222	15880061
1076073	535387	518669	2077085	2591914

14–2

指 标	累计折旧	本年折旧	在建工程
总 计	**41187365**	**5771659**	**11134838**
一、按登记注册类型分			
内资企业	28554717	4486929	10513983
国有企业	9190768	1336779	5325719
中央企业	630587	344759	2110344
地方企业	8560181	992020	3215375
集体企业	36863	10761	1732
股份合作企业			
联营企业	5737	2709	22186
国有联营企业			
集体联营企业	5737	2709	22186
国有与集体联营企业			
其他联营企业			
有限责任公司	8580181	1698113	3056535
国有独资公司	265095	37044	84266
其他有限责任公司	8315086	1661069	2972269
股份有限公司	8779662	729181	1776464
私营企业	1951773	704898	322484
私营独资企业	21330	6364	2073
私营合伙企业	4261	125	
私营有限责任公司	1893124	685837	264759
私营股份有限公司	33058	12572	55652
其他企业	9733	4488	8863
港、澳、台商投资企业	1856031	529623	104691
合资经营企业(港或澳、台资)	1293289	305028	29973
合作经营企业(港或澳、台资)			
港澳台商独资经营企业	562742	224595	74718
港澳台商投资股份有限公司			
其他港澳台投资			
外商投资企业	10776617	755107	516164
中外合资经营企业	503211	60882	189680
中外合作经营企业	10221712	684926	71645
外资企业	51694	9299	254839
外商投资股份有限公司			
其他外商投资			
二、按经济组织类型分组			
独资企业	9863397	1587798	5659081
国有企业	9190768	1336779	5325719
集体企业	36863	10761	1732
私营独资企业	21330	6364	2073
港澳台商独资经营企业	562742	224595	74718
外资企业	51694	9299	254839
合作、合伙企业	10241443	692248	102694
股份合作企业			

续表10

单位:千元

负债合计	流动负债合计	应付帐款	非流动负债合计
112631248	71616514	14685866	40789291
99646817	61774183	11806891	37709169
46884292	19658010	2653048	27226282
1417889	1417889	328347	
45466403	18240121	2324701	27226282
180980	61364	35071	119615
71663	71663	6923	
71663	71663	6923	
33441726	25287362	4956192	8138960
479332	438737	88254	40595
32962394	24848625	4867938	8098365
12182822	10269540	3331416	1841754
6811909	6357003	804378	378374
152685	150598	11699	2087
18540	18540	6292	
6242165	5876260	702402	321764
398519	311605	83985	54523
73425	69241	19863	4184
6300068	4305468	2103620	1994600
3291766	1297166	502307	1994600
3008302	3008302	1601313	
6684363	5536863	775355	1085522
3802936	2918526	122029	884410
2090321	1899227	644057	191094
791106	719110	9269	10018
51017365	23597384	4310400	27358002
46884292	19658010	2653048	27226282
180980	61364	35071	119615
152685	150598	11699	2087
3008302	3008302	1601313	
791106	719110	9269	10018
2253949	2058671	677135	195278

14-2

指　　标			
	累计折旧	本年折旧	在建工程
国有联营企业			
集体联营企业	5737	2709	22186
国有与集体联营企业			
其他联营企业			
私营合伙企业	4261	125	
合作经营企业(港或澳、台资)			
中外合作经营企业	10221712	684926	71645
其他企业(内资)	9733	4488	8863
其他港澳台商投资企业			
其他外商投资企业			
股份有限公司	8812720	741753	1832116
股份有限公司(内资)	8779662	729181	1776464
私营股份有限公司	33058	12572	55652
港澳台商投资股份有限公司			
外商投资股份有限公司			
有限责任公司	12269805	2749860	3540947
国有独资公司	265095	37044	84266
私营有限责任公司	1893124	685837	264759
合资经营企业(港或澳、台资)	1293289	305028	29973
中外合资经营企业	503211	60882	189680
其他有限责任公司	8315086	1661069	2972269
三、在总计中:亏损企业	13539922	1307604	1296000
在总计中:国有控股企业	35859410	4284396	9435586
在总计中:农村工业	343164	95575	195345
在总计中:轻工业	414047	58043	203071
重工业	40773318	5713616	10931767
在总计中:大型企业	33912040	3982779	6168218
中型企业	6009023	1457308	4078511
小型企业	1249514	329734	832261
微型企业	16788	1838	55848
四、按隶属关系分			
中央	11499033	1137955	2218526
省	17815361	2141406	4386053
市及以下	11872971	2492298	4530259
市属企业	4593875	647849	1374126
县属企业	2975956	574646	1718541
乡镇街道企业	269262	65527	63717
乡属企业	121221	33488	8841
镇属企业	143676	31737	54876
街道企业	4365	302	
村及村以下企业	4033878	1204276	1373875
村委办企业	221943	62087	186504
居委办企业			
其他企业	3811935	1142189	1187371

续表11

单位:千元

负债合计	流动负债合　计	应付帐款	非流动负债合计
71663	71663	6923	
18540	18540	6292	
2090321	1899227	644057	191094
73425	69241	19863	4184
12581341	10581145	3415401	1896277
12182822	10269540	3331416	1841754
398519	311605	83985	54523
46778593	35379314	6282930	11339734
479332	438737	88254	40595
6242165	5876260	702402	321764
3291766	1297166	502307	1994600
3802936	2918526	122029	884410
32962394	24848625	4867938	8098365
16753551	11832112	3182294	4907687
90937853	52320639	11440804	38609838
1841092	1193610	171830	575954
1314948	958522	143202	310891
111316300	70657992	14542664	40478400
84588067	50230618	10578462	34357446
19648140	14026242	2728105	5513610
8115985	7100436	1339519	898398
279056	259218	39780	19837
6325822	4119533	1411601	2206289
65374345	33403293	7842617	31971052
40931081	34093688	5431648	6611950
11904877	10258473	1721713	1646398
8850261	5930790	657985	2905111
983982	777507	106351	133910
368006	184877	25713	111603
581825	559518	78721	22307
34151	33112	1917	
19191961	17126918	2945599	1926531
1473086	1008733	146117	464351
17718875	16118185	2799482	1462180

14-2

指　　标			
	累计折旧	本年折旧	在建工程
五、按行业分组			
采矿业	23048243	3260542	8844345
煤炭开采和洗选业	22208248	2835350	6172803
烟煤和无烟煤开采洗选	22208248	2835350	6172803
石油和天然气开采业	826151	424594	2671542
天然气开采	826151	424594	2671542
开采辅助活动	13844	598	
石油和天然气开采辅助活动	13844	598	
制造业	6728644	1577211	2116435
农副食品加工业	32186	13474	24202
谷物磨制	8530	4570	24202
屠宰及肉类加工	9964	6005	
牲畜屠宰	9964	6005	
其他农副食品加工	13692	2899	
淀粉及淀粉制品制造	13692	2899	
食品制造业	13128	1370	
乳制品制造	9805	890	
调味品、发酵制品制造	3323	480	
酱油、食醋及类似制品制造	3323	480	
酒、饮料和精制茶制造业	73859	5959	36183
酒的制造	35519	1001	
啤酒制造	35519	1001	
饮料制造	38340	4958	36183
果菜汁及果菜汁饮料制造	33499	3987	36183
含乳饮料和植物蛋白饮料制造	4841	971	
纺织业	101525	8059	41187
麻纺织及染整精加工	101525	8059	41187
麻织造加工	101525	8059	41187
纺织服装、服饰业	29024	4449	8965
机织服装制造	8307	2102	7622
针织或钩针编织服装制造	20717	2347	1343
印刷和记录媒介复制业	5996	3505	1080
印刷	5996	3505	1080
包装装潢及其他印刷	5996	3505	1080
文教、工美、体育和娱乐用品制造业	1895	877	1333
体育用品制造	1895	877	1333
训练健身器材制造	1895	877	1333
石油加工、炼焦和核燃料加工业	334228	70186	90582
炼焦	334228	70186	90582
化学原料和化学制品制造业	3171271	478450	1139471
基础化学原料制造	418446	76552	21979

续表12

单位:千元

负债合计	流动负债合计	应付帐款	非流动负债合计
82946538	47748134	9063254	35063677
76879873	42340067	7614887	34467057
76879873	42340067	7614887	34467057
5953742	5297144	1391219	594620
5953742	5297144	1391219	594620
112923	110923	57148	2000
112923	110923	57148	2000
23210964	20176836	4342627	2943412
303289	225351	43081	45547
99060	92460	21384	6600
87849	48902	9306	38947
87849	48902	9306	38947
116380	83989	12391	
116380	83989	12391	
29172	24902	4964	4270
15204	15204	4630	
13968	9698	334	4270
13968	9698	334	4270
209871	116431	12293	93440
35138	30628	2650	4510
35138	30628	2650	4510
174733	85803	9643	88930
173414	84484	8496	88930
1319	1319	1147	
126105	66195	3173	59905
126105	66195	3173	59905
126105	66195	3173	59905
112643	71929	29427	34564
78025	43461	23910	34564
34618	28468	5517	
35250	31066	16259	4184
35250	31066	16259	4184
35250	31066	16259	4184
14176	10518	1988	3658
14176	10518	1988	3658
14176	10518	1988	3658
1525671	1428729	44561	96942
1525671	1428729	44561	96942
8463224	6596240	957569	1866983
1040273	845570	324154	194702

14-2

指 标			
	累计折旧	本年折旧	在建工程
无机碱制造	8147		453
无机盐制造	58066	3624	2606
有机化学原料制造	343100	70321	17547
其他基础化学原料制造	9133	2607	1373
肥料制造	2737726	396478	1117349
氮肥制造	2735594	396478	1114466
有机肥料及微生物肥料制造	2132		2883
专用化学产品制造	15099	5420	143
化学试剂和助剂制造	5979	2104	143
信息化学品制造	9120	3316	
医药制造业	40501	6043	68652
化学药品原料药制造	2846	761	947
化学药品制剂制造	7938	1932	50704
中成药生产	8445	638	12175
生物药品制造	21272	2712	4826
橡胶和塑料制品业	132071	7989	8910
橡胶制品业	8674	1805	6523
日用及医用橡胶制品制造	8674	1805	6523
塑料制品业	123397	6184	2387
塑料丝、绳及编织品制造	123397	6184	2387
非金属矿物制品业	211378	61641	203888
水泥、石灰和石膏制造	118939	42282	177777
水泥制造	118939	42282	177777
石膏、水泥制品及类似制品制造	10370	454	42
水泥制品制造	10370	454	42
砖瓦、石材等建筑材料制造	45450	5355	5998
建筑陶瓷制品制造	45450	5355	5998
玻璃制品制造	18533	1531	6549
日用玻璃制品制造	18533	1531	6549
陶瓷制品制造	9110	3463	7783
特种陶瓷制品制造	3737	983	7783
日用陶瓷制品制造	5373	2480	
石墨及其他非金属矿物制品制造	8976	8556	5739
其他非金属矿物制品制造	8976	8556	5739
黑色金属冶炼和压延加工业	1522838	593772	77373
炼铁	318269	62523	73816
黑色金属铸造	35043	7856	3557
钢压延加工	1169526	523393	
金属制品业	197122	35062	75704
结构性金属制品制造	7782	1765	2017
金属结构制造	7782	1765	2017

续表13

单位:千元

负债合计	流动负债合计	应付帐款	非流动负债合计
15070	15069		
140534	102149	16041	38385
845229	688912	293825	156317
39440	39440	14288	
7314968	5657687	624149	1657281
7283796	5626515	613986	1657281
31172	31172	10163	
107983	92983	9266	15000
18366	3366	2665	15000
89617	89617	6601	
234782	228212	17174	6570
6451	6451	1240	
147065	146565	1162	500
18141	13571	-42	4570
63125	61625	14814	1500
107069	94661	23577	12408
27105	19203	1757	7902
27105	19203	1757	7902
79964	75458	21820	4506
79964	75458	21820	4506
1518968	1310528	131616	188916
1093881	920232	89228	173648
1093881	920232	89228	173648
34215	34215	6077	
34215	34215	6077	
158454	144254	10821	14200
158454	144254	10821	14200
50887	43898	6951	
50887	43898	6951	
53540	52472	4081	1068
38175	38175	3604	
15365	14297	477	1068
127991	115457	14458	
127991	115457	14458	
3869847	3693078	484527	147381
1380683	1277202	473509	74093
179860	106572	11018	73288
2309304	2309304		
448374	417067	76492	31307
53231	53231	5979	
53231	53231	5979	

14-2

指　　标	累计折旧	本年折旧	在建工程
其他金属制品制造	189340	33297	73687
专用设备制造业	132466	40495	17985
采矿、冶金、建筑专用设备制造	121848	39396	17985
矿山机械制造	121848	39396	17985
印刷、制药、日化及日用品生产专用设备制造	10618	1099	
印刷专用设备制造	10618	1099	
汽车制造业	72305	21270	243958
汽车零部件及配件制造	72305	21270	243958
铁路、船舶、航空航天和其他运输设备制造业	75755	3747	10579
航空、航天器及设备制造	75755	3747	10579
飞机制造	75755	3747	10579
电气机械和器材制造业	37820	10421	5136
输配电及控制设备制造	2404	252	
配电开关控制设备制造	2404	252	
电线、电缆、光缆及电工器材制造	17900	6693	158
电线、电缆制造	17900	6693	158
家用电力器具制造	14688	2210	
家用电力器具专用配件制造	14688	2210	
照明器具制造	2828	1266	4978
照明灯具制造	2828	1266	4978
计算机、通信和其他电子设备制造业	531061	207235	61247
电子元件制造	531061	207235	61247
电子元件及组件制造	531061	207235	61247
金属制品、机械和设备修理业	12215	3207	
通用设备修理	12215	3207	
电力、热力、燃气及水生产和供应业	11410478	933906	174058
电力、热力生产和供应业	11321583	923366	155251
电力生产	11164454	902174	86607
火力发电	11164454	902174	86607
热力生产和供应	157129	21192	68644
燃气生产和供应业	14384	3720	8865
水的生产和供应业	74511	6820	9942
自来水生产和供应	74511	6820	9942
六、按分县(市、区)分组			
市　　直	15364896	1460472	3849546
城　　区	1069637	169432	186819
沁 水 县	1921837	683046	3106773
阳 城 县	12701224	1246971	931154
陵 川 县	187960	57246	157711
泽 州 县	4331681	988569	1525220
高 平 市	4974448	941238	1133683
开 发 区	635682	224685	243932

续表14

单位:千元

负债合计	流动负债合计	应付帐款	非流动负债合计
395143	363836	70513	31307
1729996	1526308	648324	201470
1704326	1500638	644113	201470
1704326	1500638	644113	201470
25670	25670	4211	
25670	25670	4211	
1101880	1050119	145965	51761
1101880	1050119	145965	51761
84189	74901	17741	9288
84189	74901	17741	9288
84189	74901	17741	9288
425589	339732	79686	84818
14941	14941	6785	
14941	14941	6785	
312820	251781	67120	60000
312820	251781	67120	60000
16455	6437	5710	10018
16455	6437	5710	10018
81373	66573	71	14800
81373	66573	71	14800
2793432	2793432	1553891	
2793432	2793432	1553891	
2793432	2793432	1553891	
77437	77437	50319	
77437	77437	50319	
6473746	3691544	1279985	2782202
6110714	3563300	1275696	2547414
5543265	3109147	1212698	2434118
5543265	3109147	1212698	2434118
567449	454153	62998	113296
277452	75531	2655	201921
85580	52713	1634	32867
85580	52713	1634	32867
52937775	25626852	5226501	27310922
4061301	3254278	986344	798995
13482027	11669109	1947099	1750940
9894047	5671747	1543448	4221075
1279076	1106270	107429	140414
11091233	9811376	1396709	1178940
16151657	10800163	1839466	5336742
3734132	3676719	1638870	51263

14-2

指　　标	所有者权益合计	实收资本	国家资本
总　　计	82816911	32088188	8289816
一、按登记注册类型分			
内资企业	68327097	24794345	8162316
国有企业	19950759	8126837	3027549
中央企业	3596554	3491141	
地方企业	16354205	4635696	3027549
集体企业	20669	33276	
股份合作企业			
联营企业	62236	58481	
国有联营企业			
集体联营企业	62236	58481	
国有与集体联营企业			
其他联营企业			
有限责任公司	22162153	11949567	5075049
国有独资公司	640056	327835	
其他有限责任公司	21522097	11621732	5075049
股份有限公司	19850076	2869467	58718
私营企业	6201639	1705567	1000
私营独资企业	30880	19660	
私营合伙企业	6292	5000	
私营有限责任公司	5954526	1534699	1000
私营股份有限公司	209941	146208	
其他企业	79565	51150	
港、澳、台商投资企业	3016027	2795093	
合资经营企业(港或澳、台资)	1083851	1240000	
合作经营企业(港或澳、台资)			
港澳台商独资经营企业	1932176	1555093	
港澳台商投资股份有限公司			
其他港澳台投资			
外商投资企业	11473787	4498750	127500
中外合资经营企业	4807811	729744	127500
中外合作经营企业	6619405	3701625	
外资企业	46571	67381	
外商投资股份有限公司			
其他外商投资			
二、按经济组织类型分组			
独资企业	21981055	9802247	3027549
国有企业	19950759	8126837	3027549
集体企业	20669	33276	
私营独资企业	30880	19660	
港澳台商独资经营企业	1932176	1555093	
外资企业	46571	67381	
合作、合伙企业	6767498	3816256	
股份合作企业			

续表 15

单位:千元

集体资本	法人资本	个人资本	港澳台资本	外商资本
1043436	17248196	1768119	2003531	1735090
1034936	13828974	1768119		
	5099288			
	3491141			
	1608147			
33276				
58481				
58481				
813023	5724065	337430		
	327835			
813023	5396230	337430		
112156	2243784	454809		
	746487	958080		
	4000	15660		
		5000		
	659487	874212		
	83000	63208		
18000	15350	17800		
	738400		1755093	301600
	738400		200000	301600
			1555093	
8500	2680822		248438	1433490
8500	42183			551561
	2638639		248438	814548
				67381
33276	5103288	15660	1555093	67381
	5099288			
33276				
	4000	15660		
			1555093	
				67381
76481	2653989	22800	248438	814548

14-2

指　　　标	所有者权益合计	实收资本	国家资本
国有联营企业			
集体联营企业	62236	58481	
国有与集体联营企业			
其他联营企业			
私营合伙企业	6292	5000	
合作经营企业(港或澳、台资)			
中外合作经营企业	6619405	3701625	
其他企业(内资)	79565	51150	
其他港澳台商投资企业			
其他外商投资企业			
股份有限公司	20060017	3015675	58718
股份有限公司(内资)	19850076	2869467	58718
私营股份有限公司	209941	146208	
港澳台商投资股份有限公司			
外商投资股份有限公司			
有限责任公司	34008341	15454010	5203549
国有独资公司	640056	327835	
私营有限责任公司	5954526	1534699	1000
合资经营企业(港或澳、台资)	1083851	1240000	
中外合资经营企业	4807811	729744	127500
其他有限责任公司	21522097	11621732	5075049
三、在总计中:亏损企业	8354193	9288528	2380275
在总计中:国有控股企业	61323056	25604512	8090505
在总计中:农村工业	1835734	518962	70582
在总计中:轻工业	1071185	625406	109380
重工业	81745726	31462782	8180436
在总计中:大型企业	62456788	18676636	5969886
中型企业	16115118	11105443	2085670
小型企业	4171560	2251109	234260
微型企业	73445	55000	
四、按隶属关系分			
中央	8252424	8117003	
省	27038142	9693870	4503172
市及以下	47526345	14277315	3786644
市属企业	17129276	4676797	2228745
县属企业	12425753	3552772	1329788
乡镇街道企业	884002	316906	57400
乡属企业	559064	117728	53000
镇属企业	323317	197302	4400
街道企业	1621	1876	
村及村以下企业	17087314	5730840	170711
村委办企业	1276670	401234	17582
居委办企业			
其他企业	15810644	5329606	153129

续表16

单位：千元

集体资本	法人资本	个人资本	港澳台资本	外商资本
58481				
		5000		
	2638639		248438	814548
18000	15350	17800		
112156	2326784	518017		
112156	2243784	454809		
	83000	63208		
821523	7164135	1211642	200000	853161
	327835			
	659487	874212		
	738400		200000	301600
8500	42183			551561
813023	5396230	337430		
143087	5022431	502036	124551	1116148
359140	15576450	456869		1121548
392570	52990	2820		
21723	392621	84301		17381
1021713	16855575	1683818	2003531	1717709
155536	9075606	438080	1678980	1358548
561287	7449599	707287		301600
296913	712691	607752	324551	74942
29700	10300	15000		
	7000855			1116148
49791	5131907	3600		5400
993645	5115434	1764519	2003531	613542
89619	1711014	398981	248438	
222462	1855725	142636		2161
190477	35958	33071		
64728				
125749	35958	31195		
		1876		
491087	1512737	1189831	1755093	611381
327842	52990	2820		
163245	1459747	1187011	1755093	611381

14–2

指　　　标	所有者权益合计	实收资本	国家资本
五、按行业分组			
采矿业	62725865	17388036	4949188
煤炭开采和洗选业	57763947	12968074	4747298
烟煤和无烟煤开采洗选	57763947	12968074	4747298
石油和天然气开采业	4554367	4067582	201890
天然气开采	4554367	4067582	201890
开采辅助活动	407551	352380	
石油和天然气开采辅助活动	407551	352380	
制造业	14775881	9679425	3135336
农副食品加工业	290371	241992	259
谷物磨制	73777	48392	259
屠宰及肉类加工	207168	180000	
牲畜屠宰	207168	180000	
其他农副食品加工	9426	13600	
淀粉及淀粉制品制造	9426	13600	
食品制造业	40408	8000	
乳制品制造	24983	6000	
调味品、发酵制品制造	15425	2000	
酱油、食醋及类似制品制造	15425	2000	
酒、饮料和精制茶制造业	271912	58370	2000
酒的制造	24556	4370	
啤酒制造	24556	4370	
饮料制造	247356	54000	2000
果菜汁及果菜汁饮料制造	233314	51000	2000
含乳饮料和植物蛋白饮料制造	14042	3000	
纺织业	106593	79413	67183
麻纺织及染整精加工	106593	79413	67183
麻织造加工		79413	67183
纺织服装、服饰业	54394	59545	
机织服装制造	45210	33000	
针织或钩针编织服装制造	9184	26545	
印刷和记录媒介复制业	12773	7150	
印刷	12773	7150	
包装装潢及其他印刷	12773	7150	
文教、工美、体育和娱乐用品制造业	11951	2000	
体育用品制造	11951	2000	
训练健身器材制造	11951	2000	
石油加工、炼焦和核燃料加工业	504518	420000	
炼焦	504518	420000	
化学原料和化学制品制造业	3357733	4000930	2977404
基础化学原料制造	617562	1060253	724800

续表17

单位:千元

集体资本	法人资本	个人资本	港澳台资本	外商资本
720800	9998024	553035	572989	594000
720800	6154503	553035	248438	544000
720800	6154503	553035	248438	544000
	3491141		324551	50000
	3491141		324551	50000
	352380			
	352380			
322636	3613293	1152676	1430542	24942
	221889	19844		
	41889	6244		
	180000			
	180000			
		13600		
		13600		
		8000		
		6000		
		2000		
		2000		
	46180	10190		
		4370		
		4370		
	46180	5820		
	46180	2820		
		3000		
12230				
12230				
12230				
	46365	13180		
	33000			
	13365	13180		
		7150		
		7150		
		7150		
		2000		
		2000		
		2000		
	330725	89275		
	330725	89275		
72599	861705	89222		
1666	293315	40472		

14-2

指 标	所有者权益合计	实收资本	国家资本
无机碱制造	9156	5500	
无机盐制造	51583	50763	28800
有机化学原料制造	538013	989890	696000
其他基础化学原料制造	18810	14100	
肥料制造	2629753	2915677	2252604
氮肥制造	2629718	2903677	2252604
有机肥料及微生物肥料制造	35	12000	
专用化学产品制造	110418	25000	
化学试剂和助剂制造	13969	20000	
信息化学品制造	96449	5000	
医药制造业	93291	68584	
化学药品原料药制造	1319	1150	
化学药品制剂制造	4728	10000	
中成药生产	18691	5000	
生物药品制造	68553	52434	
橡胶和塑料制品业	224046	73117	
橡胶制品业	42274	2000	
日用及医用橡胶制品制造	42274	2000	
塑料制品业	181772	71117	
塑料丝、绳及编织品制造	181772	71117	
非金属矿物制品业	561562	599374	600
水泥、石灰和石膏制造	341334	422064	
水泥制造	341334	422064	
石膏、水泥制品及类似制品制造	10171	10000	
水泥制品制造	10171	10000	
砖瓦、石材等建筑材料制造	58581	41380	600
建筑陶瓷制品制造	58581	41380	600
玻璃制品制造		18930	
日用玻璃制品制造	35386	18930	
陶瓷制品制造	81679	47000	
特种陶瓷制品制造	66792	44000	
日用陶瓷制品制造	14887	3000	
石墨及其他非金属矿物制品制造	34411	60000	
其他非金属矿物制品制造	34411	60000	
黑色金属冶炼和压延加工业	5059373	792122	
炼铁	905233	660322	
黑色金属铸造	44627	31000	
钢压延加工	4109513	100800	
金属制品业	603506	293675	
结构性金属制品制造	72026	67800	
金属结构制造	72026	67800	

续表18

单位:千元

集体资本	法人资本	个人资本	港澳台资本	外商资本
	5500			
	10013	11950		
1666	277802	14422		
		14100		
70933	568390	23750		
70933	556390	23750		
	12000			
		25000		
		20000		
		5000		
9200	52434	6950		
		1150		
9200		800		
		5000		
	52434			
35053	20000	18064		
		2000		
		2000		
35053	20000	16064		
35053	20000	16064		
42449	425400	130925		
19056	360000	43008		
19056	360000	43008		
	5400	4600		
	5400	4600		
5100		35680		
5100		35680		
293	1650	16987		
293	1650	16987		
18000	18350	10650		
18000	15350	10650		
	3000			
	40000	20000		
	40000	20000		
22938	226280	542904		
22938	198280	439104		
	28000	3000		
		100800		
	239875	53800		
	14000	53800		
	14000	53800		

14-2

指　　标	所有者权益合计	实收资本	国家资本
其他金属制品制造	531480	225875	
专用设备制造业	1125353	1074168	42890
采矿、冶金、建筑专用设备制造	1099873	1051588	42890
矿山机械制造	1099873	1051588	42890
印刷、制药、日化及日用品生产专用设备制造	25480	22580	
印刷专用设备制造	25480	22580	
汽车制造业	349213	174122	20000
汽车零部件及配件制造	349213	174122	20000
铁路、船舶、航空航天和其他运输设备制造业	108576	101960	
航空、航天器及设备制造	108576	101960	
飞机制造	108576	101960	
电气机械和器材制造业	115065	149361	
输配电及控制设备制造	12166	8000	
配电开关控制设备制造	12166	8000	
电线、电缆、光缆及电工器材制造	65476	102877	
电线、电缆制造	65476	102877	
家用电力器具制造	12647	17381	
家用电力器具专用配件制造	12647	17381	
照明器具制造	24776	21103	
照明灯具制造	24776	21103	
计算机、通信和其他电子设备制造业	1810816	1430542	
电子元件制造	1810816	1430542	
电子元件及组件制造	1810816	1430542	
金属制品、机械和设备修理业	74427	45000	25000
通用设备修理	74427	45000	25000
电力、热力、燃气及水生产和供应业	5315165	5020727	205292
电力、热力生产和供应业	5184674	4935825	120390
电力生产		4855435	90000
火力发电	4957896	4855435	90000
热力生产和供应	226778	80390	30390
燃气生产和供应业	28695	44964	44964
水的生产和供应业	101796	39938	39938
自来水生产和供应	101796	39938	39938
六、按分县(市、区)分组			
市　　直	30205830	5595008	2443487
城　　区	2153049	1610093	243177
沁 水 县	12094955	6306140	353390
阳 城 县	11840324	5744773	262583
陵 川 县	1111377	587403	60000
泽 州 县	12733371	4423363	2432126
高 平 市	10269474	5866666	2495053
开 发 区	2408531	1954742	

续表19

单位:千元

集体资本	法人资本	个人资本	港澳台资本	外商资本
	225875			
20195	924623	86460		
20195	902733	85770		
20195	902733	85770		
	21890	690		
	21890	690		
58481	26480	67000		2161
58481	26480	67000		2161
	101960			
	101960			
	101960			
49491	74777	7712		17381
	2164	5836		
	2164	5836		
49491	51510	1876		
49491	51510	1876		
				17381
				17381
	21103			
	21103			
			1430542	
			1430542	
			1430542	
	14600			5400
	14600			5400
	3636879	62408		1116148
	3636879	62408		1116148
	3636879	12408		1116148
	3636879	12408		1116148
		50000		
	2837991	313530		
58502	1181212	127202		
99500	4875031	54268	324551	599400
524496	3458347	134761	248438	1116148
	336303	191100		
310139	1143722	537376		
23599	2981512	366502		
27200	434078	43380	1430542	19542

14-2

指 标	营业收入	主营业务收入	营业成本	主营业务成本
总 计	125821936	123764365	90890911	88946505
一、按登记注册类型分				
内资企业	109117473	107110299	78530849	76612916
国有企业	31441114	30665830	26803257	26159716
中央企业	987321	986433	817412	808737
地方企业	30453793	29679397	25985845	25350979
集体企业	80604	80604	83575	83575
股份合作企业				
联营企业	201500	201500	137020	137020
国有联营企业				
集体联营企业	201500	201500	137020	137020
国有与集体联营企业				
其他联营企业				
有限责任公司	37453536	36440501	22444549	21370657
国有独资公司	300211	294776	226660	190767
其他有限责任公司	37153325	36145725	22217889	21179890
股份有限公司	22953275	22748363	13399115	13204657
私营企业	16899195	16885448	15597308	15591361
私营独资企业	397151	397151	368126	368126
私营合伙企业	91205	91205	80654	80654
私营有限责任公司	15828634	15814887	14619617	14613670
私营股份有限公司	582205	582205	528911	528911
其他企业	88249	88053	66025	65930
港、澳、台商投资企业	8268197	8232731	7243689	7224057
合资经营企业(港或澳、台资)	2310769	2289040	2215049	2195417
合作经营企业(港或澳、台资)				
港澳台商独资经营企业	5957428	5943691	5028640	5028640
港澳台商投资股份有限公司				
其他港澳台投资				
外商投资企业	8436266	8421335	5116373	5109532
中外合资经营企业	3584202	3582155	1009383	1009383
中外合作经营企业	4665739	4654592	3938725	3931884
外资企业	186325	184588	168265	168265
外商投资股份有限公司				
其他外商投资				
二、按经济组织类型分组				
独资企业	38062622	37271864	32451863	31808322
国有企业	31441114	30665830	26803257	26159716
集体企业	80604	80604	83575	83575
私营独资企业	397151	397151	368126	368126
港澳台商独资经营企业	5957428	5943691	5028640	5028640
外资企业	186325	184588	168265	168265
合作、合伙企业	5046693	5035350	4222424	4215488
股份合作企业				

续表20

单位:千元

营业税金及附加	主营业务税金及附加	其他业务收入	其他业务利润	销售费用
1162468	1135866	2057571	219308	1717800
1055478	1028876	2007174	202097	1594652
271145	256122	775284	131741	140201
5323	5323	888	-7787	
265822	250799	774396	139528	140201
63	63			4426
9128	9128			17856
9128	9128			17856
395171	388794	1013035	-8675	764564
459	459	5435	500	263
394712	388335	1007600	-9175	764301
357761	352559	204912	66657	438363
22156	22156	13747	12324	224057
649	649			19650
302	302			1233
20071	20071	13747	12324	182684
1134	1134			20490
54	54	196	50	5185
14678	14678	35466	15477	18201
6566	6566	21729	2096	6123
8112	8112	13737	13381	12078
92312	92312	14931	1734	104947
71989	71989	2047		67939
19936	19936	11147		31673
387	387	1737	1734	5335
280356	265333	790758	146856	181690
271145	256122	775284	131741	140201
63	63			4426
649	649			19650
8112	8112	13737	13381	12078
387	387	1737	1734	5335
29420	29420	11343	50	55947

14-2

指　　　标	营业收入	主营业务收　入	营业成本	主营业务成　本
国有联营企业				
集体联营企业	201500	201500	137020	137020
国有与集体联营企业				
其他联营企业				
私营合伙企业	91205	91205	80654	80654
合作经营企业(港或澳、台资)				
中外合作经营企业	4665739	4654592	3938725	3931884
其他企业(内资)	88249	88053	66025	65930
其他港澳台商投资企业				
其他外商投资企业				
股份有限公司	23535480	23330568	13928026	13733568
股份有限公司(内资)	22953275	22748363	13399115	13204657
私营股份有限公司	582205	582205	528911	528911
港澳台商投资股份有限公司				
外商投资股份有限公司				
有限责任公司	59177141	58126583	40288598	39189127
国有独资公司	300211	294776	226660	190767
私营有限责任公司	15828634	15814887	14619617	14613670
合资经营企业(港或澳、台资)	2310769	2289040	2215049	2195417
中外合资经营企业	3584202	3582155	1009383	1009383
其他有限责任公司	37153325	36145725	22217889	21179890
三、在总计中:亏损企业	14064734	13903275	13803026	13698721
在总计中:国有控股企业	89028336	87040531	63496399	61580411
在总计中:农村工业	3737349	3737349	1992775	1915379
在总计中:轻工业	2343823	2316731	1988922	1979814
重工业	123478113	121447634	88901989	86966691
在总计中:大型企业	92994959	91079060	67367016	65613872
中型企业	24138049	24065509	17608031	17460911
小型企业	8628687	8560151	5857628	5813486
微型企业	60241	59645	58236	58236
四、按隶属关系分				
中央	6695823	6675429	6548525	6496289
省	52778745	50939885	41660367	40021426
市及以下	66347368	66149051	42682019	42428790
市属企业	16320973	16270427	10123834	10107806
县属企业	15110657	15045581	5820140	5706489
乡镇街道企业	1848699	1848699	1229831	1152435
乡属企业	865996	865996	644793	567397
镇属企业	960395	960395	566402	566402
街道企业	22308	22308	18636	18636
村及村以下企业	33067039	32984344	25508214	25462060
村委办企业	2871353	2871353	1347982	1347982
居委办企业				
其他企业	30195686	30112991	24160232	24114078

续表21

单位:千元

营业税金及附　　加	主营业务税金及　附　加	其他业务收入	其他业务利润	销售费用
9128	9128			17856
302	302			1233
19936	19936	11147		31673
54	54	196	50	5185
358895	353693	204912	66657	458853
357761	352559	204912	66657	438363
1134	1134			20490
493797	487420	1050558	5745	1021310
459	459	5435	500	263
20071	20071	13747	12324	182684
6566	6566	21729	2096	6123
71989	71989	2047		67939
394712	388335	1007600	−9175	764301
38783	38783	161459	40757	200283
955460	929946	1987805	176994	972659
46018	46018			63340
10512	9107	27092	18693	131781
1151956	1126759	2030479	200615	1586019
927254	903588	1915899	164347	859282
175495	173647	72540	34149	660725
59656	58568	68536	20216	196442
63	63	596	596	1351
16799	16799	20394	−5191	263
586614	562862	1838860	145044	340062
559055	556205	198317	79455	1377475
151158	148308	50546	28526	409598
225788	225788	65076	15443	501097
19002	19002			13488
11693	11693			5910
7265	7265			7087
44	44			491
163107	163107	82695	35486	453292
34325	34325			57430
128782	128782	82695	35486	395862

14–2

指标	营业收入	主营业务收入	营业成本	主营业务成本
五、按行业分组				
采矿业	82008349	80222306	50993213	49232055
煤炭开采和洗选业	78619194	77379396	48545695	47322122
烟煤和无烟煤开采洗选	78619194	77379396	48545695	47322122
石油和天然气开采业	2896672	2358397	2110990	1580688
天然气开采	2896672	2358397	2110990	1580688
开采辅助活动	492483	484513	336528	329245
石油和天然气开采辅助活动	492483	484513	336528	329245
制造业	37152961	36939240	33359173	33188037
农副食品加工业	887224	874663	806020	804256
谷物磨制	216712	204939	166929	165788
屠宰及肉类加工	592043	591255	567693	567070
牲畜屠宰	592043	591255	567693	567070
其他农副食品加工	78469	78469	71398	71398
淀粉及淀粉制品制造	78469	78469	71398	71398
食品制造业	111004	111004	99329	99329
乳制品制造	80002	80002	74627	74627
调味品、发酵制品制造	31002	31002	24702	24702
酱油、食醋及类似制品制造	31002	31002	24702	24702
酒、饮料和精制茶制造业	553808	552616	483218	483218
酒的制造	16354	15162	12367	12367
啤酒制造	16354	15162	12367	12367
饮料制造	537454	537454	470851	470851
果菜汁及果菜汁饮料制造	490860	490860	427166	427166
含乳饮料和植物蛋白饮料制造	46594	46594	43685	43685
纺织业	180150	179330	151050	150679
麻纺织及染整精加工	180150	179330	151050	150679
麻织造加工	180150	179330	151050	150679
纺织服装、服饰业	180470	180470	155392	155392
机织服装制造	126993	126993	102022	102022
针织或钩针编织服装制造	53477	53477	53370	53370
印刷和记录媒介复制业	43088	42892	37388	37293
印刷	43088	42892	37388	37293
包装装潢及其他印刷	43088	42892	37388	37293
文教、工美、体育和娱乐用品制造业	25929	25929	22794	22794
体育用品制造	25929	25929	22794	22794
训练健身器材制造	25929	25929	22794	22794
石油加工、炼焦和核燃料加工业	1508160	1508160	1380192	1380192
炼焦	1508160	1508160	1380192	1380192
化学原料和化学制品制造业	9975073	9944638	9187497	9174697
基础化学原料制造	1049458	1045534	1012072	1011767

续表22

单位:千元

营业税金及附加	主营业务税金及附加	其他业务收入	其他业务利润	销售费用
1067035	1042926	1786043	122445	1148931
1047974	1028192	1239798	127948	1041348
1047974	1028192	1239798	127948	1041348
15902	12018	538275	-6192	15710
15902	12018	538275	-6192	15710
3159	2716	7970	689	91873
3159	2716	7970	689	91873
72252	69759	213721	68480	527428
1017	1017	12561	10745	16137
801	801	11773	10745	10720
74	74	788		4024
74	74	788		4024
142	142			1393
142	142			1393
410	410			2400
385	385			626
25	25			1774
25	25			1774
2467	2467	1192	1192	17147
1177	1177	1192	1192	2200
1177	1177	1192	1192	2200
1290	1290			14947
1207	1207			14676
83	83			271
710	709	820	449	8306
710	709	820	449	8306
710	709	820	449	8306
3127	1809			17935
2826	1508			16143
301	301			1792
9	9	196	50	2691
9	9	196	50	2691
9	9	196	50	2691
62	62			275
62	62			275
62	62			275
3155	3155			8965
3155	3155			8965
4098	4098	30435	12704	145223
1072	1072	3924	4	40671

14–2

指　　　标	营业收入	主营业务收　入	营业成本	主营业务成　本
无机碱制造	24752	24752	23718	23718
无机盐制造	141650	141650	112927	112927
有机化学原料制造	742667	738743	752052	751747
其他基础化学原料制造	140389	140389	123375	123375
肥料制造	8687505	8663074	7979689	7968333
氮肥制造	8637463	8613032	7930891	7919535
有机肥料及微生物肥料制造	50042	50042	48798	48798
专用化学产品制造	238110	236030	195736	194597
化学试剂和助剂制造	38100	36020	34699	33560
信息化学品制造	200010	200010	161037	161037
医药制造业	162068	157084	94467	88669
化学药品原料药制造	25965	25965	25431	25431
化学药品制剂制造	20337	20337	7644	7644
中成药生产	22107	22107	14471	14471
生物药品制造	93659	88675	46921	41123
橡胶和塑料制品业	175969	175967	128967	128967
橡胶制品业	41178	41178	31903	31903
日用及医用橡胶制品制造	41178	41178	31903	31903
塑料制品业	134791	134789	97064	97064
塑料丝、绳及编织品制造	134791	134789	97064	97064
非金属矿物制品业	835608	835384	748106	748106
水泥、石灰和石膏制造	522341	522341	481175	481175
水泥制造	522341	522341	481175	481175
石膏、水泥制品及类似制品制造	23375	23375	20570	20570
水泥制品制造	23375	23375	20570	20570
砖瓦、石材等建筑材料制造	111318	111268	99331	99331
建筑陶瓷制品制造	111318	111268	99331	99331
玻璃制品制造	45680	45680	34365	34365
日用玻璃制品制造	45680	45680	34365	34365
陶瓷制品制造	72706	72706	53022	53022
特种陶瓷制品制造	45161	45161	28637	28637
日用陶瓷制品制造	27545	27545	24385	24385
石墨及其他非金属矿物制品制造	60188	60014	59643	59643
其他非金属矿物制品制造	60188	60014	59643	59643
黑色金属冶炼和压延加工业	13019141	13007589	12086751	12082175
炼铁	3910751	3899199	3698950	3694374
黑色金属铸造	772703	772703	731109	731109
钢压延加工	8335687	8335687	7656692	7656692
金属制品业	323239	317804	238508	233573
结构性金属制品制造	106448	106448	94372	94372
金属结构制造	106448	106448	94372	94372

续表23

单位:千元

营业税金及附加	主营业务税金及附加	其他业务收入	其他业务利润	销售费用
40	40			115
453	453			17946
179	179	3924	4	5553
400	400			17057
2228	2228	24431	11759	100399
2228	2228	24431	11759	100322
				77
798	798	2080	941	4153
67	67	2080	941	260
731	731			3893
1548	1462	4984		37581
55	55			
180	180			6279
230	230			1311
1083	997	4984		29991
3055	3055	2	2	34050
3	3			1921
3	3			1921
3052	3052	2	2	32129
3052	3052	2	2	32129
4153	4153	224	174	25806
3035	3035			11923
3035	3035			11923
161	161			1728
161	161			1728
378	378	50		2170
378	378	50		2170
362	362			6098
362	362			6098
121	121			3030
45	45			2494
76	76			536
96	96	174	174	857
96	96	174	174	857
14392	14392	11552	11552	112079
3577	3577	11552	11552	38399
4226	4226			20508
6589	6589			53172
180	180	5435	500	1731
110	110			1731
110	110			1731

14-2

指 标	营业收入	主营业务收入	营业成本	主营业务成本
其他金属制品制造	216791	211356	144136	139201
专用设备制造业	1810309	1704034	1513584	1425290
采矿、冶金、建筑专用设备制造	1767856	1663219	1479586	1391860
矿山机械制造	1767856	1663219	1479586	1391860
印刷、制药、日化及日用品生产专用设备制造	42453	40815	33998	33430
印刷专用设备制造	42453	40815	33998	33430
汽车制造业	916080	915182	778815	778129
汽车零部件及配件制造	916080	915182	778815	778129
铁路、船舶、航空航天和其他运输设备制造业	83420	83420	82524	51566
航空、航天器及设备制造	83420	83420	82524	51566
飞机制造	83420	83420	82524	51566
电气机械和器材制造业	303283	301237	271706	271110
输配电及控制设备制造	30129	30129	23889	23889
配电开关控制设备制造	30129	30129	23889	23889
电线、电缆、光缆及电工器材制造	206492	206183	200804	200208
电线、电缆制造	206492	206183	200804	200208
家用电力器具制造	32818	31081	28682	28682
家用电力器具专用配件制造	32818	31081	28682	28682
照明器具制造	33844	33844	18331	18331
照明灯具制造	33844	33844	18331	18331
计算机、通信和其他电子设备制造业	5843847	5830216	4914204	4914204
电子元件制造	5843847	5830216	4914204	4914204
电子元件及组件制造	5843847	5830216	4914204	4914204
金属制品、机械和设备修理业	215091	191621	178661	158398
通用设备修理	215091	191621	178661	158398
电力、热力、燃气及水生产和供应业	6660626	6602819	6538525	6526413
电力、热力生产和供应业	6533272	6483088	6433707	6422882
电力生产	6327224	6300135	6201353	6193671
火力发电	6327224	6300135	6201353	6193671
热力生产和供应	206048	182953	232354	229211
燃气生产和供应业	67159	65138	71317	71110
水的生产和供应业	60195	54593	33501	32421
自来水生产和供应	60195	54593	33501	32421
六、按分县(市、区)分组				
市　　直	45207786	44292689	33571564	32799230
城　　区	3308743	3152143	2831034	2731734
沁 水 县	9294994	8546269	4504195	3709849
阳 城 县	14581095	14565512	9186832	9028012
陵 川 县	1642911	1639793	1065202	1058739
泽 州 县	23844843	23794104	19275865	19256558
高 平 市	21185380	21042103	14869796	14784024
开 发 区	6756184	6731752	5586423	5578359

续表24

单位:千元

营业税金及附加	主营业务税金及附加	其他业务收入	其他业务利润	销售费用
70	70	5435	500	
13215	12127	106275	16072	28189
12906	11818	104637	15001	25252
12906	11818	104637	15001	25252
309	309	1638	1071	2937
309	309	1638	1071	2937
10313	10313	898	212	41485
10313	10313	898	212	41485
389	389			263
389	389			263
389	389			263
1062	1062	2046	1447	17692
729	729			366
729	729			366
47	47	309	-287	11279
47	47	309	-287	11279
153	153	1737	1734	1177
153	153	1737	1734	1177
133	133			4870
133	133			4870
8112	8112	13631	13381	9377
8112	8112	13631	13381	9377
8112	8112	13631	13381	9377
778	778	23470		96
778	778	23470		96
23181	23181	57807	28383	41441
21621	21621	50184	22047	24813
20628	20628	27089	2096	22199
20628	20628	27089	2096	22199
993	993	23095	19951	2614
1122	1122	2021	1813	
438	438	5602	4523	16628
438	438	5602	4523	16628
560647	540865	915097	173720	327034
27737	26563	156600	43261	109259
132652	128768	748725	-65055	111995
114288	114287	15583	3085	332511
22644	22644	3118	1344	19160
104203	102885	50739	23786	321507
187331	187331	143277	23101	363884
12966	12523	24432	16066	132450

14–2

指　　标	管理费用	税　金	差 旅 费
总　　计	11715433	471021	137186
一、按登记注册类型分			
内资企业	10680858	423005	122934
国有企业	2611025	86170	17136
中央企业	20345	6442	1043
地方企业	2590680	79728	16093
集体企业	2233	695	34
股份合作企业			
联营企业	16956	96	1109
国有联营企业			
集体联营企业	16956	96	1109
国有与集体联营企业			
其他联营企业			
有限责任公司	5015640	257078	64072
国有独资公司	79244	70	3144
其他有限责任公司	4936396	257008	60928
股份有限公司	2682918	57314	22386
私营企业	343246	21246	17508
私营独资企业	8172	347	646
私营合伙企业	4896	82	561
私营有限责任公司	311692	20525	15736
私营股份有限公司	18486	292	565
其他企业	8840	406	689
港、澳、台商投资企业	253729	19854	5156
合资经营企业(港或澳、台资)	23242	2034	1457
合作经营企业(港或澳、台资)			
港澳台商独资经营企业	230487	17820	3699
港澳台商投资股份有限公司			
其他港澳台投资			
外商投资企业	780846	28162	9096
中外合资经营企业	385333	7246	6919
中外合作经营企业	363284	20643	1928
外资企业	32229	273	249
外商投资股份有限公司			
其他外商投资			
二、按经济组织类型分组			
独资企业	2884146	105305	21764
国有企业	2611025	86170	17136
集体企业	2233	695	34
私营独资企业	8172	347	646
港澳台商独资经营企业	230487	17820	3699
外资企业	32229	273	249
合作、合伙企业	393976	21227	4287
股份合作企业			

续表25

单位：千元

工会经费	财务费用	利息收入	利息支出	营业利润
66509	2993972	214636	3177827	20105180
62916	2762648	183727	2845209	16773956
2659	1507870	25415	1531772	2246294
14	50159	9	50163	94082
2645	1457711	25406	1481609	2152212
	636	4	375	-10396
100	8560	4	8564	11980
100	8560	4	8564	11980
51288	870123	49857	882008	8290045
267	6186	703	6855	18491
51021	863937	49154	875153	8271554
7212	136374	89409	220829	5654218
1623	238199	19023	200782	574555
40	1445	224	1663	-892
32	2568		2549	1554
1522	210905	18573	180710	583991
29	23281	226	15860	-10098
34	886	15	879	7260
172	76528	1329	167033	810451
89	154094	1295	162290	-94245
83	-77566	34	4743	904696
3421	154796	29580	165585	2520773
1572	135715	19785	101974	2284601
1826	12507	9307	59758	297519
23	6574	488	3853	-61347
2805	1438959	26165	1542406	3078355
2659	1507870	25415	1531772	2246294
	636	4	375	-10396
40	1445	224	1663	-892
83	-77566	34	4743	904696
23	6574	488	3853	-61347
1992	24521	9326	71750	318313

14-2

指 标	管理费用	税 金	差 旅 费
国有联营企业			
集体联营企业	16956	96	1109
国有与集体联营企业			
其他联营企业			
私营合伙企业	4896	82	561
合作经营企业(港或澳、台资)			
中外合作经营企业	363284	20643	1928
其他企业(内资)	8840	406	689
其他港澳台商投资企业			
其他外商投资企业			
股份有限公司	2701404	57606	22951
股份有限公司(内资)	2682918	57314	22386
私营股份有限公司	18486	292	565
港澳台商投资股份有限公司			
外商投资股份有限公司			
有限责任公司	5735907	286883	88184
国有独资公司	79244	70	3144
私营有限责任公司	311692	20525	15736
合资经营企业(港或澳、台资)	23242	2034	1457
中外合资经营企业	385333	7246	6919
其他有限责任公司	4936396	257008	60928
三、在总计中:亏损企业	667491	29508	13032
在总计中:国有控股企业	8814096	245388	82570
在总计中:农村工业	1117453	145277	8706
在总计中:轻工业	140874	6212	7901
重工业	11574559	464809	129285
在总计中:大型企业	8380481	251270	61830
中型企业	1971938	117343	44076
小型企业	1291534	101438	31274
微型企业	71480	970	6
四、按隶属关系分			
中央	99589	6512	5347
省	5566438	127034	34539
市及以下	6049406	337475	97300
市属企业	1539219	59144	12863
县属企业	2015046	74277	33320
乡镇街道企业	221108	592	7486
乡属企业	98932	235	330
镇属企业	120755	357	7156
街道企业	1421		
村及村以下企业	2274033	203462	43631
村委办企业	1018521	145042	8376
居委办企业			
其他企业	1255512	58420	35255

续表26

单位:千元

工会经费	财务费用	利息收入	利息支出	营业利润
100	8560	4	8564	11980
32	2568		2549	1554
1826	12507	9307	59758	297519
34	886	15	879	7260
7241	159655	89635	236689	5644120
7212	136374	89409	220829	5654218
29	23281	226	15860	-10098
54471	1370837	89510	1326982	11064392
267	6186	703	6855	18491
1522	210905	18573	180710	583991
89	154094	1295	162290	-94245
1572	135715	19785	101974	2284601
51021	863937	49154	875153	8271554
4477	517599	16858	528489	-1169629
54108	2542218	162155	2699441	14296822
4044	53188	1456	53746	613882
1542	25156	1566	25237	59332
64967	2968816	213070	3152590	20045848
39488	2263059	187111	2420261	15536335
17329	544509	24955	576545	3508655
9692	186323	2554	180927	1060827
	81	16	94	-637
281	223659	2857	262668	-162379
16617	1971140	48127	1992528	4779655
49611	799173	163652	922631	15487904
11888	234485	63752	286987	3559433
26524	126093	55295	178145	6585630
861	34625	769	35412	428784
120	5506	755	6261	187193
741	26775	14	26839	242218
	2344		2312	-627
10338	403970	43836	422087	4914057
3924	47682	701	47485	426689
6414	356288	43135	374602	4487368

14-2

指　　标	管理费用	税　金	差 旅 费
五、按行业分组			
采矿业	10159090	382698	91210
煤炭开采和洗选业	9845970	368514	87174
烟煤和无烟煤开采洗选	9845970	368514	87174
石油和天然气开采业	273627	13983	3425
天然气开采	273627	13983	3425
开采辅助活动	39493	201	611
石油和天然气开采辅助活动	39493	201	611
制造业	1392777	79682	42626
农副食品加工业	19350	1235	1707
谷物磨制	11684	296	1568
屠宰及肉类加工	5640	800	139
牲畜屠宰	5640	800	139
其他农副食品加工	2026	139	
淀粉及淀粉制品制造	2026	139	
食品制造业	1179	390	303
乳制品制造	695	385	157
调味品、发酵制品制造	484	5	146
酱油、食醋及类似制品制造	484	5	146
酒、饮料和精制茶制造业	13471	658	961
酒的制造	5004	472	141
啤酒制造	5004	472	141
饮料制造	8467	186	820
果菜汁及果菜汁饮料制造	8225	186	820
含乳饮料和植物蛋白饮料制造	242		
纺织业	17951	192	329
麻纺织及染整精加工	17951	192	329
麻织造加工	17951	192	329
纺织服装、服饰业	28549	605	458
机织服装制造	20117	87	335
针织或钩针编织服装制造	8432	518	123
印刷和记录媒介复制业	1916	156	96
印刷	1916	156	96
包装装潢及其他印刷	1916	156	96
文教、工美、体育和娱乐用品制造业	412	9	
体育用品制造	412	9	
训练健身器材制造	412	9	
石油加工、炼焦和核燃料加工业	46974	4384	777
炼焦	46974	4384	777
化学原料和化学制品制造业	367210	21459	8511
基础化学原料制造	60315	3809	1144

续表27

单位:千元

工会经费	财务费用			营业利润
		利息收入	利息支出	
50491	2198490	174042	2297317	18966308
48812	2061916	171838	2156350	18623361
48812	2061916	171838	2156350	18623361
1155	136812	1949	140967	312779
1155	136812	1949	140967	312779
524	-238	255		30168
524	-238	255		30168
15238	621558	34198	642751	1383108
31	6396	181	5814	27507
31	1425	124	864	14356
	-57	57		14669
	-57	57		14669
	5028		4950	-1518
	5028		4950	-1518
193	1485		1485	6585
153	553		553	3501
40	932		932	3084
40	932		932	3084
418	7213	516	7724	30340
37	200	6	201	-4572
37	200	6	201	-4572
381	7013	510	7523	34912
381	6686	510	7196	32900
	327		327	2012
	1382	493	1382	635
	1382	493	1382	635
	1382	493	1382	635
515	721	238	886	1541
214	382	218	535	1735
301	339	20	351	-194
29	793	15	786	291
29	793	15	786	291
29	793	15	786	291
	705	2	703	1681
	705	2	703	1681
	705	2	703	1681
484	26639	1036	27173	43040
484	26639	1036	27173	43040
8557	393889	12493	372210	-155068
304	41914	2192	36515	-132403

14-2

指 标	管理费用	税 金	差 旅 费
无机碱制造	530		
无机盐制造	14092	411	285
有机化学原料制造	44101	2751	607
其他基础化学原料制造	1592	647	252
肥料制造	298448	17428	2533
氮肥制造	298345	17428	2485
有机肥料及微生物肥料制造	103		48
专用化学产品制造	8447	222	4834
化学试剂和助剂制造	1341	16	
信息化学品制造	7106	206	4834
医药制造业	19283	633	2920
化学药品原料药制造	259		
化学药品制剂制造	3994	35	231
中成药生产	3242	463	
生物药品制造	11788	135	2689
橡胶和塑料制品业	13421	401	1239
橡胶制品业	1903		874
日用及医用橡胶制品制造	1903		874
塑料制品业	11518	401	365
塑料丝、绳及编织品制造	11518	401	365
非金属矿物制品业	69901	7864	3533
水泥、石灰和石膏制造	41845	7003	614
水泥制造	41845	7003	614
石膏、水泥制品及类似制品制造	223		43
水泥制品制造	223		43
砖瓦、石材等建筑材料制造	4766	58	1545
建筑陶瓷制品制造	4766	58	1545
玻璃制品制造	8383	198	534
日用玻璃制品制造	8383	198	534
陶瓷制品制造	8269	250	682
特种陶瓷制品制造	6924	250	593
日用陶瓷制品制造	1345		89
石墨及其他非金属矿物制品制造	6415	355	115
其他非金属矿物制品制造	6415	355	115
黑色金属冶炼和压延加工业	163960	14609	6666
炼铁	59769	3494	4918
黑色金属铸造	11260	362	700
钢压延加工	92931	10753	1048
金属制品业	56094	122	3257
结构性金属制品制造	6211	52	909
金属结构制造	6211	52	909

续表28

单位:千元

工会经费	财务费用	利息收入	利息支出	营业利润
	338		338	11
167	9518	27	7757	-21475
113	31120	2163	27482	-107964
24	938	2	938	-2975
8253	344518	10301	328707	-44236
8247	344466	10301	328655	-45248
6	52		52	1012
	7457		6988	21571
	1330		1308	403
	6127		5680	21168
122	2727	55	2719	5960
	324		323	-114
15	1289	8	1289	951
30	1064		1021	1786
77	50	47	86	3337
113	4663	81	4573	-6804
	1874		1872	3574
	1874		1872	3574
113	2789	81	2701	-10378
113	2789	81	2701	-10378
1464	49390	101	41749	-61827
1253	33339	82	26199	-49041
1253	33339	82	26199	-49041
10	398		398	295
10	398		398	295
173	7232	12	7244	-2590
173	7232	12	7244	-2590
23	1362		1125	-4872
23	1362		1125	-4872
5	1001		994	7262
5	93		93	6969
	908		901	293
	6058	7	5789	-12881
	6058	7	5789	-12881
794	134381	17244	103418	536341
348	57450	465	54569	80578
20	8986	13	8997	-2595
426	67945	16766	39852	458358
363	12259	575	12800	14716
96	6899	2	6901	-2880
96	6899	2	6901	-2880

14–2

指 标	管理费用	税 金	差 旅 费
其他金属制品制造	49883	70	2348
专用设备制造业	230959	3106	3092
采矿、冶金、建筑专用设备制造	226310	3023	2768
矿山机械制造	226310	3023	2768
印刷、制药、日化及日用品生产专用设备制造	4649	83	324
印刷专用设备制造	4649	83	324
汽车制造业	42460	5344	3100
汽车零部件及配件制造	42460	5344	3100
铁路、船舶、航空航天和其他运输设备制造业	29361		796
航空、航天器及设备制造	29361		796
飞机制造	29361		796
电气机械和器材制造业	30477	1767	1112
输配电及控制设备制造	3643	8	40
配电开关控制设备制造	3643	8	40
电线、电缆、光缆及电工器材制造	18408	1538	694
电线、电缆制造	18408	1538	694
家用电力器具制造	2536	11	166
家用电力器具专用配件制造	2536	11	166
照明器具制造	5890	210	212
照明灯具制造	5890	210	212
计算机、通信和其他电子设备制造业	221172	16578	3516
电子元件制造	221172	16578	3516
电子元件及组件制造	221172	16578	3516
金属制品、机械和设备修理业	18677	170	253
通用设备修理	18677	170	253
电力、热力、燃气及水生产和供应业	163566	8641	3350
电力、热力生产和供应业	137367	5785	3095
电力生产	113307	4369	1961
火力发电	113307	4369	1961
热力生产和供应	24060	1416	1134
燃气生产和供应业	5590	941	129
水的生产和供应业	20609	1915	126
自来水生产和供应	20609	1915	126
六、按分县(市、区)分组			
市 直	4631584	98090	28416
城 区	419318	16610	8923
沁 水 县	1173233	31157	13396
阳 城 县	2229945	178858	25825
陵 川 县	100990	7187	2001
泽 州 县	1279862	65717	36233
高 平 市	1580269	52516	16383
开 发 区	300232	20886	6009

续表29

单位：千元

工会经费	财务费用	利息收入	利息支出	营业利润
267	5360	573	5899	17596
1581	14561	667	15105	21019
1428	14499	662	15045	20514
1428	14499	662	15045	20514
153	62	5	60	505
153	62	5	60	505
319	31886	204	28886	10932
319	31886	204	28886	10932
	826	130	956	895
	826	130	956	895
	826	130	956	895
125	13075	110	13409	-35958
46	-6			1507
46	-6			1507
50	11717	70	11697	-37783
50	11717	70	11697	-37783
	-365	4	141	372
	-365	4	141	372
29	1729	36	1571	-54
29	1729	36	1571	-54
40	-81425	20	973	921531
40	-81425	20	973	921531
40	-81425	20	973	921531
90	-8	37		19751
90	-8	37		19751
780	173924	6396	237759	-244236
573	174096	5324	236985	-222690
59	171200	4748	233514	-199407
59	171200	4748	233514	-199407
514	2896	576	3471	-23283
25	-272	1046	774	-10599
182	100	26		-10947
182	100	26		-10947
4615	1528790	82312	1607810	6403546
2651	46319	4058	49574	-82215
8898	291880	26422	286707	3422563
15324	308016	23661	368180	2725489
2046	33545	138	33272	410530
9729	324821	45156	303017	2614570
22134	525441	32445	512756	3656953
1112	-64840	444	16511	953744

14–2

指 标	资产减值损失	公允价值变动收益	投资收益	补贴收入
总 计	**142746**	**–51823**	**2347984**	**390505**
一、按登记注册类型分				
内资企业	139109	–51823	1975510	387605
国有企业	108235	–50930	2264571	364207
中央企业				133364
地方企业	108235	–50930	2264571	230843
集体企业				
股份合作企业				
联营企业				
国有联营企业				
集体联营企业				
国有与集体联营企业				
其他联营企业				
有限责任公司	32499		31081	18385
国有独资公司	60		300	11141
其他有限责任公司	32439		30781	7244
股份有限公司	–1625	–893	–320160	1607
私营企业			18	3406
私营独资企业				
私营合伙企业				
私营有限责任公司			18	3406
私营股份有限公司				
其他企业				
港、澳、台商投资企业	242		742	
合资经营企业(港或澳、台资)	242		742	
合作经营企业(港或澳、台资)				
港澳台商独资经营企业				
港澳台商投资股份有限公司				
其他港澳台投资				
外商投资企业	3395		371732	2900
中外合资经营企业	–88		373804	2900
中外合作经营企业			–2072	
外资企业	3483			
外商投资股份有限公司				
其他外商投资				
二、按经济组织类型分组				
独资企业	111718	–50930	2264571	364207
国有企业	108235	–50930	2264571	364207
集体企业				
私营独资企业				
港澳台商独资经营企业				
外资企业	3483			
合作、合伙企业			–2072	
股份合作企业				

续表30

单位:千元

营业外收入	营业外支出	利润总额	应交所得税	亏损企业亏损总额	利税总额	应交税金及附加
987401	862224	19873884	4582237	1199752	29431408	14610782
954822	497288	16856942	4071058	839997	25431126	13068247
768032	66336	2586841	138750	24431	4183948	1822027
266742	10238	217222	9388		268973	67581
501290	56098	2369619	129362	24431	3914975	1754446
676	75	-9795		9795	-9107	1383
		11980			21288	9404
		11980			21288	9404
133472	311010	8095523	2258139	594817	11770265	6189959
26389	523	33216	4735		33675	5264
107083	310487	8062307	2253404	594817	11736590	6184695
44486	117322	5581653	1531084	146921	8100491	4107236
7845	2525	583189	142312	64033	1356305	936674
12	66	-946	350	2873	6006	7649
		1554	387		2338	1253
3140	2307	588138	141422	46309	1341212	915021
4693	152	-5557	153	14851	6749	12751
311	20	7551	773		7936	1564
1007	85905	743628	46253	241877	841046	163525
901	3398	-96742	16394	224112	-18053	97117
106	82507	840370	29859	17765	859099	66408
31572	279031	2273314	464926	117878	3159236	1379010
7335	243542	2048394	421561		2634545	1014958
24026	35181	286364	42646	53377	584511	361436
211	308	-61444	719	64501	-59820	2616
769037	149292	3355026	169678	119365	4980126	1900083
768032	66336	2586841	138750	24431	4183948	1822027
676	75	-9795		9795	-9107	1383
12	66	-946	350	2873	6006	7649
106	82507	840370	29859	17765	859099	66408
211	308	-61444	719	64501	-59820	2616
24337	35201	307449	43806	53377	616073	373657

14-2

指 标	资产减值损失	公允价值变动收益	投资收益	补贴收入
国有联营企业				
集体联营企业				
国有与集体联营企业				
其他联营企业				
私营合伙企业				
合作经营企业(港或澳、台资)				
中外合作经营企业			-2072	
其他企业(内资)				
其他港澳台商投资企业				
其他外商投资企业				
股份有限公司	-1625	-893	-320160	1607
股份有限公司(内资)	-1625	-893	-320160	1607
私营股份有限公司				
港澳台商投资股份有限公司				
外商投资股份有限公司				
有限责任公司	32653		405645	24691
国有独资公司	60		300	11141
私营有限责任公司			18	3406
合资经营企业(港或澳、台资)	242		742	
中外合资经营企业	-88		373804	2900
其他有限责任公司	32439		30781	7244
三、在总计中:亏损企业	28227		16181	37558
在总计中:国有控股企业	138903	-51823	1975913	383256
在总计中:农村工业				
在总计中:轻工业	502		-373	2900
重工业	142244	-51823	2348357	387605
在总计中:大型企业	105545	-50930	2333010	205511
中型企业	25066	-893	10248	180395
小型企业	12135		4726	4599
微型企业				
四、按隶属关系分				
中央	60		300	144505
省	117784	-50930	2293319	205416
市及以下	24902	-893	54365	40584
市属企业	13316	-893	-334872	36135
县属企业	7695		15126	100
乡镇街道企业				554
乡属企业				
镇属企业				554
街道企业				
村及村以下企业	3891		374111	3795
村委办企业				
居委办企业				
其他企业	3891		374111	3795

续表31

单位:千元

营业外收入	营业外支出	利润总额	应交所得税	亏损企业 亏损总额	利税总额	应交税金 及附加
		11980			21288	9404
		1554	387		2338	1253
24026	35181	286364	42646	53377	584511	361436
311	20	7551	773		7936	1564
49179	117474	5576096	1531237	161772	8107240	4119987
44486	117322	5581653	1531084	146921	8100491	4107236
4693	152	-5557	153	14851	6749	12751
144848	560257	10635313	2837516	865238	15727969	8217055
26389	523	33216	4735		33675	5264
3140	2307	588138	141422	46309	1341212	915021
901	3398	-96742	16394	224112	-18053	97117
7335	243542	2048394	421561		2634545	1014958
107083	310487	8062307	2253404	594817	11736590	6184695
85241	81477	-1199752	5702	1199752	-818489	416473
899207	412731	14405428	3552371	965401	21707607	11099938
2303	62763	553422	121168	13890	890755	603778
14843	2009	72562	15689	15517	131898	81237
972558	860215	19801322	4566548	1184235	29299510	14529545
565867	609721	15308103	3366690	420862	22838746	11148603
381261	219568	3498353	963811	607331	4970998	2553799
39840	32935	1067632	251736	171355	1621123	906665
433		-204		204	541	1715
296820	16987	-27051	14123	277489	200938	248624
523054	95993	5004358	1056953	404239	8902642	5082271
167527	749244	14896577	3511161	518024	20327828	9279887
89730	163055	3454805	898696	238382	4726489	2229524
29710	174502	6441134	1656234	49671	8555009	3844386
4168	62282	370670	63581	1212	517076	210579
1618	61266	127545	14629		199924	87243
1840	1012	243046	48952	1212	316705	122968
710	4	79			447	368
43919	349405	4629968	892650	228759	6529254	2995398
685	1497	425877	106539	13890	690831	516535
43234	347908	4204091	786111	214869	5838423	2478863

14-2

指 标	资产减值损失	公允价值变动收益	投资收益	补贴收入
五、按行业分组				
采矿业	110930	-51823	2325065	333267
煤炭开采和洗选业	106322	-50930	2315225	199903
烟煤和无烟煤开采洗选	106322	-50930	2315225	199903
石油和天然气开采业	4902		5291	133364
天然气开采	4902		5291	133364
开采辅助活动	-294	-893	4549	
石油和天然气开采辅助活动	-294	-893	4549	
制造业	31816		18742	22586
农副食品加工业				
谷物磨制				
屠宰及肉类加工				
牲畜屠宰				
其他农副食品加工				
淀粉及淀粉制品制造				
食品制造业				
乳制品制造				
调味品、发酵制品制造				
酱油、食醋及类似制品制造				
酒、饮料和精制茶制造业			25	
酒的制造			25	
啤酒制造			25	
饮料制造				
果菜汁及果菜汁饮料制造				
含乳饮料和植物蛋白饮料制造				
纺织业				
麻纺织及染整精加工				
麻织造加工				
纺织服装、服饰业	11		-400	
机织服装制造	11		-400	
针织或钩针编织服装制造				
印刷和记录媒介复制业				
印刷				
包装装潢及其他印刷				
文教、工美、体育和娱乐用品制造业				
体育用品制造				
训练健身器材制造				
石油加工、炼焦和核燃料加工业	118		924	
炼焦	118		924	
化学原料和化学制品制造业	26783		89	4441
基础化学原料制造	25869		55	102

续表32

单位:千元

营业外收入	营业外支出	利润总额	应交所得税	亏损企业亏损总额	利税总额	应交税金及附加
821999	708099	18752740	4279108	126567	27042501	12951567
550105	694565	18282919	4200540	44301	26392496	12678631
550105	694565	18282919	4200540	44301	26392496	12678631
271894	13203	438106	71086	82266	593583	240546
271894	13203	438106	71086	82266	593583	240546
	331	31715	7482		56422	32390
	331	31715	7482		56422	32390
94857	138291	1345321	270607	679065	2341300	1346268
2929	230	30206	2788	454	35389	9206
968	122	15202	2663	454	17759	5516
261	63	14867	91		15931	1955
261	63	14867	91		15931	1955
1700	45	137	34		1699	1735
1700	45	137	34		1699	1735
		6585	1651		11046	6502
		3501	875		6287	4046
		3084	776		4759	2456
		3084	776		4759	2456
3332	150	33522	8728	1390	42823	18687
3332	150	-1390		1390	823	2685
3332	150	-1390		1390	823	2685
		34912	8728		42000	16002
		32900	8225		39207	14718
		2012	503		2793	1284
29	39	625			6117	5684
29	39	625			6117	5684
29	39	625			6117	5684
926	80	2783	762		15180	13764
926	50	2611	762		12450	10688
	30	172			2730	3076
11		302			311	165
11		302			311	165
11		302			311	165
1	2	1680	420		2830	1579
1	2	1680	420		2830	1579
1	2	1680	420		2830	1579
9570	456	52154	7306	6781	94472	54008
9570	456	52154	7306	6781	94472	54008
16126	46332	-189471	51707	480695	-148633	114004
2310	29449	-159534	3	159552	-145730	17616

14–2

指　　标	资产减值损　失	公允价值变动收益	投资收益	补贴收入
无机碱制造				
无机盐制造	8195		5	102
有机化学原料制造	17674		50	
其他基础化学原料制造				
肥料制造	914		34	4259
氮肥制造	914		34	4259
有机肥料及微生物肥料制造				
专用化学产品制造				80
化学试剂和助剂制造				80
信息化学品制造				
医药制造业	491		2	
化学药品原料药制造				
化学药品制剂制造				
中成药生产				
生物药品制造	491		2	
橡胶和塑料制品业	17		1403	
橡胶制品业				
日用及医用橡胶制品制造				
塑料制品业	17		1403	
塑料丝、绳及编织品制造	17		1403	
非金属矿物制品业				554
水泥、石灰和石膏制造				554
水泥制造				554
石膏、水泥制品及类似制品制造				
水泥制品制造				
砖瓦、石材等建筑材料制造				
建筑陶瓷制品制造				
玻璃制品制造				
日用玻璃制品制造				
陶瓷制品制造				
特种陶瓷制品制造				
日用陶瓷制品制造				
石墨及其他非金属矿物制品制造				
其他非金属矿物制品制造				
黑色金属冶炼和压延加工业				2750
炼铁				2100
黑色金属铸造				650
钢压延加工				
金属制品业	39		300	11141
结构性金属制品制造				
金属结构制造				

续表33

单位:千元

营业外收入	营业外支出	利润总额	应交所得税	亏损企业亏损总额	利税总额	应交税金及附加
3	2	12	2		598	588
646	147	-20976		20976	-15659	5728
1651	29290	-135595		135595	-132366	5980
10	10	-2975	1	2981	1697	5320
13732	16856	-51565	50589	321143	-27929	91653
13732	16856	-52577	50589	321143	-28941	91653
		1012			1012	
84	27	21628	1115		25026	4735
84	27	460	115		1424	1095
		21168	1000		23602	3640
1137	408	6689	1307	114	19299	14550
		-114		114	675	789
	27	924			2498	1609
	4	1782			2896	1577
1137	377	4097	1307		13230	10575
3	104	-6905	1071	11187	-1696	6681
		3574	893		3582	901
		3574	893		3582	901
3	104	-10479	178	11187	-5278	5780
3	104	-10479	178	11187	-5278	5780
9309	501	-53019	6246	83716	-21311	45818
5981	438	-43498	5204	65193	-22706	32999
5981	438	-43498	5204	65193	-22706	32999
		295			1858	1563
		295			1858	1563
		-2590	236	3571	1862	4746
		-2590	236	3571	1862	4746
2974	43	-1941		2071	661	2800
2974	43	-1941		2071	661	2800
354	20	7596	806		8181	1641
300	20	7249	773		7625	1399
54		347	33		556	242
		-12881		12881	-11167	2069
		-12881		12881	-11167	2069
3652	1785	541522	130439	17418	1234978	838504
3652	1186	85165	15535	11811	140365	74229
	599	-2001	314	5607	15123	17800
		458358	114590		1079490	746475
22361	486	25450	4535	3085	26241	5448
7	212	-3085	80	3085	-2364	853
7	212	-3085	80	3085	-2364	853

14-2

指　　标	资产减值损　失	公允价值变动收益	投资收益	补贴收入
其他金属制品制造	39		300	11141
专用设备制造业	2355		13575	800
采矿、冶金、建筑专用设备制造	2355		13568	800
矿山机械制造	2355		13568	800
印刷、制药、日化及日用品生产专用设备制造			7	
印刷专用设备制造			7	
汽车制造业				
汽车零部件及配件制造				
铁路、船舶、航空航天和其他运输设备制造业	21			
航空、航天器及设备制造	21			
飞机制造	21			
电气机械和器材制造业	2021			2900
输配电及控制设备制造				
配电开关控制设备制造				
电线、电缆、光缆及电工器材制造	2021			
电线、电缆制造	2021			
家用电力器具制造				
家用电力器具专用配件制造				
照明器具制造				2900
照明灯具制造				2900
计算机、通信和其他电子设备制造业				
电子元件制造				
电子元件及组件制造				
金属制品、机械和设备修理业	-40		2824	
通用设备修理	-40		2824	
电力、热力、燃气及水生产和供应业			4177	34652
电力、热力生产和供应业			4177	34652
电力生产			3982	1512
火力发电			3982	1512
热力生产和供应			195	33140
燃气生产和供应业				
水的生产和供应业				
自来水生产和供应				
六、按分县(市、区)分组				
市　　直	94032	-50930	1927079	208679
城　　区	4814		15155	35452
沁 水 县	9120		382974	134601
阳 城 县	13		2788	654
陵 川 县	2756		74	182
泽 州 县	22754		7520	1710
高 平 市	9551		7845	6327
开 发 区	-294	-893	4549	2900

续表34

单位:千元

营业外收入	营业外支出	利润总额	应交所得税	亏损企业亏损总额	利税总额	应交税金及附加
22354	274	28535	4455		28605	4595
4824	3972	21071	12493	21648	110113	104641
4456	3971	20199	12317	21648	107404	102545
4456	3971	20199	12317	21648	107404	102545
368	1	872	176		2709	2096
368	1	872	176		2709	2096
11642	1079	21495	6305	16127	42491	32645
11642	1079	21495	6305	16127	42491	32645
4035	249	4681	280		5070	669
4035	249	4681	280		5070	669
4035	249	4681	280		5070	669
4920	632	-31670	408	36450	-28234	5611
9	67	1449	408		2362	1329
9	67	1449	408		2362	1329
1904	492	-36371		36450	-35746	2163
1904	492	-36371		36450	-35746	2163
37	48	361			1751	1401
37	48	361			1751	1401
2970	25	2891			3399	718
2970	25	2891			3399	718
	81471	858135	29859		870156	58458
	81471	858135	29859		870156	58458
	81471	858135	29859		870156	58458
50	315	19486	4302		24658	9644
50	315	19486	4302		24658	9644
70545	15834	-224177	32522	394120	47607	312947
69802	14841	-202381	32522	372324	62092	302780
20656	13897	-194160	32522	364103	67185	298236
20656	13897	-194160	32522	364103	67185	298236
49146	944	-8221		8221	-5093	4544
300	9	-10308		10308	-7021	4228
443	984	-11488		11488	-7464	5939
443	984	-11488		11488	-7464	5939
524870	100771	6618966	1308746		10169237	4957107
70323	15396	-62740	36875	185827	116122	232347
288621	281252	3295331	702041	93075	4412011	1849878
39662	67177	2697874	698879	310498	3971493	2151356
5206	19112	396624	107254	10331	561071	278888
13569	140878	2492117	628845	215933	3911944	2114389
32019	154901	3531225	1060977	384088	5335741	2918009
13131	82737	904487	38620		953789	108808

14–2

指　　标	本年应付职工薪酬	本年应交增值税	本年进项税额	本年销项税额
总　　计	13012324	8395056	11336181	18791239
一、按登记注册类型分				
内资企业	11614774	7518706	9804640	16550125
国有企业	2509202	1325962	3865816	5132766
中央企业	76582	46428	121959	128412
地方企业	2432620	1279534	3743857	5004354
集体企业	5469	625	11892	7614
股份合作企业				
联营企业	14945	180	7170	8599
国有联营企业				
集体联营企业	14945	180	7170	8599
国有与集体联营企业				
其他联营企业				
有限责任公司	4607597	3279571	1859910	4817255
国有独资公司	79296		13395	13400
其他有限责任公司	4528301	3279571	1846515	4803855
股份有限公司	3897804	2161077	2334726	4124648
私营企业	574518	750960	1710929	2445308
私营独资企业	15444	6303	49952	58775
私营合伙企业	487	482	6423	6905
私营有限责任公司	535465	733003	1617663	2336586
私营股份有限公司	23122	11172	36891	43042
其他企业	5239	331	14197	13935
港、澳、台商投资企业	811984	82740	905172	821135
合资经营企业(港或澳、台资)	46087	72123	304124	375506
合作经营企业(港或澳、台资)				
港澳台商独资经营企业	765897	10617	601048	445629
港澳台商投资股份有限公司				
其他港澳台投资				
外商投资企业	585566	793610	626369	1419979
中外合资经营企业	252986	514162	93613	607116
中外合作经营企业	313300	278211	517795	795240
外资企业	19280	1237	14961	17623
外商投资股份有限公司				
其他外商投资				
二、按经济组织类型分组				
独资企业	3315292	1344744	4543669	5662407
国有企业	2509202	1325962	3865816	5132766
集体企业	5469	625	11892	7614
私营独资企业	15444	6303	49952	58775
港澳台商独资经营企业	765897	10617	601048	445629
外资企业	19280	1237	14961	17623
合作、合伙企业	333971	279204	545585	824679
股份合作企业				

续表35

单位:千元

土地和固定资产支出	土地购置	房屋和建筑物	机器设备	运输工具	其他费用	全部从业人员年平均人数（人）
11286240	200008	3752528	6389896	359071	584737	184265
9727676	200008	3326571	5489239	348637	363221	155640
921663	27972	165293	721294	5864	1240	21704
461662	10916	41983	407355	615	793	659
460001	17056	123310	313939	5249	447	21045
567		83	484			404
78				78		370
78				78		370
4961796	155859	2314692	1936912	286598	267735	75714
72941		46409	9080	708	16744	2210
4888855	155859	2268283	1927832	285890	250991	73504
2209114	755	716407	1407814	37035	47103	36198
1615027	15422	124620	1408833	19062	47090	21007
8828		4453	1793	1421	1161	1038
						50
1591584	15422	119779	1396585	16537	43261	18766
14615		388	10455	1104	2668	1153
19431		5476	13902		53	243
737923		177497	558775	695	956	18736
55683		19867	34165	695	956	628
682240		157630	524610			18108
820641		248460	341882	9739	220560	9889
370164		179431	110679	9469	70585	5596
300227		69029	230987		211	3883
150250			216	270	149764	410
1763548	27972	327459	1248397	7555	152165	41664
921663	27972	165293	721294	5864	1240	21704
567		83	484			404
8828		4453	1793	1421	1161	1038
682240		157630	524610			18108
150250			216	270	149764	410
319736		74505	244889	78	264	4546

14-2

指　　标	本年应付职工薪酬	本年应交增值税	本年进项税额	本年销项税额
国有联营企业				
集体联营企业	14945	180	7170	8599
国有与集体联营企业				
其他联营企业				
私营合伙企业	487	482	6423	6905
合作经营企业(港或澳、台资)				
中外合作经营企业	313300	278211	517795	795240
其他企业(内资)	5239	331	14197	13935
其他港澳台商投资企业				
其他外商投资企业				
股份有限公司	3920926	2172249	2371617	4167690
股份有限公司(内资)	3897804	2161077	2334726	4124648
私营股份有限公司	23122	11172	36891	43042
港澳台商投资股份有限公司				
外商投资股份有限公司				
有限责任公司	5442135	4598859	3875310	8136463
国有独资公司	79296		13395	13400
私营有限责任公司	535465	733003	1617663	2336586
合资经营企业(港或澳、台资)	46087	72123	304124	375506
中外合资经营企业	252986	514162	93613	607116
其他有限责任公司	4528301	3279571	1846515	4803855
三、在总计中:亏损企业	908949	342480	1685261	1833526
在总计中:国有控股企业	10586133	6346719	8264290	13979995
在总计中:农村工业	238761	291315	231890	451220
在总计中:轻工业	215754	48824	272810	312143
重工业	12796570	8346232	11063371	18479096
在总计中:大型企业	10666251	6603389	8502062	14623412
中型企业	1835589	1297150	2042173	2904631
小型企业	509281	493835	781705	1253637
微型企业	1203	682	10241	9559
四、按隶属关系分				
中央	221915	211190	889291	1060512
省	6545195	3311670	5746863	9028244
市及以下	6245214	4872196	4700027	8702483
市属企业	2179109	1120526	1243442	1834791
县属企业	1973207	1888087	438432	2287738
乡镇街道企业	121748	127404	123553	162432
乡属企业	56270	60686	95729	88415
镇属企业	64628	66394	24356	70225
街道企业	850	324	3468	3792
村及村以下企业	1971150	1736179	2894600	4417522
村委办企业	182491	230629	136161	362805
居委办企业				
其他企业	1788659	1505550	2758439	4054717

续表36

单位:千元

土地和固定资产支出	土地购置	房屋和建筑物	机器设备	运输工具	其他费用	全部从业人员年平均人数（人）
78				78		370
						50
300227		69029	230987		211	3883
19431		5476	13902		53	243
2223729	755	716795	1418269	38139	49771	37351
2209114	755	716407	1407814	37035	47103	36198
14615		388	10455	1104	2668	1153
6979227	171281	2633769	3478341	313299	382537	100704
72941		46409	9080	708	16744	2210
1591584	15422	119779	1396585	16537	43261	18766
55683		19867	34165	695	956	628
370164		179431	110679	9469	70585	5596
4888855	155859	2268283	1927832	285890	250991	73504
1821866	28764	793739	705691	55350	238322	21683
6841043	173393	2560577	3666054	157294	283725	118999
377573		191889	148499	16777	20408	6067
114163	43	28322	74750	5815	5233	8169
11172077	199965	3724206	6315146	353256	579504	176096
7248412	75755	2276772	4530867	120919	244099	123092
2994431	92709	995815	1533964	200497	171446	44432
1043397	31544	479941	325065	37655	169192	16533
						208
634749	10916	88392	516581	1323	17537	4856
3146143	12434	1244668	1740386	64308	84347	58657
7505348	176658	2419468	4132929	293440	482853	120752
974909	22961	362995	547407	19331	22215	28248
2351998	127082	975646	1017169	72147	159954	32308
412986		155105	97144	147273	13464	3605
44483		23850	11837	1573	7223	1728
368503		131255	85307	145700	6241	1798
						79
3765455	26615	925722	2471209	54689	287220	56591
333090		168039	136662	15204	13185	4339
3432365	26615	757683	2334547	39485	274035	52252

14-2

指 标	本年应付职工薪酬	本年应交增值税	本年进项税额	本年销项税额
五、按行业分组				
采矿业	10272909	7222726	6879717	13824424
煤炭开采和洗选业	9936234	7061603	6624643	13457661
烟煤和无烟煤开采洗选	9936234	7061603	6624643	13457661
石油和天然气开采业	298289	139575	208102	303747
天然气开采	298289	139575	208102	303747
开采辅助活动	38386	21548	46972	63016
石油和天然气开采辅助活动	38386	21548	46972	63016
制造业	2389229	923727	3592793	3863638
农副食品加工业	19446	4166	105526	105608
谷物磨制	9809	1756	14063	15247
屠宰及肉类加工	7257	990	79329	77021
牲畜屠宰	7257	990	79329	77021
其他农副食品加工	2380	1420	12134	13340
淀粉及淀粉制品制造	2380	1420	12134	13340
食品制造业	3014	4051	3520	5421
乳制品制造	2269	2401		269
调味品、发酵制品制造	745	1650	3520	5152
酱油、食醋及类似制品制造	745	1650	3520	5152
酒、饮料和精制茶制造业	13876	6834	87110	93944
酒的制造	3726	1036	1541	2577
啤酒制造	3726	1036	1541	2577
饮料制造	10150	5798	85569	91367
果菜汁及果菜汁饮料制造	8300	5100	78346	83446
含乳饮料和植物蛋白饮料制造	1850	698	7223	7921
纺织业	37050	4782	23984	28766
麻纺织及染整精加工	37050	4782	23984	28766
麻织造加工	37050	4782	23984	28766
纺织服装、服饰业	45198	9270	13338	21942
机织服装制造	36594	7013	7270	13683
针织或钩针编织服装制造	8604	2257	6068	8259
印刷和记录媒介复制业	2014		7730	7440
印刷	2014		7730	7440
包装装潢及其他印刷	2014		7730	7440
文教、工美、体育和娱乐用品制造业	2640	1088	3319	4407
体育用品制造	2640	1088	3319	4407
训练健身器材制造	2640	1088	3319	4407
石油加工、炼焦和核燃料加工业	32227	39163	219829	256404
炼焦	32227	39163	219829	256404
化学原料和化学制品制造业	463763	36740	723233	338838
基础化学原料制造	71826	12732	148490	140855

续表37

单位:千元

土地和固定资产支出	土地购置	房屋和建筑物	机器设备	运输工具	其他费用	全部从业人员年平均人数（人）
7154462	152600	2653199	3544793	290005	513865	113037
6058416	129250	2589510	2698871	279227	361558	109382
6058416	129250	2589510	2698871	279227	361558	109382
1073218	23350	63689	823400	10472	152307	3252
1073218	23350	63689	823400	10472	152307	3252
22828			22522	306		403
22828			22522	306		403
3769736	30352	998269	2606098	64783	70234	65383
36304	43	15083	19196	110	1872	876
29757	43	15083	13837	110	684	403
437			212		225	290
437			212		225	290
6110			5147		963	183
6110			5147		963	183
1832		500	850	432	50	270
1032			650	382		210
800		500	200	50	50	60
800		500	200	50	50	60
						886
						280
						280
						606
						498
						108
5230			5230			1666
5230			5230			1666
5230			5230			1666
6873			2314	2804	1755	1237
6066			1507	2804	1755	849
807			807			388
11408			11408			88
11408			11408			88
11408			11408			88
						243
						243
						243
105335	179	18977	57956	563	27660	1168
105335	179	18977	57956	563	27660	1168
257433		65400	187293	2813	1927	11029
53242		27429	21865	2490	1458	2748

14-2

指　　标	本年应付职工薪酬	本年应交增值税	本年进项税额	本年销项税额
无机碱制造	836	546	3662	4208
无机盐制造	12484	4864	8817	11716
有机化学原料制造	49973	3050	116417	101065
其他基础化学原料制造	8533	4272	19594	23866
肥料制造	385651	21408	536045	156685
氮肥制造	382727	21408	536045	156685
有机肥料及微生物肥料制造	2924			
专用化学产品制造	6286	2600	38698	41298
化学试剂和助剂制造	1834	897	5241	6138
信息化学品制造	4452	1703	33457	35160
医药制造业	29349	11062	16684	26278
化学药品原料药制造	1320	734	4414	3680
化学药品制剂制造	3573	1394	2063	3457
中成药生产	1209	884	2328	3212
生物药品制造	23247	8050	7879	15929
橡胶和塑料制品业	26577	2154	12130	14283
橡胶制品业	1389	5	3	8
日用及医用橡胶制品制造	1389	5	3	8
塑料制品业	25188	2149	12127	14275
塑料丝、绳及编织品制造	25188	2149	12127	14275
非金属矿物制品业	74070	27555	119083	127546
水泥、石灰和石膏制造	30368	17757	87106	87668
水泥制造	30368	17757	87106	87668
石膏、水泥制品及类似制品制造	1566	1402		1402
水泥制品制造	1566	1402		1402
砖瓦、石材等建筑材料制造	13958	4074	11944	15104
建筑陶瓷制品制造	13958	4074	11944	15104
玻璃制品制造	16404	2240	4438	5998
日用玻璃制品制造	16404	2240	4438	5998
陶瓷制品制造	9163	464	6967	7128
特种陶瓷制品制造	3225	331	6467	6495
日用陶瓷制品制造	5938	133	500	633
石墨及其他非金属矿物制品制造	2611	1618	8628	10246
其他非金属矿物制品制造	2611	1618	8628	10246
黑色金属冶炼和压延加工业	462870	679064	1209634	1883397
炼铁	186047	51623	327016	371146
黑色金属铸造	46869	12898	80094	95184
钢压延加工	229954	614543	802524	1417067
金属制品业	78221	611	28476	29227
结构性金属制品制造	5520	611	15253	15943
金属结构制造	5520	611	15253	15943

续表38

单位：千元

土地和固定资产支出	土地购置	房屋和建筑物	机器设备	运输工具	其他费用	全部从业人员年平均人数（人）
462			462			76
15555		6666	8150	551	188	525
30146		17515	11917	518	196	1446
7079		3248	1336	1421	1074	701
204191		37971	165428	323	469	7956
204191		37971	165428	323	469	7671
						285
						325
						185
						140
23092		1857	19310	893	1032	612
284		284				66
6812		1573	4884	127	228	120
						103
15996			14426	766	804	323
4484	3928	327	181	48		1028
						138
						138
4484	3928	327	181	48		890
4484	3928	327	181	48		890
433655	11690	219976	195302	4187	2500	4790
394959	10691	203254	177356	2083	1575	1349
394959	10691	203254	177356	2083	1575	1349
						75
						75
8286		1000	5412	1002	872	1626
8286		1000	5412	1002	872	1626
						949
						949
28516		15722	11639	1102	53	638
8023		5476	2494		53	155
20493		10246	9145	1102		483
1894	999		895			153
1894	999		895			153
1280440	13992	46563	1199463	10939	9483	14875
77134	13992	10743	49945	1631	823	6799
850			850			1434
1202456		35820	1148668	9308	8660	6642
85168		52286	14578	1560	16744	1653
12227		5877	5498	852		250
12227		5877	5498	852		250

14-2

指　　标	本年应付职工薪酬	本年应交增值税	本年进项税额	本年销项税额
其他金属制品制造	72701		13223	13284
专用设备制造业	218672	75827	223855	302961
采矿、冶金、建筑专用设备制造	208155	74299	218358	295936
矿山机械制造	208155	74299	218358	295936
印刷、制药、日化及日用品生产专用设备制造	10517	1528	5497	7025
印刷专用设备制造	10517	1528	5497	7025
汽车制造业	59669	10683	129686	104180
汽车零部件及配件制造	59669	10683	129686	104180
铁路、船舶、航空航天和其他运输设备制造业	6595		172	116
航空、航天器及设备制造	6595		172	116
飞机制造	6595		172	116
电气机械和器材制造业	25988	2374	44494	45448
输配电及控制设备制造	1223	184	3944	3639
配电开关控制设备制造	1223	184	3944	3639
电线、电缆、光缆及电工器材制造	16146	578	34009	33689
电线、电缆制造	16146	578	34009	33689
家用电力器具制造	3172	1237	4377	5581
家用电力器具专用配件制造	3172	1237	4377	5581
照明器具制造	5447	375	2164	2539
照明灯具制造	5447	375	2164	2539
计算机、通信和其他电子设备制造业	762798	3909	588788	430877
电子元件制造	762798	3909	588788	430877
电子元件及组件制造	762798	3909	588788	430877
金属制品、机械和设备修理业	25192	4394	32202	36555
通用设备修理	25192	4394	32202	36555
电力、热力、燃气及水生产和供应业	350186	248603	863671	1103177
电力、热力生产和供应业	300519	242852	859111	1093263
电力生产	253214	240717	831611	1072230
火力发电	253214	240717	831611	1072230
热力生产和供应	47305	2135	27500	21033
燃气生产和供应业	17461	2165	4440	6328
水的生产和供应业	32206	3586	120	3586
自来水生产和供应	32206	3586	120	3586
六、按分县(市、区)分组				
市　　直	5679030	2989624	5441454	8304345
城　　区	526677	151125	382329	524531
沁 水 县	950191	984028	430947	1357757
阳 城 县	883866	1159331	1039142	2175108
陵 川 县	96021	141803	132458	269189
泽 州 县	1443012	1315624	1935121	2755479
高 平 市	2588094	1617185	1285914	2862109
开 发 区	845433	36336	688816	542721

续表39

单位：千元

土地和固定资产支出	土地购置	房屋和建筑物	机器设备	运输工具	其他费用	全部从业人员年平均人数（人）
72941		46409	9080	708	16744	1403
653092	502	380227	234522	37221	620	2768
635989	502	371427	226491	36949	620	2494
635989	502	371427	226491	36949	620	2494
17103		8800	8031	272		274
17103		8800	8031	272		274
170528	18	33700	128961	2085	5764	2322
170528	18	33700	128961	2085	5764	2322
						807
						807
						807
7270		2099	3236	1128	807	745
669			119	550		46
669			119	550		46
5752		2099	2462	578	613	423
5752		2099	2462	578	613	423
123			112		11	94
123			112		11	94
726			543		183	182
726			543		183	182
682240		157630	524610			18000
682240		157630	524610			18000
682240		157630	524610			18000
5352		3644	1688		20	320
5352		3644	1688		20	320
362042	17056	101060	239005	4283	638	5845
205374	4617	67698	130922	1829	308	4928
112734			112369	98	267	3808
112734			112369	98	267	3808
92640	4617	67698	18553	1731	41	1120
148586	12439	32726	101441	1980		334
8082		636	6642	474	330	583
8082		636	6642	474	330	583
1775129		555087	1128676	27730	63636	46699
896063	17056	454168	380880	42159	1800	8878
1521643	23350	248510	1006370	20176	223237	15218
1603582	15509	692455	682862	189854	22902	20346
137705	150	20584	105518	3607	7846	3769
2143035	41682	296980	1754472	25588	24313	34218
2466912	102261	1320065	754552	49524	240510	34844
742171		164679	576566	433	493	20293

14-3 按行业分规模工业企业主要经济效益指标(2011年)

行　　业	总资产贡献率(%)	资产负债率(%)	流动资产周转率(次/年)	工业成本费用利润率(%)	产品销售率(%)
总　　计	**16.6**	**57.6**	**1.4**	**18.5**	**98.8**
煤炭开采和洗选业	21.1	57.1	1.2	29.7	99.0
石油和天然气开采业	7.0	56.7	0.8	17.3	99.9
开采辅助活动	10.8	21.7	2.6	6.8	100.0
农副食品加工业	6.9	51.1	3.2	3.6	98.4
食品制造业	18.0	41.9	4.1	6.3	107.3
酒、饮料和精制茶制造业	10.4	43.6	3.8	6.4	98.6
纺织业	3.0	54.2	1.3	0.4	94.1
纺织服装、服饰业	9.5	67.4	1.6	1.4	80.5
印刷和记录媒介复制业	2.3	73.4	2.0	0.7	89.2
文教、工美、体育和娱乐用品制造业	13.5	54.3	1.9	7.0	107.4
石油加工、炼焦和核燃料加工业	5.9	75.2	1.5	3.6	97.2
化学原料和化学制品制造业	1.8	71.6	2.8	−1.9	102.5
医药制造业	6.7	71.6	1.0	4.3	97.4
橡胶和塑料制品业	0.8	32.3	1.3	−3.8	111.5
非金属矿物制品业	1.0	72.6	1.3	−5.9	90.3
黑色金属冶炼和压延加工业	14.8	43.3	3.0	4.3	95.1
金属制品业	3.7	42.6	0.6	8.3	92.9
专用设备制造业	4.4	60.6	1.0	1.2	102.4
汽车制造业	4.9	75.9	1.3	2.4	87.6
铁路、船舶、航空航天和其他运输设备制造业	3.1	43.7	0.8	4.1	100.0
电气机械和器材制造业	−2.8	78.4	0.8	−9.5	110.1
计算机、通信和其他电子设备制造业	18.9	60.7	2.2	17.0	100.7
金属制品、机械和设备修理业	16.2	50.8	1.8	9.9	100.0
电力、热力生产和供应业	2.6	54.1	3.5	−3.0	100.0
燃气生产和供应业	−2.4	90.6	0.8	−13.5	100.0
水的生产和供应业	−4.0	45.7	1.5	−16.2	84.5

14-4 规模工业企业主要指标

单位:万元

年 份 地 区	企业单位数 (个)	工 业 总产值	工 业 增加值	资 产 总 计	流动资产 合 计
1985	714	96789	48354	129647	36253
1990	740	182739	62899	274892	112214
1995	752	455711	189319	821513	326535
2000	209	585879	245174	1540390	639248
2001	211	718838	325108	3032252	768957
2002	203	1025160	513051	3605340	779777
2003	202	1355965	693464	3798258	899366
2004	241	2093545	1069054	4766679	1395536
2005	230	2869484	1582515	5730094	1882840
2006	217	3210726	1794137	7354480	2298462
2007	245	4054884	2142172	8891324	2610663
2008	255	6031476	2922666	10804453	3556719
2009	322	7133453	3533306	14005444	4843295
2010	284	8511244	4357239	16327976	6541655
2011	217	10857710		19548026	8730781
市直汇	5	2486808		8314361	3647945
城 区	21	344532		621435	316789
沁水县	20	855318		2557747	1176527
阳城县	38	1543853		2174484	806196
陵川县	15	167078		240467	111192
泽州县	62	2459804		2382959	1121446
高平市	45	2300281		2642113	1199012
开发区	11	700035		614461	351675

注:1985年-1995年资料为乡及乡以上口径,2011年开始不对外提供工业增加值的绝对量。

14-4 续表1

单位:万元

年份 地区	固定资产 原价	负债合计	流动负债 合计	所有者权益 合计
1985	131059			
1990	228256			
1995	581086			313443
2000	1051078	1076315	574588	464075
2001	2128472	2076225	754337	956027
2002	2801832	2517680	943807	1087660
2003	3045309	2551635	1068206	1246622
2004	3380580	3091596	1612625	1674705
2005	4039968	3734933	2062989	1914643
2006	4861090	4667239	2901807	2419703
2007	5712893	5588582	3435117	3302742
2008	6702674	6622789	4195764	4181664
2009	8629977	8309944	5722624	5695500
2010	9087624	9346654	6208209	6981322
2011	9945187	11263125	7161651	8281691
市直汇	3043348	5293778	2562685	3020583
城区	321338	406130	325428	215305
沁水县	865618	1348203	1166911	1209496
阳城县	2365370	989405	567175	1184032
陵川县	97798	127908	110627	111138
泽州县	1404518	1109123	981138	1273337
高平市	1588006	1615166	1080016	1026947
开发区	259191	373413	367672	240853

14-4 续表2

单位:万元

年 份 地 区	主营业务 收 入	主营业务 成 本	主营业务 税金及附加	利润总额	本年应交 增值税	全部从业人员 年平均人数 (人)
1985	87924		4452	11936		118728
1990	176163	143947	8096	8515		143498
1995	400549		9685	21687		162526
2000	573780	432737	10738	21965	39434	122986
2001	709259	508285	11697	25136	61089	123031
2002	1066485	651951	15049	91567	104703	132039
2003	1441460	919517	19102	165230	131327	134933
2004	2185768	1424553	28227	311232	184428	164554
2005	3238905	2219280	43535	424709	246196	161501
2006	3762042	2610971	44379	474705	263340	173448
2007	4625725	3315444	48029	566828	313980	16346
2008	6896371	4788733	56341	1199003	452525	177948
2009	7237466	5120074	57650	1142917	578220	200704
2010	9929890	7275051	82444	1481625	678899	197080
2011	12376437	8894651	113587	1987388	839506	184265
市直汇	4429269	3279923	54087	661897	298962	46699
城 区	315214	273173	2656	-6274	15113	8878
沁水县	854627	370985	12877	329533	98403	15218
阳城县	1456551	902801	11429	269787	115933	20346
陵川县	163979	105874	2264	39662	14180	3769
泽州县	2379410	1925656	10289	249212	131562	34218
高平市	2104210	1478402	18733	353123	161719	34844
开发区	673175	557836	1252	90449	3634	20293

14-5 规模工业企业主要经济效益指标(2011年)

地　　区	总资产贡献率(%)	资　产负债率(%)	流动资产周转率(次/年)	工业成本费用利润率(%)	产　品销售率(%)
全　　市	**16.6**	**57.6**	**1.4**	**18.5**	**98.8**
市 直 汇	14.1	63.7	1.2	16.5	101.4
城　　区	2.6	65.4	1.0	-1.8	100.9
沁 水 县	18.3	52.7	0.8	54.2	97.3
阳 城 县	19.9	45.5	1.8	22.4	97.7
陵 川 县	24.7	53.2	1.5	32.5	102.2
泽 州 县	17.5	46.5	2.1	11.8	95.8
高 平 市	22.0	61.1	1.8	20.4	99.2
开 发 区	15.8	60.8	1.9	15.2	100.7

14-6 按行业分国有控股工业企业主要经济效益指标(2011年)

行　　业	总资产贡献率(%)	资产负债率(%)	流动资产周转率(次/年)	工业成本费用利润率(%)	产品销售率(%)
总　　计	**15.9**	**59.7**	**1.4**	**19.0**	**99.7**
煤炭开采和洗选业	19.9	59.7	1.3	26.6	99.3
石油和天然气开采业	7.4	53.0	0.7	20.4	99.9
开采辅助活动	10.8	21.7	2.6	6.8	100.0
农副食品加工业	11.3	58.0	3.8	10.7	91.4
纺织业	3.0	54.2	1.3	0.4	94.1
纺织服装、服饰业	12.4	70.8	2.4	1.7	102.6
化学原料和化学制品制造业	1.5	71.4	2.9	-2.1	102.6
医药制造业	10.1	47.9	1.2	4.6	96.2
橡胶和塑料制品业	4.1	44.6	1.9	0.2	116.5
非金属矿物制品业	7.8	62.9	2.9	7.0	98.5
金属制品业	3.7	42.6	0.5	14.3	88.3
专用设备制造业	4.4	63.7	1.0	0.6	103.4
汽车制造业	-4.4	100.3	0.9	-10.0	69.9
铁路、船舶、航空航天和其他运输设备制造业	3.1	43.7	0.8	4.1	100.0
电气机械和器材制造业	-7.9	81.4	0.8	-16.6	111.4
金属制品、机械和设备修理业	16.2	50.8	1.8	9.9	100.0
电力、热力的生产和供应业	2.6	54.0	3.7	-3.1	100.0
燃气生产和供应业	-2.4	90.6	0.8	-13.5	100.0
水的生产和供应业	-4.0	45.7	1.5	-16.2	84.5

14-7 按行业分国有控股工业企业主要指标(2011年)

单位:千元

行 业	企业单位数(个)	工业总产值	工业销售产值
总 计	81	70413053	70200615
煤炭开采和洗选业	42	50802836	50450269
石油和天然气开采业	3	1444411	1443469
开采辅助活动	1	492483	492483
农副食品加工业	2	137575	125711
纺织业	1	190428	179101
纺织服装、服饰业	2	77646	79651
化学原料和化学制品制造业	8	7871161	8071563
医药制造业	1	97321	93659
橡胶和塑料制品业	1	29415	34267
非金属矿物制品业	2	336330	331398
金属制品业	1	275500	243370
专用设备制造业	3	1529178	1581181
汽车制造业	1	209104	146251
铁路、船舶、航空航天和其他运输设备制造业	1	68250	68250
电气机械和器材制造业	1	165116	183875
金属制品、机械和设备修理业	3	191667	191667
电力、热力的生产和供应业	6	6380861	6380861
燃气生产和供应业	1	48022	48022
水的生产和供应业	1	65749	55567

14-7 续表1

单位:千元

行 业	资产总计	流动资产合 计	固定资产原 价
总 计	152286043	65195203	80240335
煤炭开采和洗选业	115046722	53775681	44579120
石油和天然气开采业	8629355	3061933	3544311
开采辅助活动	520474	186773	48612
农副食品加工业	112051	36167	45110
纺织业	232698	142730	142868
纺织服装、服饰业	82986	55493	45850
化学原料和化学制品制造业	11126904	3216104	9258449
医药制造业	131678	81611	51299
橡胶和塑料制品业	30700	18166	14498
非金属矿物制品业	505566	98939	370627
金属制品业	926623	440330	573919
专用设备制造业	2459367	1597312	602183
汽车制造业	362194	160851	165954
铁路、船舶、航空航天和其他运输设备制造业	192766	106752	138086
电气机械和器材制造业	342524	242896	98083
金属制品、机械和设备修理业	152348	122680	32049
电力、热力的生产和供应业	10937563	1722364	20161843
燃气生产和供应业	306148	87867	168485
水的生产和供应业	187376	40554	198989

14-7 续表2

单位：千元

行业	负债合计	流动负债合计	所有者权益	主营业务收入	主营业务成本
总计	**90937853**	**52320639**	**61323056**	**87040531**	**61580411**
煤炭开采和洗选业	68622963	35445714	46411594	66049361	42618761
石油和天然气开采业	4577165	4002545	4052190	1667091	1067051
开采辅助活动	112923	110923	407551	484513	329245
农副食品加工业	65026	63926	47025	126966	100879
纺织业	126105	66195	106593	179330	150679
纺织服装、服饰业	58755	52064	24231	134256	132030
化学原料和化学制品制造业	7945896	6236549	3181008	9181293	8508457
医药制造业	63125	61625	68553	88675	41123
橡胶和塑料制品业	13688	13688	17012	34267	31149
非金属矿物制品业	317805	317805	175278	281548	232971
金属制品业	395143	363836	531480	211356	139201
专用设备制造业	1567449	1367449	891918	1504569	1261574
汽车制造业	363251	361251	-1057	143676	143332
铁路、船舶、航空航天和其他运输设备制造业	84189	74901	108576	83420	51566
电气机械和器材制造业	278669	218669	63855	183875	181572
金属制品、机械和设备修理业	77437	77437	74427	191621	158398
电力、热力的生产和供应业	5905232	3357818	5032331	6374983	6328892
燃气生产和供应业	277452	75531	28695	65138	71110
水的生产和供应业	85580	52713	101796	54593	32421

14-7 续表3

单位：千元

行业	主营业务税金及附加	利润总额	本年应交增值税	利税总额	全部从业人员年平均人数（人）
总计	**929946**	**14405428**	**6346719**	**21707607**	**118999**
煤炭开采和洗选业	873677	14361330	5838020	21092809	92616
石油和天然气开采业	10412	390306	114283	518885	2640
开采辅助活动	2716	31715	21548	56422	403
农副食品加工业	429	12297	20	12746	231
纺织业	709	625	4782	6117	1666
纺织服装、服饰业	1194	2616	4816	9944	936
化学原料和化学制品制造业	2412	-199536	23045	-174079	8939
医药制造业	997	4097	8050	13230	323
橡胶和塑料制品业	109	62	1091	1262	230
非金属矿物制品业	2362	18353	11120	31835	502
金属制品业	70	28535		28605	1403
专用设备制造业	11359	9860	73300	94519	1992
汽车制造业		-16127		-16127	420
铁路、船舶、航空航天和其他运输设备制造业	389	4681		5070	807
电气机械和器材制造业	3	-36450	254	-36193	344
金属制品、机械和设备修理业	778	19486	4394	24658	320
电力、热力的生产和供应业	20770	-204626	236245	52389	4310
燃气生产和供应业	1122	-10308	2165	-7021	334
水的生产和供应业	438	-11488	3586	-7464	583

14-8 国有控股工业企业主要指标

单位:万元

年份 地区	企业单位数 (个)	工业 总产值	工业 销售产值	资产 总计	流动资产 合计
1985	118	65202		102431	26654
1990	127	111214		202159	75721
1995	130	250223		574243	204511
2000	80	286305	285323	1178039	457982
2001	81	432664	436137	2605474	582128
2002	69	690139	696905	3143183	583240
2003	63	947876	946228	3200676	607226
2004	70	1472717	1453636	3862871	952282
2005	67	1980737	1960934	4685611	1382290
2006	50	2125162	2094361	5675488	1644781
2007	77	2552235	2383831	6462635	1618053
2008	58	3680115	3439786	7787223	2275240
2009	67	4326379	4323588	10081371	3172544
2010	77	5276279	5082715	12193424	4584997
2011	81	7041305	7020062	15228604	6519520
市直汇	5	2486808	2520668	8314361	3647945
城区	10	293897	299657	515197	266305
沁水县	7	302258	302164	1257200	550473
阳城县	12	1011787	992088	1436778	407616
陵川县	7	107695	110258	170621	65570
泽州县	17	1012947	984505	1362414	634118
高平市	21	1771572	1756179	2115606	925708
开发区	2	54341	54542	56428	21784

14-8 续表1

单位:万元

年 份 地 区	固定资产 原 价	负债合计	流动负债 合 计	所有者权益 合 计
1985	108941			
1990	182904			
1995	452481			226580
2000	867026	846948	385141	331092
2001	1884758	1815118	543791	790357
2002	2530565	2235729	722320	907455
2003	2742540	2162631	754007	1038045
2004	2990869	2515711	1155690	1346897
2005	3615568	3107097	1590024	1497996
2006	4114993	3635584	2107008	1771822
2007	4639878	4071633	2273458	2391002
2008	5411835	5008316	2897156	2778906
2009	6790971	6202906	3949770	3878465
2010	7194888	7181731	4468104	5011693
2011	8024034	9093785	5232064	6132306
市直汇	3043348	5293778	2562685	3020583
城 区	258186	333181	258003	182017
沁水县	510731	687180	603673	569972
阳城县	2031968	735731	355594	700001
陵川县	75319	77927	69525	91276
泽州县	764026	643479	551570	718934
高平市	1332476	1307756	817075	807849
开发区	7980	14754	13939	41674

14-8 续表2

单位:万元

年 份 地 区	主营业务 收 入	主营业务 成 本	主 营 业 务 税金及附加	利润总额	本年应交 增 值 税	全部从业人员 年平均人数 (人)
1985	59568	42721	2528	8485		66700
1990	115897	98376	4960	2826		83429
1995	244120		4484	14720		85866
2000	322284	237144	5686	12943	25867	77983
2001	454087	316080	7352	14489	45864	76341
2002	731360	431818	8944	50629	79192	75697
2003	1045067	666904	12293	108595	100313	78021
2004	1569152	1022094	20671	215805	138458	106163
2005	2356227	1607075	33428	308391	189755	103265
2006	2685575	1861286	34756	346500	193845	106842
2007	3143400	2261374	35174	373024	219831	8895
2008	4584091	3344511	37975	664435	289921	98733
2009	4480920	3021970	38185	786541	416723	108987
2010	6856071	5067949	63121	986740	487221	111916
2011	8704053	6158041	92995	1440543	634672	118999
市直汇	4429269	3279923	54087	661897	298962	46699
城区	266190	229770	2294	-5944	13671	5748
沁水县	324530	184565	4165	70959	31383	7023
阳城县	951313	686395	5936	162286	67426	10204
陵川县	104040	51641	2102	39192	12558	2032
泽州县	1001621	678207	6494	184946	60201	17637
高平市	1573290	1009279	17616	324019	148090	28865
开发区	53799	38262	302	3189	2381	791

14-9 国有控股工业企业主要经济效益指标(2011年)

地 区	总资产贡献率(%)	资产负债率(%)	流动资产周转率(次/年)	工业成本费用利润率(%)	产品销售率(%)
全 市	**15.9**	**59.7**	**1.4**	**19.0**	**99.7**
市直汇	14.1	63.7	1.2	16.5	101.4
城 区	2.6	64.7	1.1	-2.1	102.0
沁水县	9.7	54.7	0.7	21.2	100.0
阳城县	18.3	51.2	2.3	20.2	98.1
陵川县	32.0	45.7	1.6	64.3	102.4
泽州县	19.6	47.2	1.6	22.9	97.2
高平市	25.0	61.8	1.7	26.3	99.1
开发区	10.5	26.2	2.5	6.0	100.4

14-10 按行业分私营工业企业主要经济效益指标(2011年)

行 业	总资产贡献率(%)	资产负债率(%)	流动资产周转率(次/年)	工业成本费用利润率(%)	产品销售率(%)
总 计	**11.8**	**52.3**	**2.6**	**3.6**	**96.1**
煤炭开采和洗选业	4.0	84.9	1.4	-0.6	102.6
农副食品加工业	6.1	48.5	3.1	2.5	100.3
食品制造业	18.0	41.9	4.1	6.3	107.3
酒、饮料和精制茶制造业	20.3	8.6	9.5	4.5	100.0
纺织服装、服饰业	6.6	64.1	0.8	0.4	39.8
文教、工美、体育和娱乐用品制造业	13.5	54.3	1.9	7.0	107.4
石油加工、炼焦和核燃料加工业	4.0	94.9	1.5	0.7	98.3
化学原料和化学制品制造业	9.8	68.1	2.1	2.9	100.5
医药制造业	12.8	83.0	19.2	-0.4	104.4
橡胶和塑料制品业	7.6	43.7	2.1	5.9	111.7
非金属矿物制品业	-0.7	78.9	0.9	-14.4	89.4
黑色金属冶炼和压延加工业	15.0	42.8	3.1	4.4	95.0
金属制品业	3.6	42.5	1.2	-2.8	104.8
专用设备制造业	2.0	35.3	0.7	0.2	153.9
汽车制造业	8.4	48.7	2.0	6.1	96.1
电气机械和器材制造业	8.7	55.1	1.2	5.2	100.0

14-11 按行业分私营工业企业主要指标(2011年)

单位:千元

行业	企业单位数(个)	工业总产值	工业销售产值
总计	66	17530015	16848376
煤炭开采和洗选业	12	910875	934758
农副食品加工业	4	738985	740869
食品制造业	2	103448	111004
酒、饮料和精制茶制造业	1	46594	46594
纺织服装、服饰业	1	42165	16789
文教、工美、体育和娱乐用品制造业	1	24153	25929
石油加工、炼焦和核燃料加工业	1	746595	733576
化学原料和化学制品制造业	10	501961	504342
医药制造业	1	24862	25965
橡胶和塑料制品业	2	67595	75470
非金属矿物制品业	5	186892	167048
黑色金属冶炼和压延加工业	21	13554402	12882486
金属制品业	2	106629	111697
专用设备制造业	1	25070	38570
汽车制造业	1	419660	403150
电气机械和器材制造业	1	30129	30129

14-11 续表1

单位:千元

行业	资产合计	流动资产合计	固定资产原价
总计	13018574	6608615	7574925
煤炭开采和洗选业	849540	702272	139746
农副食品加工业	461597	231738	202073
食品制造业	69580	27387	45483
酒、饮料和精制茶制造业	15361	4920	15282
纺织服装、服饰业	84051	58854	3853
文教、工美、体育和娱乐用品制造业	26127	13542	13147
石油加工、炼焦和核燃料加工业	1046610	500230	645942
化学原料和化学制品制造业	400194	244459	188046
医药制造业	7770	1351	8205
橡胶和塑料制品业	88509	35614	57239
非金属矿物制品业	463604	196030	206514
黑色金属冶炼和压延加工业	8798134	4222669	5789561
金属制品业	125258	86514	43228
专用设备制造业	89850	56317	36537
汽车制造业	465281	200709	176566
电气机械和器材制造业	27108	26009	3503

14-11 续表2

单位:千元

行　　业	负债合计	流动负债合　计	所有者权益	主营业务收　入	主营业务成　本
总　　计	**6811909**	**6357003**	**6201639**	**16885448**	**15591361**
煤炭开采和洗选业	720864	720864	123638	982770	904279
农副食品加工业	223953	148115	237608	722449	679972
食品制造业	29172	24902	40408	111004	99329
酒、饮料和精制茶制造业	1319	1319	14042	46594	43685
纺织服装、服饰业	53888	19865	30163	46214	23362
文教、工美、体育和娱乐用品制造业	14176	10518	11951	25929	22794
石油加工、炼焦和核燃料加工业	993407	918211	53203	729391	679267
化学原料和化学制品制造业	272628	244241	127566	514057	436346
医药制造业	6451	6451	1319	25965	25431
橡胶和塑料制品业	38640	29758	49869	76055	65590
非金属矿物制品业	365656	342681	97948	168849	157405
黑色金属冶炼和压延加工业	3765556	3596097	5032628	12857877	11942522
金属制品业	53231	53231	72026	106448	94372
专用设备制造业	31687	29469	58163	38567	35724
汽车制造业	226340	196340	238941	403150	357394
电气机械和器材制造业	14941	14941	12166	30129	23889

14-11 续表3

单位:千元

行　　业	主营业务税金及附加	利润总额	本年应交增 值 税	利税总额	全部从业人员年平均人数（人）
总　　计	**22156**	**583189**	**750960**	**1356305**	**21007**
煤炭开采和洗选业	1735	-5844	17799	13690	539
农副食品加工业	573	17760	4026	22359	590
食品制造业	410	6585	4051	11046	270
酒、饮料和精制茶制造业	83	2012	698	2793	108
纺织服装、服饰业	615	167	4454	5236	301
文教、工美、体育和娱乐用品制造业	62	1680	1088	2830	243
石油加工、炼焦和核燃料加工业	1351	4930	17835	24116	526
化学原料和化学制品制造业	1443	14367	9748	25558	1532
医药制造业	55	-114	734	675	66
橡胶和塑料制品业	45	4220	576	4841	298
非金属矿物制品业	493	-28554	7071	-20990	1020
黑色金属冶炼和压延加工业	13952	544343	675088	1233383	14375
金属制品业	110	-3085	611	-2364	250
专用设备制造业	28	74	377	479	99
汽车制造业	472	23199	6620	30291	744
电气机械和器材制造业	729	1449	184	2362	46

14-12 私营工业企业主要指标

单位：万元

年份 地区	企业单位数 （个）	工业 总产值	工业 销售产值	资产 总计	流动资产 合计
2000	7	17800	16143	25691	10742
2005	29	315137	318214	144217	75943
2006	32	192668	192822	182742	86088
2007	32	193754	182011	162618	88989
2008	49	295308	292639	238076	133451
2009	99	1067723	1069153	778728	428402
2010	95	1352628	1299133	1134487	531007
2011	66	1753002	1684838	1301857	660862
城区	1	2496	2496	4914	2476
沁水县	3	20542	17911	25151	16012
阳城县	13	39888	41166	38284	23503
陵川县	6	52694	53657	56281	36731
泽州县	27	1326647	1256549	879420	420712
高平市	16	310735	313059	297808	161427
开发区					

14-12 续表1

单位：万元

年份 地区	固定资产 原价	负债合计	流动负债 合计	所有者权益 合计	主营业务 收入
2000	16414	7176	6705	18515	12414
2005	61344	88008	78253	56209	319505
2006	98520	123824	104738	58918	195383
2007	75041	110507	88862	52111	196163
2008	102917	152711	130734	85365	298086
2009	342082	456002	412886	322726	1072712
2010	637840	566933	503381	567554	1306980
2011	757493	681191	635700	620164	1688545
城区	2873	3111	3111	1803	2089
沁水县	8502	16480	14415	8671	17692
阳城县	16442	21475	20439	16808	41274
陵川县	18096	44309	37181	11968	53065
泽州县	567785	400252	385937	478669	1257645
高平市	143795	195564	174618	102244	316780
开发区					

14-12 续表 2

单位:万元

年份 地区	主营业务成本	主营业务税金及附加	利润总额	本年应交增值税	利税总额	全部从业人员年平均人数(人)
2000	10472	156	325	599	1080	1317
2005	298960	1088	2872	6228	10188	6388
2006	167585	653	7897	9288	17838	9704
2007	170037	616	4511	9346	14473	36293
2008	252437	1098	17155	11450	29704	10342
2009	1003246	3573	15744	22054	41370	26223
2010	1167182	2739	71928	30238	104905	25218
2011	1559136	2216	58319	75096	135631	21007
城区	1701	4	-85	29	-53	80
沁水县	15459	92	6	830	928	469
阳城县	36134	166	-160	1147	1154	1896
陵川县	49603	86	-940	1098	244	1393
泽州县	1167301	1435	50631	65747	117813	13401
高平市	288938	432	8867	6246	15545	3768
开发区						

14-13 私营工业企业主要经济效益指标(2011年)

地区	总资产贡献率(%)	资产负债率(%)	流动资产周转率(次/年)	工业成本费用利润率(%)	产品销售率(%)
全市	**11.8**	**52.3**	**2.6**	**3.6**	**96.1**
城区	-0.1	63.3	0.8	-3.9	100.0
沁水县	5.3	65.5	1.1	0.0	87.2
阳城县	7.0	56.1	1.8	-0.4	103.2
陵川县	4.9	78.7	1.5	-1.7	101.8
泽州县	14.4	45.5	3.0	4.2	94.7
高平市	7.0	65.7	2.0	2.9	100.8
开发区					

14-14 按行业分“三资”工业企业主要指标（2011年）

单位：千元

行 业	企业单位数(个)	工业总产值	工业销售产值	资产总计
总 计	13	17031091	16956198	27476186
煤炭开采和洗选业	2	4617607	4493618	12154151
石油和天然气开采业	4	698322	698025	1878754
汽车制造业	1	33276	32968	170973
电气机械和器材制造业	2	50409	58893	137191
计算机、通信和其他电子设备制造业	1	6107463	6148680	4604248
金属制品、机械和设备修理业	1	129794	129794	86454
电力、热力生产和供应业	2	5394220	5394220	8444415

14-14 续表1

单位：千元

行 业	流动资产合计	固定资产原价	负债合计	流动负债合计
总 计	11075368	24967880	12984431	9842331
煤炭开采和洗选业	6795628	3265524	4075464	3222015
石油和天然气开采业	375576	1282809	1376577	1294599
汽车制造业	117369	46661	169526	153365
电气机械和器材制造业	94125	37174	97828	73010
计算机、通信和其他电子设备制造业	2706811	2297325	2793432	2793432
金属制品、机械和设备修理业	64317	23108	43003	43003
电力、热力生产和供应业	921542	18015279	4428601	2262907

14-14 续表2

单位：千元

行 业	所有者权益	主营业务收入	主营业务成本	主营业务税金及附加
总 计	14489814	16654066	12333589	106990
煤炭开采和洗选业	8078687	4508449	1220911	85604
石油和天然气开采业	502177	691306	513637	1606
汽车制造业	1446	35194	29446	13
电气机械和器材制造业	37423	64925	47013	286
计算机、通信和其他电子设备制造业	1810816	5830216	4914204	8112
金属制品、机械和设备修理业	43451	129756	111593	352
电力、热力生产和供应业	4015814	5394220	5496785	11017

14-14 续表3

单位：千元

行 业	利润总额	本年应交增值税	全部从业人员年平均人数(人)
总 计	3016942	876350	28625
煤炭开采和洗选业	2371758	678833	7392
石油和天然气开采业	47800	25292	612
汽车制造业	805	96	265
电气机械和器材制造业	3252	1612	276
计算机、通信和其他电子设备制造业	858135	3909	18000
金属制品、机械和设备修理业	12681	1846	93
电力、热力生产和供应业	-277489	164762	1987

14-15 按行业分"三资"工业企业主要经济效益指标(2011年)

行业	总资产贡献率(%)	资产负债率(%)	流动资产周转率(次/年)	工业成本费用利润率(%)	产品销售率(%)
总计	**15.7**	**47.3**	**1.5**	**21.9**	**99.6**
煤炭开采和洗选业	26.4	33.5	0.7	109.2	97.3
石油和天然气开采业	5.1	73.3	1.9	7.6	100.0
汽车制造业	1.8	99.2	0.3	2.3	99.1
电气机械和器材制造业	5.0	71.3	0.7	5.2	116.8
计算机、通信和其他电子设备制造业	18.9	60.7	2.2	17.0	100.7
金属制品、机械和设备修理业	17.2	49.7	2.0	10.6	100.0
电力、热力生产和供应业	1.2	52.4	5.9	-4.9	100.0

14-16 "三资"工业企业主要指标

单位:万元

年份 地区	企业单位数(个)	工业总产值	工业销售产值	资产总计	流动资产合计
2000	3	1391	1266	4088	1346
2005	5	343180	342219	987620	122679
2006	6	468720	462916	1218491	199512
2007	9	556630	546669	1374063	287695
2008	11	768950	764020	1466573	377250
2009	14	951223	928198	1739748	566280
2010	16	1212236	1116032	2089719	872646
2011	13	1703109	1695620	2747619	1107537
市直汇					10592
城区					
沁水县	6	418502	420009	1021238	455506
阳城县	3	665493	651557	1235139	360200
陵川县					
泽州县					
高平市					
开发区	4	619115	624054	491241	291831

14–16 续表1

单位:万元

年 份 地 区	固定资产 原 价	负债合计	流动负债 合 计	所有者权益 合 计	主营业务 收 入
2000	2359	2406	1839	1682	584
2005	1275432	558667	49519	428953	342088
2006	1453155	687928	207254	531107	462887
2007	1561011	734887	318953	639176	557120
2008	1669841	660199	372946	806375	769807
2009	1803604	734189	520273	1005558	892764
2010	1892186	904552	722436	1185167	1161826
2011	2496788	1298443	984233	1448981	1665407
市 直 汇					
城 区					
沁 水 县	271919	492861	399319	528377	420442
阳 城 县	1986753	499503	282934	735636	651931
陵 川 县					
泽 州 县					
高 平 市					
开 发 区	238116	306079	301981	184969	593034

14–16 续表2

单位:万元

年 份 地 区	主营业务 成 本	主营业务 税金及附加	利润总额	本年应交 增 值 税	全部从业人员年 平均人数(人)
2000	498		-69	29	250
2005	264540		45563	39682	1501
2006	312538	1190	81663	56739	8213
2007	371403	1689	139674	62046	1123
2008	551755	2508	166372	69271	13101
2009	571303	3132	254356	80496	18953
2010	795535	3461	292437	92100	29199
2011	1233359	10699	301694	87635	28625
市 直 汇					
城 区					
沁 水 县	147524	7345	209250	53898	5761
阳 城 县	586768	2513	6225	33175	4323
陵 川 县					
泽 州 县					
高 平 市					
开 发 区	499066	841	86219	562	18541

14-17 按行业分大中型工业企业主要指标（2011年）

单位：千元

行　　业	企业单位数（个）	工业总产值	工业销售产值
总　　计	109	99835992	98532278
煤炭开采和洗选业	48	58611531	57996838
石油和天然气开采业	2	1224891	1224891
开采辅助活动	1	492483	492483
酒、饮料和精制茶制造业	1	497760	490982
纺织业	1	190428	179101
纺织服装、服饰业	3	119811	96440
石油加工、炼焦和核燃料加工业	2	960286	908838
化学原料和化学制品制造业	8	8028333	8230614
医药制造业	1	97321	93659
橡胶和塑料制品业	1	13772	13764
非金属矿物制品业	6	625829	557423
黑色金属冶炼和压延加工业	17	13319644	12646944
金属制品业	1	275500	243370
专用设备制造业	2	1481423	1539185
汽车制造业	4	1011681	882653
铁路、船舶、航空航天和其他运输设备制造业	1	68250	68250
电气机械和器材制造业	1	165116	183875
计算机、通信和其他电子设备制造业	1	6107463	6148680
电力、热力生产和供应业	6	6430699	6430699
燃气生产和供应业	1	48022	48022
水的生产和供应业	1	65749	55567

14-17 续表1

单位：千元

行　　业	资产总计	流动资产合　　计	固定资产原　　价
总　　计	182832714	81736906	93449736
煤炭开采和洗选业	129996786	62449443	48588994
石油和天然气开采业	7509325	2653976	2739974
开采辅助活动	520474	186773	48612
酒、饮料和精制茶制造业	406728	130840	252676
纺织业	232698	142730	142868
纺织服装、服饰业	167037	114347	49703
石油加工、炼焦和核燃料加工业	1478407	714082	890626
化学原料和化学制品制造业	11296756	3315266	9304218
医药制造业	131678	81611	51299
橡胶和塑料制品业	211906	86156	175283
非金属矿物制品业	1105888	204931	819674
黑色金属冶炼和压延加工业	8557920	4115659	5700347
金属制品业	926623	440330	573919
专用设备制造业	2407387	1562982	579622
汽车制造业	1280121	577078	433873
铁路、船舶、航空航天和其他运输设备制造业	192766	106752	138086
电气机械和器材制造业	342524	242896	98083
计算机、通信和其他电子设备制造业	4604248	2706811	2297325
电力、热力生产和供应业	10969918	1775822	20197080
燃气生产和供应业	306148	87867	168485
水的生产和供应业	187376	40554	198989

14-17 续表2

单位:千元

行　　业	负债合计	流动负债合　计	所有者权　益	主营业务收　入	主营业务成　本
总　　计	104236207	64256860	78571906	115144569	83074783
煤炭开采和洗选业	73988087	39847608	55996533	73647230	45528613
石油和天然气开采业	3562548	2987928	3946777	1439959	963008
开采辅助活动	112923	110923	407551	484513	329245
酒、饮料和精制茶制造业	173414	84484	233314	490860	427166
纺织业	126105	66195	106593	179330	150679
纺织服装、服饰业	112643	71929	54394	180470	155392
石油加工、炼焦和核燃料加工业	1320331	1239135	158076	899440	846291
化学原料和化学制品制造业	8129025	6315427	3167731	9351775	8671282
医药制造业	63125	61625	68553	88675	41123
橡胶和塑料制品业	54741	51215	157165	65645	32228
非金属矿物制品业	697540	666972	395865	499179	439970
黑色金属冶炼和压延加工业	3580947	3432038	4977023	12622297	11716576
金属制品业	395143	363836	531480	211356	139201
专用设备制造业	1560195	1360195	847192	1461787	1229383
汽车制造业	932354	896754	347767	879988	748683
铁路、船舶、航空航天和其他运输设备制造业	84189	74901	108576	83420	51566
电气机械和器材制造业	278669	218669	63855	183875	181572
计算机、通信和其他电子设备制造业	2793432	2793432	1810816	5830216	4914204
电力、热力生产和供应业	5907764	3485350	5062154	6424823	6405070
燃气生产和供应业	277452	75531	28695	65138	71110
水的生产和供应业	85580	52713	101796	54593	32421

14-17 续表3

单位:千元

行　　业	主营业务税金及附加	利润总额	本年应交增值税	利税总额	全部从业人员年平均人数（人）
总　　计	1077235	18806456	7900539	27809744	167524
煤炭开采和洗选业	986719	17466694	6708371	25181566	103790
石油和天然气开采业	6899	293213	85954	389950	2517
开采辅助活动	2716	31715	21548	56422	403
酒、饮料和精制茶制造业	1207	32900	5100	39207	498
纺织业	709	625	4782	6117	1666
纺织服装、服饰业	1809	2783	9270	15180	1237
石油加工、炼焦和核燃料加工业	1558	-1851	17835	17542	865
化学原料和化学制品制造业	2407	-188172	24458	-161307	9117
医药制造业	997	4097	8050	13230	323
橡胶和塑料制品业	2901	-11187	487	-7799	500
非金属矿物制品业	2908	-14915	14836	2829	2730
黑色金属冶炼和压延加工业	13951	542676	672336	1228963	13792
金属制品业	70	28535		28605	1403
专用设备制造业	11258	8340	72120	91718	1836
汽车制造业	10300	20690	10587	41577	2057
铁路、船舶、航空航天和其他运输设备制造业	389	4681		5070	807
电气机械和器材制造业	3	-36450	254	-36193	344
计算机、通信和其他电子设备制造业	8112	858135	3909	870156	18000
电力、热力生产和供应业	20762	-214257	234891	41396	4722
燃气生产和供应业	1122	-10308	2165	-7021	334
水的生产和供应业	438	-11488	3586	-7464	583

14-18 按行业分大中型工业企业主要经济效益指标(2011年)

行业	总资产贡献率(%)	资产负债率(%)	流动资产周转率(次/年)	工业成本费用利润率(%)	产品销售率(%)
总计	**16.7**	**57.0**	**1.4**	**18.9**	**98.7**
煤炭开采和洗选业	20.9	56.9	1.2	29.9	99.0
石油和天然气开采业	6.8	47.4	0.7	16.4	100.0
开采辅助活动	10.8	21.7	2.6	6.8	100.0
酒、饮料和精制茶制造业	11.3	42.6	3.8	7.2	98.6
纺织业	3.0	54.2	1.3	0.4	94.1
纺织服装、服饰业	9.5	67.4	1.6	1.4	80.5
石油加工、炼焦和核燃料加工业	2.4	89.3	1.3	-0.2	94.6
化学原料和化学制品制造业	1.6	72.0	2.8	-2.0	102.5
医药制造业	10.1	47.9	1.2	4.6	96.2
橡胶和塑料制品业	-2.4	25.8	0.8	-14.9	99.9
非金属矿物制品业	2.2	63.1	2.4	-2.9	89.1
黑色金属冶炼和压延加工业	15.2	41.8	3.1	4.5	95.0
金属制品业	3.7	42.6	0.5	14.3	88.3
专用设备制造业	4.4	64.8	1.0	0.5	103.9
汽车制造业	5.3	72.8	1.5	2.4	87.3
铁路、船舶、航空航天和其他运输设备制造业	3.1	43.7	0.8	4.1	100.0
电气机械和器材制造业	-7.9	81.4	0.8	-16.6	111.4
计算机、通信和其他电子设备制造业	18.9	60.7	2.2	17.0	100.7
电力、热力生产和供应业	2.4	53.9	3.7	-3.2	100.0
燃气生产和供应业	-2.4	90.6	0.8	-13.5	100.0
水的生产和供应业	-4.0	45.7	1.5	-16.2	84.5

14-19 大中型工业企业主要经济效益指标(2011年)

地区	总资产贡献率(%)	资产负债率(%)	流动资产周转率(次/年)	工业成本费用利润率(%)	产品销售率(%)
全市	16.7	57.0	1.4	18.9	98.7
市直汇	14.1	63.7	1.2	16.5	101.4
城区	2.5	65.1	1.1	-2.2	101.9
沁水县	19.9	49.0	0.7	62.9	97.2
阳城县	17.3	43.2	1.8	19.6	97.5
陵川县	35.2	42.4	1.8	50.2	102.9
泽州县	18.1	45.6	2.2	12.2	95.7
高平市	23.4	61.2	1.8	23.3	98.8
开发区	17.2	58.5	2.1	15.6	100.7

14-20 大中型工业企业主要指标

单位:万元

年份 地区	企业单位数 (个)	工业 总产值	工业 销售产值	资产 总计	流动资产 合计
1985	12	32310		58045	12494
1990	8	44143		109731	39472
1995	13	163629		366354	114840
2000	10	208392	207771	920727	346528
2001	12	337761	338800	2339091	468467
2002	11	572312	578496	2867918	468056
2003	41	1093553	1091450	3347004	704595
2004	63	1772235	1749111	4160786	1120620
2005	73	2556624	2529136	5169506	1617118
2006	77	2915764	2874225	6834403	2065266
2007	97	3608000	3427227	7701845	2223892
2008	117	5346475	5068331	9700977	3161415
2009	118	6416168	6390181	12804518	4369910
2010	106	7773528	7387954	14890508	5915754
2011	109	9983599	9853228	18283271	8173691
市直汇	5	2486808	2520668	8314361	3647945
城区	12	312282	318067	561458	286705
沁水县	9	724231	704104	2216469	1069821
阳城县	16	1244475	1213882	1819273	663081
陵川县	4	111734	114928	140070	61274
泽州县	32	2374347	2271482	2271528	1068014
高平市	27	2051522	2027511	2411387	1067023
开发区	4	678201	682585	548727	309828

注:1985年-1995年资料为乡及乡以上口径。

14-20 续表1

单位:万元

年 份 地 区	固定资产 原 价	负债合计	流动负债 合 计	所有者权益 合 计
1985	64170			
1990	106531			
1995	315769			150447
2000	693109	670218	270433	250509
2001	1702042	1627828	419479	711263
2002	2339680	2042430	597484	825487
2003	2778433	2238840	837411	1108164
2004	3068161	2690424	1340778	1470099
2005	3788031	3370280	1834801	1718707
2006	4614489	4292857	2601335	2273464
2007	4951034	4709003	2911744	2992842
2008	5986670	5859962	3843983	3841015
2009	8072475	7529958	5028717	5274560
2010	8477704	8286204	5376085	6604304
2011	9344974	10423621	6425686	7857191
市直汇	3043348	5293778	2562685	3020583
城 区	287374	365361	289562	196097
沁水县	642336	1085702	914673	1130767
阳城县	2199425	785301	425519	1032926
陵川县	66379	59432	51672	79220
泽州县	1362268	1036372	911925	1235161
高平市	1500945	1476469	949618	934917
开发区	242898	321207	320032	227520

14-20 续表2

单位:万元

年 份 地 区	主营业务 收 入	主营业务 成 本	主营业务 税金及附加	利润总额	本年应交 增值税	全部从业人员年 平均人数(人)
1985	30617	21624	1024	4389		28415
1990	55104	49872	2443	-2247		31123
1995	160053		3258	12261		43017
2000	251981	189523	4272	10493	19424	51612
2001	363558	258574	5389	10203	36994	51437
2002	618236	367978	6887	42478	67841	52654
2003	1197780	751344	14883	146654	111675	91012
2004	1875283	1197676	24394	280160	161822	126211
2005	2925747	1984513	39949	401540	223800	128998
2006	3473915	2389870	41340	459994	244106	142648
2007	4187411	2973941	43641	553949	283949	133546
2008	6217227	4251705	52239	1158412	407281	152985
2009	6581070	4605570	51867	1113270	537559	164841
2010	9195047	6677310	74808	1461536	639150	167838
2011	11514457	8307478	107724	1880646	790054	167524
市直汇	4429269	3279923	54087	661897	298962	46699
城 区	285153	248707	2389	-6835	14423	7096
沁水县	726333	280263	12141	312629	91393	13713
阳城县	1173577	798674	8306	194669	83749	14342
陵川县	108891	62242	1337	35561	11492	2008
泽州县	2291289	1849442	10038	247858	130330	32026
高平市	1849958	1247453	18243	345701	156555	32326
开发区	649987	540776	1183	89166	3150	19314

14-21 主要工业

年份 地区	原煤 （万吨）	市级以下	洗煤 （万吨）	天然气 （万立方米）	发电量 （万千瓦小时）	火电 （万千瓦小时）	水泥 （万吨）	生铁 （万吨）	粗钢 （吨）	钢材 （吨）
1985	*2248	*1568	43		*56209	*53232	*23	*50	15094	14912
1990	*3099	*1992	111		*70145	*65274	*40	*67	25310	12859
1995	*3549	*2401	23		*120281	*75838	*71	*407	25986	20450
2000	*3807	*2571	79		*102872	*96770	*90	*306	57066	*58218
2001	*3294	*2150	88		*477745	*467645	*90	*305	740	*740
2002	*4902	*3326	135		*1032403	*1020244	*99	*225	1100	
2003	*6561	*4586	882		*1241060	*1230623	*106	*233		
2004	*7499	*4968	1082		*1380079	*1360814	*129	*276		
2005	*7628	*4534	1451		*1349664	*1343097	*114	*308	244605	209720
2006	*7667	*4575	1340		*1330324	*1319775	*124	*170	573868	355004
2007	*7867	*4554	1768		*1471526	*1460630	*151	*149	647732	*522320
2008	*8611	*4872	1831	11449	*1961777	*1950055	98	87	567438	*424606
2009	*8532	*4164	2233	47403	*1993299	1984320	125	256	1921242	*1230234
2010	*8434	*4468	2157	152199	*2040874	2035428	143	226	1687000	*1514093
2011	*9140	*4982	2176	185721	*1991597	1914672	139	278	2210111	*2049763
市直汇	3838	783	1281	30837						
城　区	344	78			90968	90968	17	3		
沁水县	684	547	88	148104	101089	101089		1		
阳城县	1179	1179	124	6780	1691997	1691997	35			
陵川县	159	159					57	5		
泽州县	911	815	210		2473	2473	7	253	2210111	2049763
高平市	1958	1353	472		28145	28145	23	16		
开发区										

注：标注*号的为全社会产量，分县为规模以上产量。

产品产量

钢 筋 （吨）	焦 炭 （吨）	软饮料 （吨）	啤 酒 （千升）	纱 （吨）	布 （万米）	丝 （吨）	合成氨 （吨）	农用氮、磷、钾化学肥料（折纯）（吨）	氮肥(折含N100%)（吨）	尿 素 （吨）	日用陶瓷 （万件）
			425	2460	1168	269	*37663	32890	31069		*1389
				2624	1318	355	71855	57200	50288		*2333
		3462		2570	1058	460	94233	66968			5766
	120000	19102	20000	3330	1189	348	233162	148843	147394		5358
	69628	19810	30000	3061	1192	312	291303	173973	173973		5762
	76131	18385	21346	3076	1282	169	342845	219538	217841	145074	5418
	113989	22988	27314	3795	1166	120	444435	255571	254906	180915	4147
	217998	44417	13831	4090	782	101	664905	460889	460889	392662	3870
209720	231043	41317	13057	4083	800	123	1066301	880357	880357	616626	2003
355004	375451	56461	14733	4166	809	94	1567212	1160566	1160566	1160566	4261
*522320	696110	62700	19266	4544	736		2040538	1572215	1572215	1572215	4495
*424607	799079	63100	20109	3752	539		2520387	1910624	1910624	1910624	4243
*1230234	761429	73494	12413	3492	647	171	2773229	2101073	2101073	2101073	3009
*1514093	841526	83931	8911	3714	736	115	2328459	1720598	1720598	1720598	3014
*2049763	916743	90305	4363	3846	706		2672083	2017365	2017365	2017365	
							626307	484132	484132	484132	
		1190	4363								
	100125										
				3846	706						
2049763		8015					964737	750351	750351	750351	
	816618	81100					1081039	782883	782883	782883	

14-22 规模以上工业主要产品生产能力(2011年)

产品名称	年末生产能力
原煤(万吨)	8345
焦炭(万吨)	149
农用氮、磷、钾胡学肥料总计(折纯)(万吨)	210
水泥(万吨)	355
硅酸盐水泥熟料(万吨)	275
生铁(万吨)	415
粗钢(万吨)	310
钢材(万吨)	300
钢筋(万吨)	
发电设备容量总计(万千瓦小时)	374
棉纺锭/纺纱量(锭/吨)	33992
气流纺锭/纺纱量(头/吨)	1800
棉布织机/布(台/万米)	274

主要统计指标解释

工业 指从事自然资源的开采，对采掘品和农产品进行加工和再加工的物质生产部门。具体包括：(1)对自然资源的开采，如采矿、晒盐等(但不包括禽兽捕猎和水产捕捞)；(2)对农副产品的加工、再加工，如粮油加工、食品加工、缫丝、纺织、制革等；(3)对采掘品的加工、再加工，如炼铁、炼钢、化工生产、石油加工、机器制造、木材加工等，以及电力、自来水、煤气的生产和供应等；(4)对工业品的修理、翻新，如机器设备的修理、交通运输工具(如汽车)的修理等。

工业统计调查单位为独立核算法人工业企业。

独立核算法人工业企业指从事工业生产经营活动的单位。独立核算法人工业企业应同时具备以下条件：①依法成立，有自己的名称、组织机构和场所，能够承担民事责任；②独立拥有和使用资产，承担负债，有权与其他单位签订合同；③独立核算盈亏，并能够编制资产负债表。

本年鉴中涉及的企业登记注册类型：

国有及国有控股企业 指国有企业加上国有控股企业。国有企业(即原全民所有制工业或国营工业)指企业全部资产归国家所有，并按《中华人民共和国企业法人登记管理条例》规定登记注册的非公司制的经济组织。包括国有企业、国有独资公司和国有联营企业。1957年以前的公私合营和私营工业，后均改造为国营工业，1992年改为国有工业，这部分工业的资料不单独分列时，均包括在国有企业内。国有控股企业是对混合所有制经济的企业进行的“国有控股”分类。它是指这些企业的全部资产中国有资产(股份)相对其他所有者中的任何一个所有者占资(股)最多的企业。该分组反映了国有经济控股情况。

集体企业 指企业资产归集体所有，并按《中华人民共和国企业法人登记管理条例》规定登记注册的经济组织。是社会主义公有制经济的组成部分。包括城乡所有使用集体投资举办的企业，以及部分个人通过集资自愿放弃所有权并依法经工商行政管理机关认定为集体所有制的企业。

股份合作企业 指以合作制为基础，由企业职工共同出资入股，吸收一定比例的社会资产投资组建，实行自主经营，自负盈亏，共同劳动，民主管理，按劳分配与按股分红相结合的一种集体经济组织。

联营企业 指两个及两个以上相同或不同所有制性质的企业法人或事业单位法人，按自愿、平等、互利的原则，共同投资组成的经济组织。联营企业包括：

国有联营企业指国有企业与国有企业间的联营；

集体联营企业指集体企业与集体企业间的联营；

国有与集体联营企业指国有企业与集体企业间的联营。

有限责任公司 指根据《中华人民共和国公司登记管理条例》规定登记注册，由两个以上，五十个以下的股东共同出资，每个股东以其所认缴的出资额对公司承担有限责任，公司以其全部资产对其债务承担责任的经济组织。

有限责任公司包括国有独资公司以及其他有限责任公司。

股份有限公司 指根据《中华人民共和国企业法人登记管理条例》规定登记注册，其全部注册资本由等额股份构成并通过发行股票筹集资本，股东以其认购的股份对公司承担有限责任，公司以其全部资产对其债务承担责任的经济组织。

私营企业 指由自然人投资设立或由自然人控股，以雇佣劳动为基础的营利性经济组织。包括按照《公司法》、《合伙企业法》、《私营企业暂行条例》规定登记注册的私营有限责任公司、私营股份有限公司、私营合伙企业和私营独资企业。

港、澳、台商投资企业 指企业注册登记类型中的港、澳、台资合资、合作、独资经营企业和股份有限公司之和。

外商投资企业 指企业注册登记类型中的中外合资、合作经营企业、外资企业和外商投资股份有限公司之和。

“三资”企业系指港、澳、台商投资企业和外资企业的简称。

轻工业 指主要提供生活消费品和制作手工工具的工业。按其所使用的原料不同，可分为两大类：(1)以农产品为原料的轻工业，是指直接或间接以农产品为基本原料的轻工业。主要包括食品制造、饮料制造、烟草加工、纺织、缝纫、皮革和毛皮制作、造纸以及印刷等工业；(2)以非农产品为原料的轻工业，是指以工业品为原料的轻工业。主要包括文教体育用品、化学药品制造、合成纤维制造、日用化学制品、日用玻璃制品、日用金属制品、手工工具制造、医疗器械制造、文化和办公用机械制造等工业。

重工业　为国民经济各部门提供物质技术基础的主要生产资料的工业。按其生产性质和产品用途，可以分为下列三类：(1)采掘（伐）工业，是指对自然资源的开采，包括石油开采、煤炭开采、金属矿开采、非金属矿开采等工业；(2)原材料工业，指向国民经济各部门提供基本材料、动力和燃料的工业。包括金属冶炼及加工、炼焦及焦炭、化学、化工原料、水泥、人造板以及电力、石油和煤炭加工等工业；(3)加工工业，是指对工业原材料进行再加工制造的工业。包括装备国民经济各部门的机械设备制造工业、金属结构、水泥制品等工业，以及为农业提供的生产资料如化肥、农药等工业。

根据上述划分原则，修理业中以重工业产品为修理作业对象的划为重工业，反之划为轻工业。

工业总产值

(1)定义：

工业总产值是以货币形式表现的，工业企业在一定时期内生产的工业最终产品或提供工业性劳务活动的总价值量。它反映一定时间内工业生产的总规模和总水平。

(2)计算原则：

工业生产的原则，即凡是企业在报告期生产的经检验合格的产品，不管是否在报告期销售，均包括在内。

最终产品的原则，即凡是计入工业总产值的产品，必须是本企业生产的经检验合格的，不需要再进行任何加工的最终产品。如果企业有中间产品（半成品）对外销售，则对外销售的中间产品应视为企业的最终产品。

工厂法原则，即工业总产值是以工业企业作为基本计算（核算）单位，即按企业的最终产品计算工业总产值。按这种方法计算的工业总产值，不允许同一产品价值在企业内部重复计算，不能把企业内部各个车间（分厂）生产的成果相加，但允许企业间的重复计算。

(3)内容及计算方法：

1995年全国工业普查对工业总产值（原规定）的内容及计算原则和方法做了某些修订，修订后的工业总产值（新规定）包括三项内容：即本期生产成品价值、对外加工费收入、在制品半成品期末期初差额价值三部分。

本期生产成品价值：指企业本期生产，并在报告期内不再进行加工，经检验、包装入库的全部工业成品（半成品）价值合计，包括企业生产的自制设备及提供给本企业在建工程、其他非工业部门和福利部门等单位使用的成品价值。本期生产成品价值为按自备原材料生产的产品的数量乘以本期不含增值税（销项税额）的产品实际销售平均单价计算；会计核算中按成本价格转帐的自制设备和自产自用的成品，按成本价格计算生产成品价值。生产成品价值中不包括用定货者来料加工的成品（半成品）价值。

对外加工费收入：指企业在报告期内完成的对外承接的工业品加工（包括用定货者来料加工产品）的加工费收入和对外工业修理作业所取得的加工费收入。对外加工费收入按不含增值税（销项税额）的价格计算，可根据会计“产品销售收入”科目的有关资料取得。

对于本企业对内非工业部门提供的加工修理、设备安装的劳务收入，如果企业会计核算基础较好，能取得这部分资料，而且这部分价值所占比重较大，应包括在对外加工费收入中。

自制半成品在制品期末期初差额价值：指企业报告期在制品期末减期初的差额价值，本指标一般可以从会计核算资料中取得。如果会计产品成本核算中不计算半成品、在制品的成本，则总产值中也不包括这部分价值，反之则包括。

(4)工业总产值统计范围变化和计算方法修订情况：

1984年以前工业总产值不包括村办工业，村办工业总产值划归农业。1984年以后工业总产值包括村办工业。

1995年工业普查对工业总产值计算方法做了修订，即从1995年始按新修订（新规定）方法计算工业总产值。新规定与原规定的区别如下：

全价与加工费的计算原则不同：新规定为凡自备原材料，不论其生产繁简程度如何，一律按全价计算工业总产值；凡来料加工，允许按加工费计算工业总产值。原规定则视生产加工的繁简程度不同，规定哪些行业按全价，哪些行业按加工费计算工业总产值。

自制半成品、在产品期末期初差额价值的计算原则不同：新规定要求，凡会计产品成本核算时计算了成本的差额价值，总产值中就应包括，否则可不包括；原规定则按生产周期六个月的界限区分，凡生产周期六个月以上的企业，总产值计算中应包括这部分差额价值，否则可不包括。

计算价格不同：新规定按不含增值税（销项税额）的价格计算；原规定则按含增值税（销项税额）的价格计算。

工业增加值　指工业企业在报告期内以货币表现的工业

生产活动的最终成果。

工业增加值有两种计算方法：一是生产法，即工业总产出减去工业中间投入加上应交增值税；二是收入法，即从收入的角度出发，根据生产要素在生产过程中应得到的收入份额计算，具体构成项目有固定资产折旧、劳动者报酬、生产税净额、营业盈余，这种方法也称要素分配法。本年鉴中的工业增加值是以生产法计算的。

生产法工业增加值的计算方法为：

工业增加值=工业总产出-工业中间投入+应交增值税

(1)工业总产出：指工业企业在一定时期内工业生产活动的总成果。工业总产出包括：成品生产价值，对外加工费收入，自制半成品、在产品期末期初差额价值。1995年后用新规定计算的工业总产值代替。

(2)工业中间投入：指工业企业在工业生产活动中消耗的外购物质产品和对外支付的服务费用。服务费用包括支付给物质生产部门(工业、农业、批发零售贸易业、建筑业、运输邮电业)的服务费用和支付给非物质生产部门(如保险、金融、文化教育、科学研究、医疗卫生、行政管理等)的服务费用。工业中间投入的确定须遵循以下原则：必须从外部购入的，并已计入工业总产出的产品和服务价值；必须是本期投入生产，并一次性消耗掉(包括本期摊销的低值易耗品等)的产品和服务价值。

工业中间投入包括直接材料费用、制造费用中的工业中间投入、管理费用中的工业中间投入、销售费用中的工业中间投入和利息支出五部分。

资产总计 指企业拥有或控制的能以货币计量的经济资源，包括各种财产、债权和其他权利。资产按流动性分为流动资产、长期投资、固定资产、无形资产、递延资产和其他资产。该指标根据企业会计“资产负债表”中“资产总计”项目的期末数增列。

流动资产 指企业可以在一年内或者超过一年的一个生产周期内变现或者耗用的资产，包括现金及各种存款、短期投资，应收及预付款项、存货等。

流动资产平均余额 指企业在报告期内全部流动资产的平均余额。

固定资产原价 指企业在建造、购置、安装、改建、扩建、技术改造某项固定资产时所支出的全部货币总额。它一般包括买价、包装费、运杂费和安装费等。

固定资产净值年平均余额 指固定资产净值在报告期内余额的平均数。计算公式为：

$$固定资产净值年平均余额=\frac{1至12月各月月初、月末固定资产净值之和}{24}$$

该指标根据“资产负债表”中“固定资产原价”、“累计折旧”指标的期初、期末数计算填列。

固定资产净值指固定资产原价减去历年已提折旧额后的净额。计算公式为：

固定资产净值=固定资产原价-累计折旧

负债合计 指企业所承担的能以货币计量，将以资产或劳务偿付的债务，偿还形式包括货币、资产或提供劳务。负债一般按偿还期长短分为流动负债和长期负债。根据会计“资产负债表”中“负债合计”的年末数填列。

所有者权益 指企业投资人对企业净资产的所有权。企业净资产等于企业全部资产减去全部负债后的余额，包括企业投资人对企业的最初投入的实际到位的资产及资本公积金、盈余公积金和未分配利润。所有者权益合计数小于零，表示企业资不抵债。

主营业务收入 指会计“利润表”中对应指标的本年累计数。未执行2001年《企业会计制度》的企业，用“产品销售收入”的本期累计数代替。

主营业务成本 指会计“利润表”中对应指标的本年累计数。未执行2001年《企业会计制度》的企业，用“产品销售成本”的本期累计数代替。

主营业务税金及附加 指会计“利润表”中对应指标的本年累计数。未执行2001年《企业会计制度》的企业，用“产品销售税金及附加”的本期累计数代替。

利润总额 指企业生产经营活动的最终成果，是企业在一定时期内实现的盈亏相抵后的利润总额(亏损以“-”号表示)，它等于营业利润加上补贴收入加上投资收益加上营业外净收入再加上以前年度损益调整。

本年应交增值税 指企业在报告期内应交纳的增值税额。它等于本年销项税额加上出口退税加上进项税额转出数减去本年进项税额。小规模纳税企业直接按全年计税销售额乘以征收率计算取得。

从业人员平均人数 是指报告期内每天拥有的从业人员人数。其计算公式为：

$$季平均人数=\frac{季内各月平均人数之和}{3}$$

$$月平均人数=\frac{报告月内每天实有人数之和}{报告月日历日数}$$

$$年平均人数=\frac{年内各月平均人数之和}{12}$$

总资产贡献率 反映企业全部资产的获利能力，是企业经营业绩和管理水平的集中体现，是评价和考核企业盈利能力的核心指标。计算公式为：

$$总资产贡献率(\%)=\frac{利润总额+税金总额+利息支出}{平均资金总额}\times100\%$$

公式中：税金总额为产品销售税金及附加与应交增值税之和；平均资产总额为期初期末资产之和的算术平均值。

资产负债率 该指标既反映企业经营风险的大小，也反映企业利用债权人提供的资金从事经营活动的能力。计算公式为：

$$资产负债率(\%)=\frac{负债总额}{资产总额}\times100\%$$

资产与负债均为报告期期末数。

流动资产周转次数 指一定时期内流动资产完成的周转次数，反映投入工业企业流动资金的周转速度。计算公式为：

$$流动资产周转次数=\frac{产品销售收入}{全部流动资产平均余额}$$

公式中：全部流动资产平均余额为期初和期末的流动资产之和的算术平均值。

成本费用利润率 反映企业投入的生产成本及费用的经济效益，同时也反映企业降低成本所取得的经济效益。计算公式为：

$$成本费用利润率(\%)=\frac{利润总额}{成本费用总额}\times100\%$$

公式中：成本费用总额为产品销售成本、销售费用、管理费用、财务费用之和。

全员劳动生产率 该指标反映企业的生产效率和劳动投入的经济效益。计算公式为：

$$全员劳动生产率(元/人)=\frac{工业增加值}{全部从业人员平均人数}\times100\%$$

产品销售率 该指标反映工业产品已实现销售的程度，是分析工业产销衔接情况，研究工业产品满足社会需求的指标。计算公式为：

$$产品销售率(\%)=\frac{工业销售产值}{工业总产值（现价）}\times100\%$$

15

建筑业
Construction

简 要 说 明

一、本篇资料的主要内容

本篇资料反映我市建筑业概况和发展情况。包括建筑业企业基本情况和生产经营情况。主要指标有企业个数、从业人员数、建筑业总产值、建筑业增加值、房屋建筑面积、利润税金、劳动生产率等。

二、本篇的统计范围

根据建筑业发展的实际情况，建筑业统计范围从 2002 年年报起由原具有建筑业资质等级四级及四级以上的独立核算的建筑业企业调整为具有建筑业资质的独立核算建筑业企业。

三、本篇的资料来源及调查方法

本篇建筑业企业统计数据是根据国家统计局制定的《建筑业统计报表制度》整理汇总的。建筑业统计报表是各级统计部门根据当地实际情况采取全面调查的方法布置、收集，由各县（市、区）统计局上报的全面报表。

15-1 建筑业企业概况

年　　份	总　计	国有企业	集体企业	其他
企业单位数(个)				
1985	4		4	
1990	7	3	4	
1995	9	4	5	
2000	42	6	25	11
2001	43	6	27	10
2002	50	8	16	26
2003	52	8	15	29
2004	61	9	13	39
2005	61	9	11	41
2006	57	8	10	39
2007	57	8	10	39
2008	67	7	9	51
2009	71	8	8	55
2010	71	8	8	55
2011	71	8	8	55
从业人员(人)				
1985	1288		1288	
1990	5695	4250	1445	
1995	6550	4280	2270	
2000	10296	3522	5189	1585
2001	8942	2970	4830	1142
2002	14853	1400	5862	7591
2003	19008	2044	6022	10942
2004	22204	2561	3860	15783
2005	20177	2777	2410	14990
2006	20539	3365	2629	14545
2007	19316	3454	2223	13639
2008	19251	2627	2165	14459
2009	20343	3055	1549	15739
2010	21388	3905	1542	14941
2011	21139	1035	1461	18643
建筑业总产值(千元)				
1985	6160		6160	
1990	72470	59130	13340	
1995	102320	83450	18870	
2000	338213	153392	155681	29140
2001	408327	172812	203628	31887
2002	1003850	308590	267220	428040
2003	1421550	325120	230860	865570
2004	1680993	385654	160638	1134701
2005	1741463	322263	131323	1287877
2006	1961311	300977	103831	1556503
2007	2021458	336912	91302	1593244
2008	2351476	360722	137830	1852924
2009	3215888	633651	118690	2463547
2010	3571848	899256	105416	2206388
2011	4537190	897696	135415	3504079

注：1995 年有关数据为推算数。

15–2 建筑业企业主要经济指标

指标及年份	单位	2001年	2002年	2003年	2004年	2005年	2006年	2007年	2008年	2009年	2010年	2011年
企业单位数	个	43	50	52	61	61	57	57	67	71	71	71
从业人员	人	8942	14853	19008	22204	20177	20539	19316	19251	20343	21388	21139
自有固定资产原价	千元	179366				658982	758344	800906	758081	933110	1002480	1148782
自有固定资产净价	千元	169870				611739	701092	739317				719340
自有机械设备年末总台数	台	2541			6607	7896	10194	8772	7058	6867	7500	14915
自有机械设备年末净值	千元	33962			131620	176804	182531	147739	164534	187576	204202	260398
建筑业总产值	千元	408327	1003850	1421550	1680993	1741463	1961311	2021458	2351476	3215888	3571848	4537190
建筑业增加值	千元		284840	295490								
#本年固定资产折旧	千元	9496				47243	57252	61589	66105	56031	63393	72927
应付工资	千元	44243				235791	300882	280876	347593	358218	441962	793156
应付福利费	千元	5263				37279	36588	34977	27767	30085	43842	
工程结算税金及附加	千元	11567				42786	55185	48373	65662	81291	96125	127123
管理费用中的税金	千元	1555	40190	46910			4360	5996	10312	11869	8919	17238
营业利润	千元					44545	1521	37572	–44697	154565	161800	144217
房屋建筑施工面积	平方米	543424			1088784	1451365	1113887	1342822	1627091	1854559	1916607	2120490
房屋建筑竣工面积	平方米	369341			649025	739179	702210	426169	901618	1441789	1318823	1018767
利润总额	千元	3912	20900	47710		40893	8616	33393	–47567	131450	159053	162977
税金总额	千元	13122	4019	4691		14541	17971	62266				
劳动生产率												
按总产值计算	元/人	45663	63797	68285	75706	86309	95492	104652	109846	103389	151549	214636
按增加值计算	元/人		18102	14194								
技术装备率	元/人	3798			6545	9056	8117	7649	8547	9221	9548	12318
动力装备率	千瓦/人	4			4	4	5	10	7	6	7	7.6
房屋建筑面积竣工率	%	72.9			59.6	50.9	63.1	31.7	55.4	77.7	68.8	48
产值利润率	%	0.9	2.1	3.4		2.3	0.4	1.7	–2	5.3	4.5	3.6
产值利税率	%	3.2	6.1	6.7		0.8	0.9	3.1				

注：部分数据无法查询和计算。

15-3 建筑业房屋建筑面积

单位:平方米

年份 地区	房屋建筑面积			
			国有	
	施工面积	竣工面积	施工面积	竣工面积
1985	58335	39997		
1989	153392	124933		
1990	316925	135900	209045	81635
1991	303905	152103	167627	38753
1992	259140	125250	154438	59162
1993	265500	128000		
1994	228100	118100		
1995	236200	64100		
1996	1850496	1679865		
1997	692219	329328		
1998	595374	325119		
1999	651669	348507		
2000	602537	278790	187112	81882
2001	543424	369341	259788	133869
2002				
2003				
2004	1088784	649025	424980	258552
2005	1451365	739179	568648	351132
2006	1113887	702210	451203	391140
2007	1342822	426169	260547	101328
2008	1627091	901618	336018	127551
2009	1854559	1441789	394434	315193
2010	1916607	1318823	340001	280022
2011	2120490	1018767	270072	156684
城区	1160365	591066	270072	156684
沁水县	66509	50706		
阳城县	115862	68162		
陵川县	20817	17535		
泽州县	263995	69355		
高平市	492942	221943		

15-4 建筑业企业(总承包和

指　　标	企业个数(个)	有工作量的企业个数	一、建筑业合同情况		
			签订的合同额	上年结转合同额	本年新签合同额
总　　计	**71**	**62**	**6982530**	**2468901**	**4513629**
#国有及国有控股企业	14	12	4657419	1230067	3427352
一、按登记注册类型分					
内资企业	71	62	6982530	2468901	4513629
国有企业	8	6	1695959	826479	869480
集体企业	8	7	157933	19181	138752
股份合作企业					
联营企业					
国有联营企业					
集体联营企业					
国有与集体联营企业					
其他联营企业					
有限责任公司	20	17	3569725	832496	2737229
国有独资公司	1	1	123568	4831	118737
其他有限责任公司	19	16	3446157	827665	2618492
股份有限公司	3	3	87710	4950	82760
私营企业	31	28	1436603	765595	671008
私营独资企业	1	1	180000		180000
私营合伙企业					
私营有限责任公司	29	26	1256603	765595	491008
私营股份有限公司	1	1			
其他企业	1	1	34600	20200	14400
港、澳、台商投资企业					
合资经营企业(港或澳、台资)					
合作经营企业(港或澳、台资)					
港、澳、台商独资经营企业					
港、澳、台商投资股份有限公司					
外商投资企业					
中外合资经营企业					
中外合作经营企业					
外资企业					
外商投资股份有限公司					

专业承包)生产情况(2011 年)

单位:千元

二、承包工程完成情况				三、建筑业总产值						四、竣工产值
直接从建设单位承揽工程完成的产值			从建设单位以外承揽工程完成的产值	合 计			按构成分			
	自行完成施工产值	分包出去工程产值			装饰装修产值	在外省完成的产值	建筑工程产值	安装工程产值	其他产值	
4327603	4311342	16261	225848	4537190	74863	40186	3974433	456497	106260	3146967
3021662	3006447	15215	193015	3199462	31993		2757364	368114	73984	2072688
4327603	4311342	16261	225848	4537190	74863	40186	3974433	456497	106260	3146967
719896	719896		177800	897696			682645	145070	69981	424017
135415	135415			135415			129860	4578	977	97559
2603594	2588379	15215	15215	2603594	51949	40186	2359709	238369	5516	1864622
113568	113568			113568			113568			94261
2490026	2474811	15215	15215	2490026	51949	40186	2246141	238369	5516	1770361
79150	79150		3700	82850			79650	3200		82060
777944	776898	1046	29133	806031	22914		710965	65280	29786	667105
81500	81500			81500			81500			
696001	694955	1046	29133	724088	22471		629465	65280	29343	666662
443	443			443	443				443	443
11604	11604			11604			11604			11604

15-4

指　　标	企业个数（个）	其中:有工作量的企业个数	一、建筑业合同情况		
			签订的合同额	上年结转合同额	本年新签合同额
二、按国民经济行业分					
房屋和土木工程建筑业	52	47	6666125	2434950	4231175
房屋工程建筑	39	35	4862644	1600128	3262516
土木工程建筑	13	12	1803481	834822	968659
铁路道路隧道和桥梁工程	5	5	1124009	675433	448576
水利和港口工程建筑	1	1	13126	580	12546
工矿工程建筑	4	3	272773	5193	267580
架线和管道工程建筑	2	2	387345	151613	235732
其他土木工程建筑	1	1	6228	2003	4225
建筑安装业	8	7	251160	12357	238803
建筑装饰业	6	4	9304	5249	4055
其他建筑业	5	4	55941	16345	39596
工程准备	1	1	8603	217	8386
提供工程设备服务					
其他未列明的建筑活动	4	3	47338	16128	31210
三、按隶属关系分					
中　央					
地　方	71	62	6982530	2468901	4513629
省	2	2	2369341	249001	2120340
市	13	12	2439226	1116415	1322811
县(市、区)及以下	56	48	2173963	1103485	1070478
四、按企业资质等级分					
施工总承包	47	43	6360038	2275794	4084244
特　级					
一　级	4	4	3811462	1411811	2399651
二　级	8	8	1704099	663633	1040466
三级及以下	35	31	844477	200350	644127
专业承包	24	19	622492	193107	429385
一　级					
二　级	5	4	430200	170370	259830
三级及以下	19	15	192292	22737	169555
五、按县(市、区)分					
城　区	30	25	5401454	1853582	3547872
沁水县	4	4	97332	18406	78926
阳城县	16	13	177879	25195	152684
陵川县	3	2	34584	17386	17198
泽州县	5	5	585194	359190	226004
高平市	13	13	686087	195142	490945
六、按营业状态分					
营业	69	61	6741337	2336509	4404828
停业(歇业)	1				
筹建					
当年关闭	1	1	241193	132392	108801
当年破产					
其他					
七、按控股情况分					
国有控股	14	12	4657419	1230067	3427352
集体控股	12	10	492786	247235	245551
私人控股	43	39	1832325	991599	840726
港澳台商控股					
外商控股					
其他	2	1			

续表 1

单位：千元

二、承包工程完成情况				三、建筑业总产值						四、竣工产值
直接从建设单位承揽工程完成的产值	自行完成施工产值	分包出去工程产值	从建设单位以外承揽工程完成的产值	合计	装饰装修产值	在外省完成的产值	按构成分：建筑工程产值	安装工程产值	其他产值	
3984676	3983630	1046	205746	4189376	71499	40186	3882882	279545	26949	2871156
3075065	3075065		27946	3103011	71499	40186	2804729	276681	21601	2255758
909611	908565	1046	177800	1086365			1078153	2864	5348	615398
421734	421734		177800	599534			599534			154549
10132	9086	1046		9086			6222	2864		8269
263080	263080			263080			263080			262580
209317	209317			209317			209317			190000
5348	5348			5348					5348	
259460	244245	15215	20102	264347			28233	165417	70697	227080
4419	4419			4419	3364		1285	120	3014	4419
79048	79048			79048			62033	11415	5600	44312
5600	5600			5600					5600	5600
73448	73448			73448			62033	11415		38712
4327603	4311342	16261	225848	4537190	74863	40186	3974433	456497	106260	3146967
1818883	1818883			1818883	31993		1520571	226900	71412	1263887
1282911	1267696	15215	193015	1460711		40186	1316925	141214	2572	859963
1225809	1224763	1046	32833	1257596	42870		1136937	88383	32276	1023117
3852612	3837397	15215	220961	4058358	71499	40186	3581946	384114	92298	2776097
2269799	2254584	15215	193015	2447599	32294		2241682	197690	8227	1496919
940742	940742		24246	964988	32409	40186	788161	106846	69981	911638
642071	642071		3700	645771	6796		552103	79578	14090	367540
474991	473945	1046	4887	478832	3364		392487	72383	13962	370870
277922	277922		4887	282809			282809			237370
197069	196023	1046		196023	3364		109678	72383	13962	133500
3421182	3405967	15215	197902	3603869	32294		3256642	330364	16863	2371033
76495	76495			76495	3540		50107	10207	16181	63046
137265	137265			137265	5177		132747	1726	2792	86851
23949	23949			23949			23949			23949
290307	289261	1046	3700	292961	17700	40186	127080	95900	69981	304345
378405	378405		24246	402651	16152		383908	18300	443	297743
4270134	4253873	16261	201602	4455475	60154	40186	3898438	450777	106260	3061485
57469	57469		24246	81715	14709		75995	5720		85482
3021662	3006447	15215	193015	3199462	31993		2757364	368114	73984	2072688
247819	247819			247819	19956		229361	17481	977	193589
1014570	1013524	1046	32833	1046357	22914	40186	944156	70902	31299	880690
43552	43552			43552			43552			

15–4

指标	五、房屋建筑施工面积（平方米）				六、年末自有施工机械设备		
		本年新开工面积	实行投标承包面积	本年新开工	净值	总台数（台）	总功率（千瓦）
总　计	**2120490**	**1049687**	**1195540**	**621302**	**260398**	**14915**	**159804**
#国有及国有控股企业	455909	302106	318994	202406	105347	1259	46126
一、按登记注册类型分							
内资企业	2120490	1049687	1195540	621302	260398	14915	159804
国有企业	270072	153484	270072	153484	10580	257	5908
集体企业	132986	125922	132811	125922	3687	368	1931
股份合作企业							
联营企业							
国有联营企业							
集体联营企业							
国有与集体联营企业							
其他联营企业							
有限责任公司	590595	251330	378377	141791	140542	1591	57580
国有独资公司					1052	246	16161
其他有限责任公司	590595	251330	378377	141791	139490	1345	41419
股份有限公司	74449	71830	70049	67430	5485	8338	7863
私营企业	1033388	447121	325231	132675	97202	4354	86509
私营独资企业	113000	55500					
私营合伙企业							
私营有限责任公司	920388	391621	325231	132675	97199	4349	86507
私营股份有限公司					3	5	2
其他企业	19000		19000		2902	7	13
港、澳、台商投资企业							
合资经营企业(港或澳、台资)							
合作经营企业(港或澳、台资)							
港、澳、台商独资经营企业							
港、澳、台商投资股份有限公司							
外商投资企业							
中外合资经营企业							
中外合作经营企业							
外资企业							
外商投资股份有限公司							

续表2

单位：千元

七、从业人员情况		八、主要建筑材料消耗量						企 业 总产值	房屋建筑 竣工面积 （平方米）	竣工房 屋价值
计算劳动生产率的平均人数（人）	年末从业人 数（人）	钢 材（吨）	木 材（立方米）	水 泥（吨）	平板玻璃		铝 材（吨）			
					重量箱	平方米				
22042	21139	70606	28723	334272	20163	193256	839	6914301	1018767	1139211
11427	11257	43089	20519	188885	12689	50759		5532589	179446	221949
22042	21139	70606	28723	334272	20163	193256	839	6914301	1018767	1139211
2584	1035	22638	14829	130126	9670	38680		932038	156684	170649
1211	1461	2633	892	6974	372	17930	452	135830	117633	85558
11870	13081	27609	8030	96452	8968	51279	3	4906379	131598	200780
536	548	45		10666				113568		
11334	12533	27564	8030	85786	8968	51279	3	4792811	131598	200780
925	900	2320	990	8130	117	119	27	82850	68280	82060
5410	4556	13978	3982	91090	1036	85248	357	845204	544581	600164
300	350							81500		
5094	4190	13972	3957	91000	1033	85239	355	763261	544581	600164
16	16	6	25	90	3	9	2	443		
42	106	1428		1500				12000		

15-4

指　　标	五、房屋建筑施工面积（平方米）	本年新开工面积	实行投标承包面积		六、年末自有施工机械设备		
				本年新开工	净值	总台数（台）	总功率（千瓦）
二、按国民经济行业分							
房屋和土木工程建筑业	2078181	1014101	1172985	599970	249032	14617	148870
房屋工程建筑	2078181	1014101	1172985	599970	191419	14172	118104
土木工程建筑					57613	445	30766
铁路道路隧道和桥梁工程					15753	332	22959
水利和港口工程建筑					4260	18	1286
工矿工程建筑					37078	91	6418
架线和管道工程建筑							
其他土木工程建筑					522	4	103
建筑安装业	42309	35586	22555	21332	11149	209	1713
建筑装饰业					121	31	12
其他建筑业					96	2	2000
工程准备							
提供工程设备服务							
其他未列明的建筑活动					96	2	2000
三、按隶属关系分							
中　央							
地　方	2120490	1049687	1195540	621302	260398	14859	152595
省	185837	148622	48922	48922	58265	642	17906
市	358150	154135	358150	154135	50768	980	30014
县(市、区)及以下	1576503	746930	788468	418245	151365	13237	104675
四、按企业资质等级分							
施工总承包	2032290	967487	1126840	553102	240405	14754	150093
特 级							
一 级	656356	339688	48922	48922	70925	1677	68271
二 级	752355	279942	657571	227916	77249	2596	43417
三级及以下	623579	347857	420347	276264	92231	10481	38405
专业承包	88200	82200	68700	68200	19993	161	9711
一 级							
二 级	35000	29000	15500	15000			
三级及以下	53200	53200	53200	53200	19993	161	9711
五、按县(市、区)分							
城　区	1160365	591797	467399	276938	132918	2384	98763
沁 水 县	66509	57120	66509	57120	10290	172	3553
阳 城 县	115862	93962	106162	93962	43364	989	18701
陵 川 县	20817	7762	20817	7762	6624	326	2250
泽 州 县	263995	36109	259595	31709	8896	389	3835
高 平 市	492942	262937	275058	153811	58306	10655	32702
六、按营业状态分							
营业	1909062	961738	1078896	585379	244708	14005	153707
停业(歇业)							
筹建							
当年关闭	211428	87949	116644	35923	15690	910	6097
当年破产							
其他							
七、按控股情况分							
国有控股	455909	302106	318994	202406	105347	1259	46126
集体控股	349563	195840	349388	195840	39326	532	15923
私人控股	1315018	551741	527158	223056	115725	13124	97755
港澳台商控股							
外商控股							
其他							

续表 3

单位：千元

七、从业人员情况		八、主要建筑材料消耗量						企业总产值	房屋建筑竣工面积（平方米）	竣工房屋价值
计算劳动生产率的平均人数（人）	年末从业人数（人）	钢材（吨）	木材（立方米）	水泥（吨）	平板玻璃		铝材（吨）			
					重量箱	平方米				
21012	19988	68177	28439	332909	20082	193087	837	6559590	987022	1120538
18367	17178	61102	28343	263158	20082	193087	837	5438559	987022	1120538
2645	2810	7075	96	69751				1121031		
962	952	6633	10	66958				633154		
72	36	128		1288				10132		
1202	1412	108	6	35				263080		
330	330							209317		
79	80	206	80	1470				5348		
596	638	2423	259	1273	78	160		271244	31754	18673
81	133	6	25	90	3	9	2	4419		
353	380							79048		
67	67							5600		
286	313							73448		
22042	21139	70606	28723	334272	20163	193256	839	6914301	1018776	1139211
6887	8262	21527	5754	48102	3019	12079		4117668	22762	51300
5293	3599	23166	15084	142381	9747	46380	3	1495053	190027	225768
9862	9278	25913	7885	143789	7397	134797	836	1301580	805987	862143
20653	19535	70146	28608	327974	20160	193247	837	6427526	934067	1099587
8084	9582	27056	5817	122356	3123	33589	11	4811956	339881	404669
6918	4495	22866	17228	117051	15670	118964	54	964988	323292	390879
5651	5458	20224	5563	88567	1367	40694	772	650582	270894	304039
1389	1604	460	115	6298	3	9	2	486775	84700	39624
674	686							282809	31500	18500
715	918	460	115	6298	3	9	2	203966	53200	21124
13606	13659	45633	21102	219918	12871	72429	11	5973344	591066	623275
1093	1135	3830	725	8806	651	25450		76910	50706	45594
1448	1611	3352	1315	32609	69	9580	452	137265	68162	71135
395	186	1678	810	6280	54	4246	280	23949	17535	19117
2226	2178	5675	1893	12966	5617	30700	3	294007	69355	120158
3274	2370	10438	2878	53693	901	50851	93	408826	221943	259932
20946	20869	69134	28213	326379	19900	154672	805	6832586	928374	1053729
	2									
1096	268	1472	510	7893	263	38584	34	81715	90393	85482
11687	11257	43089	20519	188885	12689	50759		5532589	179446	221949
2738	3086	6053	2492	33334	5934	41680	452	248234	149245	143987
7528	6707	21464	5712	112053	1540	100817	387	1089926	690076	773275
89	89							43552		

15-5 建筑业企业(总承包和

指 标	一、年初存货	二、年末资产负债				
		流动资产合计	固定资产合计	固定资产原价	本年折旧	在建工程
总 计	**713009**	**4787341**	**835294**	**1148782**	**72927**	**74069**
# 国有及国有控股企业	467098	3248156	397900	642641	45519	26834
一、按登记注册类型分						
内资企业	713009	4787341	835294	1148782	72927	74069
国有企业	132017	952417	88776	148301	3564	2040
集体企业	9179	259190	47647	68147	2913	5423
股份合作企业						
联营企业						
国有联营企业						
集体联营企业						
国有与集体联营企业						
其他联营企业						
有限责任公司	392198	2799480	416288	609400	49316	27599
国有独资公司	6343	106584	36846	70534	4202	896
其他有限责任公司	385855	2692896	379442	538866	45114	26703
股份有限公司	930	32097	38960	37570	485	5800
私营企业	163674	707819	240721	269100	16649	33207
私营独资企业	596	40077	25000	25000	4800	
私营合伙企业						
私营有限责任公司	163078	667652	215369	243758	11815	33207
私营股份有限公司		90	352	342	34	
其他企业	15011	36338	2902	16264		
港、澳、台商投资企业						
合资经营企业(港或澳、台资)						
合作经营企业(港或澳、台资)						
港、澳、台商独资经营企业						
港、澳、台商投资股份有限公司						
外商投资企业						
中外合资经营企业						
中外合作经营企业						
外资企业						
外商投资股份有限公司						

专业承包)财务情况(2011 年)

单位:千元

资产合计	负债合计	所有者权益合计	实收资本						
				国家资本	集体资本	法人资本	个人资本	港澳台资本	外商资本
6098789	**4438833**	**1659956**	**1166209**	**142793**	**50868**	**680795**	**291753**		
3950891	3117854	833037	552257	142793		409456	8		
6098789	4438833	1659956	1166209	142793	50868	680795	291753		
1081587	911406	170181	137698	122698		15000			
327349	260892	66457	57100		42688	14412			
3585135	2708675	876460	603367	20095	6200	525473	51599		
150280	114045	36235	20095	20095					
3434855	2594630	840225	583272		6200	525473	51599		
71060	22900	48160	33160		1980	5800	25380		
973177	502136	471041	306884			106110	200774		
65077	44077	21000	21000			21000			
907657	457736	449921	285854			85080	200774		
443	323	120	30			30			
60481	32824	27657	28000			14000	14000		

15-5

指　　标	一、年初存货	二、年末资产负债				
		流动资产合计	固定资产合计	固定资产原价	本年折旧	在建工程
二、按国民经济行业分						
房屋和土木工程建筑业	658720	4412105	760983	1050845	65592	66938
房屋工程建筑	485997	3339424	564369	745916	47463	45521
土木工程建筑	172723	1072681	196614	304929	18129	21417
铁路道路隧道和桥梁工程	125450	542977	104502	191892	6652	1067
水利和港口工程建筑	100	3356	4264	4870	265	817
工矿工程建筑	582	185708	49341	64695	6346	227
架线和管道工程建筑	45823	338150	32186	36722	4755	18636
其他土木工程建筑	768	2490	6321	6750	111	670
建筑安装业	37588	262544	31446	41048	2311	3091
建筑装饰业	1368	32488	3679	7487	214	
其他建筑业	15333	80261	39186	49402	4810	4040
工程准备	211	7890	3000	2800	380	82
提供工程设备服务						
其他未列明的建筑活动	15122	72371	36186	46602	4430	3958
三、按隶属关系分						
中　央						
地　方	713009	4787398	835294	1148782	72927	74069
省	283643	1818968	208668	344654	27197	5262
市	183374	1593904	209362	304884	18562	23446
县(市、区)及以下	245992	1374526	417264	499244	27168	45361
四、按企业资质等级分						
施工总承包	612333	4054212	715999	999387	60203	46815
特　级						
一　级	478129	2419212	263341	454352	27678	5433
二　级	24359	957561	163746	206492	14224	6839
三级及以下	109845	677439	288912	338543	18301	34543
专业承包	100676	733129	119295	149395	12724	27254
一　级						
二　级	79087	426185	52732	60818	6553	21721
三级及以下	21589	306944	66563	88577	6171	5533
五、按县(市、区)分						
城　　区	632439	3915881	488257	782682	51914	34547
沁 水 县	2895	23344	20614	26265	1626	2628
阳 城 县	37008	299030	105744	134415	6805	3808
陵 川 县		5690	13123	17234	1784	
泽 州 县	8428	321783	38278	28238	2754	2691
高 平 市	32239	221613	169278	159948	8044	30395
六、按营业状态分						
营业	711756	4739422	813145	1117617	72640	74069
停业(歇业)			2163	7498		
筹建						
当年关闭	1253	47976	19986	23667	287	
当年破产						
其他						
七、按控股情况分						
国有控股	467098	3248156	397900	642641	45519	26834
集体控股	31077	564233	93209	119217	7218	5423
私人控股	210394	898988	340617	377292	19816	41812
港澳台商控股						
外商控股						
其他	4440	75964	3568	9632	374	

续表 1

单位：千元

资产合计	负债合计	所有者权益合计	实收资本						
				国家资本	集体资本	法人资本	个人资本	港澳台资本	外商资本
5635922	4192662	1443260	983765	92273	50868	605469	235155		
4282955	3226930	1056025	752203	21240	45868	480461	204634		
1352967	965732	387235	231562	71033	5000	125008	30521		
666860	564983	101877	81033	71033			10000		
8437	1172	7265	6000				6000		
247636	108961	138675	96721			85000	11721		
421223	284605	136618	45008		5000	40008			
8811	6011	2800	2800				2800		
370140	215967	154173	137612	50000		73504	14108		
36168	22806	13362	12754	520		5634	6600		
119619	61046	58573	41490			5600			
10980	7980	3000	3000			3000			
108639	53066	55573	38490			2600	35890		
6098789	4438833	1659956	1166209	142793	50868	680795	291753		
2222250	1785452	436798	309456	50000		259456			
1909970	1468761	441209	280828	85820	5000	174150	15858		
1966569	1184620	781949	575925	6973	45868	247189	275895		
5167493	3830118	1337375	974435	142273	45868	569141	217153		
2897411	2344866	552545	359941	44485		280828	34628		
1170421	833444	336977	250435	90335		104150	55950		
1099661	651808	447853	364059	7453	45868	184163	126575		
931296	608715	322581	191774	520	5000	111654	74600		
540937	337075	203862	90312			76012	14300		
390359	271640	118719	101462	520	5000	35642	60300		
4857870	3714202	1143668	772000	85820	5000	562452	118728		
44311	14387	29924	17858		6068	3000	8790		
414248	284310	129938	127497	6693	37820	57363	25621		
23760	5696	18064	16484				16484		
365524	240822	124702	102000	50000		29950	22050		
393076	179416	213660	130370	280	1980	28030	100080		
6023717	4396402	1627315	1138999	142793	50868	680795	264543		
7110		7110	7110				7110		
67962	42431	25531	20100				20100		
3950891	3117854	833037	552257	142793		409456	8		
683597	541609	141988	125353		48888	76465			
1379630	716968	662662	6020			6020			
84671	62402	22269	22110			15000	7110		

15-5

指　　标	三、损益及分配				
	主营业务收入	主营业务成本	主营业务税金及附加	其他业务利润	管理费用
总　　计	**6498735**	**5725405**	**127123**	**30363**	**422203**
#国有及国有控股企业	5046216	4485312	76337	17143	350082
一、按登记注册类型分					
内资企业	6498735	5725405	127123	30363	422203
国有企业	464480	395073	12203	540	49555
集体企业	117919	103658	5177	11943	12493
股份合作企业					
联营企业					
国有联营企业					
集体联营企业					
国有与集体联营企业					
其他联营企业					
有限责任公司	4915158	4361112	72557	16643	328188
国有独资公司	113568	98667	3867	448	10288
其他有限责任公司	4801590	4262445	68690	16195	317900
股份有限公司	76650	67179	3657		2609
私营企业	836050	716350	30439	1235	25856
私营独资企业	81500	75795	4075		1399
私营合伙企业					
私营有限责任公司	753983	640481	26339	1235	24412
私营股份有限公司	567	74	25		45
其他企业	88478	82033	3090	2	3502
港、澳、台商投资企业					
合资经营企业(港或澳、台资)					
合作经营企业(港或澳、台资)					
港、澳、台商独资经营企业					
港、澳、台商投资股份有限公司					
外商投资企业					
中外合资经营企业					
中外合作经营企业					
外资企业					
外商投资股份有限公司					

续表 2

单位：千元

				四、应付职工薪酬（本年贷方累计发生额）	五、补充资料	
财务费用	营业利润	利润总额	应交所得税		应收工程款	竣工工程
15902	144217	162977	21852	793156	2163958	489563
2420	73523	89531	6235	642049	1775095	359277
15902	144217	162977	21852	793156	2163958	489563
568	6415	7087	3472	46442	285868	226874
813	4862	4989	1948	22380	84630	15777
4830	85455	101687	3984	631167	1602685	164096
33	1150	1253	391	12190	29380	29380
4797	84305	100434	3593	618977	1573305	134716
46	2076	2216	292	17683	3000	
9639	45560	47288	12156	75291	166535	82816
10	220	220	5	4860		
9628	44920	46648	12126	70392	166450	82736
1	420	420	25	39	85	80
6	-151	-290		193	21240	

15-5

指　　标	三、损益及分配				
	主营业务收入	主营业务成本	主营业务税金及附加	其他业务利润	管理费用
二、按国民经济行业分					
房屋和土木工程建筑业	6147908	5426858	121224	29057	395997
房屋工程建筑	5479580	4917702	99484	16436	298868
土木工程建筑	668328	509156	21740	12621	97129
铁路道路隧道和桥梁工程	165868	140986	5656	678	24636
水利和港口工程建筑	9086	5420	295		1210
工矿工程建筑	263561	194214	9337	11943	41780
架线和管道工程建筑	224465	164258	6190		29494
其他土木工程建筑	5348	4278	262		9
建筑安装业	270364	231784	5489	1171	20131
建筑装饰业	6592	4715	195		1381
其他建筑业	78218	66329	1000	135	4950
工程准备	5600	3360	338		386
提供工程设备服务					
其他未列明的建筑活动	72618	62969	662	135	4564
三、按隶属关系分					
中　央					
地　方	6498735	5725405	127123	30363	422203
省	4083705	3716476	46401	16266	232462
市	1083783	880423	32697	13046	129325
县(市、区)及以下	1331247	1128506	48025	1051	60416
四、按企业资质等级分					
施工总承包	5977504	5309143	114400	17225	361060
特　级					
一　级	4311157	3915831	56582	16611	236136
二　级	933990	775417	28802	559	81778
三级及以下	732357	617895	29016	55	43146
专业承包	521231	416262	12723	13138	61143
一　级					
二　级	337844	262461	7214	861	36418
三级及以下	183387	153801	5509	12277	24725
五、按县(市、区)分					
城　区	5602944	4956344	95450	30199	380522
沁 水 县	76495	64721	2996	40	3474
阳 城 县	128184	110167	4407	-221	9722
陵 川 县	23849	22524	886	234	201
泽 州 县	259970	225420	5570	111	13644
高 平 市	407293	346229	17814		14640
六、按营业状态分					
营业	6417717	5656540	124328	30363	418222
停业(歇业)					140
筹建					
当年关闭	81018	68865	2795		3841
当年破产					
其他					
七、按控股情况分					
国有控股	5046216	4485312	76337	17143	350082
集体控股	194682	172011	7802	11943	16672
私人控股	1173137	994518	41389	1277	47848
港澳台商控股					
外商控股					
其它	84700	73564	1595		7601

续表 3

单位：千元

				四、应付职工薪酬（本年贷方累计发生额）	五、补充资料	
财务费用	营业利润	利润总额	应交所得税		应收工程款	竣工工程
14326	131385	149963	17284	762765	2072701	418653
14784	79684	95031	885	643351	1860477	228628
-458	51701	54932	16399	119414	212224	190025
171	-6120	-4106	450	21810	79320	71400
42	1606	1606	401	1680	2170	2170
30	30192	26753	9133	81997	120841	116455
-702	25225	29437	6404	12590	8963	
1	798	1242	11	1337	930	
-143	12520	12950	3767	22580	51617	49319
3	-658	-568	220	2885	18353	9302
1715	-4	102	581	6013	22424	13426
188	444	444	111	881	3360	82
1527	-448	-342	470	5132	19064	13344
15850	144636	162977	21852	793156	2163958	489563
2369	27311	41694	-9164	475484	1367866	36954
-25	52864	54246	17031	182535	481684	334323
13506	64461	67037	13985	135137	314408	118286
14785	109181	121402	11615	748584	2035834	442581
9119	35161	49948	-5041	474410	1396391	39920
2013	41293	38436	13307	157885	443229	364228
3653	32727	33018	3349	116289	196214	38433
1065	35036	41575	10237	44572	128124	46982
780	28257	32860	6992	21369	66861	5415
285	6779	8715	3245	23203	61263	41567
11000	109893	126263	13081	665915	1915901	377789
316	2828	2883	461	10875	10900	3082
1343	-599	-408	481	28427	85507	13917
1	237	237	183	4678		
938	12610	13047	3124	24991	70049	61595
2304	19248	20955	4522	58270	81601	33180
15399	143219	161560	20637	774559	2131093	476013
	-140	-140		33		
451	1557	1557	1215	18564	32865	13550
2420	73523	89531	6235	642049	1775095	359277
1936	5312	5885	2344	31623	109457	39310
11576	63412	65388	13269	114966	226606	90976
-30	1970	2173	4	4518	52800	

主要统计指标解释

建筑业统计单位 指从事房屋、构筑物建造和设备安装活动的法人企业。建筑业法人企业应具有建筑业资质并能够独立核算，同时其应具备以下条件：①依法成立，有自己的名称、组织机构和场所，能够承担民事责任；②独立拥有和使用资产，承担负债，有权与其他单位签订合同；③独立核算盈亏，能够编制资产负债表。

建筑业总产值 是以货币形式表现的建筑业企业在一定时期内生产的建筑业产品和提供的服务的总和。建筑业总产值包括：

（1）建筑工程产值：指列入建筑工程预算内的各种工程价值。

（2）安装工程产值：指设备安装工程价值，不包括被安装设备本身的价值。

（3）其他产值：建筑业总产值中除建筑工程、安装工程以外的产值。包括房屋构筑物修理产值、非标准设备制造产值、总包企业向分包企业收取的管理费以及不能明确划分的施工活动所完成的产值。

①房屋构筑物修理产值：指房屋和构筑物修理所完成的产值，但不包括被修理房屋、构筑物本身价值和生产设备的修理产值。

②非标准设备制造产值：指加工制造没有定型的非标准生产设备的加工费和原材料价值（如化工厂、炼油厂用的各种罐、槽，矿井生产统一使用的各种漏斗、三角槽、阀门等）以及附属加工厂为本企业承建工程制作的非标准设备的价值。

建筑业增加值 指建筑业企业在报告期内以货币形式表现的建筑业生产经营活动的最终成果。

从2004年第一次全国经济普查开始，建筑业现价增加值按生产法和分配法（收入法）两种方法计算，以收入法的计算结果为准，即从收入的角度出发，根据生产要素在生产过程中应得的收入份额计算。具体计算方法：经济普查年度建筑业增加值按照《经济普查年度GDP核算方案》计算，非经济普查年度建筑业增加值按照《非经济普查年度GDP核算方案》计算。

房屋建筑施工面积 指在报告期内施过工的全部房屋建筑面积，包括本期新开工的房屋面积、上期施工跨入本期继续施工的房屋面积、上期停缓建在本期恢复施工的房屋面积、本期竣工的房屋面积及本期施工后又停缓建的房屋面积。

房屋建筑竣工面积 指在报告期内房屋建筑按照设计要求全部完工，达到了使用条件，经验收鉴定合格，正式移交使用单位的房屋建筑面积。

16

运输和邮电

Transport, Post and Telecommunication Services

简 要 说 明

一、本篇资料的主要内容

本篇资料反映我市交通运输业和邮政、通信业发展的基本状况。

交通运输业资料主要包括:公路运输方式的线路里程、运输设备拥有量,各种运输方式完成的货物运输量和旅客运输量。邮电通信业资料主要包括:全市邮政局(所)及邮路情况,邮电通信主要电路及设备拥有量,主要的邮电业务完成情况,邮电通信发展水平等资料。

二、本篇的资料来源

本篇资料根据各部门制定的统计报表制度汇总加工整理而成。有关交通运输资料来源于市交通局。邮电通信业资料来源于各通讯公司和市邮政局等。

16-1 公路运输业基本情况

指　标	2001年	2002年	2003年	2004年	2005年	2006年	2007年	2008年	2009年	2010年	2011年
公路通车里程(公里)	2858	2960	3112	3172	4402	6918	7335	7637	8020	8447	8600
#高速公路	68	68	68	128	128	128	128	161	161	287	287
旅客运输量(万人)	5020	5840	5650	4390	4410	6020	6270	2621	2485	2544	2646
旅客周转量(万人公里)	163110	172010	177030	170490	171540	219300	226100	144252	149486	152665	157891
货物运输量(万吨)	6837	7744	7777	8509	7831	7923	7930	2933	2803	3285	3460
货物周转量(万吨公里)	253396	294453	287396	325534	325897	316460	327915	212521	226951	244499	277019
民用汽车拥有量(辆)	37045	46424	44194	53540	67494	111022	125943	142683	166046	193674	220348
#私人	21989	24537	22536	28113	39003	80344	92290	105976	126494	150886	174304
其他机动车拥有量(辆)	130877	76586	122602	176748	167878	136505	133889	135810	139811	143278	143108

注：1. 从2006年开始公路通车里程包括村道；
2. 从2006年开始农用运输车包括在汽车的其他汽车里。

16-2 各地区公路通车里程(2011年底)

单位：公里

地　区	公路通车里程	国道		省道		县道	乡道	专用路	村道
			高速		高速				
全　市	8600	252	151	673	136	1185	3332	28	3129
城　区	235	16	7	32	3	19	71		98
沁水县	1392			149	27	272	550		421
阳城县	2087			150	59	244	875	8	809
陵川县	1511			123	13	259	569		560
泽州县	2230	177	114	121	16	190	922	20	801
高平市	1144	60	29	97	18	201	345		441

16-3 各地区公路密度(2011年底)

单位：个

地　区	公路通车里程(公里)	土地面积(百平方公里)	人口(万人)	公路密度	
				平均每百平方公里有公路(公里)	平均每万人有公路(公里)
总　计	8600	94	223	91	39
城　区	235	1	32	164	7
沁水县	1392	27	22	52	64
阳城县	2087	19	42	109	50
陵川县	1511	17	26	89	58
泽州县	2230	20	53	110	42
高平市	1144	10	49	117	23

16–4　公路客货运输量和周转量

单位：万人、万吨、万人公里、万吨公里

年份 地区	旅客运输量	货物运输量	旅客周转量	货物周转量
1985	540	1075	22710	47231
1989	1220	2052	42420	89654
1990	1150	2418	39820	107343
1991	1540	3072	56390	142256
1992	1860	3645	62020	157483
1993	2240	4242	72300	184806
1994	2330	4576	73100	198842
1995	2680	5050	81380	199720
1996	3220	5399	99080	209320
1997	3690	6040	110180	224811
1998	3840	6201	115270	228579
1999	3070	6657	120390	234033
2000	4820	6695	158370	241663
2001	5020	6837	163110	253396
2002	5840	7744	172010	294453
2003	5650	7777	177030	287396
2004	4390	8509	170490	325534
2005	4410	7831	171540	325897
2006	6020	7923	219300	316460
2007	6270	7930	226100	327915
2008	2621	2933	144252	212521
2009	2485	2803	149486	226951
2010	2544	3285	152665	244499
2011	2646	3460	157891	277019

16-5 客货运输平均运距

单位:公里

年份 地区	客运总计	#公路	货运总计	#公路
1985	42.06	42.06	43.94	43.94
1989	34.77	34.77	43.69	43.69
1990	34.63	34.63	44.39	44.39
1991	36.62	36.62	46.31	46.31
1992	33.34	33.34	43.21	43.21
1993	32.28	32.28	43.57	43.57
1994	31.37	31.37	43.45	43.45
1995	30.37	30.37	39.55	39.55
1996	30.77	30.77	38.77	38.77
1997	29.86	29.86	37.22	37.22
1998	30.02	30.02	36.86	36.86
1999	39.21	39.21	35.16	35.16
2000	32.86	32.86	36.10	36.10
2001	32.49	32.49	37.06	37.06
2002	29.45	29.45	38.02	38.02
2003	31.33	31.33	36.95	36.95
2004	38.84	38.84	38.26	38.26
2005	38.90	38.90	41.62	41.62
2006	36.43	36.43	39.94	39.94
2007	36.06	36.06	41.35	41.35
2008	55.00	55.00	72.00	72.00
2009	60.00	60.00	81.00	81.00
2010	60.01	60.01	74.43	74.43
2011	59.67	59.67	80.06	80.06

16-6 公路技术等级里程(按地区分)(2011 年底)

单位:公里

地区	公路通车里程	等级公路						等外里程	等级里程占总里程的百分比(%)
		合计	高速	一级	二级	三级	四级		
合计	8600	8333	287	112	613	1488	5834	267	96.9
城区	235	235	10	28	10	105	81		100.0
沁水县	1392	1387	27	24	116	181	1039	5	99.7
阳城县	2087	2087	59	23	145	240	1620		100.0
陵川县	1511	1372	13	9	118	138	1093	139	90.8
泽州县	2230	2107	130	20	84	519	1354	123	94.5
高平市	1144	1144	48	7	139	304	646		100.0

16-7 公路技术等级里程(按行政关系分)(2011 年底)

单位:公里

地区	公路通车里程	等级公路						等外里程	等级里程占总里程的百分比(%)
		合计	高速	一级	二级	三级	四级		
合计	8600	8333	287	112	613	1488	5834	267	96.9
国道	252	252	151	14	75	12			100.0
省道	673	673	136	69	297	171			100.0
县道	1185	1144		19	148	622	355	41	96.6
乡道	3332	3309		7	63	400	2839	24	99.3
专用	28	28				12	16		100.0
村道	3129	2927		2	31	271	2623	202	93.5

16-8 公路路面等级里程(2011 年底)

单位:公里

地区	公路通车里程	有铺装路面(高级)				简易铺装路面(次高级)		未铺装路面(中级、低级、无路面)
		合计	沥青混凝土	水泥混凝土	占总里程的百分比(%)	合计	占总里程的百分比(%)	
合计	8600	7519	2134	5385	87.4	742	8.6	339.0
城区	235	218	69	149	92.7	16	7.0	0.7
沁水县	1392	1263	327	936	90.8	90	6.5	38.4
阳城县	2087	1963	393	1570	94.0	97	4.7	27.0
陵川县	1511	1216	265	952	80.5	108	7.2	186.6
泽州县	2230	1891	443	1448	84.8	261	11.7	78.0
高平市	1144	967	637	330	84.5	169	14.8	8.2

16-9　公路高级、次高级路面里程(2011年底)

单位:公里

地　区	合　计	公路高级、次高级路面里程						高级、次高级路面里程占总里程(%)
		国道	省道	县道	乡道	专用公路	村道	
合　计	8261	252	673	1115	3214	28	2978	96.1
城　区	234	16	32	19	71		97	99.7
沁水县	1353		149	254	536		414	97.2
阳城县	2060		150	244	859	8	798	98.7
陵川县	1324		123	232	521		448	87.6
泽州县	2152	177	121	172	883	20	780	96.5
高平市	1136	60	97	194	345		440	99.3

16-10　公路晴雨通车里程(2011年底)

单位:公里

地　区	合　计	国道	省道	县道	乡道	专用公路	村道	晴雨通车里程占总里程的百分比(%)
合　计	8488	252	673	1171	3332	28	3031	98.7
城　区	235	16	32	19	71		98	100.0
沁水县	1388		149	272	550		417	99.8
阳城县	2087		150	244	875	8	809	100.0
陵川县	1408		123	246	569		471	93.2
泽州县	2224	177	121	190	922	20	795	99.7
高平市	1144	60	97	201	345		441	100.0

16-11　公路绿化里程(2011年底)

单位:公里

地　区	合　计	国道	省道	县道	乡道	专用公路	村道	绿化里程占总里程的百分比(%)
合　计	2702	497	296	523	795	18	574	31.4
城　区	137	11	26	19	54		27	58.4
沁水县	356	110	27	90	97		31	25.6
阳城县	449	60	59	100	118	5	106	21.5
陵川县	405	93	13	80	129		90	26.8
泽州县	847	165	73	121	276	12	200	38.0
高平市	506	58	97	113	120		119	44.2

16-12　全市公路桥梁、涵洞实有数(2011年底)

地区	公路桥梁(米/座)							
	合计		危桥		按类型分			
					永久式		半永久式	
	座	米	座	米	座	米	座	米
合计	875	60949	26	1001	875	60949		
城区	28	1122	1	51	28	1122		
沁水县	139	14630	8	353	139	14630		
阳城县	205	13491	1	100	205	13491		
陵川县	79	5280	2	59	79	5280		
泽州县	251	19679	8	323	251	19679		
高平市	173	6748	6	116	173	6748		

16-12　续表

地区	公路桥梁(米/座)								涵洞
	按跨径分								
	特大桥		大桥		中桥		小桥		
	座	米	座	米	座	米	座	米	道
合计	4	4857	138	35470	173	10305	560	10317	3690
城区			2	257	9	535	17	330	128
沁水县	2	3508	24	7597	22	1726	91	1799	627
阳城县			39	9781	35	1866	131	1844	985
陵川县			7	3398	11	486	61	1395	473
泽州县	2	1349	56	12458	54	3318	139	2554	1073
高平市			10	1978	42	2373	121	2396	404

16-13　全市公路隧道及其技术状况(2011年底)

地区	合计		按长度分							
			特长隧道		长隧道		中隧道		短隧道	
	处	米	处	米	处	米	处	米	处	米
合计	144	102585	8	31157	18	29265	35	25887	83	16276
城区	1	275							1	275
沁水县	23	17930	2	6947	2	3130	6	3961	13	3892
阳城县	29	17357			5	8113	8	6473	16	2771
陵川县	36	12138			2	4940	4	2496	30	4702
泽州县	53	53887	6	24210	9	13082	16	12447	22	4148
高平市	2	997					1	510	1	487

16-14 铁路支线情况(2011 年底)

指　　标	太 焦 线	侯 月 线
铁路局	郑州铁路局	郑州、北京铁路局
建设年份	1957—1977	1989—1996
连接线路	同浦、太石、焦枝、新焦	太焦、同浦
设计能力	2600—3900 万吨	2000—2800 万吨
全线长度	434 公里	265 公里
# 境内长度	85 公里	103 公里
# 复线长度	85 公里	103 公里
# 电气化线路	85 公里	103 公里
境内车站名称	**高平市** 赵庄站、西阳村站、高平站 南陈铺站 **泽州县** 北板桥站、东元庆站、晋城北站 西武匠站、东坡站、孔庄站 **城　区** 晋城站	**沁水县** 梁庄站、沁水站、迎沟站、郑庄站 中乡站、端氏站、嘉峰站 **阳城县** 阳城站、磨滩站

16-15 企业铁路专用线建设情况(2011年底)

单位:公里、万吨

路线名称	接轨地点	穿越县(市、区)	里 程	设计能力
一、非煤企业			27.5	
晋翔机械厂		泽州县	0.6	
六0一三厂	北板桥车站	泽州县	0.4	
巴公发电厂	北板桥车站	泽州县	2.5	
二五四处	孔庄车站	泽州县	0.2	
晋城石油经销处	晋城北车站	城 区	0.8	
市物资储运公司	晋城北车站	城 区	2.0	
阳城发电厂	嘉峰车站	阳城县	21.0	
晋城煤化工有限公司		泽州县		
二、煤炭生产企业			129.9	4362
晋城矿务局			49.7	3312
古书院煤矿	司徒集配站	城 区、泽州县	8.0	709
王台铺煤矿	司徒集配站	城 区	3.6	157
凤凰山煤矿	司徒集配站	城 区	4.3	186
成庄煤矿	司徒集配站	城 区	19.1	405
司徒集配站至晋北站	晋城北站	城 区	3.2	1055
寺河煤矿	嘉峰车站	沁水县	11.5	800
兰花集团			46.7	570
北岩煤矿	古书院矿专线	城 区	3.2	90
莒山煤矿	北板桥车站	泽州县	3.4	60
大阳煤矿	北板桥车站	泽州县	14.0	120
望云煤矿	西阳村车站	高平市	1.3	60
伯方煤矿	高平车站	高平市	9.9	120
唐安煤矿	南陈铺车站	高平市	15.0	120
巴公化肥厂		泽州县		
晋普山煤矿	西武匠车站	泽州县	8.2	90
申家庄煤矿	西阳村车站	高平市	6.5	90
赵庄煤矿	高平车站	高平市	5.7	90
牛山煤矿	南陈铺车站	高平市	1.7	90
新庄煤矿	南陈铺车站	高平市	6.8	60
三八煤矿	北板桥车站	泽州县	0.7	30
岳南煤矿	成庄矿专线晋北站	泽州县	4.0	60
三、煤炭集运企业			27.2	1230
申匠煤站	西武匠车站	城 区	2.3	150
晋城北煤站	晋城北车站	城 区	0.7	100
北板桥煤站	北板桥车站	泽州县	0.7	50
东元庆煤站	东元庆车站	泽州县	0.8	100
嘉峰集运站	嘉峰车站	沁水县	5.0	100
阳城集运站	阳城车站	阳城县	3.5	100
八甲口集运站	阳城车站	阳城县	1.5	60
屯城集运站	阳城车站	阳城县	1.9	100
沁水城关集运站	沁水车站	沁水县	1.7	100
高平煤站	高平车站	高平市	0.9	70
南陈铺煤站	南陈铺车站	高平市	1.7	100
米山煤站	高平车站	高平市	6.5	200

16-16　民用车辆拥有量(2011年)

单位:辆

指标名称	总计		总计中:				报废
		营运	非营运	进口	个人	新注册	
合　计	363456	75954	238912	3549	311845	39071	556
一、汽车	220348	64530	155818	3549	174304	32897	556
1.载客汽车	152412	4290	148122	3495	126263	27782	451
#大型	1619	977	642	17	32	265	26
中型	1831	1047	784	44	403	167	85
小型	137532	2105	135427	3429	115719	26735	307
微型	11430	161	11269	5	10109	615	33
#轿车	109495	1794	107701	1010	95289	20282	255
2.载货汽车	39125	32964	6161	48	20800	4296	98
#重型	13700	13590	110	40	4194	2073	26
中型	5675	5557	118		3895	133	11
轻型	19444	13570	5874	8	12491	2087	60
微型	306	247	59		220	3	1
#普通载货	19952	14374	5578	8	11740	1622	81
3.其它汽车	28811	27276	1535	6	27241	819	7
#三轮汽车	5654	5321	333		5603	513	
低速货车	21701	21602	99	1	21359	7	1
二、电车							
1.无轨							
2.有轨							
三、摩托车	88747	5682	83065		88009	3587	
1.普通	87897	5682	82215		87168	3587	
2.轻便	850		850		841		
四、拖拉机	48590				48590	1342	
1.大中型	2609				2609	354	
2.小型方向盘式	45981				45981	988	
五、挂车	5771	5742	29		942	1245	
六、其它类型车							
补充资料:机动车驾驶员(人)	354189						
#汽车驾驶员(人)	299198						

16-17 民用汽车拥有量

单位:辆

年 份	民用汽车总计	载客汽车	大型	中型	小型	微型	载货汽车
1978	2081	404					1451
1980	3155	522					2375
1985	6775	903					5537
1989	8289	1543					6522
1990	9480	1749					7530
1991	16333	3194					12942
1992	17788	6357					11204
1993	23207	8278					14678
1994	29298	7963					21044
1995	32434	7199					24888
1996	30494	8858					21184
1997	34790	11398					22870
1998	37041	12689					23783
1999	36081	14813					20676
2000	39967	17270	497				22243
2001	37045	16661	472				19927
2002	46424	21072	1085	1021	13619	5347	24908
2003	44194	23166	579	1205	15328	6054	20564
2004	53540	29249	652	1421	20104	7072	23200
2005	67494	38995	756	1618	28774	7847	25717
2006	111022	50625	847	1758	39683	8337	27260
2007	125943	62960	985	1816	51392	8767	29651
2008	142683	76786	1124	1873	64610	9179	31687
2009	166046	99047	1286	1896	85632	10233	34658
2010	193647	125221	1430	1859	110962	10970	37219
2011	220348	152412	1619	1831	137532	11430	39125

16-17 续表

单位:辆

年 份	载货汽车	重型	中型	轻型	微型	其他汽车	机动车驾驶员（人）	汽车驾驶员
1978	1451							
1980	2375							
1985	5537							
1989	6522							
1990	7530							
1991	12942							
1992	11204							
1993	14678							
1994	21044							
1995	24888							
1996	21184							
1997	22870							
1998	23783							
1999	20676							
2000	22243					199	135853	68706
2001	19927					193	124534	70102
2002	24908	5359	10595	6683	2271	444	142043	78338
2003	20564	3345	8286	6953	1980	464	165387	85410
2004	23200	4824	8347	8008	2021	1091	169705	96533
2005	25717	6219	8394	9670	1434	2782	182984	155261
2006	27260	6406	8781	11006	1067	33137	210871	145475
2007	29651	7048	9588	12261	754	33332	231499	172706
2008	31687	8423	9046	13554	664	34210	253514	195528
2009	34658	9857	8318	15919	564	32341	283533	229402
2010	37219	11973	7052	17780	414	31234	317360	259694
2011	39125	13700	5675	19444	306	28811	354189	299198

16-18 私人汽车拥有量

单位:辆

年份	私人汽车总计	载客汽车	大型	中型	小型	微型
2000	17148	9133	86			
2001	21989	10172	816			
2002	24537	12484	353	518	7598	4015
2003	22536	13321	40	373	8509	4399
2004	28113	17665	34	397	11945	5289
2005	39003	25242	40	442	18614	6146
2006	80344	34981	43	461	27731	6746
2007	92290	45525	37	464	37758	7266
2008	105976	57607	34	473	49346	7754
2009	126494	77352	37	461	68037	8817
2010	150886	101179	33	448	91109	9589
2011	174304	126263	32	403	115719	10109

16-18 续表

单位:辆

年份	载货汽车	重型	中型	轻型	微型	其他汽车
2000	8015					
2001	11817					
2002	12038	1998	6432	2017	1591	15
2003	9199	625	4679	2546	1349	16
2004	10429	885	4750	3428	1366	19
2005	11806	1342	4985	4513	966	1955
2006	13326	1412	5549	5654	711	32037
2007	14747	1566	6084	6618	479	32018
2008	16303	2069	6052	7749	433	32066
2009	18063	2599	5654	9436	374	31079
2010	19864	3594	4820	11162	288	29843
2011	20800	4194	3895	12491	220	27241

16-19 新注册民用汽车拥有量

单位:辆

年份	私人汽车总计	载客汽车	大型	中型	小型	微型
2002	22572	10462	334	352	6224	3552
2003	6998	4670	115	135	3026	1394
2004	9371	6253	153	180	4051	1869
2005	14107	9494	101	172	8479	742
2006	14475	11384	116	179	10559	530
2007	16621	12805	171	136	12017	481
2008	20007	14635	159	111	13940	425
2009	27575	22466	169	108	21116	1073
2010	33548	27404	183	118	26311	792
2011	32897	27782	265	167	26735	615

16-19 续表

单位:辆

年份	载货汽车	重型	中型	轻型	微型	其他汽车
2002	11925	1607	5540	3432	1346	185
2003	2249	472	323	1343	111	79
2004	3020	654	447	1763	156	98
2005	3445	1337	938	969	201	1168
2006	2540	364	729	1411	36	551
2007	3389	972	953	1425	39	427
2008	4031	1991	488	1513	39	1341
2009	3941	1304	290	2327	20	1168
2010	5154	2459	305	2362	28	990
2011	4296	2073	133	2087	3	819

16-20 邮电业务基本情况

指标及年份	单位	2001 年	2005 年	2006 年	2007 年	2008 年	2009 年	2010 年	2011 年
邮电业务总量	万元	44588	170752	201453	246180	262238	355590	325722	164120
函件	万件	307	106	820	604	447	401	604	588
特快专递	万件	6.4	11.7	13.0	18.6	23.0	25.2	32.0	12.0
报刊期发数	万份	20.3	20.8	15.2	10.1	11.2	11.2	24.0	26.0
集邮业务	万枚	232	35	55	76	72	33	66	106
年末移动电话用户	户	205374	669580	572106	920708	993368	1251021	1419616	1576304
本地电话用户	户	263849	490087	532586	514279	530129	449062	432606	429990
城市电话用户	户	130437	228501	259019	239272	265651	210280	207072	240156
# 住宅电话用户	户	111512		180095	192769	170297	170874	176062	181954
乡村电话用户	户	133412	261586	273567	275007	264478	238782	205224	189834
# 住宅电话用户	户	126441		253967	254852	232872	218232	190357	167193
邮政局所数	处	106	101	105	103	98	98	98	92
邮路及农村投递线路总长度	公里	10075	10737	10737	11411	11176	11415	12336	12898
长途电话交换机容量	路端		7980	10030	10030			10820	
局用交换机容量	门	335255	332374	349686	350907	311504	540788	631813	289604
用户交换机容量	门		1006	1006	38384	856		27744	
移动电话交换机容量	万户	20.5	77.4	96.2	103.3	159.1	267.8	395.1	56.8

注：1.2003 年以前没有划分长途电话交换机容量和移动电话交换机容量这两个指标；

2.2010 年本地电话用户含电信用户，电信用户不分城市和乡村口径。

16-21 各地区邮电业务基本情况(2011年)

指　　标	单位	全市	市局	沁水	阳城	陵川	高平
一、邮政局所、服务点							
邮政局所	处	92	33	12	20	12	15
设在农村的局所	处	73	22	10	17	11	13
提供邮政全功能服务的	处	88	32	11	19	12	14
电子化支局	处	69	28	8	16	7	10
总数中:邮政局	处	5	1	1	1	1	1
邮政支局	处	52	18	8	16	6	4
自办邮政所	处	14	8				6
代办邮政所	处	26	7	4	4	6	5
邮政报刊图书销售点	处	78	40	18	10	8	2
集邮品销售点	处	4	2	1	1		
邮政储蓄点	处	59	20	9	12	8	10
邮政储蓄联网网点数	处	59	20	9	12	8	10
邮政储蓄异地存取网点数	处	59	20	9	12	8	10
邮政信报箱群	处	9	9				
邮政信报信箱	个	178	56	40	34	32	16
邮局用户信箱	个	162	120			42	
邮政妥投点	个	24777	14411	3840	2716	1097	2713
与用户签订协议的	个	4000	1400	840	1358	102	300
邮路总条数	条	30	9	1	4	6	10
邮路总长度(单程)	公里	2950	1459	139	428	343	581
自办汽车邮路	公里	1615	1356	139	120		
委办汽车邮路	公里	1205	103		308	343	451
其它邮路	公里	130					130
农村投递线路总长度(单程)	公里	9948	2521	1177	2458	1159	2633
二、通信业务量							
邮电业务总量	万元	164120	141291	8036	7253	3389	4151
邮政业务总量	万元	11514	4873	2213	1924	1167	1337
电信业务总量	万元	152606	136418	5823	5329	2222	2814
移　　动	万元	91427	91427				
电　　信	万元	8057	5204	1330	1032	203	288
联　　通	万元	53122	39787	4493	4297	2019	2526

16-21 续表

指　标	单位	全市	市局	沁水	阳城	陵川	高平
机要	件	18741	17827	252	342	178	142
函件	件	5880029	5655435	66608	87074	33863	37049
特快专递	件	124518	68225	13300	18886	11154	12953
订销报刊期发数	份	255353	124835	26376	40200	18924	45018
订销报刊累计数	份	48371760	22393835	5005527	7656949	3816717	9498732
邮政储蓄期末余额	万元	509827	168061	64586	91338	71694	114148
集邮业务	枚	1063957	1015278	2514	15161	23090	7914
移动电话年末用户	户	1576304	1076470	101964	146235	77645	173990
移　动	户	925283	480034	94368	126561	72003	152317
联　通	户	508940	508940				
电　信	户	142081	87496	7596	19674	5642	21673
本地电话年末用户	户	429990	188534	42501	72117	46770	80068
城市电话用户	户	240156	134053	16244	37742	18751	33366
乡村电话用户	户	189834	54481	26257	34375	28019	46702
住宅电话年末用户	户	349146	146600	35561	57068	42077	67840
城市电话用户	户	181954	99805	12490	28306	15675	25677
乡村电话用户	户	167193	46795	23071	28762	26402	42163
公用电话	户	22435	13964	1955	2253	734	3529
无线接入电话用户(小灵通)	户	4307	3765	63	341	50	88
来电显示用户	户	1104777	571139	122424	169255	37596	204363
固网短信	万条	165.72	100.41	0.42	63.53	0.69	0.67
国际互联网络用户	户	259040	128522	23766	41614	15777	49361
注册拨号用户	户	23	23				
主叫电话号码用户	户	19	19				
上网卡用户	户	7536	4699	637	480	197	1523
专线用户	户	156	96	8	15	1	36
宽带接入用户	户	251306	123685	23121	41119	15579	47802
已通电话的行政村	个	2221	705	239	468	371	438
三、电信主要通信能力							
长途电话交换机容量	路端						
局用电话交换机容量	门	289604	141500	18072	56856	24408	48768
接入网设备容量	门	311687	151093	40428	27776	37450	54940
无线市话网络标称容量	门	146856	93335	7004	18284	9419	18814
无线市话基站	个	2864	2508	39	126	63	128
用户交接机容量	门						
接入局用电话交换机话机部数	部	210382	86369	16210	50896	19434	37473
接入用户交换机电话机部数	部	196094	87086	26144	17234	27286	38344
移动电话交换机容量	户	568166	568166				

16-22 邮电业务总量

年份 地区	邮电业务总量（万元）	邮政业务总量	电信业务总量	函件（万件）	特快专递（万件）	报刊期发数（万份）
1985	675	405	270	496		
1989	777	407	370	425		
1990	916	414	502	387		
1991	1216	516	700	352		
1992	1636	606	1030	411		
1993	2211	696	1515	431		
1994	3714	803	2911	435		
1995	5762	1017	4745	431		
1996	9015	1228	7787	366		
1997	9658	1454	8204	306		
1998	12392	1633	10759	305		
1999	15271	2040	13231	304		
2000	38035	2649	16654	350	6.3	20.1
2001	44588	5066	19279	307	6.4	20.3
2002	58395	6015	24560	251	6.7	21.9
2003	75208	6665	68543	210	8.9	21.7
2004	133780	7575	126205	189	10.0	13.2
2005	170752	9170	161582	106	11.7	20.8
2006	201453	12422	189031	820	13.0	15.2
2007	246180	14847	231334	604	18.6	10.1
2008	262239	17859	244380	447	23.0	11.1
2009	355590	20496	335094	401	25.2	11.2
2010	325722	15021	310701	604	31.8	24.0
2011	164120	11514	152606	588	12.0	26.0

16-22 续表 1

年 份 地 区	集邮业务 （万枚）	无线寻呼用户 （户）	互联网上网户数 （户）
1989	76		
1990	54		
1991	124		
1992	138		
1993	182		
1994	179		
1995	162		
1996	243		
1997	346		
1998	332	21122	
1999	242	69364	
2000	264	34843	5851
2001	232	25300	24781
2002	240	150000	43028
2003	190	26900	74585
2004	163	26900	68983
2005	35		92767
2006	55		74188
2007	76		98382
2008	72		103066
2009	33		130947
2010	66		155340
2011	106		259040

16-22 续表 2

年 份 地 区	本地电话 年末用户 （户）			公用电话 （户）
		城市电话用户	乡村电话用户	
1985	7642	4883	2759	
1989	9644	5871	3773	
1990	13538	9751	3787	
1991	14529	10607	3922	
1992	17390	13159	4231	
1993	23631	18950	4681	
1994	29544	24476	5068	
1995	38444	32891	5553	142
1996	47104	40221	6883	287
1997	82262	66793	15469	1389
1998	102876	77466	25410	1674
1999	114691	77667	37024	1469
2000	151628	92668	58960	1924
2001	263849	130437	133412	3910
2002	334488	164414	170074	10810
2003	406755	206585	200170	13794
2004	449439	209729	239710	5085
2005	490087	228501	261586	18248
2006	532586	259019	273567	26364
2007	514279	239272	275007	33366
2008	530129	265651	264478	25938
2009	449062	210280	238782	23701
2010	432606	207072	205224	23105
2011	429990	240156	189834	22435

16-23 邮政局所数及邮递线路（2011年）

年 份	邮政局所（处）	信筒信箱（处）	邮路总长度（公里）	汽车邮路	农村投递线路（公里）
1978	99		1526		8674
1980	101		1636		8729
1985	102		1979	835	8984
1989	105		2047	900	9092
1990	104		2047	900	9092
1991	103		1933	999	9606
1992	103		1933	999	9698
1993	102		2014	1067	9776
1994	103		1613	1043	10098
1995	102	159	1687	868	10098
1996	107	172			9919
1997	108	138			9919
1998	187				9919
1999	187				8173
2000	103	175	1780	1537	8042
2001	106	238	1893	1650	8182
2002	103	221	1893	1650	8182
2003	102		1893	1650	8182
2004	102		2287	2287	8182
2005	101		1994	1994	8743
2006	105		1994	1994	8743
2007	103		1994	1994	9417
2008	98		1908	1908	9268
2009	98	178	2498	2116	9227
2010	98	178	2936	2806	9400
2011	92	178	2950	2820	9948

16-24 电信主要通信能力

年　份	长途电话交换机容量（路端）	本地电话局用交换机容量（门）	移动电话交换机容量（户）
1978		10540	
1980		11020	
1985		13710	
1989		24327	
1990		27287	
1991		28453	
1992		29269	
1993		35189	
1994		51510	
1995		78025	
1996		83233	
1997		140366	
1998		174392	
1999		165654	50000
2000		174071	12500
2001		335255	340000
2002		254324	343000
2003	8790	278502	515000
2004	8790	285230	521000
2005	7980	332374	774000
2006	10030	349686	962000
2007	10030	350907	1033000
2008		311504	1591000
2009		540788	2677862
2010	10820	631813	3951000
2011		289604	568166

16-25 邮电通信服务水平

指　标	2001 年	2002 年	2003 年	2004 年	2005 年	2006 年	2007 年	2008 年	2009 年	2010 年	2011 年
邮政通信水平											
平均每一邮政局所服务面积（平方公里）	89.5	92.1	93.0	93.0	94.0	90.4	92.1	96.1	96.4	96.8	102.4
平均每一邮政局所服务人口（人）	20479	21195	21621	21540	21835	21090	21543	21961	21983	22857	24814
平均每人每年发函件数（件 / 人）	1.4	1.1	1.0	0.9	0.5	3.7	2.7	2.1	2.0	2.7	2.6
平均每百人每年订报刊数（份 / 百人）			10.0	6.0	9.4	6.9	4.6	5.2	4.9	10.7	11.2
电信通信水平											
电话普及率（包括移动电话）（部 / 百人）	21.8	28.4	36.2	42.3	53.4	51.1	64.7	75.9	75.9	83.0	87.9
移动电话普及率（部 / 百人）	9.5	12.5	17.1	21.6	30.4	25.8	41.5	46.2	55.9	62.8	69.0
每千人拥有公用电话数（部）	1.8	5.0	6.3	2.3	8.3	11.9	15.0	12.1	10.6	10.2	9.8

主要统计指标解释

公路里程 指在一定时期内实际达到《公路工程[WTBZ]技术标准 JTJ01-88》规定的等级公路，并经公路主管部门正式验收交付使用的公路里程数。包括大中城市的郊区公路以及通过小城镇街道部分的公路里程和桥梁、渡口的长度，不包括大中城市的街道、厂矿、林区生产用道和农业生产用道的里程。两条或多条公路共同经由同一路段，只计算一次，不得重复计算里程长度。该指标可以反映公路建设的发展规模，也是计算运输网密度等指标的基础资料。

货(客)运量 指在一定时期内，各种运输工具实际运送的货物(旅客)数量。该指标是反映运输业为国民经济和人民生活服务的数量指标，也是制定和检查运输生产计划、研究运输发展规模和速度的重要指标。货运按吨计算，客运按人计算。货物不论运输距离长短、货物类别，均按实际重量统计。旅客不论行程远近或票价多少，均按一人一次客运量统计；半价票、小孩票也按一人统计。

货物(旅客)周转量 指在一定时期内，由各种运输工具运送的货物(旅客)数量与其相应运输距离的乘积之总和。该指标可以反映运输业生产的总成果，也是编制和检查运输生产计划，计算运输效率、劳动生产率以及核算运输单位成本的主要基础资料。计算货物周转量通常按发出站与到达站之间的最短距离，也就是计费距离计算。计算公式为：

货物(旅客)周转量=∑[货物(旅客)运输量×运输距离]

民用汽车拥有量 指报告期末，在公安交通管理部门按照《机动车注册登记工作规范》，已注册登记领有民用车辆牌照的全部汽车数量。汽车拥有量统计的主要分类：根据汽车结构分为载客汽车、载货汽车及其他汽车；根据汽车所有者不同分为个人(私人)汽车、单位汽车；根据汽车的使用性质分为营运汽车、非营运汽车；根据汽车大小规格不同载客汽车分为大型、中型、小型和微型，载货汽车分为重型、中型、轻型和微型。

邮电业务总量 指以价值量形式表现的邮电通信企业为社会提供各类邮电通信服务的总数量。邮电业务量按专业分类包括函件、包件、汇票、报刊发行、邮政快件、特快专递、邮政储蓄、集邮、公众电报、用户电报、传真、长途电话、出租电路、无线寻呼、移动电话、分组交换数据通信、出租代维等。计算方法为各类产品乘以相应的平均单价(不变价)之和，再加上出租电路和设备、代用户维护电话交换机和线路等的服务收入。该指标综合反映了一定时期邮电业务发展的总成果，是研究邮电业务量构成和发展趋势的重要指标。计算公式为：

邮电业务总量=∑(各类邮电业务量×不变单价)

+出租代维及其他业务收入

=邮政业务总量+电信业务总量

移动电话用户 指通过移动电话交换机进入移动电话网、占用移动电话号码的各类电话用户。包括签约用户和智能网预付费用户。一个移动电话号码统计为一户。

互联网上网人数 指平均每周使用互联网至少 1 小时的晋城公民人数。

本地电话用户 指接入本地电信运营商固定电话网上的电话用户。包括：住宅用户、单位用户、公用电话用户等。按电话用户位置又分为市内电话用户和农村电话用户。1997 年以前，“市内电话用户” 是指接入县城及县以上城市的电话网上的电话用户；“农村电话用户”是指接入县邮电局农话台及县以下农村电话交换点，以县城为中心(除市话用户外)联通县、乡(镇)、行政村、村民小组的用户。从 1997 年起，电话用户数分组调整为以用户所在区域划分为“城市电话用户”和“乡村电话用户”，与过去的按市内电话和农村电话划分方法不同。而电话用户总数、电话机总部数统计范围不变。

城市电话用户 指直辖市、省辖市、地级市、县级市的市区、市郊区及县城(包括县人民政府所在地的县城关区或行政建制相当于县人民政府所在地的镇) 范围内接入局用交换机的电话用户数，包括分布在农村地区的独立工矿区、林区、驻军等电话用户数。

农村电话用户 指按行政区划属于城市范围以外的乡(镇)、村的电话用户数。

住宅电话用户 指安装在居民住宅或农民家里并按照住宅电话用户登记注册和收费的电话用户。包括私人付费、单位付费和按规定免费安装的住宅电话用户。

长途电话交换机容量 指用于接入长途电话网的电话交换机设备的额定容量，包括国际电话交换机容量。

局用交换机容量 指安装在电信运营企业内用于接续本地固定电话的电话交换机容量，包括现用和备用的人工或自动交换机的全部容量。不包括用户交换机容量。

移动电话交换机容量 指移动电话交换机根据一定话务模型和交换机处理能力计算出来的最大同时服务用户的数量。

17

国内贸易

Domestic Trade

简 要 说 明

一、本篇资料的主要内容

本篇资料反映全市商贸市场的发展和批发零售业商品流转、住宿餐饮业经营情况以及主要财务状况。主要内容有限额以上批发和零售业、住宿和餐饮业基本情况、商品流转和经营情况、财务状况；社会消费品零售总额；亿元商品交易市场成交情况以及限额以上连锁零售业、住宿和餐饮业经营情况等。

二、本篇的统计范围

全市批发和零售业、住宿和餐饮业，千万元商品交易市场，限额以上连锁零售业、住宿和餐饮业经营情况。

根据2004年第一次经济普查结果，我们对1993年—2004年社会消费品零售总额进行了调整，社会消费品零售总额指标不包括农业生产资料、居民购买住房；不包括各种经济类型的制造业法人企业、产业活动单位和个体工业直接售给城乡居民（包括本企业职工）和社会集团的商品；不包括农民在田间地头出售的农产品。

2010年限额以上批发和零售业、住宿和餐饮业统计限额标准：批发业为年主营业务收入2000万元及以上的企业；零售业为年主营业务收入500万元及以上的企业；住宿业、餐饮业为年主营业务收入200万元及以上的企业。

三、本篇的资料来源

本篇资料是市统计局财贸社会科根据批发和零售业、住宿和餐饮业统计报表制度进行搜集和加工整理而得。

四、本篇的统计调查方法

本篇资料中限额以上批发和零售业法人企业及住宿和餐饮业法人企业基本情况报表采用全面调查的方法，逐级汇总上报。限额以下的小型企业及个体户资料采用抽样调查方法推算。

17-1 国内贸易基本情况

指　　标	2004 年	2005 年	2006 年	2007 年	2008 年	2009 年	2010 年	2011 年
法人机构(个)	115	111	102	102	126	173	234	224
批发零售贸易业	92	84	77	78	98	125	172	170
住宿餐饮业	23	27	25	24	28	48	62	54
产业活动单位(个)	371	193	174	472	367	289	5	20
批发零售贸易业	346	165	147	446	335	238	4	10
住宿餐饮业	25	28	27	26	32	51	1	10
个体户单位数(个)							13	16
批零贸易业							6	10
住宿餐饮业							7	6
从业人员(人)	29684	27253	24122	25642	24541	28487	32615	34404
批发零售贸易业	25410	21897	18471	20112	19416	20803	22376	24198
住宿餐饮业	4274	5356	5651	5530	5125	7684	10239	10206
批发零售贸易业								
商品购进总额(万元)		1272555	669844	1135317	2234343	2073572	2765180	3229386
商品销售总额(万元)	1067973	1537139	1190200	1356880	2884769	2582517	3204061	3731040
商品库存总额(万元)		103745	50448	83935	197874	100409	205026	189841
社会消费品零售总额(万元)	596039	751191	948550	1155018	1501369	1777862	1911163	2245030
按行业分								
批发零售贸易业	475432	611930	709822	902303	1154362	1327628	1427625	1925359
住宿餐饮业	57853	72073	100912	181823	238414	297827	320394	319671
其他行业	62754	67188	65124	70892	108593	152407	163144	

注：法人机构数、产业活动单位数、从业人员及购、销、存总额统计范围为限额以上单位。

17-2 社会消费品零售总额

单位:万元

年份 地区	社会消费品零售总额	按行业分		
		批发零售贸易业	住宿餐饮业	其他行业
1985	46477			
1989	76939			
1990	78869			
1991	85635			
1992	110366			
1993	155724	123071	6682	2352
1994	182586	137698	10335	19502
1995	238746	162584	13453	36197
1996	281481	192444	12810	49236
1997	345068	215891	23175	70398
1998	389130	243252	29641	73105
1999	405007	253385	32521	30314
2000	433833	257605	32481	113747
2001	460808	294842	36348	129618
2002	500446	337568	43904	118974
2003	535462	427296	45874	62292
2004	596039	475432	57853	62754
2005	751191	611930	72073	67188
2006	875858	709822	100912	65124
2007	1206160	953428	178624	74108
2008	1501369	1154362	238414	108593
2009	1777862	1327628	297827	152407
2010	1911163	1427625	320394	163144
2011	2245030	1925359	319671	
城区	1176152	1010821	165331	
沁水县	129329	106565	22764	
阳城县	253228	215956	37272	
陵川县	106187	98776	7410	
泽州县	230134	197904	32230	
高平市	350001	295338	54663	

17-3 限额以上批发和零售业、住宿和餐饮业基本情况(2011年)

指标	法人企业（个）	产业活动单位及个体户（个）	从业人数（人）
总计			
批发业合计	54	2	6355
内资企业	54	2	6355
国有企业	9		2860
集体企业	5	2	498
股份合作企业			
有限责任公司	26		2227
国有独资企业	1		63
其他有限责任公司	25		2164
股份有限公司	2		139
私营企业	12		631
私营有限责任公司	11		625
私营股份有限公司	1		6
个体工商户			
港、澳、台商投资企业			
外商投资企业			
零售业合计	116	18	17666
内资企业	116	13	15440
国有企业	16	1	2250
集体企业	9	3	2112
股份合作企业	1		30
有限责任公司	31	1	2619
其他有限责任公司	31	1	2619
股份有限公司	3	1	739
私营企业	55	7	7673
私营独资企业	6	5	382
私营合伙企业	3	1	767
私营有限责任公司	45		6437
私营股份有限公司	1	1	87
其他企业	1		17
国有控股			
集体控股			
私人控股			
其他			
个体工商户		5	2226
港、澳、台商投资企业			
外商投资企业			

17-3 续表

指　　标	法人企业（个）	产业活动单位及个体户（个）	从业人数（人）
住宿业合计	19	6	3732
内资企业	19	6	3732
国有企业	7		860
集体企业	3	1	489
有限责任公司	5	3	1581
国有独资公司	1		288
其他有限责任公司	4	3	1293
股份有限公司			
私营企业	4	1	512
私营独资企业	2	1	240
私营合伙企业			
私营有限责任公司	2		272
私营股份有限公司			
其他企业		1	290
国有控股			
私人控股			
其　　他			
个体工商户			
港、澳、台商投资企业			
外商投资企业			
餐饮业合计	35	10	6474
内资企业	35	7	6329
国有企业	7		1188
集体企业	1	1	142
有限责任公司	11	1	2054
其他有限责任公司	11	1	2054
股份有限公司		1	570
私营企业	16	4	2375
私营独资企业	6	4	1016
私营合伙企业	3		439
私营有限责任公司	5		615
私营股份有限公司	2		305
国有控股			
集体控股			
私人控股			
其　　他			
个体工商户		3	145
港、澳、台商投资企业			
外商投资企业			

注：限额以上批发业是指年主营业务收入2000万元及以上的企业；限额以上零售业是指年主营业务收入500万元及以上的企业；限额以上住宿业和餐饮业是指年主营业务收入200万元及以上的企业。

17-4 限额以上批发和零售业、住宿和餐饮业法人企业数

单位:个

年份 地区	合计	批发业	零售业	住宿业	餐饮业
2006	102	30	47	16	9
2007	102	30	48	14	10
2008	126	36	62	19	9
2009	173	47	78	23	25
2010	234	56	116	30	32
2011	224	54	116	19	35
城区	96	21	49	3	23
沁水县	15	1	9	3	2
阳城县	42	14	20	4	4
陵川县	12	3	5	4	
泽州县	25	7	14	4	
高平市	34	7	19	2	6

17-5 限额以上批发和零售业、住宿和餐饮业产业和个体户单位数

单位:个

年份 地区	合计	批发业	零售业	住宿业	餐饮业
2006	174	62	85	17	10
2007	472	136	310	15	11
2008	367	50	285	23	9
2009	289	48	190	24	27
2010	18	2	8	1	7
2011	36	2	18	6	10
城区	5		4	1	
沁水县	7	1	4	1	1
阳城县	7		4	1	2
陵川县	1				1
泽州县	7	1	2	2	2
高平市	9		4	1	4

注:2011年数据为限额以上产业和个体户。

17-6 限额以上批发和零售业、住宿和餐饮业从业人数

单位:人

年份 地区	合计	批发业	零售业	住宿业	餐饮业
2006	24122	9756	8715	4061	1590
2007	25642	10032	10080	3761	1769
2008	24541	10527	8889	3803	1322
2009	28487	8693	12110	4265	3419
2010	32615	7277	15099	4845	5394
2011	34372	6465	17671	3762	6474
城区	15286	1938	8975	899	3474
沁水县	1515	328	592	359	236
阳城县	7347	1485	3889	871	1102
陵川县	970	423	183	324	40
泽州县	5360	1166	2428	1123	643
高平市	3894	1125	1604	186	979

17-7 限额以上批发和零售业商品购、销、存总额

单位:万元

年份 地区	购进总额	销售总额	批发	零售	年末库存总额
2006	669844	1190200	920878	269323	50448
2007	1135317	1356880	983514	373366	83935
2008	2234343	2884769	2329309	555460	197874
2009	2073572	2582517	2075901	506616	100409
2010	2719442	3157125	2326750	830375	198540
2011	3118156	3616452	2646496	969956	177515
城区	1533761	1825972	1123812	702160	125189
沁水县	173143	184978	173258	11720	3096
阳城县	505406	515105	479889	35217	15491
陵川县	88275	88396	82762	5633	1935
泽州县	316406	347024	229840	117185	7254
高平市	471078	557467	492795	64672	19550

17-8 各地区星级住宿业经营情况

单位:万元

年份 地区	营业额	客房收入	餐费收入	商品销售收入	其他收入
2006	27715	8755	16830	1052	1079
2007	27405	7491	15329	2232	2353
2008	31672	8679	17011	3335	2647
2009	35720	10169	19090	3650	2812
2010	42026	12215	22453	3575	3784
2011	20125	7495	9879	473	2278
城区	4985	2282	2386		317
沁水县	2674	1119	1555		
阳城县	4857	1084	2895	326	551
陵川县	1639	743	757	126	13
泽州县	5672	2164	2284		1225
高平市	688	470	2	43	174

17-9 各地区限额以上餐饮业经营情况

单位:万元

年份 地区	营业额	客房收入	餐费收入	商品销售收入	其他收入
2006	8947	1491	6250	964	241
2007	11257	1737	8159	524	837
2008	9883	1376	7096	91	1321
2009	23136	3963	16752	629	1792
2010	32434	4655	24695	851	2233
2011	43311	7985	32742	243	2341
城区	33365	5717	26243	24	1380
沁水县	968	291	677		
阳城县	4523	882	2742	52	847
陵川县					
泽州县					
高平市	4455	1095	3080	166	113

17-10 分行业限额以上批发和零售业商品购、销、存总额(2011 年)

单位:万元

指标	购进总额	销售总额			年末库存总额
			批发	零售	
总计	3118156	3616452	2646496	969956	177515
批发业合计	2297587	2511099	2510188	911	95052
农畜产品批发	5800	5800	5732	68	0
其他农畜产品批发	5800	5800	5732	68	0
食品、饮料及烟草制品批发	193949	238227	238066	161	21298
米、面制品及食用油批发	27556	27411	27250	161	2636
果品、蔬菜批发	14156	13940	13940		217
盐及调味品批发	1839	3018	3018		431
烟草制品批发	128468	170775	170775		13256
其他食品批发	21930	23084	23084		4758
矿产品、建材及化工产品批发	2077568	2245600	2245600		71776
煤炭及制品批发	1970666	2137532	2137532		65119
金属及金属矿批发	103652	104926	104926		6471
化肥批发	3249	3142	3142		187
机械设备、五金交电及电子产品批发	13670	13996	13313	683	1639
汽车、摩托车及零配件批发	8721	8808	8808		329
五金、交电批发	4949	5188	4506	683	1310
其他批发	6600	7476	7476		339
再生物资回收与批发	2197	2093	2093		125
其他未列明的批发	4403	5384	5384		214
零售业合计	820570	1105353	136309	969045	82464
综合零售	78908	73228	5777	67451	15441
百货零售	39768	36761	2045	34716	8749
超级市场零售	35373	32923	2240	30683	6147
其他综合零售	3767	3545	1492	2052	544
食品、饮料及烟草制品专门零售	28911	32847	8000	24847	3035
粮油零售	8274	8410	4482	3928	1421
果品、蔬菜零售	11380	11613	2245	9369	607
肉、禽、蛋及水产品零售	5406	6001	650	5351	1
烟草制品零售	1075	3957		3957	601
其他食品零售	2777	2867	624	2243	406
纺织、服装及日用品专门零售	19189	19426		19426	2375
服装零售	18594	18608		18608	2175
钟表、眼镜零售	595	818		818	200
文化、体育用品及器材专门零售	16459	17156		17156	2390
图书零售	16459	17156		17156	2390
医药及医疗器材专门零售	4250	5818	389	5429	643
药品零售	4250	5818	389	5429	643
汽车、摩托车、燃料及零配件专门零售	328804	611035	99951	511084	42838
汽车零售	201481	226180		226180	25469
机动车燃料零售	127322	384855	99951	284904	17369
家用电器及电子产品专门零售	26191	26079	1050	25030	7876
家用电器零售	20603	20265		20265	7027
计算机、软件及辅助设备零售	3587	4074	1050	3024	388
通信设备零售	2001	1740		1740	461
五金、家具及室内装修材料专门零售	290774	289458	17425	272033	4345
五金零售	49389	48977	17425	31552	1970
家具零售	5030	5017		5017	945
其他室内装修材料零售	236355	235464		235464	1431
无店铺及其他零售	27084	30306	3717	26589	3522
花卉零售	537	501		501	36
其他未列明的零售	26547	29805	3717	26088	3486

17-11 限额以上批发、零售企业资产及负债(2011 年)

单位:万元

指标	资产总计	流动资产	固定资产	负债合计	所有者权益合计
总计	1194824	964557	134777	863623	331201
批发企业合计	878184	768442	49591	638973	239211
内资企业	878184	768442	49591	638973	239211
国有企业	599691	557711	16649	414877	184814
集体企业	7103	4684	1240	5403	1700
有限责任公司	200164	144551	25502	158078	42086
国有独资公司	2580	1150	430	351	2230
其他有限责任公司	197584	143401	25072	157727	39857
股份有限公司	6746	3344	654	4833	1913
私营企业	64480	58152	5546	55782	8697
私营有限责任公司	63853	57580	5512	55383	8470
私营股份有限公司	627	572	34	400	227
零售企业合计	316640	196115	85186	224650	91990
内资企业	316640	196115	85186	224650	91990
国有企业	65287	26640	33081	32511	32776
集体企业	12439	6581	5101	5769	6669
股份合作企业	3221	898	1353	1262	1958
有限责任公司	84711	66405	12942	63847	20864
其他有限责任公司	84711	66405	12942	63847	20864
股份有限公司	11844	7444	3476	9082	2761
私营企业	138495	87725	29040	111737	26758
私营独资企业	10145	4349	3854	6756	3389
私营合伙企业	3708	1645	770	2771	938
私营有限责任公司	124642	81731	24416	102210	22432
其他企业	644	421	194	441	203

17-12 分行业限额以上批发、零售企业资产及负债(2011 年)

单位:万元

指标	资产总计	流动资产	固定资产	负债合计	所有者权益合计
总计	1194824	964557	134777	863623	331201
批发业合计	878184	768442	49591	638973	239211
农畜产品批发	17540	7989	1833	9868	7672
其他农畜产品批发	17540	7989	1833	9868	7672
食品、饮料及烟草制品批发	86251	73061	10583	37168	49084
米、面制品及食用油批发	11164	9547	1450	10110	1054
果品、蔬菜批发	11980	8372	1934	10366	1614
盐及调味品批发	732	479	253	97	635
烟草制品批发	58284	51669	6300	13776	44508
其他食品批发	4092	2995	646	2820	1272
矿产品、建材及化工产品批发	760338	677788	34993	582008	178330
煤炭及制品批发	743222	661616	34793	567230	175993
金属及金属矿批发	16727	15833	150	14439	2288
化肥批发	389	339	50	339	50
机械设备、五金交电及电子产品批发	7602	5699	1157	5998	1604
汽车、摩托车及零配件批发	3286	2030	520	2091	1195
五金、交电批发	4316	3670	637	3906	410
其他批发	6453	3904	1026	3931	2521
再生物资回收与批发	1297	380	386	990	306
其他未列明的批发	5156	3523	640	2941	2215
零售业合计	316640	196115	85186	224650	91990
综合零售	69676	48731	16040	57432	12244
百货零售	28676	18047	8832	18709	9967
超级市场零售	38743	28659	6982	36859	1884
其他综合零售	2256	2024	227	1864	393
食品、饮料及烟草制品专门零售	13635	7146	5032	10339	3296
粮油零售	5657	4395	1152	5024	633
果品、蔬菜零售	5909	1444	3398	3860	2049
肉、禽、蛋及水产品零售	523	68	381	469	54
烟草制品零售	773	738	29	413	360
其他食品零售	774	501	72	573	201
纺织、服装及日用品专门零售	11923	2592	7793	8606	3317
服装零售	11069	2019	7511	8107	2961
钟表、眼镜零售	855	572	282	499	356
文化、体育用品及器材专门零售	7080	3864	1573	3309	3771
图书零售	7080	3864	1573	3309	3771
医药及医疗器材专门零售	3390	2673	372	2579	811
药品零售	3390	2673	372	2579	811
汽车、摩托车、燃料及零配件专门零售	144624	94996	32297	99217	45406
汽车零售	91750	65477	12184	66343	25407
机动车燃料零售	52873	29520	20113	32874	19999
家用电器及电子产品专门零售	17074	16251	605	14125	2949
家用电器零售	14566	13969	388	12226	2339
计算机、软件及辅助设备零售	1675	1455	210	1180	494
通信设备零售	834	827	7	718	116
五金、家具及室内装修材料专门零售	19003	7344	6990	12552	6452
五金零售	7498	3313	3012	6233	1265
家具零售	6259	3764	2102	3656	2604
其他室内装修材料零售	5246	267	1877	2663	2583
无店铺及其他零售	30236	12520	14484	16492	13744
花卉零售	2011	196	1156	77	1934
其他未列明的零售	28225	12323	13328	16415	11810

17-13 限额以上批发和零售企业资产及负债

单位:万元

年份 地区	资产总计	流动资产	固定资产	负债合计	所有者权益合计
2006	639721	441814	134968	404993	234728
2007	624465	444556	137724	355898	268567
2008	694879	460909	133001	382752	312127
2009	837479	617824	131193	539775	297704
2010	1068554	844076	137308	745481	323073
2011	1194824	964557	134777	863623	331201
城区	479864	357976	77315	333934	145931
沁水县	20999	18791	1872	15440	5559
阳城县	146760	130390	14554	127261	19500
陵川县	35771	32848	896	29160	6610
泽州县	54572	35564	8401	36119	18453
高平市	445133	379043	29960	314759	130374

17-14 限额以上批发企业资产及负债

单位:万元

年份 地区	资产总计	流动资产	固定资产	负债合计	所有者权益合计
2006	534825	383020	88862	331626	203199
2007	482860	353869	85895	246757	236103
2008	522654	363997	72860	277651	245004
2009	623623	489516	70969	379658	243965
2010	775033	675593	59628	533876	241157
2011	878184	768442	49591	638973	239211
城区	236007	206998	14298	159078	76929
沁水县	15491	15001	450	13860	1631
阳城县	126625	119576	5730	113757	12868
陵川县	34229	31611	619	28181	6049
泽州县	38506	25434	4007	26230	12277
高平市	415599	359876	22708	290916	124683

17-15 限额以上零售企业资产及负债

单位:万元

年份 地区	资产总计	流动资产	固定资产	负债合计	所有者权益合计
2006	104896	58794	46107	73367	31529
2007	141605	90687	51828	109141	32463
2008	172224	96912	60141	105101	67123
2009	213856	128308	60224	160117	53739
2010	293522	168483	77680	211605	81917
2011	316640	196115	85186	224650	91990
城区	243857	150978	63016	174855	69001
沁水县	5508	3790	1422	1581	3927
阳城县	20135	10815	8824	13504	6632
陵川县	1541	1237	277	980	562
泽州县	16065	10129	4394	9889	6177
高平市	29534	19167	7252	23842	5691

17-16 限额以上批发、零售企业主要财务指标(2011年)

单位:万元

指标	主营业务收入	主营业务成本	主营业务税金及附加	主营业务利润
总计	3529099	3261876	14609	252614
批发企业合计	2433296	2256838	11620	164838
内资企业	2433296	2256838	11620	164838
国有企业	1571583	1451854	10755	108973
集体企业	26208	12734	94	13380
有限责任公司	688185	650403	620	37162
国有独资公司	30521	29003	1	1516
其他有限责任公司	657664	621400	619	35646
股份有限公司	32547	29498	34	3016
私营企业	114773	112348	117	2307
私营有限责任公司	111911	109526	116	2269
私营股份有限公司	2863	2823	1	39
港、澳、台商投资企业				
外商投资企业				
零售企业合计	1095803	1005038	2989	87776
内资企业	1095803	1005038	2989	87776
国有企业	303222	279150	584	23488
集体企业	46019	42336	88	3595
股份合作企业	2245	2397	63	-215
有限责任公司	199855	181583	599	17673
其他有限责任公司	199855	181583	599	17673
股份有限公司	208944	194830	249	13866
私营企业	333882	303202	1407	29273
私营独资企业	46006	42623	78	3306
私营合伙企业	91343	82393	124	8826
私营有限责任公司	196533	178186	1206	17141
其他企业	1638	1541		97
港、澳、台商投资企业				
外商投资企业				

17-17　分行业限额以上批发、零售企业主要财务指标(2011年)

单位:万元

指　　标	主营业务收　入	主营业务成　本	主营业务税金及附加	主营业务利　润
总　计	3529099	3261876	14609	252614
批发业合计	2433296	2256838	11620	164838
农畜产品批发	5800			5800
其他农畜产品批发	5800			5800
食品、饮料及烟草制品批发	211715	155720	8985	47010
米、面制品及食用油批发	26004	24405	38	1562
果品、蔬菜批发	13978	1517	78	12382
盐及调味品批发	2687	1814	15	858
烟草制品批发	145961	107097	8840	30025
其他食品批发	23084	20888	14	2183
矿产品、建材及化工产品批发	2194310	2081151	2606	110553
煤炭及制品批发	2099186	1987202	2577	109407
金属及金属矿批发	91981	90876	29	1077
化肥批发	3142	3073		70
机械设备、五金交电及电子产品批发	13996	13338	13	645
汽车、摩托车及零配件批发	8808	8434	12	362
五金、交电批发	5188	4904	1	284
其他批发	7476	6629	17	830
再生物资回收与批发	2093	2093		-0.9
其他未列明的批发	5383	4536	17	830
零售业合计	1095803	1005038	2989	87776
综合零售	70128	58178	563	11386
百货零售	33545	28301	312	4932
超级市场零售	32890	26519	230	6141
其他综合零售	3693	3358	22	313
食品、饮料及烟草制品专门零售	31234	28630	161	2443
粮油零售	8338	7941	6	390
果品、蔬菜零售	10155	9543	90	522
肉、禽、蛋及水产品零售	6001	5406		595
烟草制品零售	3957	3370	6	581
其他食品零售	2783	2371	58	354
纺织、服装及日用品专门零售	19426	18023	161	1242
服装零售	18608	17485	159	963
钟表、眼镜零售	818	538	2	279
文化、体育用品及器材专门零售	15549	9574	14	5960
图书零售	15549	9574	14	5960
医药及医疗器材专门零售	5411	4534	14	864
药品零售	5411	4534	14	864
汽车、摩托车、燃料及零配件专门零售	609292	575532	725	33035
汽车零售	224507	211047	344	13116
机动车燃料零售	384784	364485	381	19919
家用电器及电子产品专门零售	25216	22758	76	2382
家用电器零售	19687	17877	68	1742
计算机、软件及辅助设备零售	3882	3562	5	316
通信设备零售	1647	1320	4	324
五金、家具及室内装修材料专门零售	288795	264846	788	23161
五金零售	48314	45397	62	2854
家具零售	5017	4206	93	719
其他室内装修材料零售	235464	215243	633	19588
无店铺及其他零售	30754	22963	488	7303
花卉零售	501.2	150.4	15	336
其他未列明的零售	30252.4	22812.2	473	6967

17-18　限额以上批发和零售企业主要财务指标

单位:万元

年份 地区	主营业务 收入	主营业务 成本	主营业务 税金及附加	主营业务 利润
2006	1102690	987291	3535	107915
2007	1455168	1253291	4620	178454
2008	2763330	2453463	8265	288193
2009	2583889	2354059	9438	203352
2010	3042369	2800680	13750	227939
2011	3529099	3261876	14609	252614
城区	1844062	1709258	11369	123435
沁水县	184845	170216	564	14064
阳城县	512666	488970	621	23074
陵川县	87644	79505	249	7889
泽州县	346220	315377	591	30251
高平市	543823	489600	1213	53010

17-19　限额以上批发企业主要财务指标

单位:万元

年份 地区	主营业务 收入	主营业务 成本	主营业务 税金及附加	主营业务 利润
2006	852088	756273	2889	91289
2007	1143014	979868	3859	155497
2008	2289158	2030946	6768	238997
2009	1996301	1841049	7450	148219
2010	2222038	2055670	10789	155579
2011	2433296	2256838	11620	164838
城区	1040682	969799	9421	61461
沁水县	170275	158655	273	11347
阳城县	476556	457526	335	18695
陵川县	82294	74721	180	7393
泽州县	190673	168032	484	22157
高平市	462975	419154	926	42894

17-20　限额以上零售企业主要财务指标

单位:万元

年份 地区	主营业务 收入	主营业务 成本	主营业务 税金及附加	主营业务 利润
2006	250602	231018	646	16626
2007	312155	273423	761	22957
2008	474172	422518	1497	49196
2009	587589	513010	1988	55132
2010	820331	745010	2961	72360
2011	1095803	1005038	2989	87776
城区	803380	739459	1948	61974
沁水县	14569	11561	292	2717
阳城县	36110	31444	287	4380
陵川县	5349	4784	69	496
泽州县	155547	147345	107	8094
高平市	80848	70445	287	10116

17-21 限额以上餐饮企业资产及负债(2011年)

单位:万元

指标	资产总计	流动资产	固定资产	负债合计	所有者权益合计
总计	57259	16874	25409	35406	21853
按登记注册类型分					
内资企业	57259	16874	25409	35406	21853
国有企业	26546	4668	15395	12229	14318
集体企业	1063	163	886	916	147
有限责任公司	13119	5841	3398	12731	387
其他有限责任公司	13119	5841	3398	12731	387
私营企业	16531	6202	5730	9530	7001
私营独资企业	4063	1133	2106	1889	2173
私营合伙企业	4794	2137	1635	958	3836
私营有限责任公司	4544	2662	670	3846	698
私营股份有限公司	3130	269	1319	2837	293
按餐饮业行业小类分					
正餐服务	56904	16520	25408	35171	21733
快餐服务	355	353	1	235	120
其他餐饮服务					
按县(市、区)分					
城　区	42861	11122	20844	19231	4792
沁水县	1649	551	197	155	140
阳城县	7058	2821	2157	-1856	1262
陵川县					
泽州县					
高平市	5692	2380	2211	4322	3166

17-22 限额以上餐饮企业主要财务指标(2011年)

单位:万元

指标	主营业务收入	主营业务成本	主营业务税金及附加	主营业务利润
总计	43597	19750	2386	21460
按登记注册类型分	43597	19750	2386	21460
内资企业	43597	19750	2386	21460
国有企业	11755	4883	651	6220
集体企业	432	34	25	372
有限责任公司	14351	7477	830	6044
其他有限责任公司	14351	7477	830	6044
私营企业	17060	7356	880	8824
私营独资企业	3419	1401	152	1866
私营合伙企业	3848	1578	213	2057
私营有限责任公司	4036	1458	192	2387
私营股份有限公司	5756	2919	323	2514
澳、台商投资企业				
外商投资企业				
按国民经济行业分				
正餐服务业	40983	17414	2282	21287
快餐服务业	2614	2336	104	174
其他餐饮服务业				

17-23 分地区限额以上餐饮企业主要财务指标

单位:万元

年份 地区	主营业务收入	主营业务成本	主营业务税金及附加	主营业务利润
2006	6971	3633	363	2263
2007	10925	4481	536	4430
2008	9907	4933	921	3823
2009	23150	10341	1212	8328
2010	32221	13687	1783	16751
2011	43597	19750	2386	21460
城区	33437	14944	1792	16701
沁水县	1012	510	57	445
阳城县	4661	1973	281	2408
陵川县				
泽州县				
高平市	4487	2323	257	1907

17-24 限额以上批发零售贸易业主要商品分类销售额

单位:万元

项目	销售合计		批发		零售	
	2010年	2011年	2010年	2011年	2010年	2011年
销售类值合计	3106540	3676161	2287400	2632610	819140	1043551
粮食、食品、饮料、烟酒类	218447	325787	179036	259532	39411	66255
粮油、食品类	48075	99290	20795	53045	27280	46245
#粮油类	30156	46639	18185	29911	11971	16728
肉禽蛋类	8951	10512	1096	2173	7855	8339
水产品类	394	700	77	215	316	485
蔬菜类	303	10433	23	2650	281	7783
干鲜果品类	308	16378	37	14256	271	2123
饮料类	6639	17327	2567	9589	4073	7739
烟酒类	163733	209171	155675	196899	8058	12272
服装鞋帽、针、纺织品类	32784	57169	1817	447	30968	56722
服装类	18098	35694	888	432	17210	35262
鞋帽类	7429	12482	380	9	7049	12473
针、纺织品类	7257	8993	548	6	6709	8987
化妆品类	3531	5604	108	173	3423	5431
金银珠宝类	5923	9828			5923	9828
日用品类	4848	6598	1319	853	3529	5745
#洗涤用品类	1410	2650	121	370	1289	2280
儿童玩具类	521	562	37	75	484	487
五金、电料类	2365	1644	720	299	1645	1345
体育、娱乐用品类	386	500	29	99	357	401
快报杂志类	12925	16399			12925	16399
电子出版物及音像制品类	125	142			125	142
家用电器和音像器材类	20790	27260	3437	4013	17354	23246
中西药品类	2373	6449	342	379	2031	6069
#西药	1479	2773	174	219	1305	2554
中草药及中成药	294	998	167	160	126	838
文化办公用品类	6396	5136	1697	1088	4699	4049
家具类	2494	6884			2494	6884
通讯器材类	1745	2412			1745	2412
煤炭及制品类	1874020	2113608	1874020	2113608		
木材及制品类						
石油及制品类	362076	384020	75239	99953	286837	284066
化工材料及制品类	5324	9958	5324	9958		
#化肥类	2813	9428	2813	9428		
金属材料类	112406	122910	112406	122910		
建筑及装潢材料类	138968	302135		944	138968	301192
机电产品及设备类	13513	15526	726	177	12787	15349
#农机类		177		177		
汽车类	240093	219150	9770	8808	230323	210342
种子饲料类		133		133		
棉麻类	1777	1104		9	1777	1095
其他类	43229	35807	21411	9227	21819	26580

17-25 按登记注册类型分限额以上零售企业基本情况

指标	企业总数（个）		从业人员（人）	
	2010年	2011年	2010年	2011年
合　计	116	116	12920	13368
内资企业	116	116	12920	13368
国有企业	13	116	1395	2146
集体企业	11	16	700	678
股份合作企业	1	9	30	30
有限责任公司	34	1	3289	2521
其他有限责任公司	34	31	3289	2521
股份有限公司	3	31	644	644
私营企业	53	3	6832	7332
私营独资企业	6	55	430	321
私营合伙企业	3	6	567	567
私营有限责任公司	41	3	5743	6437
私营股份有限公司	3	45	92	7
其他企业	1	1	30	17
港澳台商投资企业		1		
外商投资企业				

17-25 续表 1

指标	营业面积（万平方米）		利润总额（万元）	
	2010年	2011年	2010年	2011年
合　计	49.6	35.6	7784	791
内资企业	49.6	35.6	7784	791
国有企业	4.5	6.2	6377	990
集体企业	2.0	1.2	106	142
股份合作企业	3.0	3.0	51	-358
有限责任公司	13.5	7.6	1505	435
其他有限责任公司	13.5	7.6	1505	435
股份有限公司	4.7	6.8	160	-303
私营企业	21.9	10.7	-415	-117
私营独资企业	1.8	1.6	2	2523
私营合伙企业	1.3	0.1	-59	-326
私营有限责任公司	18.7	9.1	454	-2314
私营股份有限公司	0.1		-812	
其他企业	0.1			1
港澳台商投资企业				
外商投资企业				

17-25 续表 2

单位:万元

指标	销售总额			
			零售额	
	2010 年	2011 年	2010 年	2011 年
合　计	**825273**	**1105353**	**793533**	**969045**
内资企业	**825273**	**1105353**	**793533**	**969045**
国有企业	227271	304516	224731	234252
集体企业	41495	46436	39535	43597
股份合作企业	2004	3702	1479	1458
有限责任公司	215457	201097	209028	199052
其他有限责任公司	215457	201097	209028	199052
股份有限公司	127419	209015	108825	172423
私营企业	211078	338971	209385	318147
私营独资企业	5861	46669	5861	29245
私营合伙企业	36761	91343	36761	91343
私营有限责任公司	166128	200767	165030	197367
私营股份有限公司	2329	192	1733	192
其他企业	550	1616	550	116
港澳台商投资企业				
外商投资企业				

17-25 续表 3

单位:万元

指标	资产总额		负债总额	
	2010 年	2011 年	2010 年	2011 年
合　计	**293522**	**316640**	**211605**	**224650**
内资企业	**293522**	**316640**	**211605**	**224650**
国有企业	49574	65287	32064	32511
集体企业	12140	12439	5166	5769
股份合作企业	3838	3221	1801	1262
有限责任公司	107592	84711	81086	63847
其他有限责任公司	107592	84711	81086	63847
股份有限公司	7617	11844	7267	9082
私营企业	112631	138495	84141	111737
私营独资企业	4587	10145	2656	6756
私营合伙企业		3708	2320	2771
私营有限责任公司	101699	124642	78205	102210
私营股份有限公司	2185		959	
其他企业	130	644	80	441
港澳台商投资企业				
外商投资企业				

17-26 各地区国有粮食经营企业商品粮食收支存(2011年)

单位:吨

地区	期初库存	粮食收购					
		合计	从生产者购进	省外	从企业购进	省外	其他
总计	48154	204221	95956	13318	57848	41166	50417
城区分局	861	5581			5560	3133	21
泽州县	23379	94863	66889	4116	27974	25502	
沁水县	5000	583			583	583	
阳城县	7439	2589	700		1889	1889	
高平市	4000	3500			3500	3500	
陵川县	5344	5514	487		5027	3982	
高平储备库	1354	56230	20992	8000	1413	1669	33825
市直公司	777	35361	6888	1202	11902	908	16571

17-26 续表

单位:吨

地区	粮食销售					期末库存
	合计	销售	省外	对国有粮食企业销售	其他支出	
总计	200211	159238	51154	3013	40973	52164
城区分局	5248	4709			539	1194
泽州县	98563	98563	34050	3013		19679
沁水县						5583
阳城县	2350	2350				7678
高平市						7500
陵川县	5117	5117	546			5741
高平储备库	57046	33170			23876	538
市直公司	31887	15329			16558	4251

17-27 各地区重点非国有粮食经营企业商品粮食收支存(2011年)

单位:吨

地区	期初库存	总购进					
		合计	从生产者购进	省外	从企业购进	省外	其他收入
总计	11930	215561	124332	917	56482	39836	34747
城区分局	1593	22778	7911	912	7102	4640	7765
泽州县	4580	33072	14608		7218	2300	11246
沁水县	1537	50289	37187		11976	8966	1126
阳城县	537	32391	21070		11321	10973	
高平市	2560	57462	37156	5	8458	5748	11848
陵川县	815	16937	6400		7775	5317	2762
市直公司	308	2632			2632	1892	

17-27 续表

单位:吨

地区	总销售				期末库存
	合计	销售	省外	其他支出	
总计	211318	176388	39880	34930	16173
城区分局	22652	14887		7765	1719
泽州县	30578	19155		11423	7074
沁水县	50623	49497	19068	1126	1203
阳城县	32694	32694	12567		234
高平市	56100	44246	5245	11854	3922
陵川县	16111	13349	3000	2762	1641
市直公司	2560	2560			380

17-28 各地区重点转化用粮企业粮食收支存(2011年)

单位:吨

地区	期初库存	总购进					
		合计	从生产者购进	省外	从企业购进	省外	其他收入
总计	3226	71847	57752		14095	13375	
城区分局	65	2435			2435	2435	
泽州县	56	344	140		204		
沁水县	131	2549	2295		254	10	
阳城县	200	27161	18675		8486	8486	
高平市	50	2060	1788		272		
陵川县	2634	34543	34543				
市直公司	90	2755	311		2444	2444	

17-28 续表

单位:吨

地区	总支出					期末库存
	合计	转化用粮	饲料用粮	工业用粮	其他支出	
总计	73388	73388	31445	41943		1685
城区分局	2390	2390	797	1593		110
泽州县	324	324	324			76
沁水县	2449	2449	2449			231
阳城县	27167	27167	23267	3900		194
高平市	2073	2073	2073			37
陵川县	36303	36303	500	35803		874
市直公司	2682	2682	2035	647		163

17-29　各地区商品油脂企业收支存(2011年)

单位:吨

地区	期初库存	总购进					
		合计	从生产者购进	省外	从企业购进	省外	其他收入
总计	1690	16038			15487	11179	551
城区分局	513	6136			5585	4599	551
泽州县	250	1106			1106	605	
沁水县	138	2294			2294	274	
阳城县	46	1716			1716	1716	
高平市	76	1113			1113	1113	
陵川县	23	156			156	70	
高平储备库							
市直公司	644	3517			3517	2802	

17-29　续　表

单位:吨

地区	总销售				期末库存
	合计	销售	省外	其他支出	
总计	16452	15356		1096	1276
城区分局	6192	5096		1096	457
泽州县	1163	1163			193
沁水县	2167	2167			265
阳城县	1743	1743			19
高平市	1122	1122			67
陵川县	164	164			15
高平储备库					
市直公司	3901	3901			260

主要统计指标解释

社会消费品零售总额 指批发和零售业、餐饮业、新闻出版业、邮政业和其他服务业等，售予城乡居民用于生活消费的商品和社会集团用于公共消费的商品之总量。社会消费品零售总额包括：

一、批发和零售业企业（单位）售予城乡居民用于生活消费和社会集团用于公共消费的商品。包括：

1.售予城乡居民的各种生活消费品；

2.售予入境旅游的外国人、华侨、港澳台同胞的各类商品；

3.售予行政事业单位、社会团体、军队和武警等机构的商品，以及以零售方式售予各类企业的商品。具体包括：用于非生产和社会交往的办公用品，如通讯设备、计算器具和设备、电讯网络设备、文印设备、音像视听器材和设备、纸张、本册、文具及装订文印材料、家具、日用电器、针纺织品、清洁卫生用品、文体用品、奖品、纪念品、礼品等；供内部人员乘坐的交通工具和燃料；用于办公设施修缮的各类配件、材料、工具等；用于取暖和防暑降温的设备、燃料、材料及食品等；专用于教学的用品和设备；非营利医疗机构的中、西药品、中药材和医疗设备器材；非专用的劳动保护用品；不对外营业的内部食堂用的餐具、炊具、设备、清洁卫生工具和食品、燃料等；军队、武警用于其人员生活的衣着品和个人用品；其他各类非生产性设备和用品。

二、餐饮业出售的主食、菜肴、烟酒饮料和其他商品。

三、新闻出版业、邮政业售予城乡居民、企事业单位、军队和武警等机构的书报杂志、音像制品、邮品等。

四、其他服务业出售的食品、烟酒饮料、服装鞋帽、日常生活用品、医药保健用品、艺术品、工艺美术品、玩具、殡葬用品以及其他消费品。

批发和零售业商品购进、销售、库存总额 指各种登记注册类型的批发和零售业企业(单位)以本企业(单位)为总体的，从国内、国外市场购进的商品总量，销售和出口的商品总量、库存的商品总量等情况。该指标可以反映商品流转过程中商品的购进、销售、库存之间的比例关系和存在的问题。

购进总额 指从本企业(单位)以外的单位和个人购进(包括从境外直接进口)作为转卖或加工后转卖的商品总额。它反映批发和零售业从国内、国外市场上购进商品的总量。商品购进包括：(1)从工农业生产者购进的商品；(2)从出版社、报社的出版发行部门购进的图书、杂志和报纸；(3)从各种登记注册类型的批发和零售业企业(单位)购进的商品；(4)从其他单位购进的商品，如从机关、团体、企业等单位购进的剩余物资，从住宿和餐饮业、其他服务业购进的商品，从海关、市场管理部门购进的缉私和没收的商品，从居民手中收购的废旧商品等；(5)从国(境)外直接进口的商品。不包括企业(单位)为自身经营用和未通过买卖行为而收入的商品以及销售退回、商品升溢等。

销售总额 指对本企业(单位)以外的单位和个人出售(包括对境外直接出口)的商品总额。它反映批发和零售业在国内市场上销售商品以及出口商品的总量。商品销售包括：(1)售给城乡居民和社会集团消费用的商品；(2)售给工业、农业、建筑业、运输邮电业、批发和零售业、住宿和餐饮业、其他服务业等作为生产、经营使用的商品；(3)售给批发和零售业作为转卖或加工后转卖的商品；(4)对国(境)外直接出口的商品。不包括出售本企业(单位)自用的废旧包装用品，未通过买卖行为付出的商品，经本单位介绍、由买卖双方直接结算、本单位只收取手续费的业务，购货退出的商品以及商品损耗和损失等。

库存总额 指报告期末各种登记注册类型的批发和零售业企业(单位)已取得所有权的商品。它反映批发和零售业企业(单位)的商品库存情况和对市场商品供应的保证程度。商品库存包括：(1)存放在批发和零售业经营单位(如门市部、批发站、经营处)仓库、货场、货柜和货架中的商品；(2)挑选、整理、包装中的商品；(3)已记入购进而尚未运到本单位的商品，即发货单或银行承兑凭证已到而货未到的商品；(4)寄放他处的商品，如因购货方拒绝承付而暂时存放在购货方的商品和已办完加工成品收回手续而未提回的商品；(5)委托其他单位代销(未作销售或调出)尚未售出的商品；(6)代其他单位购进尚未交付的商品。不包括所有权不属于本单位的商品、委托外单位加工生产尚未收回成品的商品、外贸企业代理其他单位从国外进口尚未付给订货单位的商品、代国家物资储备部门保管的商品等。

住宿和餐饮业营业额 指住宿和餐饮业法人企业（单位）在经营活动中因提供服务或销售商品等取得的收入。包括：客房收入、餐费收入、商品销售额和其他收入。客房收入指住宿和餐饮业法人企业（单位）在经营活动中因提供住宿服务取得的收入。餐费收入指住宿和餐饮业法人企业、(单位)因为顾客提供就餐服务取得的收入，包括经烹饪、调制加工后出售的各种食品，如主食、炒菜、凉拌菜等的收入。商品销售额指住宿和餐饮业法人企业（单位）伴随服务而出售商品所取得的收入（含增值税）。其他收入指营业收入中除客房收入、餐费收入、商品销售额以外的其他收入，包括娱乐、健身和商务服务等。

亿元商品交易市场成交额 指年成交额在亿元以上的商品交易市场。商品交易市场是指经乡镇及以上政府有关部门和组织批准设立，有固定场所、设施，有经营管理部门和监管人员，若干市场经营者入内，常年或实际开业三个月以上，集中、公开、独立地进行生活消费品、生产资料等现货商品交易以及提供相关服务的交易场所，包括各类消费品市场、生产资料市场等。

连锁企业（或称连锁店、连锁公司） 指在核心企业或总店的领导下，由分散的、经营同类商品或服务的企业或活动单位，采取共同方针，实行集中采购和分散销售的有机结合，通过规范化经营，实现规模效益的经济联合组织形式。一般连锁店应由若干个分店组成。其经营特征：(1)经营同类商品；(2)使用统一商号；(3)统一采购配送，采购与销售相分离（部分商品可根据物流合理和保质保鲜原则，由供应商直接送货到门店，其余均由总部统一配送）。

连锁门店的形式分为直营连锁和加盟连锁。

直营连锁也叫正规连锁。指连锁门店均由总部独资或控股开设，在总部的直接领导下统一经营。总部采取纵深似的管理方式，直接下令掌管所有的零售门店，零售门店也必须完全接受总部指挥。这是大型垄断商业资本通过吞并、兼并或独资、控股等途径，发展壮大自身实力和规模的一种形式。

加盟连锁包括特许连锁和自由连锁两种形式。

特许连锁指各连锁门店（被特许人）通过合同形式，取得使用总部（特许人）商标、商号、经营技术和销售总部开发的商品的特许权，各加盟连锁门店为独立法人，在总部指导下统一经营。

自由连锁也称自愿连锁。指连锁公司的门店均为独立法人，各自的资产所有权关系不变，在公司总部的指导下共同经营。各成员店使用共同的店名，与总部订阅有关购、销、宣传等方面的合同，并按合同开展经营活动。在合同规定的范围之外，各成员店可以自由活动。根据自愿原则，各成员店可自由加入连锁体系，也可自由退出。

18

对外经济贸易
Foreign Trade and Economic Cooperation

简 要 说 明

本篇章的主要内容及资料来源

本篇资料综合反映全市的对外贸易、利用外资、对外经济合作的历年概况，重点反映对外经济贸易的近期发展状况。对外贸易、利用外资、对外经济合作等资料来源于市商务局，调查方法是全面调查；历年人民币对美元、日元、港币的年平均汇价，资料来源于市外汇管理局，各年的年平均汇价是根据当年国家外汇管理局公布的每日汇价进行加权平均计算而得出的。

18-1 对外经济贸易基本情况

指　标	2001 年	2005 年	2006 年	2007 年	2008 年	2009 年	2010 年	2011 年
进出口总额(人民币万元)		84466	59292	119555	145425	163563	349566	715287
出口总额		37715	39880	61895	90189	82089	139027	177549
进口总额		46751	19412	57659	55236	81474	210539	537744
进出口差额		-9036	20468	4236	34953	614	-71512	-360195
进出口总额(万美元)	1298	10281	7407	15622	20731	23962	53204	113516
出口总额	1035	4581	4973	8061	12872	12026	21160	28177
初级产品	16	63						
工业制成品	1019	4518	4973	8061	12872	12026	21160	28177
进口总额	263	5701	2434	7560	7859	11936	32044	85340
工业制成品	263	5701	2434	7560	7859	11936	32044	85334
进出口差额	772	-1120	2539	501	5013	90	-10884	-57163
外商投资合同金额(万美元)	97		20849	10946	12881	1572	157	9438
实际利用外资额(万美元)	780	2003	5312	32282	30498	8539	13093	21799

18-2 人民币对主要外币年平均汇价(中间价)

单位:元

年 份	100 美元	100 日元	100 港元	100 欧元
1985	293.7	1.2	37.6	
1990	478.3	3.3	61.4	
1995	835.1	8.9	108.0	
1996	831.4	7.6	107.5	
1997	829.0	6.9	107.1	
1998	827.9	6.3	106.9	
1999	827.8	7.3	106.7	
2000	827.8	7.7	106.2	
2001	827.7	6.8	106.1	
2002	827.7	6.6	106.1	800.6
2003	827.7	7.1	106.2	936.1
2004	827.7	7.7	106.2	1029.0
2005	819.2	7.4	105.3	1019.5
2006	797.2	6.9	102.6	1001.9
2007	760.4	6.5	97.5	1041.8
2008	694.5	6.7	89.2	1022.3
2009	682.8	7.7	88.1	1020.8
2010	662.3	8.1	85.1	879.0
2011	633.6	8.2	81.3	843.9

注:欧元自 2002 年开始进入市场流通。

18–3 进出口贸易总额

年 份	人民币(万元)				美元(万美元)			
	进出口总额	出口总额	进口总额	差 额	进出口总额	出口总额	进口总额	差 额
1998					666	665	1	664
1999					619	619		619
2000					1019	902	117	785
2001					1298	1035	263	772
2002					2002	1295	707	588
2003					3060	2287	773	1514
2004					4552	3183	1368	1815
2005	84466	37715	46751	–9036	10281	4581	5701	–1120
2006	59292	39880	19412	20468	7407	4973	2434	2539
2007	119555	61895	57659	4236	15622	8061	7560	501
2008	145425	90189	55236	34953	20731	12872	7859	5013
2009	163563	82089	81474	614	23962	12026	11936	90
2010	349566	139027	210539	–71512	53204	21160	32044	–10884
2011	715287	177549	537744	–360195	113516	28177	85340	–57163

18–4 海关历年出口商品分类金额

单位:万美元

年 份	总 额	初级产品		
			主要供食用的活动物	动、植物
1998	665	51	7	44
1999	619	30		30
2000	902	47		47
2001	1035	16		16
2002	1295	162		162
2003	2287	249		249
2004	3183			
2005	4581	63		63
2006	4973			
2007	8061			
2008	12872			
2009	12026			
2010	21160			
2011	28177			

18-4 续表

单位:万美元

年　份	工业制成品				
		化学品及有关产品	轻纺产品、橡胶制品矿冶产品及其制品	机械及运输设备	杂项制品
1998	614	152	371	52	39
1999	589	211	355	20	3
2000	855	185	617	10	43
2001	1019	214	706	21	78
2002	1133	266	786	2	79
2003	2038	432	1508	8	90
2004	3183	984	1927	21	251
2005	4518	1346	2819	170	183
2006	4973	719	3235	905	114
2007	8061	1425	4512	2043	81
2008	12872	1214	7007	4555	96
2009	12026	56	3560	8384	26
2010	21160	469	530	20161	
2011	28177	745	5873	21559	

18-5 海关历年进口商品分类金额

单位:万美元

年　份	总　额	工业制成品			
			化学品及有关产品	轻纺产品、橡胶制品矿冶产品及其制品	机械及运输设　备
1998	1	1			1
1999					
2000	117	117			117
2001	263	263	0.4	0.6	262
2002	707	707		40	667
2003	773	773	3	61	712
2004	1368	1368	19	195	1154
2005	5701	5701	79	151	5471
2006	2434	2434	91	224	2119
2007	7560	7560	156	479	6925
2008	7859	7859	168	784	6907
2009	11936	11936	275	675	10986
2010	32044	32044	502	983	30559
2011	85340	85334	587	36474	48273

18-6 我市同各国(地区)海关进出口总额

单位:万美元

国别与地区	2010年			2011年		
	进出口总额	出口总额	进口总额	进出口总额	出口总额	进口总额
总　计	53204	21160	32044	113516	28177	85340
亚洲	41030	15817	5041	67707	21634	46074
香港	2779	2629	150	5565	4676	888
印度	2132	2060	72	1613	1260	353
伊朗						
以色列						
日本	8046	1202	6844	12747	1776	10971
约旦						
科威特						
巴基斯坦						
黎巴嫩						
沙特阿拉伯						
韩国	6072	3678	2394	8016	1877	6140
叙利亚						
土耳其				4	4	
阿联酋						
中国	3224		3224	7266		7266
台湾	14594	3874	10720	28288	8663	19626
斯里兰卡						
孟加拉国						
阿曼						
澳门						
东盟	2429	663	1767	2180	1349	831
印度尼西亚	20	5	15	22	22	
马来西亚	441	169	272	1146	869	277
新加坡	393	359	35	654	316	338
泰国	171	3	168	165	12	154
越南						
菲律宾						
非洲	47	47		147	147	
埃及						
埃塞俄比亚						
尼日利亚						
南非	30	30		127	127	
纳米比亚						
阿尔及利亚						
摩洛哥						
欧洲	4604	2005	2599	1150	2312	9188
挪威						

18-6 续表

单位:万美元

国别与地区	2010年			2011年		
	进出口总额	出口总额	进口总额	进出口总额	出口总额	进口总额
波兰						
瑞士	7	7				
俄罗斯				36	36	
南斯拉夫						
克罗地亚						
匈牙利						
欧盟	4579	1995	2585	8547	2276	6271
比利时						
丹麦						
英国	851	72	779	938	110	827
德国	902	156	746	2185	158	2027
法国	271	35	235	169	53	116
意大利	868	89	779	2931	51	2880
荷兰	55	54	1	160	152	8
希腊						
西班牙						
芬兰						
瑞典						
爱尔兰						
拉丁美洲	657	651	6	16968	595	16373
阿根廷	36	36		24	24	
巴西	492	492		16728	369	16359
危地马拉						
委内瑞拉						
智利						
墨西哥	52	49	3	52	46	6
尼加拉瓜						
秘鲁	4	4				
巴拿马				13	13	
北美洲	4491	2614	1877	5312	3467	1845
加拿大	317	299	17	440	419	20
美国	4174	2314	1860	4872	3048	1825
大洋洲	2375	27	2348	11882	21	11860
澳大利亚	2373	25	2348	11881	20	11860
新西兰	1	1		1	1	

18-7 海关出口主要商品金额

单位:万美元

类　别	2006 年	2007 年	2008 年	2009 年	2010 年	2011 年
总　计	4973	8061	12872	12026	21160	28177
一、植物产品						
二、矿产品	76	71	91	90	52	25
# 煤、煤砖、煤球及用煤制成的类似品	76	71				19
烟煤						
无烟煤						19
矿物燃料、矿物油及其产品			91	90	52	25
三、化学工业及其相关工业的用品	719	1425	1214	56	469	745
# 乙酸钠						
2- 糠醛						
糠醇及四氢糠醇						
尿素						
大豆蛋白质						
有机化学品		589	950	23	440	672
肥料		836	264			
四、塑料、橡胶及其制品	27	44	26	16	12	22
# 塑料及其制品	26	37	25		1	9
橡胶及其制品	1	7	1	16	11	13
五、革、毛皮及制品、箱包	4					
# 衣箱、手提包、及类似容器						
六、纺织原料及纺织制品	399	320	377	165	178	236
# 棉花	12	35	68	25	28	236
大麻纱线						28
亚麻布						
蚕丝	171					6
纺织用植物纤维机织物						
其他聚酯短纤棉混色织布	210					
服装		24				
其他植物纤维		244	263	127	126	115
化学纤维短纤		17	25		1	6
针织或钩编的服装			21	12	14	76
七、矿物材料制品、陶瓷品	576	594	587	430	340	356
# 陶瓷产品	22	6			7	101
玻璃及其制品	555	324	587	429	333	255
其它		264				
八、贱金属及其制品	2148	3483	5925	2856	3212	5067
# 钢铁		91	121		7	2
钢铁制品(铸铁管等)	2148	3391	5804	2856	3205	5059
其他		1				
九、机电、音像设备	858	1559	4105	7770	15507	19857
# 机械设备等	21					3
核反应堆		85	23	74	53	
电机、电气、音像设备	837	548	4082	7696	15454	19854
其它		926				
十、光学、医疗等仪器、钟					25	152
十一、车辆、航空器、船舶及有关运输设备		484	450	614	1366	1702
# 车辆及其零附件		146	440	609	1353	1672
铁道车辆		10	10	6	13	30
其它		328				
十二、杂项制品	115	81	96	26		

18-8 海关进口主要商品金额

单位:万美元

类别	2006 年	2007 年	2008 年	2009 年	2010 年	2011 年
总计	2434	7560	7859	11936	32044	85340
一、植物产品						
二、矿产品			49		8	25830
# 煤;煤砖、煤球及用煤制成的类似						
烟煤						
无烟煤						
矿砂、矿渣及矿灰			49			25801
三、化学工业及其相关工业的用品	86	156	168	275	502	587
# 锗的氧化物及二氧化锆						
机化学品		18	30	12	38	43
杂项化学产品		134			362	465
蛋白类物质		4		53	96	75
四、塑料、橡胶及其制品	57	124	276	463	648	1007
# 塑料及其制品	55	122	204	393	646	1004
橡胶及其制品	2	2	72	70	2	3
五、革、毛皮及制品;箱包;						
# 衣箱、手提包、及类似容器						
六、木浆等;废纸;纸、纸板						
七、纺织原料及纺织制品	102	277	363	39	161	153
# 棉花	102	277	346		142	150
破开的或打成的亚麻						
化学纤维短纤			16			
八、矿物材料制品;陶瓷品	2	11	29	44	65	95
石料、石膏、水泥、石棉、云母及类似制品	2		8	13	32	34
陶瓷产品		10	4			
玻璃及其制品		1	17	30	32	61
九、贱金属及其制品	63	67	58	92	100	169
# 钢铁				10	51	77
钢铁制品(铸铁管等)	54	61	54	68	32	57
铜及其制品				1		
铝及其制品			2	1	5	3
其他贱金属、金属陶瓷	3	6	2	13		33
其他	5					
十、机电、音像设备	1902	6158	5959	9770	25560	48172
# 机械设备等	1493	5235	3300	3814	10516	24945
电机、电气、音像设备	409	475	2659	5956	15044	23226
其它		448				
十一、特殊用途的机动车辆		293	134	145	1366	
车辆及其零件			134	145	1353	
十二、光学、医疗等仪器;钟	188	474	814	1071	4927	9220
光学、照相、医疗等设备			814	1071	4927	9220
十三、杂项制品				1	1	
十四、特殊交易品及未分类商品			9	37	70	101

18–9 利用外资情况

单位：个、万美元

年份	总计		对外借款		外商直接投资		外商其他投资
	项目	金额	项目	金额	项目	金额	
合同利用外资额							
1999							
2000		672				672	
2001		97				97	
2002	2	2230			2	2230	
2003	2	1870			2	1870	
2004	5	3745			5	3745	
2005							
2006	19	20849			19	20849	
2007	7	10946			7	10946	
2008	8	12881			8	12881	
2009							
2010	1	157			1	157	
2011	4	9438					
实际利用外资额							
1999		583				583	
2000		1310				1310	
2001		780				780	
2002		1834				1834	
2003		859				859	
2004		36				36	
2005	4	2003			4	2003	
2006	11	5312			11	5312	
2007	16	32282			16	32282	
2008	20	30498			20	30498	
2009	10	19433	7	10894	3	8539	
2010	11	13093	5	7944	6	5149	
2011	9	21799	1	5743	8	16056	

18-10 按国别分实际外商投资额

单位:万美元

地区	2010年		2011年	
	外商直接投资	外商其他投资	外商直接投资	外商其他投资
总计	7944	5149		
亚洲	7165	4233		
香港	7165		19240	
韩国			162.7	
台湾		2000		
日本		2233		
非洲	367			
南非	367		196.6	
欧洲	370	476		
英国				
开曼群岛			2200	
英属维尔京群岛	370			
北美洲	42.3	440		
伯里兹				
美国	42.3	440		
大洋洲				
萨摩亚				

18-11 按行业分外商直接投资(2011年)

行业	合同项目(个)	合同金额(万美元)	实际使用金额(万美元)
总计	5	9914	2177
农、林、牧、渔业			
农业	1	765	
采矿业			
石油和天然气开采业			
制造业	2	3241	1600
纺织业			
化学原料及化学制品制造业			
医药制造业			
通用设备制造业			
专用设备制造业			
通信设备、计算机及其他电子设备制造业			
其它制造业			
电力、燃气及水的生产和供应业	1	3337	577
建筑业			
交通运输、仓储和邮政业			
信息传输、计算机服务和软件业			
批发和零售业			
住宿和餐饮业			
旅游饭店			
房地产业			
房地产开发经营			
租赁和商务服务业			
科学研究、技术服务和地质勘查业			
水利、环境和公共设施管理业			
居民服务和其他服务业	1	2571	
卫生、社会保障和社会福利业			
文化、体育和娱乐业			

主要统计指标解释

进出口总额 指实际进出我国国境的货物总金额。包括对外贸易实际进出口货物，来料加工装配进出口货物，国家间、联合国及国际组织无偿援助物资和赠送品，华侨、港澳台同胞和外籍华人捐赠品，租赁期满归承租人所有的租赁货物，进料加工进出口货物，边境地方贸易及边境地区小额贸易进出口货物（边民互市贸易除外），中外合资企业、中外合作经营企业、外商独资经营企业进出口货物和公用物品，到、离岸价格在规定限额以上的进出口货样和广告品（无商业价值、无使用价值和免费提供出口的除外），从保税仓库提取在中国境内销售的进口货物，以及其他进出口货物。该指标可以观察一个国家在对外贸易方面的总规模。我国规定出口货物按离岸价格统计，进口货物按到岸价格统计。

商品经营单位所在地进、出口额 指在所在地海关注册登记的有进出口经营权的企业实际进、出口额。

商品目的地进口额和商品货源地出口额 目的地进口额指进口货物的消费、使用或最终抵运地的实际进口额；货源地出口额指出口货物的产地或原始发货地的实际出口额。

利用外资 指我国各级政府、部门、企业和其他经济组织通过对外借款、吸收外商直接投资以及用其他方式筹措的境外现汇、设备、技术等。

对外借款 指通过对外正式签订借款协议，从境外筹措的资金，包括外国政府贷款、国际金融组织贷款、外国银行商业贷款、出口信贷以及对外发行债券等。1996 年及以前还包括对外发行股票。该指标是我国利用外资的重要部分。

外商直接投资 指外国企业和经济组织或个人（包括华侨、港澳台胞以及我国在境外注册的企业）按我国有关政策、法规，用现汇、实物、技术等在我国境内开办外商独资企业、与我国境内的企业或经济组织共同举办中外合资经营企业、合作经营企业或合作开发资源的投资（包括外商投资收益的再投资），以及经政府有关部门批准的项目投资总额内企业从境外借入的资金。

外商其他投资 指除对外借款和外商直接投资以外的各种利用外资的形式。包括企业在境内外股票市场公开发行的以外币计价的股票发行价总额，国际租赁进口设备的应付款，补偿贸易中外商提供的进口设备、技术、物料的价款，加工装配贸易中外商提供的进口设备、物料的价款。

对外直接投资 指我国国内投资者以现金、实物、无形资产等方式在国外及港澳台地区设立、购买国（境）外企业，并以控制该企业的经营管理权为核心的经济活动。

对外承包工程 指各对外承包公司以招标议标承包方式承揽的下列业务：(1)承包国外工程建设项目；(2)承包我国对外经援项目；(3)承包我国驻外机构的工程建设项目；(4)承包我国境内利用外资进行建设的工程项目；(5)与外国承包公司合营或联合承包工程项目时我国公司分包部分；(6)对外承包兼营的房屋开发业务。对外承包工程的营业额是以货币表现的本期内完成的对外承包工程的工作量，包括以前年度签订的合同和本年度新签订的合同在报告期内完成的工作量。

对外劳务合作 指以收取工资的形式向业主或承包商提供技术和劳动服务的活动。我国对外承包公司在境外开办的合营企业，中国公司同时又提供劳务的，其劳务部分也纳入劳务合作统计。劳务合作营业额按报告期内向雇主提交的结算数（包括工资、加班费和奖金等）统计。

对外设计咨询 指以服务成果向业主收费的技术服务项目。包括承担地形地貌测绘，地质资源勘探与普查，建设区域规划，提供设计文件、图纸、生产工艺技术资料和工程技术经济咨询，工程项目的可行性考察、研究和评估，进行技术指导和培训人员等；也包括承担国（境）内利用外资建设工程项目中的设计咨询项目内收取外币部分。

19

金融业

Financial Intermediation

简 要 说 明

一、本篇资料的主要内容

本篇反映我市金融、证券和保险业发展情况。有以下四个部分:一是银行系统机构人员,二是金融机构金融活动情况,三是证券业务情况,四是保险业务情况。

二、本篇各部分资料来源

1.反映银行系统机构人员情况的表是"19-1 银行系统机构、人员数",由晋城市人民银行人事部门根据有关的行政记录汇总和填报。

2.反映金融机构活动情况的资料包括:"19-2 金融机构人民币信贷资金平衡表(资金来源)","19-3 金融机构人民币信贷资金平衡表(资金运用)","19-4 金融机构外汇信贷情况""19-5 各地区金融部门存款余额","19-6 各地区金融部门贷款余额","19-7 中资全国性大型银行人民币信贷收支(年底余额)"。金融机构信贷资金平衡表及现金收支表的统计范围包括中国人民银行、国家政策性银行、国有商业银行、其他商业银行、城市信用合作社、农村信用合作社、外资银行、财务公司、信托投资公司、金融租赁公司、邮政储蓄机构。晋城市人民银行根据金融机构的基层单位全面填报、并按各自系统汇总的资料,进行归并和汇总,最后得到金融机构的信贷收支及现金收支表。

3.反映存贷款利率调整情况的"19-8 金融机构人民币存款基准利率","19-9 金融机构人民币贷款基准利率", 数据来自中国人民银行总行规定的、并对外发布的存贷款利率。

4.反映证券业务的"19-11 证券业务基本情况"由大同证券营业部、国泰君安营业部和山西证券营业部整理提供。

5. 反映保险业务情况的 "19-12 保险系统机构、人员数","19-13 财产保险业务情况"、"19-14 人寿保险业务情况",由驻晋城各保险公司整理提供。

19-1　银行系统机构、人员数(2011 年)

项　　　目	机构数(个)	年末人数(人)	女　性	临时工
总　计	359	6936	3454	296
中国人民银行	5	253	94	65
中国工商银行	30	915	407	
中国农业银行	35	857	413	
中国银行	23	616	364	213
中国建设银行	25	637	315	
中国农业发展银行	5	136	48	18
交通银行	7	186	94	
城市商业银行	25	900	496	
农村信用社	204	2436	1223	

19-2　金融机构人民币信贷资金平衡表(资金来源)

(年底余额)　　　　单位:万元

指　　　标	2010 年	2011 年
资金来源合计	12157491	13199777
各项存款	13249293	14983391
单位存款		7675043
个人存款		6545472
财政性存款	503868	659126
临时性存款		12023
委托存款	8787	39670
其他存款	286753	52057
金融债券		
应付及暂收款	225459	255946
同业往来	89034	171
各项准备	129895	185700
所有者权益	419965	476310
其　他	-1956156	-3008222

19–3 金融机构人民币信贷资金平衡表(资金运用)

(年底余额) 单位:万元

指　　标	2010 年	2011 年
资金运用合计	12157491	13199777
各项贷款	5229188	6334496
短期贷款	2381880	2603274
个人贷款及透支	565595	589176
单位贷款及透支	1756554	1923078
普通并购贷款		
银团贷款	5000	10001
贸易融资	54731	81025
中长期贷款	2637173	3570950
个人贷款	241704	307658
单位贷款	2187007	3065432
普通并购贷款		
银团贷款	208461	197860
贸易融资		
票据融资	210136	160272
各项垫款		
有价证券及投资	672075	374226
应收及预付款	24723	45446
行内资金往来	6041395	5891692
固定资产	94927	102345
库存现金	60350	77460

19–4 金融机构外汇信贷情况

单位:万美元

指　　标	2010 年	2011 年	2011 年为 2010 年%
资金来源总计	5353	53426	998.1
各项存款	2686	4424	164.7
单位活期存款	914	2072	226.7
储蓄存款	1063	1323	124.5
其他类存款	708		
外汇买卖	–2	48746	
所有者权益	53	201	379.2
其　他	42	–133	
资金运用总计	5353	53426	998.1
境外筹资转贷款			
库存现金	354	364	102.8
其他			

19–5 各地区金融部门存款余额(2011年)

单位:万元

地区	合计	储蓄存款	农业存款	委托存款	其他存款
总计	15011269	6543256		39670	52057
一、按县(市、区)分					
市区	9628971	3705549		39670	11703
沁水县	924466	388756			83
阳城县	1459092	805053			127
陵川县	636557	360546			40033
高平市	2362183	1283352			111
二、按金融机构分					
中国人民银行	633983				
商业银行	9077131	3845928			52057
中国工商银行	2078586	1073638			11906
中国农业银行	1680392	705927			40053
中国银行	935245	407793			96
中国建设银行	1987053	841808			2
交通银行	963267	228144			
城市商业银行	1432588	588618			
政策性银行	30158				
农业发展银行	30158				
邮政储汇局	1103521	768021			
农村信用社	2660125	1843014			

19-6 各地区金融部门贷款余额(2011年)

单位:万元

地区	合计	短期贷款			
			个人贷款及透支	单位普通贷款及透支	普通并购贷款
总计	6354578	2623356	589171	1923078	
一、按县(市、区)分					
市区	4561132	1715576	239967	1459020	
沁水县	231138	120366	44196	76170	
阳城县	585793	205473	84391	109432	
陵川县	164232	92876	57288	35588	
高平市	812283	489065	163329	314044	
二、按金融机构分					
中国人民银行	13265				
商业银行	5405550	2178637	526185	1541811	
中国工商银行	899334	279861	3158	176962	
中国农业银行	537285	77299	6315	70984	
中国银行	282570	72607	1440	71167	
中国建设银行	839849	264450	800	262750	
交通银行	442898	117036	747	106288	
城市商业银行	785485	456213	54181	402032	
政策性银行	126269	80839		80839	
农业发展银行	126269	80839		80839	
农村信用社	1491860	830332	459544	370789	

19-6 续表

单位：万元

地区			中长期贷款	其他贷款
	银团贷款	贸易融资		
总计	10001	101106	3570950	
一、按县(市、区)分				
市区	10001	77764	2703172	
沁水县			110772	
阳城县		11650	380320	
陵川县			71355	
高平市		11692	305331	
二、按金融机构分				
中国人民银行				
商业银行	10001	100641	3083043	
中国工商银行		99741	617291	
中国农业银行			459986	
中国银行			209964	
中国建设银行		900	571306	
交通银行	10001		325863	
城市商业银行			225976	
政策性银行			45430	
农业发展银行			45430	
农村信用社			627227	

19-7 中资全国性大型银行人民币信贷收支(年底余额)

单位:万元

指　　标	2010 年	2011 年
资金来源合计	**8787564**	**3787817**
各项存款	8401267	8720220
单位存款		4630459
活期存款		3035727
定期存款		1243408
个人存款		4027158
储蓄存款		4017027
临时性存款		10547
其他存款	251071	52057
代理财政性存款	6334	7396
应付及暂收款	135211	152455
同业往来	135005	186174
委托存款及委托投资基金(净)	8520	37769
各项准备	16962	32864
所有者权益	96190	102629
其他	-11926	-5808171
资金运用合计	**8787564**	**3787817**
各项贷款	2699124	3042157
短期贷款	925098	838107
个人贷款及透支	37910	59396
单位普通贷款及透支	827457	688150
银团贷款	5000	10001
贸易融资	54731	80560
中长期贷款	1765564	2197775
个人贷款	58505	82947
单位普通贷款	1516097	1928468
银团贷款	190961	186360
票据融资	8463	6276
有价证券及投资	14473	-180
应收及预付款	8442	21144
存放中央银行准备金存款	9133	3622
缴存中央银行财政性存款	12029	5744
同业往来	1817	637
库存现金	36122	43175

19-8 金融机构人民币存款基准利率

单位：年利率%

调整时间	活期存款	定期存款					
		三个月	半年	一年	二年	三年	五年
1990.04.15	2.88	6.3	7.74	10.08	10.98	11.88	13.68
1990.08.21	2.16	4.32	6.48	8.64	9.36	10.08	11.52
1991.04.21	1.8	3.24	5.4	7.56	7.92	8.28	9
1993.05.15	2.16	4.86	7.2	9.18	9.9	10.8	12.06
1993.07.11	3.15	6.66	9	10.98	11.7	12.24	13.86
1996.05.01	2.97	4.86	7.2	9.18	9.9	10.8	12.06
1996.08.23	1.98	3.33	5.4	7.47	7.92	8.28	9
1997.10.23	1.71	2.88	4.14	5.67	5.94	6.21	6.66
1998.03.25	1.71	2.88	4.14	5.22	5.58	6.21	6.66
1998.07.01	1.44	2.79	3.96	4.77	4.86	4.95	5.22
1998.12.07	1.44	2.79	3.33	3.78	3.96	4.14	4.5
1999.06.10	0.99	1.98	2.16	2.25	2.43	2.7	2.88
2002.02.21	0.72	1.71	1.89	1.98	2.25	2.52	2.79
2004.10.29	0.72	1.71	2.07	2.25	2.7	3.24	3.6
2006.08.19	0.72	1.8	2.25	2.52	3.06	3.69	4.14
2007.03.18	0.72	1.98	2.43	2.79	3.33	3.96	4.41
2007.05.19	0.72	2.07	2.61	3.06	3.69	4.41	4.95
2007.07.21	0.81	2.34	2.88	3.33	3.96	4.68	5.22
2007.08.22	0.81	2.61	3.15	3.6	4.23	4.95	5.49
2007.09.15	0.81	2.88	3.42	3.87	4.5	5.22	5.76
2007.12.21	0.72	3.33	3.78	4.14	4.68	5.4	5.85
2008.10.09	0.72	3.15	3.51	3.87	4.41	5.13	5.58
2008.10.30	0.72	2.88	3.24	3.6	4.14	4.77	5.13
2008.11.27	0.36	1.98	2.25	2.52	3.06	3.6	3.87
2008.12.23	0.36	1.71	1.98	2.25	2.79	3.33	3.6
2010.10.20	0.36	1.91	2.2	2.5	3.25	3.85	4.2
2010.12.26	0.36	2.25	2.5	2.75	3.55	4.15	4.55
2011.02.09	0.40	2.60	2.80	3.00	3.90	4.50	5.00
2011.04.06	0.50	2.85	3.05	3.25	4.15	4.75	5.25
2011.07.07	0.50	3.10	3.30	3.50	4.40	5.00	5.50

19–9 金融机构人民币贷款基准利率

单位：年利率%

调整时间	六个月以内（含六个月）	六个月至一年（含一年）	一至三年（含三年）	三至五年（含五年）	五年以上
1991.04.21	8.10	8.64	9.00	9.54	9.72
1993.05.15	8.82	9.36	10.80	12.06	12.24
1993.07.11	9.00	10.98	12.24	13.86	14.04
1995.01.01	9.00	10.98	12.96	14.58	14.76
1995.07.01	10.08	12.06	13.50	15.12	15.30
1996.05.01	9.72	10.98	13.14	14.94	15.12
1996.08.23	9.18	10.08	10.98	11.70	12.42
1997.10.23	7.65	8.64	9.36	9.90	10.53
1998.03.25	7.02	7.92	9.00	9.72	10.35
1998.07.01	6.57	6.93	7.11	7.65	8.01
1998.12.07	6.12	6.39	6.66	7.20	7.56
1999.06.10	5.58	5.85	5.94	6.03	6.21
2002.02.21	5.04	5.31	5.49	5.58	5.76
2004.10.29	5.22	5.58	5.76	5.85	6.12
2006.04.28	5.40	5.85	6.03	6.12	6.39
2006.08.19	5.58	6.12	6.30	6.48	6.84
2007.03.18	5.67	6.39	6.57	6.75	7.11
2007.05.19	5.85	6.57	6.75	6.93	7.20
2007.07.21	6.03	6.84	7.02	7.20	7.38
2007.08.22	6.21	7.02	7.20	7.38	7.56
2007.09.15	6.48	7.29	7.47	7.65	7.83
2007.12.21	6.57	7.47	7.56	7.74	7.83
2008.09.16	6.21	7.20	7.29	7.56	7.74
2008.10.09	6.12	6.93	7.02	7.29	7.47
2008.10.30	6.03	6.66	6.75	7.02	7.20
2008.11.27	5.04	5.58	5.67	5.94	6.12
2008.12.23	4.86	5.31	5.40	5.76	5.94
2010.10.20	5.10	5.56	5.60	5.96	6.14
2010.12.26	5.35	5.81	5.85	6.22	6.40
2011.02.09	5.60	6.06	6.10	6.45	6.60
2011.04.06	5.85	6.31	6.40	6.65	6.80
2011.07.07	6.10	6.56	6.65	6.90	7.05

19-10　金融机构人民币存款准备金率

单位:%

调整时间	大型金融机构			中小型金融机构		
	调整前	调整后	调整幅度	调整前	调整后	调整幅度
2007.1.15	9.00	9.50	0.50	9.00	9.50	0.50
2007.2.25	9.50	1.00	0.50	9.50	1.00	0.50
2007.4.16	1.00	1.50	0.50	1.00	1.50	0.50
2007.5.15	1.50	11.00	0.50	1.50	11.00	0.50
2007.6.5	11.00	11.50	0.50	11.00	11.50	0.50
2007.8.15	11.50	12.00	0.50	11.50	12.00	0.50
2007.9.25	12.00	12.50	0.50	12.00	12.50	0.50
2007.10.25	12.50	13.00	0.50	12.50	13.00	0.50
2007.11.26	13.00	13.50	0.50	13.00	13.50	0.50
2007.12.25	13.50	14.50	1.00	13.50	14.50	1.00
2008.1.25	14.50	15.00	0.50	14.50	15.00	0.50
2008.3.25	15.00	15.50	0.50	15.00	15.50	0.50
2008.4.25	15.50	16.00	0.50	15.50	16.00	0.50
2008.5.20	16.00	16.50	0.50	16.00	16.50	0.50
2008.6.25	16.50	17.50	1.00	16.50	17.50	1.00
2008.9.25	17.50	17.50		17.50	16.50	-1.00
2008.10.15	17.50	17.00	-0.50	16.50	16.00	-0.50
2008.12.5	17.00	16.00	-1.00	16.00	14.00	-2.00
2008.12.25	16.00	15.50	-0.50	14.00	13.50	-0.50
2010.1.18	15.50	16.00	0.50	13.50	13.50	
2010.2.25	16.00	16.50	0.50	13.50	13.50	
2010.5.10	16.50	17.00	0.50	13.50	13.50	
2010.11.16	17.00	17.50	0.50	13.50	14.00	0.50
2010.11.29	17.50	18.00	0.50	14.00	14.50	0.50
2010.12.20	18.00	18.50	0.50	14.50	15.00	0.50
2011.1.20	18.50	19.00	0.50	15.00	15.50	0.50
2011.2.24	19.00	19.50	0.50	15.50	16.00	0.50
2011.3.25	19.50	20.00	0.50	16.00	16.50	0.50
2011.4.21	20.00	20.50	0.50	16.50	17.00	0.50
2011.5.18	20.50	21.00	0.50	17.00	17.50	0.50
2011.6.20	21.00	21.50	0.50	17.50	18.00	0.50
2011.12.5	21.50	21.00	-0.50	18.00	17.50	-0.50

19-11 证券业务基本情况

单位：个、户、万元

项　　目	2011 年	2010 年	2011 年为 2010 年的%
一、证券营业部	3	3	
从业人员	63	51	123.5
二、机构资金户数			
累计资金开户	27917	30534	91.4
# 本年开户	165938	281663	58.9
银证转入资金	228172	383410	59.5
银证转出资金	70568	131963	53.5
新增资产总额	46507	53554	86.8
三、经营情况			
营业收入	5795	8547	67.8
# 手续费收入	5275	7965	66.2
利息收入	520	582	89.3
营业支出	2589	3074	84.2
# 手续费支出	560	786	71.3
利息支出	191	175	109.5
营业费用	1504	1648	91.3
营业税金及附加	268	399	67.1
营业利润	3206	5473	58.6
利润总额	3205	5473	58.6
资产总计	32637	78913	41.4
流动资产	32464	78699	41.3
固定资产	136	173	78.5
负债合计	30282	75988	39.9
# 流动负债	29826	71457	41.7

19-12 保险系统机构、人员数(2011年)

项目	市级分、中支公司(个)	县级支公司(个)	营销服务部(个)	职工人数(人)	业务员(人)
总计	22	53	107	1311	6779
中国人寿保险公司晋城分公司	1	6	57	304	3000
中国太平洋财产保险晋城中心支公司	1	5		52	217
中国太平洋人寿保险晋城中心支公司	1	5	3	84	779
中国平安财产保险晋城中心支公司	1	1	2	31	3
中国大地财产保险晋城中心支公司	1		5	49	105
永安财产保险晋城分公司	1	2	3	150	225
新华人寿保险公司晋城中心支公司	1	3	3	41	512
中国人民财产保险晋城市分公司	1	14	31	386	615
中国平安人寿晋城中心支公司	1	3		28	336
天安保险晋城中心支公司	1			24	52
泰康人寿保险晋城中心支公司	1	4		38	342
中国人民人寿保险公司晋城中心支公司	1	2	3	12	326
阳光财产保险晋城中心支公司	1	3		9	15
安邦财产保险晋城营销服务部	1			6	
永诚财产保险晋城中心支公司	1			7	10
渤海财产保险晋城中心支公司	1			5	9
太平财产保险有限公司晋城中心支公司	1			12	10
都邦财产保险股份有限公司晋城中心支公司	1			5	8
中国人寿财产保险公司晋城市中心支公司	1	5		35	72
太平人寿保险有限公司晋城中心支公司	1			16	15
华泰财产保险有限公司晋城中心支公司	1			5	23
民生人寿保险股份有限公司晋城中心支公司	1			12	105
光大永明人寿股份有限公司晋城中心支公司	1			8	30

19-13　财产保险业务情况(2011年)

单位:万元

项　　目	保险金额	保费收入	赔款支出
中国人民财产保险晋城分公司	10396800	50092	23391
企　财　险	2950800	5428	2571
家　财　险	256300	195	12
机　车　险	3131200	38384	18857
货　运　险	1927700	1311	23
责　任　险	1712800	1912	1043
信用保证险	1000	3	
意　外　险	272800	470	135
健　康　险	65700	171	78
其　它　险			
中国太平洋财产保险晋城中心支公司	1590000	8165	3502
企　财　险	707200	1211	474
家　财　险	13900	5	3
机　车　险	562200	6320	2944
货　运　险	3000	14	14
责　任　险	61200	527	32
信用保证险			
意　外　险	129500	49	9
健　康　险	11000	26	14
其　它　险			
中国人寿财产保险公司晋城市中心支公司	708700	6603	2483
企　财　险	73600	212	10
家　财　险	300	0.3	
机　车　险	576200	6270	2459
货　运　险			
责　任　险	35100	75	12
信用保证险			
意　外　险	22900	43	3
健　康　险			
其　它　险			
永安财产保险晋城分公司	846100	7037	3640
企　财　险	31600	151	43
家　财　险	1500	4	
机　车　险	662300	6579	3545
货　运　险	400	6	0.09
责　任　险	70700	67	26
信用保证险			
意　外　险	79600	230	26
健　康　险			
其　它　险			

19-13 续表1

单位:万元

项　　目	保险金额	保费收入	赔款支出
中国大地财产保险晋城中心支公司	815100	3293	2038
企　财　险	9800	44	5
家　财　险	100	0.06	
机　车　险	356900	3071	1918
货　运　险	2900	3	3
责　任　险	122200	65	20
信用保证险			
意　外　险	323200	111	89
健　康　险			3
其　它　险			
中国平安保险晋城中心支公司	704686	4658	3056
企　财　险	499235	341	1346
家　财　险	657	1	0.11
机　车　险	73814	4204	1687
货　运　险	80	2	
责　任　险	61422	54	4
信用保证险			
意　外　险	51149	42	16
健　康　险	18127	13	2
其　它　险			
天安财产保险晋城中心支公司	386000	1390	572
企　财　险	8100	31	
家　财　险	700	0.25	
机　车　险	95700	743	425
货　运　险			
责　任　险	200	1	
信用保证险			
意　外　险	281000	614	145
健　康　险	300		2
其　它　险			
太平保险有限公司晋城营销服务部	120126	758	410
企　财　险	21600	76	
家　财　险	76	0.02	
机　车　险	66890	586	377
货　运　险			
责　任　险	9100	85	21
信用保证险			
意　外　险	22460	11	13
健　康　险			
其　它　险			

19-13 续表 2

单位:万元

项　　目	保险金额	保费收入	赔款支出
阳光财产保险晋城中心支公司	1016900	1636	686
企财险	72900	69	
家财险			
机车险	123200	1312	649
货运险			
责任险	22700	163	23
信用保证险			
意外险	798100	92	15
健康险			
其它险			
渤海财产保险晋城中心支公司	16700	149	7
企财险			
家财险			
机车险	10700	145	7
货运险			
责任险			
信用保证险			
意外险	6000	4	
健康险			
其它险			
永诚财产保险晋城中心支公司	36700	368	134
企财险			
家财险			
机车险	36700	368	134
货运险			
责任险			
信用保证险			
意外险			
健康险			
其它险			
安邦财产保险晋城营销服务部	9200	103	21
企财险			
家财险			
机车险	9200	103	21
货运险			
责任险			
信用保证险			
意外险			
健康险			
其它险			

19-14 人寿保险业务情况(2011年)

单位:万元

项　　　目	保费收入	赔款支出
中国人寿保险公司晋城分公司	102329	869
个人业务	42758	380
传统产品	19270	
分红类产品	21042	
万能产品		
投资连结产品		
健康险产品	2224	294
意外险产品	222	86
团险业务	1871	489
传统产品	80	
分红类产品		
万能产品		
健康险产品	960	489
意外险产品	830	
中国人民人寿保险公司晋城中心支公司	33955	31
个人业务	4765	
传统产品	38	
分红类产品	4228	
万能产品	360	
投资连结产品		
健康险产品	96	
意外险产品	43	
团险业务	1577	
传统产品	7	
分红类产品	1160	
万能产品	312	
健康险产品	36	8
意外险产品	61	23
中国太平洋人寿保险晋城中心支公司	34871	148
个人业务	20819	
传统产品	8051	
分红类产品	10146	
万能产品	32	
投资连结产品		
健康险产品	2552	4
意外险产品	39	10
团险业务	1013	
传统产品	13	
分红类产品	3	
万能产品		
健康险产品	290	12
意外险产品	707	121

19-14 续表

单位:万元

项　　目	保费收入	赔款支出
中国平安人寿保险公司晋城营销服务部	**5805**	**8**
个人业务	4181	8
传统产品	19	
分红类产品	3452	
万能产品	337	
投资连结产品		
健康险产品	339	7
意外险产品	33	1
泰康人寿保险晋城中心支公司	**7548**	**16**
个人业务	2477	
传统产品	88	
分红类产品	1937	
万能产品	260	
投资连结产品		
健康险产品	186	0.24
意外险产品	5	
团险业务	129	16
传统产品	0.28	
分红类产品	1	
万能产品	0.03	
健康险产品	51	8
意外险产品	77	7
新华人寿保险公司晋城中心支公司	**27369**	**72**
个人业务	6961	1
传统产品	228	
分红类产品	6229	
万能产品		
投资连结产品		
健康险产品	504	1
意外险产品	1	
团险业务	192	71
传统产品	2	
分红类产品		
万能产品		
健康险产品	58	17
意外险产品	132	54

主要统计指标解释

信贷资金　指金融机构以信用方式积聚和分配的货币资金。金融机构信贷资金的来源有各项存款、金融债券发行、应付及暂收款、对国际金融机构负债、流通中货币、各项准备、所有者权益和其他项目等;信贷资金的运用有各项贷款、有价证券及投资、应收及预付款、委托投资、金银占款、外汇占款、库存现金、财政借款及在国际金融机构中的资产等。

存款　指企业、机关、团体或居民根据资金必须收回的原则,把货币资金存入银行或其他信贷机构保管并取得一定利息的一种信用活动形式。根据存款对象或性质的不同可划分为企业存款、财政存款、机关团体存款、基本建设存款、储蓄存款、农村存款、委托存款、其他存款等科目。它是银行信贷资金的主要来源。

贷款　指银行或其他信贷机构根据资金必须归还的原则,按一定利率,为企业、个人等提供资金的一种信用活动形式。我国银行贷款分为短期贷款、中期流动资金贷款、中长期贷款、信托贷款、融资租赁、委托贷款、票据融资、各项垫款等。

保险公司　在中国境内的、经过保险监督管理部门批准设立,并依法登记注册的各类商业保险公司。

保险金额　指保险人承担赔偿或者给付保险金责任的最高限额。

保费　指投保人为取得保险人在约定范围内所承担赔偿责任而支付给保险人的费用。

赔款　指保险人根据保险合同的规定,向被保险人支付的赔偿保险责任损失的金额。

给付　包括死伤医疗给付和满期给付。死伤医疗给付是指保险人根据人寿保险及长期健康保险合同的规定,因被保险人在保险期内发生保险责任范围内的保险事故支付给被保险人(或受益人)的金额。满期给付是指被保险人生存期满,保险人按人寿保险合同规定支付给被保险人的满期保险金额。

20

教育和科技

Education,Science and Technology

简 要 说 明

本篇主要反映我国教育事业的发展情况和科学技术活动的基本情况。

一、教育部分的主要内容和资料来源

教育统计资料包括高等教育(普通教育本专科、成人教育本专科)、中等教育(高中阶段教育和初中阶段教育)、初等教育(小学)、学前教育、特殊教育(盲聋哑和弱智儿童学校等)以及教育经费等资料。主要指标包括学校数、在校学生数、招生数、毕业生数、教职工数和专任教师数、教育经费总额及国家财政性教育经费等。

教育事业统计资料、教育经费统计资料由教育局提供;技工学校的资料由劳动和社会保障局提供。

二、科技部分的主要内容,资料来源及调查方法

科技统计资料主要内容包括: 国有企事业单位专业技术人员情况;独立核算的科研机构、高校及各类企事业单位的科技活动人员、科技活动经费筹集及支出、研究与试验发展(R&D)活动、科技成果及奖励等情况;国内外职务及非职务专利申请和授权情况;科协系统科技活动情况;综合技术服务部门业务机构及业务活动情况等。

统计范围: 科技活动统计资料基本包括了全社会有科技活动的企事业单位,具体包括大中型工业企业、独立核算的科研机构、普通高等学校、规模以上小型工业企业、具有一级资质的建筑企业、市及以上运输和通信企业、市及以上农业和卫生业企事业单位、从事软件开发活动的企业、以及从事综合技术服务活动的单位等。

资料来源:全市综合资料、各类企业资料、医疗卫生机构和农业事业等单位资料由市统计局调查提供; 独立核算的科研机构资料由科技局调查提供; 高校科技活动资料由教育局调查提供; 专业技术人员资料由市委组织部和统计局调查提供;科协系统科技活动资料由市科协调查提供;气象、地震、产品质量监督抽查、专利等资料,分别由市气象局、地震局、技术监督及检验检疫局、科技局等部门调查提供。

统计调查方法:工业企业、独立核算的科研机构、高校的科技活动资料采用全数调查取得;科协气象、地震、产品质量监督抽查、专利资料采用抽样等多种调查方法取得;建筑业、运输业、通信业、软件业、农业和卫生业采用五年为一周期的滚动调查制度。

科技活动统计资料口径变动说明:2000 年以前科技活动统计资料只包括大中型工业企业、独立核算的科研机构、普通高等学校,2000 年及以后年份扩大到了小型工业、建筑业、运输业、通信业、软件业、农业和卫生等行业企事业单位。

20–1 分年度各级各类学校数

单位：所

年　份	普通高等学校	普通中学			中专	职业中学	普通小学	特殊教育学校	学前教育
			高　中	初　中					
2002		195	9	169		19	2740	2	468
2003		200	13	153		18	2530	2	470
2004	2	198	15	165		18	2346	2	549
2005	2	191	17	157		17	1830	3	537
2006	2	186	20	151		18	1634	3	526
2007	2	203	20	138		20	1347	4	521
2008	2	173	20	130		21	1131	4	526
2009	2	165	17	125	2	20	939	4	507
2010	2	180	17	123	2	20	828	4	484
2011	2	161	33	128	2	17	740	4	512

20–2 分年度各级各类学校专任教师数

单位：人

年　份	普通高等学校	普通中学			中专	职业中学	普通小学	特殊教育学校	学前教育
			高　中	初　中					
2002		7926	1359	6567		647	11941	65	1149
2003		8044	1550	6494		660	11899	66	1148
2004		8480	1950	6530		656	11974	66	1549
2005		8756	2190	6566		672	11965	71	1608
2006		9243	2585	6658		611	12154	77	1546
2007	429	9437	2749	6688		581	12160	82	1837
2008	429	9688	2947	6741		822	12958	92	2732
2009	413	10017	2360	6118	365	601	11718	83	1895
2010	413	10160	3298	6862	363	564	11206	81	2035
2011	436	10532	3517	7015	353	644	11005	79	1996

20–3 分年度各级各类学校招生数

单位：人

年　份	普通高等学校	普通中学			中专	职业中学	普通小学	特殊教育学校	学前教育
			高　中	初　中					
2002		50941	9728	41213		3877	46055	87	
2003		44197	11041	33156		3763	53477	125	
2004	2012	49179	12680	36499		4043	39186	56	
2005	1858	53878	15130	38748		4605	35211	83	
2006	2231	47854	13491	34363		5646	32629	91	
2007	3499	52737	15880	36857		4731	30215	88	
2008	3267	58081	17335	40746		4242	26539	121	
2009	2399	60295	18902	41393	3218	5136	24695	90	
2010	2825	58048	19908	38140	2447	4193	25488	76	
2011	2911	57213	22862	34351	2802	5313	24383	67	

20–4　分年度各级各类学校在校学生数

单位:人

年　份	普通高等学　校	普通中学	高　中	初　中	中专	职业中学	普通小学	特殊教育学　校	学前教育
2002		140260	24439	115821		8537	206123	519	67921
2003		141077	28541	112536		9756	230186	544	61019
2004	6383	144619	34598	110021		10935	233047	528	65943
2005	4758	150204	39926	110314		11481	227941	497	59154
2006	4603	150419	40944	109475		13570	226206	489	50990
2007	6274	154778	44443	110335		14339	219232	619	49678
2008	7609	162803	47402	115401		13580	204221	668	49505
2009	8125	171938	52009	119929	8316	13448	187018	720	52079
2010	7964	176785	55775	121010	7680	13647	173444	656	50171
2011	8520	177022	61558	115464	7703	13627	162127	451	51644

20–5　分年度各级各类学校毕业生数

单位:人

年　份	普通高等学　校	普通中学	高　中	初　中	中专	职业中学	普通小学	特殊教育学　校
2002		39343	5143	34200		2233	41605	56
2003		42006	7059	34947		2173	30137	25
2004	773	46520	7881	38639		2588	36270	19
2005	2521	48129	9464	38665		3571	39195	41
2006	2286	46268	11980	34288		3733	34580	75
2007	1692	48337	12500	35837		3659	36921	21
2008	1617	50129	14446	35683		4405	41199	42
2009	1848	50683	14001	36682	1961	4704	41742	13
2010	3023	52311	15724	36587	2348	3828	38385	62
2011	2295	57608	17458	40150	2644	3803	34206	53

20-6 中等职业学校(机构)数(2011年)

单位:个

指　　标	总　计	中央部门	地方部门			
				教育部门	非教育部门	民　办
中等职业学校	25		25	17		7
普通中等专业学校	2		2	2		
成人中等专业学校	6		6	6		
职业高中学校	17		17	9		7
其他机构(教学点)(不计校数)	1		1		1	

注:中等职业学校未含技工学校数据(以下各表同)。

20-7 中等职业学校(机构)学生分科类情况(2011年)

单位:人

指　　标	招生数			在校学生数	毕业生数	
		初　中毕业生				获得职业资格证书
			应　届毕业生			
总　计	7236	7095	7033	19416	5779	4539
农林牧渔类	71	71	71	270		
资源环境类	198	198	198	407	67	67
能源与新能源类	50	50	50	50		
土木水利类						
加工制造类	1366	1315	1268	3527	953	531
石油化工类	40	40	40	40		
轻纺食品类						
交通运输类	755	755	755	1779	239	237
信息技术类	2142	2052	2037	6034	2250	1879
医药卫生类						
休闲保健类	133	133	133	269		
财经商贸类	805	805	805	2265	1006	868
旅游服务类	695	695	695	1766	378	378
文化艺术类	762	762	762	2340	575	309
体育与健身	86	86	86	327	107	107
教育类						
司法服务类	75	75	75	226	100	100
公共管理与服务类	41	41	41	99	104	63
其　他	17	17	17	17		

20-8 普通高中学校和学生情况(2011年)

指标	学校数(所)	高级中学	完全中学	招生数(人)	在校学生数(人)	毕业生数(人)
总计	33	19	14	22862	61558	17458
教育部门和集体办	22	13	9	17124	45099	12624
社会力量办	11	6	5	5738	16459	4834
其他部门办						
城市	18	11	7	13027	36965	11166
教育部门和集体办	9	6	3	8327	22843	6750
社会力量办	9	5	4	4700	14122	4416
其他部门办						
县镇	15	8	7	9835	24593	6292
教育部门和集体办	13	7	6	8797	22256	5874
社会力量办	2	1	1	1038	2337	418
其他部门办						
农村						
教育部门和集体办						
社会力量办						
其他部门办						

20-9 普通初中学校和学生情况(2011年)

指标	学校数(所)	初级中学	九年一贯制	招生数(人)	在校学生数(人)	毕业生数(人)
总计	128	120	8	34351	115464	40150
教育部门和集体办	121	117	4	32521	108212	37984
社会力量办	5	3	2	1804	7143	2112
其他部门办	2		2	26	109	54
城市	25	23	2	10951	35340	11114
教育部门和集体办	23	22	1	10572	33153	10284
社会力量办	1	1		353	2119	789
其他部门办	1		1	26	68	41
县镇	68	66	2	19332	64817	23114
教育部门和集体办	65	64	1	17901	60181	21856
社会力量办	3	2	1	1431	4636	1258
其他部门办						
农村	35	31	4	4068	15307	5922
教育部门和集体办	33	31	2	4048	14878	5844
社会力量办	1		1	20	388	65
其他部门办	1		1		41	13

20-10 普通小学学校和学生情况(2011 年)

指标	学校数（所）	招生数（人）	在校学生数（人）	毕业生数（人）
总计	740	24383	162127	34206
教育部门和集体办	728	23920	157439	33571
社会力量办	6	376	3795	519
其他部门办	6	87	893	116
城市	96	8795	55546	10038
教育部门和集体办	91	8557	53527	9765
社会力量办	5	218	1917	244
其他部门办		20	102	29
县镇	196	9540	63152	13039
教育部门和集体办	193	9433	61550	12809
社会力量办		97	1511	180
其他部门办	3	10	91	50
农村	448	6048	43429	11129
教育部门和集体办	444	5930	42362	10997
社会力量办	1	61	367	95
其他部门办	3	57	700	37

20-11 各级普通学校毕业生升学率和学龄儿童入学率

单位:%

年份	学龄儿童净入学率	小学升初中	初中升高级中学	高中升高等教育
2000	100.0	98.5	25.0	
2001	100.0	96.2	26.0	
2002	100.0	97.0	26.3	
2003	100.0	97.9	42.0	
2004	100.0	98.2	64.0	
2005	100.0	99.1	72.3	
2006	100.0	98.8	72.3	
2007	100.0	100.8	80.1	
2008	100.0	99.8	82.9	
2009	100.0	100.0		
2010	100.0	100.0		
2011	100.0	100.0		

20-12　各地区普通高中基本情况(2011年)

单位:人

地　　区	学校数(所)	招生数	在校学生数	毕业生数	教职工数	专任教师
全　　市	33	22862	61558	17458	5130	4008
城　　区	11	7747	20728	5593	1929	1463
沁 水 县	3	2255	5761	1556	514	390
阳 城 县	3	4094	10134	2741	689	559
陵 川 县	5	1994	5678	1393	532	403
泽 州 县	5	2450	5549	1366	487	422
高 平 市	6	4322	13708	4809	979	771

20-13　各地区普通初中基本情况(2011年)

单位:人

地　　区	学校数(所)	招生数	在校学生数	毕业生数	教职工数	专任教师
全　　市	139	34351	115464	40150	7550	6725
城　　区	18	7919	25147	7938	1234	1141
沁 水 县	19	2838	8600	3173	943	820
阳 城 县	25	6194	23787	7730	1581	1352
陵 川 县	12	3470	10630	3264	705	601
泽 州 县	35	6651	23013	9259	1584	1442
高 平 市	30	7279	24287	8786	1503	1369

20-14　各地区普通小学基本情况(2011 年)

单位:人

地区	学校数（所）	招生数	在校学生数	毕业生数	教职工数	专任教师
全市	740	34206	162127	34206	11598	10804
城区	72	7408	41505	7408	2016	1835
沁水县	80	2802	13308	2802	1292	1261
阳城县	84	6194	25429	6194	2107	1877
陵川县	151	3484	17567	3484	1303	1264
泽州县	226	7039	31436	7039	2705	2589
高平市	127	7279	32882	7279	2175	1978

20-15　各地区特殊教育基本情况(2011 年)

单位:人

地区	学校数（所）	招生数	在校学生数	毕业生数	教职工数	专任教师
全市	4	67	451	53	87	79
城区	1	25	312	28	60	55
沁水县	1		10		8	8
阳城县		14		14		
陵川县	1	7	38	3	4	2
泽州县		1		3		
高平市	1	20	91	5	15	14

20-16 成人教育基本情况(2011年)

单位:所、人

地区	成人中等专业学校				
	学校数	毕业生	招生	在校学生	教职工
总计	6				171
市直					
城区	1				19
沁水县	1				13
阳城县	1				15
陵川县	1				26
泽州县	1				70
高平市	1				28

20-16 续表

单位:所、人

地区	成人技术培训学校				
	学校数	结业生	招生	注册学生数	教职工
总计	1954	391180		424516	5121
市直					
城区	120	42100		42100	262
沁水县	257	11808		8621	51
阳城县	459	91908		105338	984
陵川县	363	21164		30993	398
泽州县	17	86085		91724	1913
高平市	738	138115		145740	1513

20-17 幼儿教育基本情况(2011年)

单位:所、个、人

地区	园数	班数	学前班	在园幼儿	学前班
总计	512	2778	11	51644	179
市直	3	72		2694	
城区	66	405	7	11624	89
沁水县	22	208	1	4458	10
阳城县	185	562		9018	
陵川县	45	378		5360	
泽州县	69	612	1	7516	26
高平市	122	541	2	10974	54

20-17 续表

单位:所、人

地区	教职工数		六至十一周岁学龄儿童		
		教师	学龄儿童总数	已入学儿童数	入学率(%)
总计	2923	1996	158142	157999	99.9
市直	271	214			
城区	1280	752	39239	39239	100.0
沁水县	316	221	13058	13058	100.0
阳城县	262	200	25402	25402	100.0
陵川县	231	163	17430	17399	99.8
泽州县	312	251	30399	30287	99.6
高平市	251	195	32614	32614	100.0

20-18 各级各类学校教职工数(2011 年)

单位:人

地区	教职工数				高等学校	中专		普通中学
		教育部门和集体办	民办	其他办		教育部门和集体办	其他部门办	
总计	29246	25116	3414	716	550	356	38	12680
市直	2797	2759		38	550	180	38	1419
城区	4814	2888	1735	191				1744
沁水县	3451	2913	265	273				1457
阳城县	4866	4652	214					2270
陵川县	2880	2537	343					1237
泽州县	5298	4998	234	66				2071
高平市	5140	4369	623	148		176		2482

20-18 续表 1

单位:人

地区				职业中学				特殊教育学校
	教育部门和集体办	民办	其他办		教育部门和集体办	民办	其他办	
总计	10910	1685	85	843	531	312		87
市直	1419							60
城区	1050	657	37	307	42	265		
沁水县	1400	57		92	92			8
阳城县	2167	103		212	178	34		
陵川县	1027	210		79	79			4
泽州县	1975	48	48	140	140			
高平市	1872	610		13				15

20–18 续表 2

单位:人

地区	小学	教育部门和集体办	民办	其他办	教师进修学校	幼儿园
总计	11598	11308	112	178	171	2923
市直	279	279				271
城区	1737	1622		115	19	1007
沁水县	1292	1238	54		13	589
阳城县	2107	2107			15	262
陵川县	1303	1303			26	231
泽州县	2705	2629	58	18	70	312
高平市	2175	2130		45	28	251

20–18 续表 3

单位:人

地区	教育部门和集体办	民办	其他办	代课教师	普通中学	农职中	小学
总计	1203	1305	415				
市直	271						
城区	155	813	39				
沁水县	162	154	273				
阳城县	185	77					
陵川县	98	133					
泽州县	184	128					
高平市	148		103				

20-19　中小学教师职称情况(2011 年)

单位:人

地区	专任教师数	高级教师	普通中学	中专	职中	小学
总计	**22534**	**926**	**752**	**93**	**48**	**33**
市直	1604	283	230	12	41	
城区	3229	113	103	1		9
沁水县	2553	138	92	40		6
阳城县	3943	113	86	19		8
陵川县	2341	68	61	2		5
泽州县	4575	75	60	11		4
高平市	4289	136	120	8	7	1

20-19　续表 1

单位:人

地区	中级教师	普通中学	职中	中专	小学
总计	**7219**	**2970**	**3923**	**128**	**198**
市直	617	422	128	67	
城区	1011	374	597		40
沁水县	720	313	385		22
阳城县	1189	475	664		50
陵川县	807	301	475		31
泽州县	1521	571	900		50
高平市	1354	514	774	61	5

20-19 续表 2

单位:人

地区	初级教师	普通中学	中专	职中	小学
总计	**12451**	**5454**	**6564**	**162**	**271**
市直	656	466	111	79	
城区	1514	550	925		39
沁水县	1519	658	807		54
阳城县	2251	1030	1137		84
陵川县	1293	515	750		28
泽州县	2734	1005	1666		63
高平市	2484	1230	1168	83	3

20-19 续表 3

单位:人

地区	员级教师	普通中学	中专	职中	小学
总计	**1938**	**1356**	**425**	**15**	**142**
市直	48	31	13	4	
城区	591	377	99		115
沁水县	176	147	29		
阳城县	390	274	103		13
陵川县	173	127	37		9
泽州县	245	142	98		5
高平市	315	258	46	11	

20-20 科技活动基本情况

指 标	2001年	2005年	2006年	2007年	2008年	2009年	2010年	2011年
科技活动人员(人)	14044	42140	47500	69360	72506	72418	72698	79524
# 科学家和工程师	2997	2090	2210	3197	3985	4155	4315	4735
研究与试验发展折合全时人员(人年)	2610	3243	3700	4276	4973	4986	4997	5014
# 科学家和工程师	995	2940	3100	3829	4215	4318	4613	4823
科技经费筹集额(万元)	31755	55097	84086	158122	165000	168000	169401	184325
# 政府资金	1055	2368	3411	5224	6938	8030	10573	12587
企业资金	28600	32000	33221	101605	147916	147615	144372	154215
金融机构贷款	2100	20729	47454	51293	10146	12356	14456	17523
科技经费内部支出(万元)	23255	36796	41639	58274	62134	78174	80125	120825
研究与试验发展经费支出相当于地区生产总值比例(%)	0.71	0.90	0.91	1.05	1.25	1.29	1.30	1.00
技术市场成交额(万元)	5630	14890	16540	18729	26504	31546	45678	59524
专利申请受理数(件)	25	69	90	144	230	621	660	1007
发 明	12	22	36	45	56	369	126	272
实用新型	11	39	36	58	80	134	257	314
外观设计	1	8	18	41	94	118	277	421
专利申请授权数(件)	17	39	56	57	108		282	394
发 明	5	12	20	21	12		18	44
实用新型	11	20	21	21			182	282
外观设计	1	7	15	15			82	68

20-21 科学研究与开发机构基本情况

指 标	2001年	2005年	2006年	2007年	2008年	2009年	2010年	2011年
科技活动人员(人)	93	95	95	96	108	123	125	73
# 科学家和工程师	40	46	47	47	58	67	75	45
科技经费筹集额(万元)	375	396	398	412	513	449	596	631
# 政府资金	375	396	398	412	513	449	596	631
科技经费内部支出(万元)	369	390	394	408	507	407	485	603
# 劳务费	317	327	332	332	405	268	125	371
业务费	52	63	62	76	102	139	360	232

20-22　各地区三种专利申请受理数和授权数(2011年)

单位:件

地　　区	申请受理数合计	发　明	实用新型	外观设计	授权数合　计	发　明	实用新型	外观设计
全　　市	1007	272	314	421	394	44	282	68
城　　区	414	121	186	107	208	27	151	30
沁 水 县	45	6	5	34	24		15	9
阳 城 县	163	17	57	89	97	11	76	10
陵 川 县	67	59	3	5	5	2	1	2
泽 州 县	96	29	25	42	8	1	1	6
高 平 市	222	40	38	144	52	3	38	11

20-23　自然科学研究与开发机构情况(2011年)

指　标	单　位	数　量
一、机构数	个	100
市属科研所	个	7
企业技术中心	个	89
县区	个	3
二、人员数	人	1078
市属科研所	人	73
企业技术中心	人	638
县区	人	293

20-24　分年度大中型工业企业 R&D 活动基本情况

指　标	2009 年	2010 年	2011 年
大中型工业企业(个)	118	106	99
有 R&D 活动的企业(个)	14	6	7
有 R&D 活动的企业占全部企业的比重(%)	11.86	5.66	7.07
科技机构数(个)	17	11	10
R&D 活动人员(人)	2697	3302	3529
R&D 折合全时人员(人年)	1603	3281	3376
R&D 经费支出总额(万元)	42653	46962	95394
内部支出(万元)	32666	37287	80408
外部支出(万元)	9988	9675	14986
开发新产品经费支出	7531	20008	34865
R&D 经费支出占主营业务收入的比重(%)	0.50	0.41	0.83
技术改造经费支出(万元)	231117	284268	206946
技术引进经费支出(万元)	13853	16835	730
消化吸收经费支出(万元)	83774	64312	37160
购买国内技术支出(万元)	3437	5648	8281

20-25 规模以上工业企业R&D 活动基本情况(2011 年)

指　标	项目数（项）	参　加项目人员（人）	项目人员折合全时当量（人年）	全部项目经费内部支出（万元）
总　计	123	2942	2806	76965
一、按企业规模分组				
大型	92	2676	2596	74260
中型	18	157	114	1843
小型	13	109	97	863
微型				
二、按隶属关系分组				
中央	3	52	27	434
地方	120	2890	2780	76531
三、按登记注册类型分组				
内资企业	120	2919	2783	76788
国有企业	83	2357	2348	72551
集体企业				
股份合作企业				
联营企业				
有限责任公司	24	208	160	2041
股份有限公司	13	354	276	2196
私营企业				
其他企业				
港、澳、台商投资企业				
外商投资企业	3	23	23	178
四、按新国民经济行业大类分组				
采矿业	92	2676	2596	74260
#煤炭开采和洗选业	92	2676	2596	74260
制造业	31	266	211	2706
#纺织业	1	40	24	359
纺织服装、服饰业	1	17	17	120
石油加工、炼焦和核燃料加工业	4	35	28	487
化学原料和化学制品制造业	3	25	20	102
非金属矿物制品业	2	25	24	220
金属制品业	3	52	27	434
专用设备制造业	3	26	26	96
汽车制造业	11	23	22	710
电气机械和器材制造业	3	23	23	178
电力、热力、燃气及水生产和供应业				
五、按企业控股情况分组				
国有控股	100	2810	2683	75275
集体控股				
私人控股	23	132	123	1691
港澳台商控股				
外商控股				
其他				
六、按地区分组				
市　辖　区				
城　　　区	115	2842	2735	76017
沁　水　县				
阳　城　县	1	40	24	359
陵　川　县				
泽　州　县	3	25	20	102
高　平　市	4	35	28	487

20-26 工业企业

	R&D经费内部支出合计	(一)按活动类型分组			(二)按支出	
		基础研究支出	应用研究支出	试验发展支出	经常费支出	人员劳务费
总计	81576		24557	57019	80430	29548
一、按企业规模分组						
大型	78501		24557	53944	77662	29032
中型	1908			1908	1600	310
小型	1167			1167	1167	206
微型						
二、按隶属关系分组						
中央	434			434	434	91
省(自治区、直辖市)	73892		24557	49335	73892	25445
地(区、市、州、盟)	5648			5648	4713	3744
县(区、市、旗)	877			877	674	100
其他	725			725	717	168
三、按登记注册类型分组						
内资企业	81094		24557	56537	79948	29500
国有企业	73892		24557	49335	73892	25445
集体企业						
股份合作企业						
联营企业						
有限责任公司	2106			2106	1798	359
股份有限公司	5096			5096	4258	3695
私营企业						
其他企业						
港、澳、台商投资企业						
外商投资企业	482			482	482	48
四、按国民经济行业大类分组						
采矿业	78501		24557	53944	77662	29032
煤炭开采和洗选业	78501		24557	53944	77662	29032
石油和天然气开采业						
黑色金属矿采选业						
有色金属矿采选业						
非金属矿采选业						
其他采矿业						

R & D 经费情况(2011 年)

单位:千元

用途分组			(三)按资金来源分组				R&D 经费外部支出			
资产性支出	土建工程	仪器设备	政府资金	企业资金	境外资金	其他资金		对境内研究机构支出	对境内高等学校支出	对境外支出
1146	31	1115	2124	79444		7	14987	9821	5165	
838	31	808	1751	76742		7	14966	9810	5156	
308		307	73	1835			20	11	9	
			300	867			1	1		
				434						
			1721	72163		7	13097	8170	4928	
935	31	904	338	5310			1870	1641	229	
203		203	15	862						
8		8	50	675			20	11	9	
1146	31	1115	1824	79262		7	14987	9821	5165	
			1721	72163		7	13097	8170	4928	
308		307	73	2034			21	12	9	
838	31	808	30	5066			1869	1640	229	
			300	182						
838	31	808	1751	76742		7	14966	9810	5156	
838	31	808	1751	76742		7	14966	9810	5156	

20–26

	R&D 经费内部支出合计	(一)按活动类型分组			(二)按支出	
		基础研究支出	应用研究支出	试验发展支出	经常费支出	人员劳务费
制造业	3075			3075	2767	515
农副食品加工业						
食品制造业						
饮料制造业						
烟草制品业						
纺织业	482			482	288	79
纺织服装、鞋、帽制造业						
皮革、毛皮、羽毛(绒)及其制品业						
木材加工及木、竹、藤、棕、草制品业						
家具制造业						
造纸及纸制品业						
印刷业和记录媒介的复制						
文教体育用品制造业						
石油加工、炼焦及核燃料加工业	487			487	487	108
化学原料及化学制品制造业	102			102	102	25
医药制造业						
化学纤维制造业						
橡胶制品业						
塑料制品业						
非金属矿物制品业	238			238	230	60
黑色金属冶炼及压延加工业						
有色金属冶炼及压延加工业						
金属制品业						
通用设备制造业						
专用设备制造业	530			530	530	115

续表 1

单位:千元

用途分组			(三)按资金来源分组				R&D经费外部支出			
资产性支出	土建工程	仪器设备	政府资金	企业资金	境外资金	其他资金		对境内研究机构支出	对境内高等学校支出	对境外支出
308		307	373	2703			21	12	9	
194		194	8	474						
				487						
				102			1	1		
8		8	50	188			20	11	9	
				530						

20-26

	R&D经费内部支出合计	(一)按活动类型分组			(二)按支出	
		基础研究支出	应用研究支出	试验发展支出	经常费支出	人员劳务费
交通运输设备制造业	754			754	649	80
电气机械及器材制造业	482			482	482	48
通信设备、计算机及其他电子设备制造业						
仪器仪表及文化、办公用机械制造业						
工艺品及其他制造业						
废弃资源和废旧材料回收加工业						
电力、燃气及水的生产和供应业						
电力、热力的生产和供应业						
燃气生产和供应业						
水的生产和供应业						
五、按企业控股情况分组						
国有控股	79519		24557	54962	78486	29228
集体控股						
私人控股	2057			2057	1944	320
港澳台商控股						
外商控股						
其他						
六、按地区分组						
市辖区						
城区	80628		24557	56071	79578	29356
沁水县						
阳城县	359			359	263	59
陵川县						
泽州县	102			102	102	25
高平市	487			487	487	108

续表 2

单位:千元

用途分组			(三)按资金来源分组				R&D经费外部支出			
资产性支出	土建工程	仪器设备	政府资金	企业资金	境外资金	其他资金		对境内研究机构支出	对境内高等学校支出	对境外支出
105		105	15	739						
			300	182						
1033	31	1002	1759	77753		7	14967	9810	5156	
113		113	365	1692			20	11	9	
1049	31	1019	2116	78504		7	14986	9821	5165	
96		96	8	351						
				102			1	1		
				487						

20-27 工业企业

	R&D人员合计	参加项目人员	管理和服务人员	女性
总计	3655	2942	713	639
一、按企业规模分组				
大型	3332	2676	656	559
中型	197	157	40	48
小型	126	109	17	32
微型				
二、按隶属关系分组				
中央	69	52	17	17
省(自治区、直辖市)	2946	2357	589	535
地(区、市、州、盟)	515	433	82	62
县(区、市、旗)	48	40	8	11
其他	77	60	17	14
三、按登记注册类型分组				
内资企业	3629	2919	710	629
国有企业	2946	2357	589	535
集体企业				
股份合作企业				
联营企业				
有限责任公司	250	208	42	58
股份有限公司	433	354	79	36
私营企业				
其他企业				
港、澳、台商投资企业				
外商投资企业	26	23	3	10
四、按国民经济行业大类分组				
采矿业	3332	2676	656	559
煤炭开采和洗选业	3332	2676	656	559
石油和天然气开采业				
黑色金属矿采选业				
有色金属矿采选业				
非金属矿采选业				
其他采矿业				

R&D 人员情况(2011 年)

单位:人、人年

			R&D 人员				
研究人员	全时人员	非全时人员	折合全时当量合计	研究人员	基础研究人员	应用研究人员	试验发展人员
2723	3210	445	3486.9	2615.6		635.6	2851.3
2575	3043	289	3234.6	2512.8		635.6	2599.0
101	102	95	141.4	63.8			141.4
47	65	61	111.0	39.0			111.0
62	45	24	35.3	31.7			35.3
2336	2946		2935.0	2327.3		635.6	2299.4
262	147	368	403.0	202.1			403.0
17	27	21	47.3	16.7			47.3
46	45	32	66.4	37.8			66.4
2717	3184	445	3460.9	2609.6		635.6	2825.3
2336	2946		2935.0	2327.3		635.6	2299.4
102	113	137	188.7	64.8			188.7
279	125	308	337.2	217.5			337.2
6	26		26.0	6.0			26.0
2575	3043	289	3234.6	2512.8		635.6	2599.0
2575	3043	289	3234.6	2512.8		635.6	2599.0

20–27

	R&D 人员合计	参加项目人员	管理和服务人员	女性
制造业	323	266	57	80
农副食品加工业				
食品制造业				
饮料制造业				
烟草制品业				
纺织业	70	57	13	25
纺织服装、鞋、帽制造业				
皮革、毛皮、羽毛(绒)及其制品业				
木材加工及木、竹、藤、棕、草制品业				
家具制造业				
造纸及纸制品业				
印刷业和记录媒介的复制				
文教体育用品制造业				
石油加工、炼焦及核燃料加工业	47	35	12	12
化学原料及化学制品制造业	26	25	1	4
医药制造业				
化学纤维制造业				
橡胶制品业				
塑料制品业				
非金属矿物制品业	30	25	5	2
黑色金属冶炼及压延加工业				
有色金属冶炼及压延加工业				
金属制品业				
通用设备制造业				
专用设备制造业	96	78	18	23

续表 1

单位:人、人年

			R&D 人员折合全时当量合计				
研究人员	全时人员	非全时人员		研究人员	基础研究人员	应用研究人员	试验发展人员
148	167	156	252.3	102.8			252.3
23	16	54	50.0	16.6			50.0
40	28	19	37.6	32.0			37.6
	3	23	20.4				20.4
6	17	13	28.8	5.8			28.8
63	53	43	62.3	32.7			62.3

20-27

	R&D 人员合计	参加项目人员	管理和服务人员	女性
交通运输设备制造业	28	23	5	4
电气机械及器材制造业	26	23	3	10
通信设备、计算机及其他电子设备制造业				
仪器仪表及文化、办公用机械制造业				
工艺品及其他制造业				
废弃资源和废旧材料回收加工业				
电力、燃气及水的生产和供应业				
电力、热力的生产和供应业				
燃气生产和供应业				
水的生产和供应业				
五、按企业控股情况分组				
国有控股	3497	2810	687	605
集体控股				
私人控股	158	132	26	34
港澳台商控股				
外商控股				
其他				
六、按地区分组				
市辖区				
城区	3532	2842	690	605
沁水县				
阳城县	50	40	10	18
陵川县				
泽州县	26	25	1	4
高平市	47	35	12	12

续表 2

单位：人、人年

			R&D 人员折合全时当量				
研究人员	全时人员	非全时人员	合 计	研究人员	基础研究人员	应用研究人员	试验发展人员
10	24	4	27.3	9.7			27.3
6	26		26.0	6.0			26.0
2660	3107	390	3340.2	2561.1		635.6	2704.6
63	103	55	146.7	54.5			146.7
2667	3166	366	3398.9	2574.0		635.6	2763.3
16	13	37	30.0	9.6			30.0
	3	23	20.4				20.4
40	28	19	37.6	32.0			37.6

20-28 科协系统科技活动情况(2011年)

指　　标	单　　位	数　　量
机构和人员		
实有机构	个	11
从业人员	人	75
学会个人委员	人	703
学术交流活动		
境内举办学术交流活动	次	27
参加人数	人次	2850
科学技术普及(综合)		
举办科普讲座	次	52
听讲人数	人	11360
举办科普展览	次	31
参观人数	人次	20860
举办科普宣传	次	182
工作人员	人次	1454
科普场馆	个	1
展厅面积	平方米	300
科普教育基地	个	14
标准科普画廊建筑总长度	米	108
本年展览总长度	米	2208
科学技术普及专题1(青少年科技教育)		
举办青少年科普讲座	次	25
听讲人数	人次	14590
举办青少年科普展览	次	9
参观人数	人次	9430
举办青少年科技竞赛	次	10
参加人数	人次	36673
举办青少年科技夏冬令营	次	3
参加人数	人次	1740

20-28 续表

指标	单位	数量
科学技术普及专题2(全国科普日活动)		
举办科普讲座	次	19
听讲人数	人次	4160
举办科普展览	次	11
参观人数	人次	8670
举办科普宣传	次	11
工作人员	人次	282
开展科技咨询	次	16
工作人员	人次	235
科学技术普及专题3(科技下乡活动)		
组织科技下乡次数	次	74
举办科普讲座	次	32
听讲人数	人次	2998
举办科普展览	次	20
参观人数	人次	8530
开展科技咨询	次	50
工作人员	人次	265
国际民间科技交流活动		
国外及港澳台地区来访团组	个	
来访总人数	人次	
举办科技报告会	场	
听讲人数	人次	
社会、科技服务活动		
"金桥工程"本年完成数	项	2
完成技术咨询合同	项	8
反映科技建议	项	20
举办培训班	次	39
培训人数	人	2330
组织与宣传		
向人大、政协提案	项	25
# 被采纳提案	项	17
接待科技工作者来信来访	件	30
# 协助解决	件	30
表彰优秀科技工作者	人次	50
科技传媒情况		
主办科技期刊	种	1
年发行总数	册	32000
年发表数学术论文	篇	21

20-29 科技项目与示范园区情况(2011 年)

指 标	单 位	数 量
一、实施各类科技项目	项	265
国家级	项	3
省级	项	27
市级	项	235
二、科技总投资	万元	184325
# 科技拨款	万元	12587
科技贷款	万元	17523
自筹资金	万元	154215
三、科技示范园区	个	79

20-30 科技三项经费使用情况(2011 年)

单位:万元

指 标	数 量	占财政支出比例(%)
总 计	**11214**	**1.30**
市 本 级	3700	1.32
城 区	633	1.37
泽 州 县	2529	1.54
沁 水 县	1230	1.19
阳 城 县	1078	1.27
高 平 市	1590	1.10
陵 川 县	454	1.09

主要统计指标解释

普通高等学校 指按照国家规定的设置标准和审批程序批准举办的，通过全国普通高等学校统一招生考试，招收高中毕业生为主要培养对象，实施高等学历教育的全日制大学、独立设置的学院和高等专科学校、高等职业学校和其他机构（独立学院和分校、大专班）。

大学、独立设置的学院主要实施本科层次教育，其他机构是承担国家普通招生计划任务不计校数的机构。包括普通高等学校分校和批准筹建的普通高等学校等。

成人高等学校 指按照国家规定的设置标准和审批程序批准举办的，通过全国成人高等学校统一招生考试，招收具有高中毕业或同等学历的人员为主要培养对象，利用函授、业余、脱产等多种形式对其实施高等学历教育的学校。包括职工高等学校、农民高等学校、管理干部学院、教育学院、独立函授学院、广播电视大学、其他机构等。其他机构是承担国家成人招生计划任务不计校数的机构。

小学学龄儿童净入学率 指调查范围内已入小学学习的学龄儿童占校内外学龄儿童总数(包括弱智儿童，不包括盲聋哑儿童)的比重。计算公式为：

小学学龄儿童净入学率 = 已入学的小学学龄儿童数 / 校内外小学学龄儿童总数 × 100%

国家财政性教育经费 包括国家财政预算内教育经费，各级政府征收用于教育的税费，企业办学校教育经费，校办产业、勤工俭学和社会服务收入用于教育的经费。

财政预算内教育经费 指中央、地方各级财政或上级主管部门在年度内安排，并计划拨到教育部门和其他部门主办的各级各类学校，列入国家预算支出科目的教育经费，包括教育事业拨款、科研经费拨款、基建拨款和其他经费拨款。

科技活动 指在自然科学、农业科学、医学科学、工程与技术科学、人文与社会科学领域（简称科学技术领域）中，与科技知识的产生、发展、传播和应用密切相关的有组织的活动。可分为研究与试验发展（R&D）、研究与试验发展成果应用及相关的科技三类活动。该定义是联合国教科文组织考虑成员国特别是发展中国家开展科技统计工作的需要，而对科技活动所作的统计界定。

科技活动人员 指直接从事科技活动、以及专门从事科技活动管理和为科技活动提供直接服务，累计的实际工作时间占全年制度工作时间 10%及以上的人员。（1）直接从事科技活动的人员包括：在独立核算的科学研究与技术开发机构、高等学校、各类企业及其他事业单位内设的研究室、试验室、技术开发中心及中试车间（基地）等机构中从事科技活动的研究人员、工程技术人员、技术工人及其他人员；虽不在上述机构工作，但编入科技活动项目（课题）组的人员；科技信息与文献机构中的专业技术人员；从事论文设计的研究生等。（2）专门从事科技活动管理和为科技活动提供直接服务的人员，包括：独立核算的科学研究与技术开发机构、科技信息与文献机构、高等学校、各类企业及其他事业单位主管科技工作的负责人，专门从事科技活动的计划、行政、人事、财务、物资供应、设备维护、图书资料管理等工作的各类人员，但不包括保卫、医疗保健人员、司机、食堂人员、茶炉工、水暖工、清洁工等为科技活动提供间接服务的人员。该指标用来反映投入科技活动人力的规模。

科学家和工程师 指科技活动人员中具有高、级技术职称（职务）的人员和不具有高、中级技术职称（职务）的大学本科及以上学历人员。该指标用来反映投入科技活动人力的素质。

基础研究 指为了获得关于现象和可观察事实的基本原理的新知识（揭示客观事物的本质、运动规律，获得新发现、新学说）而进行的实验性或理论性研究，它不以任何专门或特定的应用或使用为目的。其成果以科学论文和科学著作为主要形式。用来反映知识的原始创新能力。

应用研究 指为获得新知识而进行的创造性研究，主要针对某一特定的目的或目标。应用研究是为了确定基础研究成果可能的用途，或是为达到预定的目标探索应采取的新方法（原理性）或新途径。其成果形式以科学论文、专著、原理性模型或发明专利为主。用来反映对基础研究成果应用途径的探索。

试验发展 指利用从基础研究、应用研究和实际经验所获得的现有知识，为产生新的产品、材料和装置，建立新的工艺、系统和服务，以及对已产生和建立的上述各项作实质性的改进而进行的系统性工作。其成果形式主要是专利、专有技术、具有新产品基本特征的产品原型或具有新装置基本特征的原始样机等。在社会科学领域，试验发展是指把通过基础研究、应用研究获得的知识转变成可以实施的计划（包括为进行检验和评估实施示范项目）的过程。人文科学领域没有对应的试验发展活动。主要反映将科研成果转化为技术和产品的能力，是科技推动经济社会发展的物化成果。

研究与试验发展人员 指参与研究与试验发展项目研究、管理和辅助工作的人员，包括项目（课题）组人员，企业科技行政管理人员和直接为项目（课题）活动提供服务的辅助人员。反映投入从事拥有自主知识产权的研究开发活动的人力规模。研究与试验发展人员全时当量指全时人员数加非全时人员按工作量折算为全时人员数的总和。例如:有两个全时人员和三个非全时人员(工作时间分别为20%、30%和70%),则全时当量为2+0.2+0.3+0.7=3.2人年。为国际上比较科技人员投入而制定的可比指标。

专业技术人员 指从事专业技术工作和专业技术管理工作的人员,即企事业单位中已经聘任专业技术职务从事专业技术工作和专业技术管理工作的人员,以及未聘任专业技术职务,现在专业技术岗位上工作的人员。包括工程技术人员,农业技术人员,科学研究人员,卫生技术人员,教学人员,经济人员,会计人员,统计人员,翻译人员,图书资料、档案、文博人员,新闻出版人员,律师,公证人员,广播电视播音人员,工艺美术人员,体育人员,艺术人员及企业政治思想工作人员,共十七个专业技术职务类别。用来反映科技人力资源情况。

科技活动经费筹集 指从各种渠道筹集到的计划用于科技活动的经费,包括政府资金、企业资金、事业单位资金、金融机构贷款、国外资金和其他资金等。反映各社会经济主体对促进科技进步所做的努力。

政府资金 指从各级政府部门获得的计划用于科技活动的经费,包括科学事业费、科技三项费、科研基建费、科学基金、教育等部门事业费中计划用于科技活动的经费以及政府部门预算外资金中计划用于科技活动的经费等。

企业资金 指从自由资金中提取或接受其他企业委托的,科研院所和高校等事业单位接受企业委托获得的,计划用于科研和技术开发的经费。不包括来自政府、金融机构及国外的计划用于科技活动的资金。

金融机构贷款 指从各类金融机构获得的用于科技活动的贷款。

科技活动经费内部支出 指报告年内用于科技活动的实际支出,包括劳务费、科研业务费、科研管理费、非基建投资购建的固定资产、科研基建支出以及其他用于科技活动的支出。不包括生产性活动支出、归还贷款支出及转拨外单位支出。反映科技投入实际完成情况。

劳务费 指以货币或实物形式直接或间接支付给从事科技活动人员的劳动报酬及各种费用。包括各种形式的工资、津贴、奖金、福利、离退休人员费用、人民助学金等。反映改善科技人员待遇情况。

固定资产购建费 指报告年内使用非基建投资购建的固定资产和用于科研基建投资的实际支出额,即固定资产实际支出和科研基建投资实际完成额之和。固定资产是指长期使用而不改变原有实物形态的主要物资设备、图书资料、实验材料和标本以及其他设备和家具、房屋、建筑物。反映用于改善科研条件和科研手段方面的投入情况。

新产品 指采用新技术原理、新设计构思研制、生产的全新产品,或在结构、材质、工艺等某一方面比原有产品有明显改进,从而显著提高了产品性能或扩大了使用功能的产品。既包括政府有关部门认定并在有效期内的新产品,也包括企业自行研制开发,未经政府有关部门认定,从投产之日起一年之内的新产品。用来反映科技产出及对经济增长的直接贡献。

专利 是专利权的简称,是对发明人的发明创造经审查合格后,由专利局依据专利法授予发明人和设计人对该项发明创造享有的专有权。包括发明、实用新型和外观设计。反映拥有自主知识产权的科技和设计成果情况。

发明(专利) 指对产品、方法或者其改进所提出的新的技术方案。是国际通行的反映拥有自主知识产权技术的核心指标。

实用新型(专利) 指对产品的形状、构造或者其结合所提出的适于实用的新的技术方案。反映具有一定技术含量的技术成果情况。

外观设计(专利) 指对产品的形状、图案、色彩或者其结合所作出的富有美感并适于工业上应用的新设计。反映拥有自主知识产权的外观设计成果情况。

21

文化、体育和卫生

Culture, Sports and Public Health

简 要 说 明

一、本篇资料的主要内容

本篇主要反映文化、体育、卫生、新闻出版、广播电影电视事业的发展情况。

文化部分主要包括艺术表演团体、艺术表演场所、公共图书馆、博物馆、文化馆、档案馆、文化站、广播、电影、电视、新闻出版以及文物等文化事业的机构、人员、经费和业务活动情况。体育部分主要包括群众体育和竞技体育,主要内容有体育系统职工情况,竞技体育成绩,体育锻炼达标人数等情况。卫生部分主要内容有卫生机构、人员、床位数,医院诊疗人次及入院人数,主要疾病死亡原因及构成,传染病的发病及死亡等情况。

二、本篇的资料来源

根据各部门制定的统计报表制度汇总加工整理而成。艺术事业、图书馆事业、群众文化事业的资料主要来自市文化新闻出版局;档案馆资料来自市档案局;文物资料来自市旅游文物局;广播、电影、电视资料来自市广播电视局;体育部分的资料来自市体育局;卫生部分的资料来自市卫生局。

21-1 文化、文物事业机构、人员数(2011年)

机构类别	机构数(个)	从业人数(人)
文化事业合计		
艺术事业	6	346
艺术表演团体	3	93
艺术表演场所	6	67
公共图书馆事业		
群众文化事业	7	106
群众艺术馆、文化馆	84	172
文化站		
艺术教育事业	2	114
其他文化事业		
文物事业合计	8	82
文物保护管理机构	3	14
文物科研机构	1	5
其他文物机构		
博物馆	4	63
综合性博物馆	1	54
历史类博物馆	3	9
文物商店		

21-2 各地区文化、文物事业单位数(2011年)

单位:个

地区	艺术表演团体	艺术表演场所	文化馆	公共图书馆	博物馆
全市合计	6	3	7	6	4
市直		1	1		1
城区	1		1	1	
沁水县	2		1	1	1
阳城县			1	1	1
陵川县		1	1	1	1
泽州县	1	1	1	1	
高平市	2		1	1	

21–3 艺术表演团体演出情况(2011年)

种 类	演出场数(场)	到农村演出	观众人数(千人次)
总 计			
# 国有剧团	1568	1085	1368
集体经营剧团	525	462	157
按剧种分			
话剧、儿童剧、滑稽剧团			
歌舞团、轻音乐团			
戏曲剧团	2093	1547	1525

21–4 艺术表演团体收支情况(2011年)

种 类	总 收 入(千元)	财政补贴收入	演出收入	总 支 出(千元)
总 计	6653	2640	2173	6976
# 国有剧团	5903	2430	1633	6253
集体经营剧团	750	210	540	723
按剧种分				
话剧、儿童剧、滑稽剧团				
歌舞团、轻音乐团				
戏曲剧团	6653	2640	2173	6976

注:本表各项指标仅指文化局系统内。

21-5 群众艺术馆、文化馆站业务活动(2011年)

指标	总计	群众艺术馆	文化馆
单位数(个)	7	1	6
举办展览(个)	73	6	67
组织文艺活动(次)	242	13	229
举办训练班			
班次(次)	263	94	169
结业人次(人次)	7995	1000	6995
群众艺术馆、文化馆负责指导单位			
农村集镇文化中心(个)			
文化户(户)			
群众业余演出团(队)(个)	130	1	129

21-6 公共图书馆业务活动及经费情况(2011年)

指标	总计
总藏量(万册、万件)	280262
书架总长度(米)	1898
发放借书证数(个)	10233
图书流通情况	
总流通人次(人次)	24800
书刊外借册次(册次)	95700
为读者举办各种活动	
次数(次)	16
参加人数(人次)	500
新增藏量购置费(万元)	13.5
本年新购藏量(册)	6291
公用房屋建筑面积(平方米)	10556
#书库(平方米)	1565
阅览室座席(个)	273

21-7 博物馆、文物机构业务活动及经费情况(2011年)

指标	文物保护管理机构	文物科研机构	其他文物机构	博物馆
藏品(件)				57781
#一级品				19
业务活动				
陈列展览(个)				4
展览				6
参观人数(人次)				87700
经费支出(万元)	232	79		339
#修缮费	58			

21-8 档案馆机构和人员情况

年　　份	市综合档案馆	
	馆　数	专职人员
1985	1	6
1990	1	12
1991	1	15
1992	1	16
1993	1	16
1994	1	16
1995	1	16
1996	1	16
1997	1	16
1998	1	16
1999	1	16
2000	1	19
2001	1	19
2002	1	19
2003	1	23
2004	1	23
2005	1	23
2006	1	23
2007	1	24
2008	1	24
2009	1	24
2010	1	24
2011	1	24

21-9 市综合档案馆基本情况

年　　份	馆藏档案（万卷、万件）	馆藏资料（万卷）	利用档案（万卷、万件次）
2000	56467	16585	60
2001	56467	16585	75
2002	58447	16585	80
2003	59706	16585	85
2004	59706	16665	90
2005	59706	16745	95
2006	59706	16825	100
2007	59898	16925	120
2008	59898	17065	110
2009	61438	17115	120
2010	61438	17235	150
2011	61438	17285	110

21-10 广播、电视事业基本情况(2011年)

指　　标	单　　位	数　　量
广播电台	个	1
制作广播节目	小时	12392
#自制广播节目	小时	12392
电视台	个	2
制作电视节目	小时	3455
#自制电视节目	小时	3455
中 波 台	座	
中波发射机	千瓦/部	
微 波 台	座	
调频发射机	千瓦/部	17.4/14
广播覆盖率	%	97.6
有线广播电视用户	户	426000
# 数字电视用户	户	79500
有线广播电视传输网络干线总长度	公里	16539
全年制作广播节目时间	小时	12392
有线电视台	座	
有线电视入户率	%	56.2
农村有线广播电视用户数	户	
微波传送站	座	8
微波传送线路	公里	275
卫星收转站	座	
电视转播发射台	座	6
电视发射机	千瓦/部	26.7/14
无线广播覆盖率	%	97.6
无线电视覆盖率	%	98.8
电视覆盖率	%	98.8

21-11 广播、电视事业发展情况

指　　标	2010年	2011年	2011年比2010年增长%
广播电视系统职工人数（人）	890	876	-1.57
广播电台（座）	1	1	
广播发射台及转播台（座）	6	6	
广播发射机功率（千瓦）	16.4	17.4	6.10
广播电视台（座）	7	7	
广播人口覆盖率（%）	97.4	97.6	0.20
电视台（座）	2	2	
电视发射台及转播台（座）	6	6	
电视发射机功率（千瓦）	27.7	26.7	-3.61
电视人口覆盖率（%）	98.7	98.8	0.10

21-12 广播、电视节目制作时间

单位：小时

指　　标	2003年	2004年	2005年	2006年	2007年	2008年	2009年	2010年	2011年
广播节目制作	4987	9178	11053	11245	11299	10427	10219	12362	12392
新　　闻	608	2447	991	1165	1600	2215	2137	3256	3162
专　　题	2433	2181	2710	3457	2955	3052	1974	4447	4317
综　　艺	1399	2084	6613	5920	5387	4183	5191	3224	3217
广 播 剧			182	186		182			
广　　告	182	214	192	122	1105	765	826	1036	1020
其　　他	365	2251	365	395	252	30	91	399	676
电视节目制作	1776	5345	6926	8000	5515	8471	8504	3456	3455
新　　闻	464	765	881	1439	926	2102	2819	1144	958
专　　题	364	333	815	998	529	1656	1523	1629	1281
综　　艺	168	116	699	932	475	1960	2040	387	577
影 视 剧									
广　　告	780	4131	4311	4345	3270	1031	926	210	419
其　　他			220	286	315	1722	1196	86	220

21-13 各地区文化事业基本情况(2011年)

单位:个、人、场、册、件、千元、万人次

地区	文化馆						文物馆					
	单位数	职工人数	组织文艺活动	举办培训班	收入	固定资产原值	单位数	职工人数	藏品件数	一级品	二级品	三级品
总计	7	106	242	169	12045	14117	4	63	57781	19	154	287
市直	1	10	13	94	5202	3169	1	54	21927	4	84	142
城区	1	14	20	5	1490	275						
沁水县	1	8	30	4	300		1	5	2011	1	24	30
阳城县	1	13	12	14	1490	1403	1	2	4499	6	30	60
陵川县	1	17	12	2	1352	640	1	2	12721		1	22
泽州县	1	32	35		1121							
高平市	1	12	120	50	1090	8630			16623	8	15	33

21-13 续表1

单位:个、人、场、册、件、千元、万人次

地区	公共图书馆				艺术表演团体				
	职工人数	藏书册数	收入	固定资产原值	剧团数	全部职工	演出场次	观众人次	收入
总计	67	280262	4583	7553	6	346	2093	1525500	6653
市直									
城区	11	77033	1149	1836	1	65	400	400000	950
沁水县	9	35290	634		2	60	293	140000	400
阳城县	11	64739	1099	1319					
陵川县	4	31200	228	3200					
泽州县	26	33000	886	150	1	65	525	157500	750
高平市	6	39000	587	1048	2	156	875	828000	4553

21-13 续表2

单位:个、人、场、册、件、千元、万人次

地区	艺术表演团体		电影事业						
	支出	固定资产原值	影剧院	职工人数	放映单位	放映场次	观众人数	放映收入	发行收入
总计	6976	5173	4	203	163	28380	824	2748	412
市直			0	53	5				
城区	1300	297	0		7	1728	52	172	
沁水县	400	2762	0	30	12	2868	86	287	
阳城县			1	35	23	5616	168	562	
陵川县			1	17	18	4452	133	445	
泽州县	723	220	1	20	20	7584	228	758	
高平市	4553	1894	1	39	24	5244	157	524	

21-14 体育事业基本情况

指　　标	2002年	2003年	2004年	2005年	2006年	2007年	2008年	2009年	2010年	2011年
体育系统各类机构(个)	7	7	10	10	10	10	10	10	10	10
#体育运动学校										
业余体校	1	1	3	3	3	3	3	3	3	3
体育系统职工人数(人)	106	105	140	138	141	155	155	155	162	162
专职教练员	37	37	30	34	36	41	41	41	47	47
专职文化教师	20	20	22	20	21	27	27	27	28	28
行政管理人员	44	43	62	60	60	60	60	60	60	60
其他人员	5	5	26	24	24	27	27	27	27	27
各级体委训练干部人数(人)	732	647	914	1014	807	852	884	890	1614	1610
#裁判员	341	342	216	417	320	343	352	267	165	
各级举办运动会次数(次)	97	92	114	131	142	189	169	178	197	149
参加运动会的运动员人数(人次)	39357	30135	32500	40050	41100	72800	62596	66239	68979	68073
各级训练机构在队教练(人)	27	28	30	34	34	39	41	41	47	47
运动学校在队教练	18	19	24	28	28	33	35	35	41	41
普通业余体校在队教练	9	9	6	6	6	6	6	6	6	6
《国家体育锻炼标准》达标人数(人)	189931	199156	324824	334870	335850	337238	338500	336552	336750	321260
优秀级	32467	32093	7044	7100	7153	7645	7800	8200	8150	7935
良好级	86315	92465	145877	145870	145882	146038	146500	159820	159730	157200
及格级	71155	74398	171903	181900	182815	183555	184200	168532	168870	126125
本年批准等级运动员(人)	128	103	117	71	52	44	34	42	22	48
二级运动员	34	27	67	52	31	34	34	42	22	48
三级运动员	94	76	50	19	21					
本年批准等级裁判员(人)	97	71	87	64	41	72	97	35	150	81
一级裁判员										
二级裁判员	43	29	47	38	36	57	97	35	150	81
三级裁判员	54	42	40	26	5	15				
参加省级以上重大比赛获奖情况										
金牌(枚)	23	19	29	32	64	51	32	28	42	81
银牌(枚)	8	10	11	33	21	22	52	32	35	68
铜牌(枚)	14	11	24	22	20	19	6	38	27	70

21-15 卫生机构数

单位:个

年份	总计	医院、卫生院	疗养院	门诊部、诊所	专科防治院（所、站）
1985	310	150		137	
1990	318	153		139	
1995	307	150		132	
1996	181	150		4	
1997	182	152		2	
1998	182	152		2	
1999	183	153		2	
2000	183	153		2	
2001	171	150			1
2002	174	153	1		1
2003	175	154	1		1
2004	187	163	1		1
2005	191	167	1		1
2006	185	162	1	703	1
2007	211	161	1	794	1
2008	219	164		533	
2009	226	164		638	
2010	227	163		689	
2011	3098	165		626	

注:2011年卫生机构数包含村卫生所。

21-15 续表

单位:个

年份	疾病预防控制中心（防疫站）	妇幼保健院（所、站）	医学科学研究机构	其他卫生机构
1985	5	4		6
1990	7	5	1	8
1995	7	5	1	4
1996	7	5	1	6
1997	7	5	1	6
1998	7	5	1	6
1999	7	5	1	6
2000	7	5	1	6
2001	5	4	1	5
2002	7	7	1	2
2003	7	7	1	7
2004	7	7	1	7
2005	7	7	1	7
2006	7	7	1	7
2007	8	7	2	1
2008	7	7	1	
2009	7	7		1
2010	7	7		6
2011	7	7	1	5

21–16 卫生机构人员数

单位：人

年份	总计			
		卫生技术人员		
			医生	护师、护士
1985	6554	5683	1046	56
1990	7500	6647	2601	376
1995	8486	7497	3320	671
1996	7935	6853	2975	653
1997	8676	7550	3094	758
1998	8787	7598	3116	808
1999	8994	7889	3256	850
2000	8994	7889	3256	850
2001	10008	8494	3423	1088
2002	8536	7175	3500	1547
2003	9867	8473	4029	1973
2004	10271	8514	4076	1888
2005	10785	8514	4076	1888
2006	10784	8894	4133	2391
2007	11173	9106	4129	2577
2008	11913	9727	4396	2830
2009	12385	10271	4483	3022
2010	12304	9749	5764	3638
2011	17603	12000	5354	3843

21–17 卫生机构床位数

单位：张

年份	总计			
		医院、卫生院	疗养院	妇幼保健院（所、站）
1985	5189	4938		35
1990	6148	5861		96
1995	6481	6157		122
1996	6165	6035		110
1997	6276	5530		106
1998	6098	5942		116
1999	6236	6090		106
2000	6236	6090		106
2001	6591	8860		115
2002	5866	5529	5	335
2003	6645	6220	99	311
2004	7043	6599	99	345
2005	7608	7126	99	338
2006	6892	6438	99	335
2007	6637	6073	99	367
2008	7428	6876		362
2009	7926	7287		399
2010	8311	7683		408
2011	8574	8000		392

21-18 卫生机构各类人员数

单位：人

人员分类	1985年	1990年	1995年	2000年	2005年	2006年	2007年	2008年	2009年	2010年	2011年
总　　计	6554	7500	8486	8994	10271	10784	11173	11913	12385	12304	17603
卫生技术人员	5683	6647	7497	7889	8514	8894	9106	9727	10271	9749	12000
# 医生	1046	2601	3320	3256	4076	4133	4129	4396	4483	5764	5354
# 医师	1046	2601	3320	3256	3256	3385	3354	3518	3674	4737	2224
护师、士	56	376	671	850	1888	2394	2577	2830	3022	3638	3843
药技人员	367	263	374	206	702	679	619	665	656	800	779
检验人员	126	122	171	118	459	433	386	389	577	415	408
其他	1078	598	189	435	1389	1255	1214	1248	1533	1469	1329
其他技术人员	17	117	125	154	508	657	695	651	562	573	594
管理人员	386	348	428	522	568	487	592	665	698	743	762
工勤人员	468	388	436	429	681	746	780	870	854	1012	1117
平均每千人口拥有卫生技术人员	3.12	3.49	3.66	3.75	4.02	4.18	4.24	4.52	4.74	5.69	5.20

注：总人口按户籍人口数计算。

21-19 卫生总费用

单位：万元

项　　目	2001年	2005年	2006年	2007年	2008年	2009年	2010年	2011年
卫生总费用				51282	51930	26684	141727	120541
政府预算卫生支出	30241	39287	43994	15017	10028	25330	20819.3	42843

21-20 各地区卫生机构、床位数(2011年)

地 区	卫生机构数（个）	医 院	卫生院	疾病预防控制中心（防疫站）	妇幼保健院（所站）	医疗机构床位数（张）	医 院	卫生院
全 市	3098	67	98	7	7	8574	5538	2462
城 区	369	32	1	2	2	3346	3043	32
沁水县	313	6	19	1	1	604	333	256
阳城县	610	7	26	1	1	1538	771	717
陵川县	465	5	12	1	1	577	314	231
泽州县	811	6	27	1	1	1464	438	897
高平市	530	11	13	1	1	1045	639	329

21-21 各地区卫生机构人员数(2011年)

单位：人

地 区	人员数	卫生技术人员	执业医师	执业助理医师	注册护士	药剂人员	检验人员	其 他	其他技术人员	管理人员	工勤人员
全 市	17603	12000	4441	913	3843	779	408	1329	594	762	1117
城 区	6453	5168	1876	247	2022	278	186	458	217	443	520
沁水县	1290	802	341	54	227	40	18	102	88	38	84
阳城县	3221	1964	811	175	538	130	71	195	111	75	194
陵川县	1344	709	322	30	127	77	23	105	24	35	85
泽州县	3400	2182	655	288	558	201	80	337	126	134	150
高平市	1895	1175	436	120	371	53	30	132	28	37	84

21-22 分类别卫生机构、床位、人员数(2011年)

单位:个、张、人

类别	机构数	床位数	人员数	卫生技术人员	执业医师	执业助理医师	注册护士
总计	3098	8574	17603	12000	4441	913	3843
1.医院	67	5538	7875	6409	2208	256	2637
(1)综合医院	34	3875	6009	4953	1747	165	2047
(2)中医医院	5	430	538	459	185	9	186
(3)中西医医院							
(4)专科医院	28	1233	1328	997	276	82	404
2.疗养院							
3.卫生院	98	2462	2927	2473	795	392	538
4.急救中心(站)	1		77	53	18	7	26
5.采供血机构	1		63	43	4	4	19
6.妇幼保健院、站	7	392	664	527	221	34	192
7.专业疾病防治院(所、站)							
8.疾病控制中心(防疫站)	7		253	179	104	6	10
9.卫生监督所	7		231	152			
10.医学科学研究机构	1		12	8	3	2	3
11.健康教育所	2		8	3			
12.其他卫生机构	5		194	102	31	7	22

21–22 续表

单位：人

类别	卫生技术人员			其他技术人员	管理人员	工勤人员
	药师（士）	技师（士）	其他			
总计	779	695	1329	594	762	
1.医院	382	448	478	355	470	
（1）综合医院	287	362	345	228	330	
（2）中医医院	37	28	14	26	25	
（3）中西医医院						
（4）专科医院	58	58	119	101	115	
2.疗养院						
3.卫生院	259	136	353	179	83	
4.急救中心（站）	2			1	12	
5.采供血机构		12	4	7	2	
6.妇幼保健院、站	30	34	16	7	56	
7.专业疾病防治院（所、站）						
8.疾病控制中心（防疫站）		22	37	8	33	
9.卫生监督所			152	5	44	
10.医学科学研究机构					4	
11.健康教育所			3	2	3	
12.其他卫生机构	2	13	27	19	22	

主要统计指标解释

文化事业机构 指从事专业文化工作和为专业文化工作服务的独立建制的单位。不包括这些单位另外举办独立核算的其他机构和各部门的业余文化组织。该指标主要反映文化事业机构发展规模水平。

艺术表演团体 由文化部门主办或实行行业管理(经文化市场行政部门审批或已申报登记并领取相关许可证),专门从事表演艺术等活动的各类专业艺术表演团体,含民间职业剧团。如话剧团、方言话剧团、滑稽剧团、儿童剧团、歌剧团、木偶团、皮影团等以及由若干剧种组成的综合性专业艺术表演团体。不包括半工半艺、半农半艺的剧团。

艺术表演观众人数(人次) 指售票、包场演出或民族地区免费演出的艺术表演观众人次数,不包括彩排审查和内部观摩演出的观看人次数。该指标主要反映全国观看专业艺术表演团体演出的效益规模。

卫生机构 指从卫生行政部门取得《医疗机构执业许可证》,或从民政、工商行政、机构编制管理部门取得法人单位登记证书,为社会提供医疗保健、疾病控制、卫生监督服务或从事医学科研和教育等工作的单位。卫生机构包括医院、疗养院、社区卫生服务中心(站)、卫生院、门诊部、诊所(卫生所、医务室)、急救中心(站)、采供血机构、妇幼保健院(所、站)、专科疾病防治院(所、站)、疾病预防控制中心(防疫站)、卫生监督所、卫生监督检验(监测、检测)机构、医学科研机构、医学在职培训机构、健康教育所(站)等其他卫生机构。

医疗机构 指从卫生行政部门取得《医疗机构执业许可证》的机构,包括医院、疗养院、社区卫生服务中心(站)、卫生院、门诊部、诊所(卫生所、医务室)、妇幼保健院(所、站)、专科疾病防治院(所、站)、急救中心(站)和临床检验中心。

医院 包括综合医院、中医医院、中西医结合医院、民族医院、各类专科医院和护理院。

卫生技术人员 指卫生机构中医生、护理人员、药剂人员、检验人员等卫生技术人员。

医生 指在医疗、预防保健机构工作且取得《执业医师证书》的执业医师和执业助理医师。

卫生服务总费用 反映全国当年用于医疗卫生保健服务所消耗的资金总额,用筹资来源法测算。政府预算卫生支出指各级政府用于卫生事业的财政预算拨款。社会卫生支出指政府预算外的卫生资金投入,主要表现为社会医疗保险。其中包括如企事业单位和乡村集体经济单位举办医疗卫生机构设施建设费,企业职工医疗卫生费,行政事业单位负担的职工公费医疗超支部分等。居民个人卫生支出指城乡居民用自己可支配的经济收入支付的各项医疗卫生费用和医疗保险费用。

22

其他社会活动

Other Social Activities

简要说明

本篇章的主要内容和资料来源

本篇主要包括社会活动参与、公检法司、民政事业、劳动保障、残疾人事业、妇女干部、共青团组织、旅游开发、企业登记等内容。

一、社会活动参与的内容主要包括历届党代会、人代会和政协会的代表和委员情况以及全市工会组织情况。党代会代表、人大代表、政协委员数根据历届会议信息中心提供的资料整理，全市工会组织情况由市总工会依据统计报表制度整理提供。

二、公检法司的资料主要包括公安机关的刑事案件立案情况和治安案件查处情况，交通、火灾事故情况，检察机关的办案情况，人民法院审理案件和收结案情况，以及律师、公证、调解工作等情况。资料分别由市公安局、市人民法院、市人民检察院和市司法局依据统计报表制度整理提供。

三、民政事业和劳动保障统计资料主要包括社会福利企事业机构、人员、经费情况、优抚和社会救济情况、城镇社区服务和农村社会保障网络情况、婚姻登记情况、离退休人员数量及费用和劳动争议仲裁等情况。资料分别由市民政局、市计生委与市劳动和社会保障局依据统计报表制度整理提供。

四、残疾人资料主要包括残疾人康复、教育、就业、扶贫和残联组织建设等情况。资料由市残疾人联合会整理提供。

五、妇女干部情况主要包括妇联系统的专职干部分年龄、学历、政治面貌和妇女干部的流动等情况。资料由市妇联提供。

六、共青团组织发展情况主要包括团组织和团员情况，资料由市团委提供。

七、企业登记情况主要包括企业数、从业人数和注册资金，广告经营企业主要包括单位数、从业人员和广告经营额等。资料由市工商局提供。

八、旅游开发情况主要包括旅游人数、旅游收入、星级饭店等情况。资料由市旅游文物局提供。

22-1 历届党代会大会代表人数

单位：人

届别	年份	代表总数			占代表总数比重(%)	
			女代表	少数民族代表	女代表	少数民族代表
一届	1986.01	355	65	5	18.3	1.4
二届	1991.11	380	65	4	17.1	1.1
三届	1996.12	380	68	4	17.9	1.1
四届	2001.05	385	67	5	17.4	1.3
五届	2006.07	398	67	6	17.6	1.5
六届	2011.08	416	85	8	20.4	1.9

22-2 历届人民代表大会代表人数

单位：人

届别	年份	代表总数			占代表总数比重(%)	
			女代表	中共党员代表	女代表	中共党员代表
一届	1985.09	380	80	104	21.1	27.4
二届	1991.05	317	75	282	23.7	89.0
三届	1996.05	319	77	288	24.1	90.3
四届	2001.05	305	70	201	23.0	65.9
五届	2006.06	317	80	217	25.2	68.5
六届	2011.08	321	79	214	24.6	66.7

22-3 历届政治协商会议委员人数

单位：人

届别	年份	代表总数			占代表总数比重(%)	
			女代表	中共党员代表	女代表	中共党员代表
一届	1985.09	165	28	59	17.0	35.8
二届	1991.04	192	29	77	15.1	40.1
三届	1996.04	235	47	94	20.0	40.0
四届	2001.05	280	52	114	18.6	40.7
五届	2006.06	300	57	120	19.0	40.0
六届	2011.08	320	85	118	26.6	36.9

22-4 妇联干部情况

单位:人

指 标	1990年	1995年	2000年	2005年	2006年	2007年	2008年	2009年	2010年	2011年
干部总数	170	167	153	124	126	133	124	124	123	127
#少数民族干部										
按行政级别分										
县处级	3	4	4	4	5	5	3	5	5	5
科以下	167	163	149	120	121	128	121	119	118	122
按干部年龄分										
35岁以下	136	112	102	56	62	62	63	62	50	44
36岁-45岁	32	44	43	53	48	57	41	42	45	60
46岁-55岁	2	11	8	13	14	12	19	18	26	21
56岁以上				2	2	2	1	2	2	2
按干部政治面貌分										
共产党员	84	107	118	111	106	121	105	107	105	118
共青团员	34	21	7	12	15	1	11	11	9	2
民主党派					1	1	1	1	1	1
群 众	52	39	28	1	2	10	7	5	8	6
按干部文化程度分										
博士生						1				
研究生					2	1	2	1	2	3
大学本科	6	5	16	1	24	32	35	43	59	79
大专学历	14	48	71	97	79	87	76	63	54	38
高中、中专及以下	150	114	66	26	21	12	11	17	8	7
按行政编制分										
行政编制	119	137	133	87	90	93	86	87	85	75
事业编制	5	8	10	29	28	29	29	26	30	42
招聘干部	46	22	10	7	7	11	9	11	8	10
干部参加学历教育情况										
博士生										
研究生				1						
大学、大专学历	33	46	49	26	21	40	14	13	8	
干部参加非学历教育情况										
党校培训	62	78	67	57	47	72	84	72	44	60
参照公务员管理培训			21		1	18	18	19	31	15
岗位培训	56	59	60	38	44	35	44	22		31
干部流动情况										
调 入	3	34		13	1	2	3	15	6	6
调 出	4	33	9	13	4	1	6	15	7	5
县(市、区)妇联领导进同级										
党委	3	3	3	4	4	2	3	4		
人大	3	4	3	4	5	1	2	3	1	4
政协	2	3	3	3	3	5	2	2	1	4

22-5 工会组织情况

年份	工会基层组织数(个)	全市已建工会组织的基层单位职工与工会人数(人)				工会专职工作人员(人)
		职工人数	女职工	会员人数	女会员	
1985	877	140000	37000	90700	29479	434
1986	880	148013	37512	100124	29969	427
1987	891	154015	37804	109103	30219	443
1988	900	170161	38650	115009	30569	449
1989	950	180021	39720	124508	31569	455
1990	1000	198501	40131	135004	34215	462
1991	1099	212700	40451	141454	36335	480
1992	1201	214700	41698	146654	38335	490
1993	1252	216000	43198	151974	40188	495
1994	1323	218950	45054	157734	42088	525
1995	1370	221086	46906	163664	43848	575
1996	1400	223242	48829	167924	45448	593
1997	1450	225455	50249	173784	47293	650
1998	1490	227580	51699	179384	48947	719
1999	1515	229790	53655	185259	50712	790
2000	1565	232022	55215	191204	52337	805
2001	1595	234128	56869	197169	53993	895
2002	1608	235688	58869	202369	56249	950
2003	1679	238985	67856	211160	61543	1038
2004	1656	267548	73574	242580	67768	1343
2005	2027	296076	80635	277577	73549	1357
2006	2242	393559	103421	378048	97777	1042
2007	2474	436316	108611	429683	106755	1052
2008	3528	466516	121060	462808	120160	1121
2009	3528	463677	123598	461337	122596	1481
2010	2965	452117	128387	445325	124375	1422
2011	3419	520134	159535	507273	156529	1489

22-6 各地区工会组织建设情况(2011年)

单位:个、人

地区	基层工会	基层工会涵盖独立法人单位	职工	女职工	工会会员	女会员
总计	3419	11746	520134	159535	507273	156529
市直	351	694	164425	57108	154870	55265
城区	386	1309	43841	19823	43841	19823
沁水县	460	811	37115	11000	35546	10321
阳城县	701	4846	74416	21065	73432	20763
陵川县	394	1113	27149	7712	26516	7619
泽州县	448	1215	80554	14812	80554	14812
高平市	635	1625	66369	14483	66369	14483
开发区	44	133	26265	13532	26145	13443

22-6 续表1

单位:个、人

地区	专职工会工作人员	女性	专职工会工作人员年龄构成		
			35岁及以下	36-50岁	51岁及以上
总计	1489	541	362	922	205
市直	851	376	221	519	111
城区	20	8	9	10	1
沁水县	56	12	10	37	9
阳城县	301	86	84	158	59
陵川县	58	12	15	39	4
泽州县	82	13	12	60	10
高平市	113	32	8	94	11
开发区	8	2	3	5	

22-6 续表 2

单位:个、人

地区	专职工会工作人员文化程度构成				
	研究生	大学本科	大专	高中（中专、中技）	初中及以下
总计	13	401	606	363	106
市直	11	278	324	209	29
城区		6	12	2	
沁水县		17	17	6	16
阳城县	1	52	122	107	19
陵川县		1	1	14	42
泽州县		43	39		
高平市		2	86	25	
开发区	1	2	5		

22-6 续表 3

单位:个、人

地区	兼职工会工作人员		本级工会建立女职工组织		本级工会女职工工作人员	
		女性	建立女职工委员会	仅设立女职工委员	专职	兼职
总计	10888	2090	1819	903	210	3395
市直	2247	777	244	89	141	671
城区	1073	360	370	0	1	370
沁水县	1422	263	128	256	2	387
阳城县	1721	402	449	156	42	762
陵川县	980	134	191	175		379
泽州县	1400	37	215	126	10	421
高平市	1886	57	199	83	13	354
开发区	159	60	23	18	1	51

22-7 共青团组织发展情况(2011年)

指标	单位	数量
团组织数	**个**	**4046**
基层团委	个	374
团总支	个	227
团支部	个	3436
团工委	个	9
团员总数	**万人**	**11.4**
当年新发展团员	万人	1.1
分类		
高校	人	3636
普通高中	人	26997
职业高中	人	5101
初中	人	45518
国有企业	人	6598
非公企业	人	23879
机关事业单位	人	1412
社会组织	人	15
农村	人	1456
城市社区	人	324

22-8 劳动争议处理情况

指　标	2003年	2004年	2005年	2006年	2007年	2008年	2009年	2010年	2011年
上期未结案数(件)									
案件受理情况									
当期案件受理数(件)	314	314	364	472	419	472	507	317	357
#集体劳动争议数	8	5	5	6	7	22	10	3	1
#劳动者申诉案件数	314	314	364	472	419	440	499	317	357
劳动者当事人数(人)	413	423	391	616	459	638	640	416	476
#集体争议劳动者当事人数	202	114	32	150	47	195	115	41	12
争议原因(件)									
变更劳动合同									
解除劳动合同									
终止劳动合同									
其　他									
案件处理情况									
结案数(件)	314	314	364	472	419	472	507	317	357
按处理方式分									
仲裁调解	255	154	177	193	254	277	273	167	197
仲裁裁决	48	146	160	219	126	150	185	132	152
其他方式	11	14	27	60	39	45	49	18	8
按处理结果分									
用人单位胜诉								4	6
劳动者胜诉								54	56
双方部分胜诉								259	292
本期未结案数(件)									

22-9 律师、公证和调解工作基本情况

指　　标	2002 年	2003 年	2004 年	2005 年	2006 年	2007 年	2008 年	2009 年	2010 年	2011 年
律师工作										
律师事务所(个)	17	17	18	19	20	23	23	30	32	35
律师工作人员(人)	140	135	146	139	141	147	150	161	180	175
# 专职律师(人)	130	135	146	139	141	147	150	161	180	175
兼职律师(人)	10									
聘请担任常年法律顾问的单位(件)	228	291	236	252	303	259	266	301	344	352
民事、经济诉讼代理(件)	1719	1919	1892	1856	1713	1687	1724	1758	1974	1997
刑事辩护(件)	835	934	714	697	783	779	746	802	949	950
行政诉讼代理(件)	69	84	68	65	61	50	53	61	45	50
非诉讼法律事务(件)	513	1119	550	728	871	540	236	312	275	274
涉外及涉港澳台法律事务(件)		1			1					
解答法律询问(件)	11897	15813	11624	8377	10981	10551	12003	16004	15003	16570
代写法律事务文书(件)	2066	3096	1954	1869	2274		6328	10161	2884	17727
公证工作										
公证处(个)	7	7	7	7	6	6	6	6	6	6
公证人员(人)	39	38	38	35	38	38	32	34	23	31
# 公证员(人)	30	29	29	29	27	27	25	23	31	23
公证员助理(人)	9	9	9	6	6	6	4	11	8	8
办理公证文书(件)	10174	9372	8301	6555	3983	3654	1586	2170	2360	2567
人民调解工作										
专职司法助理员(人)	79	85	85	87	96	96	96	96	104	104
人民调解委员会(个)	2552	2460	2468	2482	2468	2488	2484	2484	2603	2603
调解人员(人)	8002	8824	8841	8883	8796	8883	10862	10862	12138	13621
调解民间纠纷(件)	4201	6414	6044	6117	7480	11356	10120	12579	13147	11922

22–10 国内公证文书分类

类别	2010年		2011年	
	办证件数(件)	比重(%)	办证件数(件)	比重(%)
经济公证	480	100.00	544	100.00
购销				
联营			1	0.18
拍卖	38	7.92	49	9.01
贷款	223	46.46	35	6.43
担保				
招标、投标	75	15.63	51	9.38
技术合同	1	0.21		
建筑工程承包				
工尚服务业承包				
农林牧副渔业承包	7	1.46	5	0.92
乡镇企业承包				
财产租赁	1	0.21		
资产经营协议				
还款协议	2	0.42	14	2.57
土地使用权出让、转让	28	5.83	21	3.86
其他经济合同	10	2.08	68	12.50
法人(代表)资格				
法人委托书	35	7.29	23	4.23
公司章程				
执行许可证明				
提存				
抵押登记	2	0.42		
公司会议记录	16	3.33	22	4.04
其他	42	8.75	255	46.88
民事法律关系公证	1143	100	1382	100.00

22-10 续表

类　别	2010年		2011年	
	办证件数(件)	比重(%)	办证件数(件)	比重(%)
收养				
解除收养				
继承权	250	21.87	377	27.28
遗嘱	26	2.27	25	1.81
产权				
亲属关系	15	1.31	26	1.88
死亡			1	0.07
房屋买卖	2	0.17	8	0.58
房屋租赁				
留学协议				
遗赠抚养协议			3	0.22
委托书	225	19.69	225	16.28
赠与书	53	4.64	68	4.92
声明书	387	33.86	496	35.89
现场监督	5	0.44	15	1.09
签名印鉴属实	15	1.31		
副本等与原本相符	18	1.57	18	1.30
宅基地使用权				
证据保全	23	2.01	22	1.59
拆迁协议				
计划生育				
赡养协议				
合伙协议	1	0.09		
夫妻财产协议			2	0.14
其他民事协议	101	8.84	54	3.91
其他	22	1.92	42	3.04

22-11 涉外公证文书分类

类别	2010年		2011年	
	办证件数(件)	比重(%)	办证件数(件)	比重(%)
合计	695	100.00	614	100.00
收养				
遗嘱				
出生	105	15.11	86	14.01
死亡	1	0.14	2	0.33
生存、居住				
学历	112	16.12		
经历				
国籍	2	0.29		
婚姻状况	25	3.60	10	1.63
亲属关系	104	14.96	92	14.98
继承权				
受、未受刑事处分	61	8.78	53	8.63
声明书	8	1.15	14	2.28
委托书	5	0.72	9	1.47
营业证书	8	1.15		
公司章程	2	0.29		
其他法律文书				
职称				
法人资格				
商标注册				
贷款				
担保	4	0.58		
其他经济合同	1	0.14		
副本等与原本相符	190	27.34	234	38.11
签名印鉴属实	1	0.14		
其他	66	9.50	114	18.57

22-12 调解民间纠纷分类

类　别	调解纠纷(件)						各类纠纷所占比重(%)					
	2006年	2007年	2008年	2009年	2010年	2011年	2006年	2007年	2008年	2009年	2010年	2011年
合　计	7480	11356	10120	12579	13147	11922	100.0	100.0	100.0	100.0	100.0	100.0
婚姻家庭	2265	2756	3867	5535	5469	4863	30.3	24.2	38.2	44.0	41.6	40.8
婚姻												
赡抚扶养												
其他												
房屋、宅基地	826	1024	704	820	592	547	11.0	9.2	7.7	6.5	4.5	4.6
债务												
生产经营												
邻里	1728	1976	2347	3789	3090	3856	23.1	17.4	23.2	30.1	23.5	32.3
损害赔偿	687	587	769	752	828	735	9.2	5.2	8.4	6.0	6.3	6.2
其他	1974	5013	2433	1683	3168	1921	26.4	44.1	22.5	13.4	24.1	16.1

23-13 在押服刑人员基本情况

单位:人

指　标	2005年	2006年	2007年	2008年	2009年	2010年	2011年
年初在押服刑人数	212	182	159	131	142	164	143
# 女性	24	25	16	4	3	4	10
未成年	43	38	23	15	26	7	7
释放人数	417	454	428	431	464	540	567
年末在押服刑人数	187	203	142	178	147	143	181

注:1.本表未成年是指14-18岁服刑人员;

2.释放人员是指减刑释放、假释和刑满释放人员。

22-14 公安机关受理、查处治安案件数(2011年)

单位:起

类别	2010年		2011年	
	受理	查处	受理	查处
合计	15974	15848	12466	12143
扰乱公共秩序	2465	2460	1825	1810
扰乱单位秩序	822	820	467	466
扰乱公共场所秩序	742	742	596	595
扰乱公共交通工具秩序	45	44	42	42
妨碍交通工具正常行驶	235	236	100	99
扰乱大型群众性活动秩序	4	4	5	5
虚构事实扰乱公共秩序	2	2	6	6
投放虚假危险物质			1	1
寻衅滋事	493	490	370	359
利用邪教、迷信活动或冒用宗教、气功名义危害社会	2	2	1	1
其他	120	120	237	236
妨害公共安全	676	686	201	200
违反危险物质管理规定	144	152	42	42
非法携带枪支、弹药及管制刀具	355	357	115	114
盗窃、损毁公共设施	8	8	19	19
危害安全	24	24	2	2
违法举行大型群众性活动			1	1
其他	145	145	22	22
侵犯人身权利、财产权利	8517	8433	8114	7816
强迫他人劳动				
非法限制人身自由	3	3	8	8
非法搜查他人身体			3	3
胁迫、诱骗、利用他人乞讨或以他人方式乞讨	3	3	2	2
侮辱、诽谤他人	26	24	65	65
发送信息干扰他人正常生活	14	14	18	18
偷窥、偷拍、窃听、散布他人隐私	71	71	6	6
殴打他人	5431	5404	5297	5146
故意伤害他人	124	123	129	127
虐待	17	17	9	9
遗弃	1	1	1	1
强迫交易	1	1	3	3
盗窃	816	776	724	619
诽谤	19	19	50	37
哄抢	2	2		
抢夺	8	8	11	10
敲诈勒索	15	14	8	8
故意损毁财物	740	727	1088	1064
其他	1226	1226	692	690
妨害社会管理秩序	4316	4269	2326	2317
阻碍执行职务	138	138	58	57
招摇撞骗	6	6	4	4
违反公文、证章管理	13	13	20	20

22-14 续表

单位:起

类 别	2010年		2011年	
	受 理	查 处	受 理	查 处
伪造、变造,倒卖有价票证、凭证	3	3	6	6
违反社团管理	3	3	1	1
擅自经营需公安机关许可的行业	37	36	19	17
煽动,策划非法集会,游行,示威	8	8		
违反旅馆业管理	641	641	277	277
违反房屋出租管理	155	151	68	68
收购赃物、有赃物嫌疑的物品	19	19	20	20
谎报案情	14	13	15	15
窝藏、转移、代销赃物	3	3	2	2
违反监管规定	24	24	8	8
故意损坏文物、名胜古迹	1	1		
卖淫、嫖娼	60	59	45	45
拉客招嫖	1	1		
引诱、介绍他人卖淫	8	8	6	6
制作、运输、复制、出售、出租淫秽物品	3	3	2	2
传播淫秽信息	2	2	1	1
组织播放淫秽音像或组织、进行淫秽表演				
为淫秽活动提供条件			3	3
赌博或为赌博提供条件	385	384	241	237
毒品违法活动	926	926	541	540
为吸毒、赌博、卖淫、嫖娼人员通风报信				
伪造、隐匿、毁灭证据或提供虚假证言	2	2	1	1
其他	1864	1825	988	987

22-15 公安机关立案的刑事案件及构成

单位:起

类 别	立 案						构 成(%)					
	2006年	2007年	2008年	2009年	2010年	2011年	2006年	2007年	2008年	2009年	2010年	2011年
合 计	4115	4491	8036	7982	6897	5765	100.0	100.0	100.0	100.0	100.0	100.0
杀人	15	20	18	27	16	15	0.4	0.5	0.2	0.3	0.2	0.3
伤害	134	140	232	178	118	82	3.3	3.1	2.9	2.2	1.7	1.4
抢劫	251	374	427	330	206	130	6.1	8.3	5.3	4.1	3.0	2.3
强奸	38	32	48	27	38	39	0.9	0.7	0.6	0.3	0.6	0.9
拐卖妇女儿童	8	3	5	26	15		0.2	0.1	0.1	0.3	0.2	
盗窃	2535	2730	5258	5288	4545	3866	61.6	60.6	65.4	66.2	65.9	67.1
诈骗	191	183	714	731	651	597	4.6	4.1	8.9	9.2	9.4	10.4
走私												
伪造、变造货币,出售、购买、运输、持有、使用假币		5	5	2	1			1.1	0.1		0.01	
其他	943	1007	1329	1373	1307	1036	22.9	22.4	16.5	17.2	19.0	18.0

注:2011年共破获刑事案件3233起。

22-16 交通事故情况(2011 年)

类别及地区	发生数（起）	死亡人数（人）	受伤人数（人）	损失折款（万元）
总　　计	610	228	623	148.71
机动车	603	226	614	148.35
# 摩托车	158	59	186	17.84
拖拉机	4	5	1	0.56
非机动车	4		5	0.32
# 自行车	2		3	0.02
行人或乘车人	1	1		0.02
其　他	1	1		0.02
城　区	124	51	137	33.86
沁水县	88	28	80	13.05
阳城县	113	35	115	30.17
陵川县	89	30	84	16.52
泽州县	61	33	53	13.47
高平市	135	51	154	41.69

22-17 火灾事故情况(2011 年)

类别及地区	发生数（起）	死亡人数（人）	受伤人数（人）	直接经济损失（万元）	人口火灾发生率（1/10 万人）
总　　计	212	2		659.78	
特　　大					
重　　大					
一　　般	212	2		659.78	
城　　区	67	1		465.92	
沁　水　县	33			66.90	
阳　城　县	38			15.59	
陵　川　县	9			7.49	
泽　州　县	29			73.51	
高　平　市	36	1		30.37	

22-18 检察机关直接立案侦查案件情况(2011年)

类别	受案（件）	立案件数（件）	立案人数（人）	要案	结案件数（件）	结案人数（人）
合计	86	82	90	9	81	89
贪污贿赂案件小计	60	56	64	9	54	62
贪污	19	17	21	1	15	19
贿赂	38	36	40	8	35	39
挪用公款	3	3	3		4	4
集体私分						
巨额财产来源不明						
其他						
渎职案件小计	26	26	26		27	27
滥用职权	7	7	7		9	9
玩忽职守	16	16	16		15	15
徇私舞弊	3	3	3		3	3
其他						

22-19 检察机关审查批准、决定逮捕犯罪嫌疑人和提起公诉被告人情况(2011年)

类别	批捕、决定逮捕合计		决定起诉合计	
	件	人	件	人
合计	890	1397	1611	2456
公安、安全、监狱机关提请小计	875	1381	1537	2369
危害国家安全案				
危害公共安全案	89	117	392	433
破坏社会主义市场经济秩序案	42	55	47	88
侵犯公民人身、民主权利案	135	188	183	258
侵犯财产案	466	724	660	1024
妨害社会管理秩序案	142	296	253	564
危害国防利益案	1	1	2	2
军人违反职责案				
检察机关直接立案侦查案件小计	15	16	74	87
贪污贿赂案	15	16	51	62
渎职案			23	23

22-20 检察机关处理申诉案件情况(2011年)

类　别	受　案（件）	立案复查（件）	结　案（件）	
				改变原决定
不服检察机关处理决定	6	5	4	1
不服不批捕	1	1	1	
不服不起诉	2	2	2	
不服撤案			1	1
不服原判免予起诉	2	2		
其他	1			
不服法院刑事判决裁定	8	8	10	
刑罚执行中被害人申诉	5	5	4	
刑罚执行中被告人申诉			2	
刑罚执行完毕后被害人申诉	1	1	1	
刑罚执行完毕后被告人申诉	2	2	3	

22-21 人民法院审理一审案件情况

单位:件

年　份	受　案					
		刑　事	民　事	经济纠纷	行　政	海事海商
1995	5269	887	3421	921	40	
1996	8219	1028	6020	1142	29	
1997	9420	751	7000	1625	44	
1998	6119	1080	4119	791	129	
1999	6729	1189	4603	865	72	
2000	7251	1178	5079	883	111	
2001	8671	1364	5933	1090	284	
2002	7859	1383	6245		231	
2003	7892	1497	6245		150	
2004	7082	1290	5712		80	
2005	7024	1282	5665		77	
2006	6676	1507	5088		81	
2007	6330	1420	4865		63	
2008	6613	1308	5244		61	
2009	7334	1448	3435	2399	52	
2010	7683	1576	3603	2440	64	
2011	8054	1769	3676	2540	69	

22-22 人民法院一审案件受理审结情况(2011年)

单位:件

类别	受理	审结
合计	8054	7759
刑事	1769	1750
民商事	6216	5940
行政	69	69

22-23 社会福利事业、企业单位和工作人员数

指标	机构(个)		工作人员(人)	
	2010年	2011年	2010年	2011年
全市总计	122	126	2327	2280
收养性福利事业单位	59	61	429	495
国家办	9	9	206	207
集体办	49	51	197	256
民　办	1	1	26	32
社会福利企业	48	48	1817	1690
国　有				
集　体				
其　他	48	48	1817	1690
优抚事业单位	8	8	37	38
救助管理单位	4	5	24	34
殡葬事业单位	2	3	18	21
募捐单位				
社区服务单位	1	1	2	2

22-24 收养性社会福利事业单位基本情况(2011年)

指　　标	单位数 (个)	工作人员 (人)	床　位 (张)	年末收养人数 (人)
收养性福利事业单位	61	495	4267	2446
国家办	9	207	929	614
集体办	51	256	3308	1802
民　办	1	32	30	30
优抚休、疗养院				
光荣院	6	85	156	129
社会福利院	1	56	323	323
儿童福利院				
精神病人福利院				
城镇老年性福利机构	1	38	106	106
农村老年性福利机构	52	255	3432	1738
其他收养机构				

22-25 社会福利救济主要费用情况

单位:万元

指　　标	2001年	2002年	2003年	2004年	2005年	2006年	2007年	2008年	2009年	2010年	2011年
定期抚恤人数(人)	2884	2855	2850	2837	2557	2549	2428	2359	2326	2276	1969
定期补助人数(人)	6962	6898	6982	6956	7615	7496	8798	7434	8017	7700	7556
社会福利院支出	**53**	**107**	**124**	**146**	**157**	**188**	**212**	**224**	**327**	**324**	**708**
国家支出	53	107	124	146	157	188	212	224	327	324	708
集体支出											
光荣院支出	**230**	**310**	**258**	**287**	**287**	**394**	**386**	**346**	**611**	**130**	**220**
国家支出	230	310	258	287	287	394	386	346	611	130	220
集体支出											

22–26 享受补助、救济人员情况

单位：人

指　　标	2001 年	2002 年	2003 年	2004 年	2005 年	2006 年	2007 年	2008 年	2009 年	2010 年	2011 年
城市居民最低生活保障人数	8897	43563	28210	30180	30890	31528	31919	33193	31888	31244	31497
城市临时救济人次数	1500	16000	17000	58						134	142
农村低保和传统救济人次数	7506	20367	29064	47968	48513	50766	56387				
农村居民最低生活保障人数	2902	16669	23952	43155	43437	48034	56387	63920	77969	79095	79871
# 五保户数	129	1481	1099	1530	1475	4910	5043		5112	1549	1707
农村传统救济人数	4604	3698	5112	4813	5076	2732		3330			
# 五保户数	983	1092	4717	4388	4405						
农村临时救济人次数(人次)	15776	5298	24849	13825	14813	15945	87				

22–27 社会福利企业基本情况

年　　份	单　位 （个）	职　工 （人）	
			# 残疾职工
2000	72	2135	927
2001	73	2157	964
2002	74	2343	1077
2003	58	1978	924
2004	54	1632	795
2005	57	1518	811
2006	58	2047	1020
2007	55	1920	904
2008	50	1780	905
2009	47	1749	860
2010	48	1817	813
2011	48	1690	777

22-28 离休、退休、退职费

年份	费用总额（万元）	民政部门支付	平均每人费用(元)
1990	53	53	3984
1995	26	26	2680
2000	203	203	9621
2001	224	224	11089
2002	259	259	14230
2003	269	269	15112
2004	276	276	15862
2005	319	319	17243
2006	326	326	17717
2007	374	374	28120
2008	461	461	25054
2009	471	471	28719
2010	499	499	
2011	556	556	

22-29 离休、退休、退职人员保险福利费用及构成

年份	合计	离休金	退休金	退职生活费	医疗卫生费	其他
绝对数(万元)						
2005	35148	3848	28370		2247	683
2006	43085	3251	34020			5814
2007	48325	4062	44263			
2008	50501	1904	48597			
2009	45031	1087	43964			
2010	82016	1644	80372			
2011	95252	1790	92249			1213
比上年增长(%)						
2005	2.2	-1.8	3.9			2.2
2006	22.6	-15.5	19.9			751.2
2007	12.2	24.9	30.1			
2008	4.5	-53.1	9.8			
2009	-10.8	-42.9	-9.5			
2010	82.1	51.2	82.8			
2011	16.1	8.9	14.8			
构成(以合计为100)						
2005	100.0	10.9	80.7		6.4	1.9
2006	100.0	7.5	79.0			13.5
2007	100.0	8.4	91.6			
2008	100.0	3.8	96.2			
2009	100.0	2.4	97.6			
2010	100.0	2.0	98.0			
2011	100.0	1.9	96.8			1.2

注：本表不包括民政部门支付的离休、退休、退职费。

22-30 各地区离休、退休、退职人员数(2011 年)

单位:人

地区	合计	机关事业				企业			
		小计	离休人员	退休人员	退职人员	小计	离休人员	退休人员	退职人员
全市合计	48472	7439	145	7294		41033	298	40735	
城区	4105	563	11	552		3542	9	3533	
沁水县	4488	2102	26	2076		2386	26	2360	
阳城县	6311	908	12	896		5403	18	5385	
陵川县	5046	2045	72	1973		3001	24	2977	
泽州县	2702	646	4	642		2056	12	2044	
高平市	6267	393	5	388		5874	60	5814	
市本级	19553	782	15	767		18771	149	18622	

注:机关事业离休人员、退休人员为自收自支单位人数。

22-31 参加基本养老保险人数

单位:人

年份	合计	在职职工人数	企业(含其他)	离休、退休、退职人员数	企业(含其他)
1990	75633	64368	64368	11265	11265
1995	99947	87926	87926	12021	12021
2000	145998	126047	89247	19951	19204
2001	151465	129291	92391	22174	21265
2002	162296	139105	100805	23191	22107
2003	173162	147522	107422	25640	22462
2004	178702	151525	110025	27177	3597
2005	183837	154332	112132	29505	25610
2006	194860	163038	120138	31822	27395
2007	204287	169873	125011	34414	29555
2008	225985	188936	142516	37049	31699
2009	234964	195405	148058	39559	33589
2010	249624	206609	157926	43015	35963
2011	285957	237485	182763	48472	41033

22-32 社会保险基本情况

年份	失业保险			基本医疗保险		工伤保险		年末参加生育保险职工人数(人)
	年末参保职工人数(人)	全年发放失业保险金人数(人)	全年发放失业保险金(万元)	年末参保职工人数(人)	年末参保离休、退休、退职人员(人)	年末参保职工人数(人)	年末享受工伤待遇的人数(人)	
1990	96075							
1995	91235	2602	55.6			27200	231	29860
2000	103713	8904	434.0			42228	61	24402
2001	106083	2530	214.8			39726	93	23636
2002	136543	2328	173.0	93516	8480	35152	122	34971
2003	160302	2228	245.7	108932	18932	37769	167	37770
2004	161030	4867	525.2	134578	25057	96339	175	48548
2005	171885	4077	442.7	155655	29836	116009	372	56321
2006	171965	2466	470.3	182246	34802	140065	345	60922
2007	190686	2648	850.5	200058	39257	146000	742	72659
2008	196581	2976	1126.0	258818	41466	163706	805	81439
2009	196663	3693	1253.4	251090	48214	172511	1488	110581
2010	204566	4189	2434.0	270693	50945	204000	1604	146080
2011	210700	5081	3006.5	291446	54946	221847	1664	193012

22-33 各地区基本养老保险情况(2011年)

地区	年末参加养老保险人数(人)				基金收支情况(万元)		
		事业人员	企业人员	离休、退休、退职人员	基金收入	基金支出	累计结余
全市	285957	54722	182763	48472	222271	107308	506688
城区	20240	5379	10756	4105	12680	6685	24748
沁水县	22889	6024	12377	4488	21980	11948	47858
阳城县	37418	10726	20381	6311	17600	11809	31807
陵川县	17798	5897	6855	5046	11833	11752	10099
泽州县	17845	5078	10065	2702	12629	6180	28247
高平市	35234	8257	20710	6267	23886	13563	56500
市本级	134533	13361	101619	19553	121663	45371	307429

22-34 社会保险基金收支及累计结余

单位:万元

年 份	合 计	基本养老保险	失业保险	医疗保险	工伤保险	生育保险
基金收入						
1990	2681	2570	111			
1995	4608	4198	389		15	6
2000	11423	9912	1304		132	75
2001	13319	11813	1350		70	86
2002	21255	15817	2091	3086	174	87
2003	25729	16480	2340	6378	369	162
2004	32527	20982	2097	8087	1150	211
2005	59055	33618	3196	19682	2288	271
2006	88768	55815	3586	25569	3374	424
2007	132179	90730	5272	31975	3742	460
2008	149190	92800	9909	40200	5200	1081
2009	204787	149126	9622	39433	5548	1058
2010	249641	175651	12340	53793	6396	1461
2011	317236	201933	16041	86822	9105	3335
基金支出						
1990	2106	2106				
1995	4118	4045	56		16	1
2000	9556	8817	505		145	89
2001	10288	9302	863		39	84
2002	14000	12288	550	949	144	69
2003	16763	13404	961	2107	178	113
2004	20108	14366	890	4591	163	98
2005	32781	18394	527	12517	1213	130
2006	42828	24885	513	15603	1614	213
2007	69068	44938	851	21210	1943	126
2008	82217	50782	1126	26066	3711	532
2009	103601	66516	1441	31001	3823	820
2010	120455	68970	2434	43625	4288	1138
2011	164741	98175	3467	56290	5320	1489
累计结余						
1990	1469	1091	378			
1995	3432	1935	1491			6
2000	9486	5632	3295		518	41
2001	12518	8144	3782		549	43
2002	19773	11673	5323	2137	579	61
2003	28714	14749	6677	6408	770	110
2004	41639	21365	8390	9904	1757	223
2005	67723	36589	10869	17069	2832	364
2006	113664	67519	13943	27035	4592	575
2007	198420	134955	18365	37800	6391	909
2008	245548	194098	23446	18000	8545	1459
2009	380437	276289	31650	60401	10400	1697
2010	467263	341352	40913	70569	12400	2029
2011	686646	506688	52693	106698	16692	3875

22-35 各地区失业保险情况(2011 年)

单位:人

地 区	参保人数	企 业				事业单位	领取失业保险金人数
			国有企业	集体企业	其他企业		
全 市	210700	170219	113316	27194	15224	40169	5081
城 区	8180	5675	1207	2950	1518	2505	189
沁 水 县	14521	9238	2076	3471	651	5259	87
阳 城 县	23950	18935	8435	9000	1500	5015	55
陵 川 县	10223	6223	5451	455	317	4000	49
泽 州 县	16515	8745	6712	518	1515	7770	135
高 平 市	19950	13940	9115	3325	1500	6010	3084

22-36 各地区基本医疗保险情况(2011 年)

地 区	年末参保人数(人)			基金收支情况(万元)		
	合 计	职 工	离休、退休、退职人员	基金收入	基金支出	累计结余
全 市	346392	291446	54946	86822	56290	106698
城 区	16280	13479	2801	2247	2499	1585
沁 水 县	21795	19383	2412	5861	3757	8667
阳 城 县	41052	33268	7784	5398	4512	3664
陵 川 县	15750	12575	3175	1896	1505	1986
泽 州 县	22840	20534	2306	4664	3674	5080
高 平 市	40658	31029	9629	7285	5921	7728
市 本 级	188017	161178	26839	59471	34422	77988

22-37 各地区社会团体登记管理情况(2011 年)

单位:个

地 区	实有社团数	民间组织按行业分类												
		科技与研究	生态环境	教育	卫生	社会服务	文化	体育	法律	工商服务业	宗教	农业及农村发展	职业及从业组织	国际及涉外组织	其他
合 计	502	31	11	8	13	100	44	54	5	55	13	29	51		88
晋城市本级	211	7	8	2	9	26	28	27	4	32	6	9	27		26
城 区	32														32
沁 水 县	40	6		4	1		4	7		7	1	4	6		
阳 城 县	66					66									
陵 川 县	46	3	2	1	2	1	4	2	1	8	1	8	2		11
泽 州 县	42	10		1				7		3	3	3	1		14
高 平 市	65	5	1		1	7	8	11		5	2	5	15		5

22-38 残疾人事业基本情况

项　目	2001	2002	2003	2004	2005	2006	2007	2008	2009	2010	2011
康复											
白内障复明手术											
白内障复明手术(例)	989	1000	1032	1046	1063	1098	988	992	990	986	220
人工晶体植入率(%)											100
低视力配用助视器(人)	78	80	90	80	82	84	90	80	80	80	
聋儿康复											
年收训聋儿(人)	30	35	40	35	38	29	32	28	28	28	32
聋儿入普幼普小率(%)											
培训家长(人)	15	20	20	15	20	29	32	28	28	28	40
精神病防治康复											
开展精神病防治康复工作县(市、区)数(个)	1	1	1	1	1	2	2	2	2	3	3
综合防治康复精神病人数(人)									220	296	213
监护率(%)									95	95	95
显好率(%)									95	95	95
社会参与率(%)									85	85	85
肇事率(%)											
康复训练与服务(人)	20	30	25	20	26	30	76	42	60	60	48
肢体残疾康复训练数									30	30	10
智残儿童康复训练数	10	12	15	20	20	30	33	38	30	35	18
脑瘫儿童康复训练数	5	10	10	12	15	20			30		10
麻风畸残康复											
矫治手术(例)											
发放辅助用具(件)										1400	2110
康复训练(人)											
教育											
未入学适龄残疾儿童少年(人)	596	561		592	151	270	288	302	296	117	208
职业教育与培训机构数(个)	4	4	1	3	3	6	7	6	7	8	8
教育与培训人数(人)	520	700		532	475	865	500	961	719	738	741
就业											
城镇残疾人就业状况											
当年安排就业(人)	148	166	160	175	181	180	200	382	261	206	278
按比例就业	35	50	42	45	55	50	55	36	49	35	53
集中就业	41	37	30	50	43	41	77	199	118	97	151
个体就业	72	79	88	80	83	89	83	147	94	74	74
未安排就业	2190	2042	1876	1716	1541	1361	1245	5381	5280	5217	3686
农村残疾人就业状况											
就业(人)	357	410	390	389	400	420	400	36228	34635	46618	46838
未就业(人)	10916	10506	10116	9727	9327	8907	8877	7962	7985	7842	7073
残疾人就业服务机构(个)	7	7	7	7	7	7	7	7	7	7	7
市	1	1	1	1	1	1	1	1	1	1	1
县(县级市)	5	5	5	5	5	5	5	5	5	5	5
区	1	1	1	1	1	1	1	1	1	1	1
盲人按摩											
保健按摩员培训(人)	15	18	20	18	20	20	22		22	22	18
医疗按摩员培训(人)	5	2		2			9	22	9	11	4
扶贫											
扶贫开发解决温饱残疾人(人)	1797	3041		2764	3143	2507	2185	2163	1976	1368	1185
尚未解决温饱贫困残疾人(人)	13494	9959		25738	23968	1819	16994				
# 可扶持贫困残疾人	8283	7469		8936	10647	8044	10196				
残联组织建设											
残疾人工作者数(人)	248	405	234	397	395	395	166	395	193	177	300

22-39 婚姻登记和离婚情况

年 份	结婚登记对数(万对)	内地居民登记结婚(万人)	初婚(万人)	再婚(万人)	涉外及港澳台居民登记结婚(万人)	离 婚(万对)	离婚率(%)
1990	1.4	2.8	2.6	0.2		0.06	4.29
1991	1.5	3.0	2.9	0.1		0.04	2.67
1992	1.4	2.8	2.7	0.1		0.04	2.86
1993	1.3	2.6	2.5	0.1		0.03	2.31
1994	1.3	2.6	2.5	0.1		0.03	2.31
1995	1.4	2.8	2.5	0.3		0.03	2.14
2000	1.3	2.6	2.4	0.2		0.04	3.08
2001	1.2	2.4	2.3	0.1		0.04	3.33
2002	1.2	2.4	2.4			0.04	3.33
2003	1.0	2.0	1.9	0.1		0.05	5.00
2004	1.0	2.0	1.9	0.1		0.06	6.00
2005	1.4	2.8	2.6	0.2		0.07	5.00
2006	1.3	2.6	2.5	0.1		0.06	4.62
2007	1.9	3.9	3.6	0.3		0.09	4.74
2008	2.1	4.1	3.7	0.4		0.12	5.71
2009	2.1	4.1	3.8	0.3		0.14	6.67
2010	1.9	3.8	3.4	0.4		0.17	8.95
2011	1.8	3.5	3.4	0.1	4	0.17	9.44

22-40 各地区婚姻登记与收养登记情况(2011年)

单位:对、人

地 区	结婚登记	初婚人数	再婚人数	离婚登记	收养登记	社会弃婴	父母无力抚养
合 计	35054	33745	1309	1699	8	3	
晋城市本级	8	8					
城 区	7406	7384	22	432	1		
沁 水 县	2726	2399	327	135			
阳 城 县	5584	4832	752	503	5	2	
陵 川 县	3544	3398	146	147	1		
泽 州 县	7160	7098	62	328			
高 平 市	8626	8626		154	1	1	

22-41 按行业分个体

指　标	期 末 实		
	户数	从业人员	资金数额
总　计	4863	85547	131728
农、林、牧、渔业	737	1734	8199
采矿业	82	189	296
制造业	1583	3598	6880
电力、燃气及水的生产和供应业	16	37	17
建筑业	161	396	8766
交通运输、仓储和邮政业	168	282	171
信息传输、计算机服务和软件业	247	433	649
批发和零售业	33442	56338	7564
住宿和餐饮业	4684	9676	11735
金融业			
房地产业	3	6	3
租赁和商务服务业	158	37	789
广告业	16	26	74
科学研究、技术服务和地质勘查业	5	1	15
水利、环境和公共设施管理业	3	8	17
居民服务和其他服务业	6255	11375	14266
教育	2	3	12
卫生、社会保障和社会福利业	195	317	692
文化、体育和娱乐业	298	8	254
其他	24	38	23

工商业情况(2011年)

单位:户、人、万元

有企业			本期开业			本期注销	
#城镇							
户数	从业人员	资金数额	户数	从业人员	资金数额	合计	城镇
27925	49766	7624	6231	13314	32535	1594	512
214	523	2645	212	57	5328	5	2
72	156	120	5	21	145	2	
591	1233	1965	116	346	157	68	18
1	16	39	3	6	41		
14	247	841	31	84	46	2	2
8	132	562	3	66	320	9	2
99	172	288	45	95	15	2	2
19861	33677	43437	4387	8943	1748	112	365
2956	5959	7384	61	1379	3423	145	46
3	6	3	1	2	1		
18	221	464	3	71	32	2	1
11	2	49	5	7	29	1	1
2	6	11	1		1		
351	6686	859	73	1651	3432	22	69
			2	5	3		
137	223	574	23	38	43	7	1
179	495	164	41	1	413	12	4
8	14	9					

22–42 按行业分私营企业

指标	期末实				
	户数	分支机构	投资者人数	雇工人数	注册资本（出资金额）
总计	11121	129	21311	5257	2426387
农、林、牧、渔业	933	17	1584	325	92772
采矿业	173	4	31	849	6695
制造业	1421	87	2844	14337	41519
电力、燃气及水的生产和供应业	67	8	296	369	73938
建筑业	54	82	1221	3191	116629
交通运输、仓储和邮政业	258	43	573	128	6597
信息传输、计算机服务和软件业	262	35	346	591	8976
批发和零售业	543	456	988	1871	7632
住宿和餐饮业	193	56	36	1293	29245
金融业	32	5	13	115	8853
房地产业	291	14	829	1396	22974
租赁和商务服务业	62	69	1437	2925	29563
广告业	111	13	29	571	5229
科学研究、技术服务和地质勘查业	91	16	226	32	23587
水利、环境和公共设施管理业	9	3	263	679	3763
居民服务和其他服务业	15	117	1627	2793	1247
教育	18	1	37	9	1629
卫生、社会保障和社会福利业	26	4	38	193	287
文化、体育和娱乐业	112	12	165	423	6321
其他					

登记管理情况(2011)

单位:户、人、万元

有 企 业				本期开业			
#城 镇							
户数	投资者人数	雇工人数	注册资本（出资金额）	户数	投资者人数	雇工人数	注册资本（出资金额）
622	13822	33361	1638898	1885	325	7651	36998
279	558	118	399	159	265	754	16572
53	114	283	21483	22	35	156	6124
467	1229	4188	154535	164	246	1729	2839
41	171	272	23474	5	14	12	233
373	996	277	994	88	178	389	11116
156	381	822	49493	36	45	83	315
161	229	454	6892	13	24	43	68
2964	6351	15363	583876	943	1447	2733	98684
124	245	129	27282	19	16	246	88
26	94	13	6143	8	39	25	23
26	765	1354	213299	47	95	188	23866
467	1222	2495	2457	8	137	217	36582
99	198	537	518	16	26	55	315
74	199	38	2275	11	15	32	573
71	231	439	19391	8	13	7	1151
415	887	1873	72645	26	428	872	53488
16	35	85	1596	1	2		3
14	23	134	1624	2	2	25	17
61	92	344	4514	19	24	77	716

22-42

指　标	合　伙			
	户数	分支机构	投资者人数	雇工人数
总　计	133	1	46	163
农、林、牧、渔业	9		34	49
采矿业	1		28	47
制造业	4		184	474
电力、燃气及水的生产和供应业				
建筑业	1		2	4
交通运输、仓储和邮政业				
信息传输、计算机服务和软件业	4		8	22
批发和零售业	25		96	211
住宿和餐饮业	4		13	28
金融业				
房地产业				
租赁和商务服务业	21		46	91
广告业				
科学研究、技术服务和地质勘查业				
水利、环境和公共设施管理业				
居民服务和其他服务业	11	1	28	26
教育	1		3	8
卫生、社会保障和社会福利业	3		8	83
文化、体育和娱乐业	4		1	2
其他				

续表 1

单位:户、人、万元

企　业		# 普通合伙企业				
认缴出资金额	实缴出资金额	户数	投资者人　数	雇工人数	认缴出资金额	实缴出资金额
1276	8550	132	458	163	12676	8520
419	249	9	34	49	419	249
1656	147	1	28	47	1656	147
628	2578	4	184	474	628	2578
1	1	1	2	4	1	1
24	13	4	8	22	24	13
2932	2744	25	96	211	2932	2744
175	125	4	13	28	175	125
47	37	2	44	91	377	277
325	325	11	28	26	325	325
1	1	1	3	8	1	1
63	63	3	8	83	63	63
9	9	4	1	2	9	9

22-42

指　标	合　伙				
	# 特殊的普通合伙企业				
	户数	投资者人　数	雇工人数	认缴出资金额	实缴出资金额
总　计					
农、林、牧、渔业					
采矿业					
制造业					
电力、燃气及水的生产和供应业					
建筑业					
交通运输、仓储和邮政业					
信息传输、计算机服务和软件业					
批发和零售业					
住宿和餐饮业					
金融业					
房地产业					
租赁和商务服务业					
广告业					
科学研究、技术服务和地质勘查业					
水利、环境和公共设施管理业					
居民服务和其他服务业					
教育					
卫生、社会保障和社会福利业					
文化、体育和娱乐业					
其他					

续表 2

单位：户、人、万元

企　业					
#有限合伙企业					
户数	有限合伙人	投资者人　数	雇工人数	认缴出资金额	实缴出资金额
1		2		3	3
1		2		3	3

22-42

指　　标	有　限　责					
	户数	分公司	投资者人　数	雇工人数	注册资本	实收资本
总　　计	8319	973	18287	4475	228976	224494
农、林、牧、渔业	52	16	1145	22	66446	64326
采矿业	69	4	179	56	48125	4819
制造业	755	85	27	11489	366352	359993
电力、燃气及水的生产和供应业	63	8	29	358	6883	68753
建筑业	485	82	121	312	116192	11549
交通运输、仓储和邮政业	224	41	54	94	59466	59196
信息传输、计算机服务和软件业	122	35	22	429	6538	6498
批发和零售业	4168	424	8289	16762	74415	73523
住宿和餐饮业	134	54	238	945	256	2491
金融业	31	5	113	115	7653	7653
房地产业	291	14	829	1396	22974	22367
租赁和商务服务业	58	69	1319	269	287442	285452
广告业	13	13	21	526	596	596
科学研究、技术服务和地质勘查业	82	16	217	39	2348	2158
水利、环境和公共设施管理业	84	3	257	644	37531	37531
居民服务和其他服务业	71	13	1317	2125	118354	1150
教育	13	1	3	64	1496	1496
卫生、社会保障和社会福利业	7	3	14	42	174	174
文化、体育和娱乐业	53	1	1	22	444	444
其他						

续表 3

单位:户、人、万元

任　公　司							
# 自然人独资				# 法人独资			
户数	投资者人　数	雇工人数	注册资本	户数	投资者人　数	雇工人数	注册资本
341	341	3543	5438	164	164	993	256237
43	43	355	4832	14	14	28	139
4	4		74	1	1		8
56	56	147	1822	14	14	142	2398
1	1		5	9	9	81	13376
19	19	758	314	1	1	24	886
9	9	32	34	8	8	27	123
1	1		2	1	1	8	1
135	135	552	19311	43	43	334	24625
2	2	16	8	5	5	8	118
				2	2	8	7
12	12	143	281	17	17	32	436
24	24	94	24	11	11	11	15258
6	6	14	1	1	1	8	5
3	3	16	21	4	4	13	122
1	1		1	9	9	158	1534
3	3	99	1773	14	14	29	915
1	1	8	3	2	2		9

22-42

指　　标	独资企业				
	户数	分支机构	投资者人　数	雇工人数	出资额
总　　计	2661	51	2511	7326	11376
农、林、牧、渔业	43	1	43	1121	2497
采矿业	94		94	296	1914
制造业	625	2	622	2374	41638
电力、燃气及水的生产和供应业	3		3	3	135
建筑业	18		18	67	427
交通运输、仓储和邮政业	34	2	33	88	1131
信息传输、计算机服务和软件业	136		136	14	2414
批发和零售业	847	29	73	1717	15974
住宿和餐饮业	55	2	55	32	464
金融业					
房地产业					
租赁和商务服务业	73		72	225	2714
广告业	8		8	45	133
科学研究、技术服务和地质勘查业	9		9	11	179
水利、环境和公共设施管理业	6		6	35	72
居民服务和其他服务业	283	12	282	642	621
教育	4		4	18	123
卫生、社会保障和社会福利业	16	1	16	68	1166
文化、体育和娱乐业	55	2	55	21	1827
其他					

续表 4

单位:户、人、万元

股份有限公司						本期注销		
户数		投资者人　数	雇工人数	注册资本	实收资本	户数		注册资本（出资金额）
	分公司						城镇	
8	4	53	43	19	19	533	48	159845
1		2	15	1	1	21	9	391
						4	2	35
1		31		1	1	63	33	121715
1		3	8	5	5			
						18	14	288
						18	16	1158
						34	21	69
3	3		2			247	25	15282
						15	13	644
1		17		12	12			
						9	9	212
						26	22	1486
						5	4	38
						4	4	755
						3	2	125
1	1					66	55	1334
						1	1	95
						4	2	58

22-43 广告经营企业基本情况(2011 年)

单位:户、人、万元

类　别	经营单位	从业人员	广告经营额
总　计	229	1585	2851
# 有限责任公司	104	826	1240.32
在总计中:			
国有企业	20	152	496
国有事业	14	109	725
集体企业	19	183	134
集体事业	4	25	20
私营企业	95	608	1084
个体工商户	33	116	150
其他	44	392	242
在总计中:			
广告公司	116	857	1245
兼营广告企业	54	415	520
电视台	14	146	451
广播电台	2	19	51
报社	3	20	286
期刊社	2	9	5
经营广告的网站			
其他	38	119	293

22-44 旅游开发及对外开放(2011 年)

指　标	单　位	数　量
开发改善旅游景点	处	23
完成投资	万元	125.93
接待国内游客	万人次	1167.0
# 主要景区接待游客	万人次	243.8
旅行社接待游客	万人次	9.4
星级饭店接待游客	万人次	177.3
国内旅游收入	万元	891200
接待境外游客	万人次	6.8
# 接待外国人	万人次	4.7
外汇收入	万美元	2695.9
旅游经营机构	个	114
星级饭店	个	28
# 四星级饭店	个	11

主要统计指标解释

社会福利事业单位 指集中收养社会孤老、残、幼的机构，包括由民政部门管理的社会福利院、儿童福利院、精神病人福利院和城镇集体举办的福利院及农村集体举办的敬老院以及优抚医院和具有收养能力的社区服务中心等。该指标主要反映我国在社会福利性单位投入的水平。

社会福利事业单位收养人数 包括民政部门管理和城镇、农村集体举办的社会福利事业单位中收养的老人、少年儿童、缺乏生活自理能力的残疾人员和精神病人。该指标主要反映收养性社会福利单位的收养能力。

社会福利企业单位 指以安置城镇有一定劳动能力的盲、聋、哑和肢体残疾人员就业为目的，享受国家减免税待遇的国有或集体企业。包括福利工厂、福利商业和服务业、假肢厂和安置农场等单位。该指标主要反映我国对残疾人照顾的特殊政策。

农村五保户 指农村中既无劳动能力，又无经济来源的老、弱、孤、残的农民，其生活由集体供养，实行保吃、保穿、保住、保医、保葬(孤儿保教)，简称“五保”，享受五保待遇的家庭叫五保户。该指标主要反映农村弱势群体的人员数量。

粗离婚率 指当年离婚对数占年平均人口的比重，计算公式为：

$$粗离婚率=\frac{当年离婚对数}{年平均人口数}\times 1000‰$$

聋儿入普幼普小率 指本年度内进入普通幼儿园、普通小学的聋儿数与在训聋儿数(不含当年新收训聋儿数)之比。该指标主要反映经过康复训练的聋儿进入普通幼儿园和普通小学的情况。

综合防治康复精神病人数 指在开展精神病防治康复工作地区，采取不同形式，接受综合性防治康复措施、开放式管理的精神病人数。该指标主要反映精神病患者接受治疗康复情况。

监护率 指通过监护小组、家庭病床、工疗站、社会就业以及精神卫生机构，接受社会化、综合性、开放式治疗与康复的精神病人占经调查摸底、登记在册的精神病人数的百分比。该指标主要反映对精神病患者落实治疗康复措施的情况。

精神病人社会参与率 指生活能自理，并参加生产劳动和社会生活的精神病人数占监护精神病人数的百分比。该指标主要反映精神病人康复状况和参与社会的情况。

未入学适龄残疾儿童少年 指根据义务教育法规定应接受义务教育，但因各种原因未能入学的适龄视力残疾、听力与言语残疾、智力残疾、肢体残疾、精神残疾、多重残疾儿童少年。适龄残疾儿童少年的年龄段参照各省级人民政府依照义务教育法规定的入学年龄。该指标主要反映因各种原因未能入学的适龄残疾儿童的年度变化，为制定残疾儿童义务教育发展规划及其应采取的方针、政策和措施提供依据，同时为各地开展资助残疾儿童就学工作提供依据。

律师 指依法取得律师执业证书，担任法律顾问，民事(刑事、行政)案件代理人、刑事案件辩护人、办理非诉讼业务，解答法律询问，代写法律事务文书等，为社会提供法律服务的人员。

公证人员 指在公证处工作的人员总称，包括公证处主任、副主任、公证员、公证员助理(助理公证员)和其他从事辅助性工作的人员。

公证文书 指公证处根据当事人申请，依照事实和法律，按照法定程序制作的，具有法律效力的司法证明文书。

调解员 指在人民调解委员会担负调解民间纠纷工作的人员，包括调解委员会的委员和调解小组的调解员。该指标主要反映从事人民调解工作的人员数量。

调解民间纠纷 指调解委员会按照法律规定，根据自愿原则，用说服教育的方法调解民间发生的有关民事权利和义务争执的件数，包括调解成功数和调解未成功数。该指标主要反映人民调解委员会的工作量。

立案 指人民检察院对受理的报案、控告、举报或自首及自行发现的犯罪线索、犯罪嫌疑人进行初步调查后，认为存在职务犯罪事实和应追究刑事责任，并决定作为刑事案件进行侦查的诉讼活动，是追究犯罪的开始。该指标主要反映人民检察院依法将职务犯罪线索作为刑事案件进行侦查的诉讼活动。

大案 指贪污、贿赂案数额在5万元以上，挪用公款案数额在10万元以上，集体私分、巨额财产来源不明、隐瞒境外存款案数额在50万元以上以及按照《人民检察院直接受理的渎职、侵权重、特大案件标准(试行)》认定的案件。该指标主要反映人民检察院立案查办的职务犯罪案件中经济损失大、社会危害严重的案件。

要案 指县、处级以上干部的犯罪案件。该指标主要反映国家工作人员中县、处级以上干部因职务犯罪被人民检察院依法立案侦查的情况。

决定逮捕 指人民检察院对直接受理、自行侦查的案件，认为需要逮捕犯罪嫌疑人时，依据法律做出的逮捕决定。该指标主要反映人民检察院对直接受理的案件行使决定逮捕权的情况。

批准逮捕 指人民检察院对公安机关、国家安全机关、监狱管理机关提出逮捕的犯罪嫌疑人进行审查，根据事实，依法做出逮捕决定。该指标主要反映人民检察院对提请逮捕机关提请逮捕犯罪嫌疑人进行审查后依法做出批准逮捕决定的情况。

决定起诉 指人民检察院对公安机关、国家安全机关、监狱管理机关和检察机关内设机构反贪污贿赂部门等移送起诉的案件进行审查，根据事实，做出提起公诉的案件。该指标主要反映人民检察院对各种刑事案件向人民法院提起公诉的情况。

申诉 指经检察机关信访部门审查处理后，移送到检察机关申诉部门的申诉案件，包括不服检察机关处理决定和不服法院刑事判决和裁定的申诉的案件。

受理劳动争议案件数 指劳动争议仲裁委员会根据国家有关规定，对劳动争议当事人的申请予以审查，符合受理条件而正式立案、准备处理的劳动争议案件数。

基本养老保险

1.(参保)职工人数：指报告期末按照国家法律、法规和有关政策规定参加基本养老保险并在社保经办机构已建立缴费记录档案的职工人数，包括中断缴费但未终止养老保险关系的职工人数，不包括只登记未建立缴费记录档案的人数。

2.(参保)离退休人员人数：指报告期末参加基本养老保险的离休、退休和退职人员的人数。

3.基本养老保险基金收入：指根据国家有关规定，由纳入基本养老保险范围的缴费单位和个人按国家规定的缴费基数和缴费比例缴纳的养老保险基金，以及通过其他方式取得的形成基金来源的收入。包括单位和职工个人缴纳的基本养老保险费、基本养老保险基金利息收入、上级补助收入、下级上解收入、转移收入、财政补贴和其他收入。

4.基本养老保险基金支出：指按照国家政策规定的开支范围和开支标准从养老保险基金中支付给参加基本养老保险的离休、通休、退职人员个人的养老金、丧葬抚恤补助，以及由于保险关系转移、上下级之间调剂资金等原因而发生的支出。包括离休金、退休金、退职金、各种补贴、医疗费、死亡丧葬补助费、抚恤救济费、社会保险经办机构管理费、补助下级支出、上解上级支出、转移支出、其他支出等。

5.基本养老保险基金累计结余：指截止报告期末基本养老保险基金收支相抵后的累计余额。

离休、退休、退职人员 指正式办理了离休、退休、退职手续，并享受相应的离休、退休、退职待遇的人员。

基本医疗保险

1.参保人数：指报告期末按国家有关规定参加基本医疗保险的人数。包括参加保险的职工人数和退休人员人数。

2.基金收入：指根据国家有关规定，由纳入基本医疗保险范围的缴费单位和个人，按国家规定的缴费基数和缴费比例缴纳的基金，以及通过其他方式取得的形成基金来源的款项，包括：单位缴纳的社会统筹基金收入、个人缴纳的个人账户基金收入、财政补贴收入、利息收入、其他收入。3.基金支出：指按照国家政策规定的开支范围和开支标准从社会统筹基金中支付给参加基本医疗保险的职工和退休人员的医疗保险待遇支出，和从个人帐户基金中支付给参加基本医疗保险的职工和退休人员的医疗费用支出，以及其他支出。包括：住院医疗费用支出、门急诊医疗费用支出、个人账户基金支出、其他支出。

4.基金累计结余：指截止报告期末基本医疗保险的社会统筹和个人帐户基金累计结余金额。包括银行存款、财政专户、债券投资和其他。

失业保险

1.参保人数：指报告期末按照国家法律、法规和有关政策规定参加了失业保险的城镇企业事业单位的职工及地方政府规定参加失业保险的其他人员的人数。

2.失业保险基金收入：指按照规定从企业、事业及其他单位筹集的失业保险费及其他并入失业保险基金收入的总额。包括单位和个人缴纳的失业保险费、失业保险基金利息收入、上级补助收入、下级上解收入、转移收入、财政补贴和其他收入。

3.失业保险基金支出：指报告期内为保障失业人员和下岗职工基本生活、促进其再就业等支出的基金总额。包括失业救济金、医疗费、死亡丧葬补助费、抚恤救济费、转业训练费支出、失业保险经办机构管理费、补助下级支出、上解上级支出、转移支出和其他支出。

4.基金累计结余：指截止报告期末失业保险基金收支相抵后的累计余额。

工伤保险

1. 参加保险人数: 指报告期末依据国家有关规定参加工伤保险的职工人数。

2.享受保险待遇人数: 指劳动者因工负伤致残、死亡或因患职业病致残，根据有关规定享受工伤保险待遇职工或供养直系亲属人数。包括伤残人数、职业病人数、因工死亡人数、供养直系亲属人数。

3.基金收入:指根据国家有关规定,由参加工伤保险的单位按国家规定的缴费基数和缴费比例缴纳的工伤保险基金,以及通过其他形式取得的形成基金来源的款项。包括:单位缴纳的社会统筹基金收入、财政补贴收入、利息收入、其他收入。

4. 基金支出:指按照国家政策规定的开支范围和开支标准从工伤保险基金中支付给参加工伤保险的人员及供养直系亲属工伤保险待遇支出及其他支出。包括工伤医疗费、伤残补助金、工亡补助金、护理费、丧葬补助费、工伤预防费用、职业康复费用和其他支出。

5. 基金累计结余:指截止报告期末工伤保险基金累计结余金额。包括银行存款、财政专户、债券投资和其他。

生育保险

1. 参保人数:指报告期末依据有关规定参加生育保险的职工人数。

2.基金收入:指根据国家有关规定,由参加生育保险的单位按照国家规定的缴费基数和缴费比例缴纳的生育保险基金,以及通过其他方式取得的形成基金来源的款项,包括:单位缴纳的基金收入、利息收入和其他收入。

3. 基金支出:指按照国家政策规定的开支范围和开支标准,从生育保险基金中支付给参加生育保险的职工,因妊娠、分娩和计划生育手术而享受的待遇及其他支出。包括:生育津贴、医疗费用支出及其他支出。

4. 基金累计结余:指截止报告期末生育保险基金累计结余金额。包括银行存款、财政专户、债券投资和其他。

离休、退休、退职人员保险福利费用 指离休、退休、退职人员实际得到的生活费用总额,包括从社会保险经办机构和单位得到的费用。

1.离休金:指按规定支付给离休人员的生活费用。

2.退休金:指按规定支付给退休人员的生活费用。

3.退职生活费:指按规定支付给退职人员的生活费用。

4.医疗卫生费:指单位直接支付给离休、退休、退职人员的医疗费、住院费以及住院伙食补助等费用。

5.其他:指离休金、退休金、退职生活费和医疗卫生费以外的其他保险福利费用,如丧葬抚恤救济费、生活补贴、物价补贴、冬季取暖补贴等。

旅游者人数

1、入境国际旅游者人数:指来中国参观、访问、旅行、探亲、访友、休养、考察、参加会议和从事经济、科技、文化、教育、宗教等活动的外国人、华侨、港澳同胞和台湾同胞的人数。不包括外国在我国的常驻机构,如使领馆、通讯社、企业办事处的工作人员;来我国常住的外国专家、留学生以及在岸逗留不过夜人员。

2、出境居民人数:指大陆居民因公务活动或私人事务短期出境的人数。公务活动出境居民人数包括在国际交通工具上的中国服务员工,因私出境居民人数不包括在国际交通工具上的中国服务员工。

3、国内旅游者人数:指我国大陆居民和在我国常住1年以上的外国人、华侨、港澳台同胞离开常住地在境内其他地方的旅游设施内至少停留一夜,最长不超过6个月的人数。

国际旅游(外汇)收入 指入境旅游的外国人、华侨、港澳同胞和台湾同胞在中国大陆旅游过程中发生的一切旅游支出,其对于国家来说就是国际旅游(外汇)收入。

国际旅行社 指经营对外招徕并接待外国人、华侨、港澳同胞和台湾同胞来中国、归国或回内地旅游业务的旅行社。

国内旅行社 指负责经营招徕、组团、接待国内旅客的旅游业务,以及不对外招徕,负责经营接待国际旅行社或其它涉外部门组织的外国人、华侨、港澳同胞和台湾同胞来中国、归国或回内地的旅游业务的旅行社。

星级饭店 指已评定星级的饭店。

附　录

一、统计公报

Statistics Communique

晋城市统计局
关于2011年全市国民经济和社会发展的
统 计 公 报

2011年,在市委、市政府的正确领导下,全市上下以科学发展观为指导,以转型跨越发展为主线,全力推动经济发展和民生改善,经济建设和社会发展取得新的成绩,实现了"十二五"时期良好开局。

一、综 合

初步核算,全年全市生产总值895.0亿元,增长13.6%。其中,第一产业增加值38.8亿元,增长7.7%,占生产总值的比重为4.3%;第二产业增加值585.8亿元,增长16.3%,占生产总值的比重为65.5%;第三产业增加值270.3亿元,增长9.1%,占生产总值的比重为30.2%。第三产业中,金融业增加值30.1亿元,增长6.2%;交通运输、仓储和邮政业增加值63.9亿元,增长8.9%;批发和零售业增加值48.3亿元,增长16.9%;住宿和餐饮业增加值20.8亿元,增长10.0%;营利性服务业增加值29.7亿元,增长10.2%。人均地区生产总值39205元,按2011年平均汇率计算达到6070美元。

图1:2006年-2011年全市生产总值及其增长速度

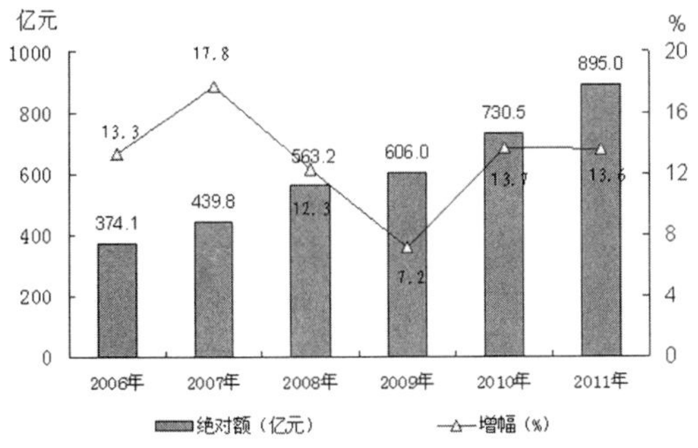

全年全市财政总收入完成181.8亿元,增长18.6%,其中增值税完成85.9亿元,增长12.6%;企业所得税43.5亿元,增长24.8%;个人所得税8.5亿元,增长28.9%;营业税13.5亿元,增长21.1%;资源税2.5亿元,增长1.6%。一般预算收入完成67.9亿元,增长22.4%。一般预算支出113.2亿元,增长26.5%。其中农林水事务支出增长22.2%,教育支出增长26.1%,社会保障和就业支出增长19.4%,医疗卫生支出增长47.6%,节能保护支出增长57.7%,文化体育与传媒支出增长38.1%。

图2:2006年-2011年一般预算收入及其增长速度

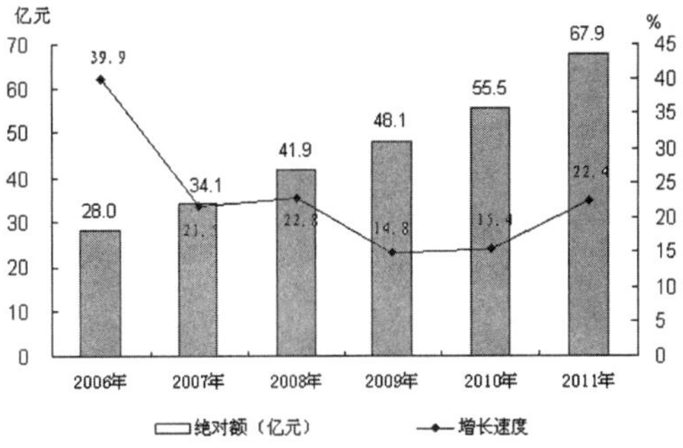

全年居民消费价格比上年上涨4.9%,其中,食品价格上涨11.5%,商品零售价格上涨4.4%。工业生产者出厂价格上涨7.5%,工业生产者购进价格上涨7.1%。

表1 2011年全市居民消费价格上涨幅度

单位:%

指 标	涨跌幅度
居民消费价格	4.9
食 品	11.5
烟酒及用品	0.7
衣 着	1.5
家庭设备用品及维修服务	2.5
医疗保健和个人用品	3.5
交通和通信	0.6
娱乐教育文化用品及服务	2.7
居 住	3.0

全年全市城镇新增就业3.47万人，转移农村劳动力2.52万人。年末城镇登记失业率2.2%。

二、农　业

全年全市农作物种植面积21.7万公顷，其中，粮食种植面积20.6万公顷，油料种植面积0.34万公顷，棉花种植面积0.04万公顷。在粮食种植面积中，玉米种植面积8.6万公顷，小麦种植面积6.5万公顷。

全年粮食总产量92.0万吨，增加0.6万吨，增产0.6%。其中，夏粮22.9万吨，减产7.0%；秋粮69.1万吨，增产3.4%。

表2　2011年主要农林产品产量及其增长速度

单位：万吨

产品名称	产　量	比上年增长%
粮　食	92.0	0.6
其中：玉　米	55.5	4.6
小　麦	22.9	-7.2
谷　子	2.6	-6.6
豆　类	8.6	-1.0
薯　类	2.3	10.7
油　料	0.6	-5.2
棉　花	0.35	54.0
蔬　菜	31.9	12.5
水　果	7.1	23.6
其中：苹　果	2.8	21.1
红　枣	0.1	152.6

全年完成造林面积1.3万公顷，增长33.8%；经济林面积0.52万公顷，增长7.9倍；全年木材产量8054立方米，增长2.1倍。

全年全市肉类总产量11.3万吨，增长13.5%。其中，猪肉产量10.1万吨，牛肉产量2179吨，羊肉产量4598万吨。年末生猪存栏90.0万头，增长53.3%；生猪出栏144.4万头，增长22.1%。牛奶产量3488.1吨，增长2.3%；禽蛋产量6.5万吨，增长84.2%；水产品产量1375吨，增长11.3%。

年末全市农业机械总动力234.0万千瓦，增长3.9%。机械耕地面积15.5万公顷，下降0.7%；机械播种面积12.2万公顷，下降0.1%；机械收获面积9.9万公顷，增长19.2%。全市农机化经营总收入14.7亿元，增长7.4%。

三、工业和建筑业

2011年末，全市规模以上工业企业216家，全年规模以上工业增加值增长18.0%。

图3：2006年-2011年全市规模以上工业增加值增长速度

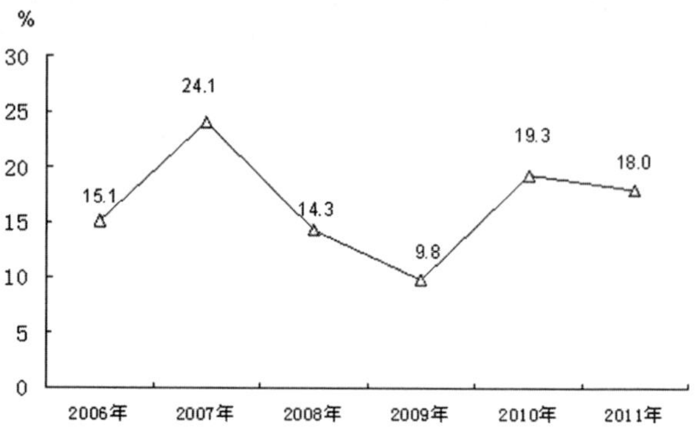

表3　2011年规模以上工业增加值及其增长速度

指　　标	比上年增长%
规模以上工业	18.0
其中：轻工业	10.0
重工业	18.2
其中：国有控股企业	20.2
其中：集体企业	-120.5
股份制企业	19.7
外商及港澳台投资企业	12.4
其中：煤炭开采和洗选业	17.2
黑色金属冶炼和压延加工业	21.6
电力、热力的生产和供应业	-4.3
石油与天然气开采业	18.2
化学原料及化学制品制造业	15.4
石油加工、炼焦及核燃料加工业	11.7
非金属矿物制品业	3.4
装备制造业	57.7

全社会原煤产量9140万吨，增长8.4%；规模以上工业发电量191亿千瓦时，下降5.2%；水泥139万吨，增长22.6%；化肥实物量435万吨，增长17.3%；合成氨267万吨，增长14.8%；钢材205万吨，增长35.4%。

表 4　2011 年规模以上工业主要工业产品产量及其增长速度

产品名称	单 位	产 量	比上年增长%
原 煤(全社会)	万吨	9140	8.4
洗 煤	万吨	2176	1.1
软饮料	万吨	9.0	7.4
液体乳	万吨	1.5	8.4
纱	吨	3846	3.6
布	万米	706	-4.1
服装	万件	249	5.2
焦 炭	万吨	92	8.9
化肥实物量	万吨	435	17.3
合成氨	万吨	267	14.8
精甲醇	万吨	47	16.3
水 泥	万吨	139	22.6
日用玻璃制品	吨	7783	-7.4
化肥(折纯)	万吨	202	17.3
生 铁	万吨	278	24.0
粗 钢	万吨	221	31.0
钢 材	万吨	205	35.4
发电量	亿千瓦时	191	-5.2

规模以上工业实现主营业务收入 1251.5 亿元，增长 30.7%。其中，煤炭、炼焦、冶铸和电力工业分别实现主营业务收入 784.9 亿元、15.1 亿元、128.7 亿元和 64.8 亿元，分别增长 28.1%、5.2%、46.2%和 -1.5%；新兴产业中，煤层气开采、建材工业、化学工业、装备制造业、医药工业和食品工业分别实现主营业务收入 33.5 亿元、8.9 亿元、99.4 亿元、98.4 亿元、1.6 亿元和 11.1 亿元，分别增长 34.0%、26.6%、40.2%、63.9%、13.8%和 13.1%。

规模以上工业实现利税 274.0 亿元，增长 26%；实现利润 180.2 亿元，增长 26.7%。

表 5　2011 年规模以上工业企业利润总额及其增长速度

单位：亿元

指 标	利润总额	比上年增长%
规模以上工业	180.2	26.7
其中：国有控股企业	138.3	34.2
其中：集体企业	-0.1	-120.0
股份制企业	155.3	39.2
外商及港澳台投资企业	23.2	-21.0

年末全市具有资质等级的总承包和专业承包建筑业企业 71 家，完成总产值 43.4 亿元，增长 27.6%；房屋建筑施工面积 212.0 万平方米，增长 10.8%；签订合同额为 67.6 亿元，增长 41.4%。

四、固定资产投资

全年全市固定资产投资完成 504.1 亿元，增长 29.5%。其中，国有及国有控股投资完成 148.9 亿元，增长 0.4%。

图4：2006年-2011年固定资产投资发展情况

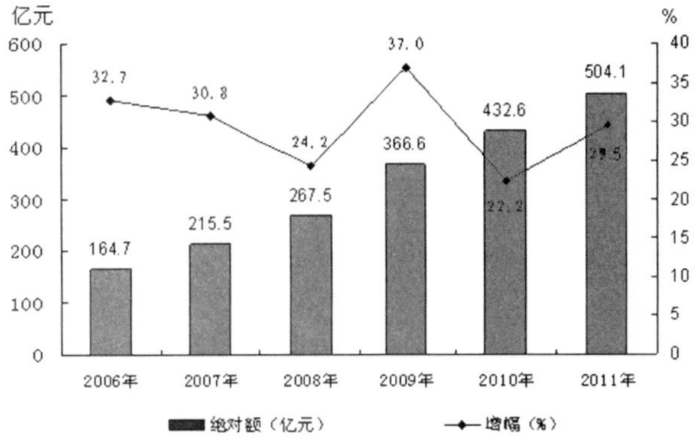

从登记注册类型情况看，内资企业投资 484.4 亿元，增长 31.4%；外商及港澳台商企业投资 19.1 亿元，增长 0.1%。

从产业情况看，第一产业投资 14.8 亿元，增长 89.9%；第二产业投资 289 亿元，增长 41.6%；第三产业投资 200.4 亿元，增长 12.9%。在第二产业中，工业投资 289.0 亿元，增长 41.6%。其中，煤炭工业投资 130.4 亿元，增长 75.5%；非煤产业投资 158.5 亿元，增长 22.2%。传统产业（煤炭、焦炭、冶金、电力）投资合计 126.9 亿元，增长 31.3%，新兴产业（非煤焦冶电行业）投资合计 162.1 亿元，增长 50.8%。

表 6　2011 年分行业固定资产投资及其增长速度

单位：亿元

行 业	投资额	比上年增长%
总计	504.1	29.5
农林牧渔业	14.8	89.9
采矿业	170.7	89.3
制造业	74.8	14.3
电力、燃气及水的生产和供应业	43.5	-10.2
建筑业		
交通运输、仓储和邮政业	30.4	-48.1
信息传输、计算机服务和软件业	2.7	283.7

表 6　续表

单位:亿元

行　　业	投资额	比上年增长%
批发和零售业	22.5	304.0
住宿和餐饮业	8.1	77.2
金融业	0.3	-43.7
房地产业	80.8	21.6
租赁和商务服务业	1.1	167.2
科学研究、技术服务和地质勘查业	0.3	-27.9
水利、环境和公共设施管理业	37.1	63.4
居民服务和其他服务业	1.1	-9.2
教育	8.1	-12.8
卫生、社会保障和社会福利业	2.4	27.6
文化、体育和娱乐业	3.2	17.8
公共管理和社会组织	2.3	-11.9

全年全市在建固定资产投资项目 851 个。其中,5 亿元以上项目 57 个，计划总投资 945.0 亿元，本年完成投资 164.6 亿元,占全市固定资产投资的比重为 32.6%。

全年房地产开发投资 37.5 亿元,增长 15.9%。其中,住宅投资完成 30.0 亿元,增长 11.2%;商业营业用房投资 4.5 亿元,增长 40.0%。

表 7　2011 年房地产开发和销售情况

指　　标	单 位	绝对数	比上年增长%
投资完成额	亿　元	37.5	15.9
其中:住宅	亿　元	30.0	11.2
房屋施工面积	万平方米	488.5	19.5
其中:住宅	万平方米	394.1	16.3
房屋新开工面积	万平方米	160.4	-13.9
其中:住宅	万平方米	131.5	-14.8
房屋竣工面积	万平方米	77.7	12.0
其中:住宅	万平方米	70.2	23.0
商品房销售面积	万平方米	101.5	65.3
其中:住宅	万平方米	95.5	72.8

五、能　源

全年全市一次能源生产折标准煤 6678.9 万吨，增长 8.8%;二次能源生产折标准 324.3 万吨,下降 2.3%。

全年全市向省外运输煤炭 5711 万吨,下降 9.2%,外运煤炭占原煤产量的比重为 62.5%；向省外输送电力 168.5 亿千瓦小时,下降 5.3%,外输电量占发电量的比重为 88%;向省外运输焦炭 46 万吨,增长 41.0%,外运焦炭占焦炭产量的比重为 52.5%。

固定资产投资中,能源工业投资完成 198.8 亿元,增长 63.6%。其中煤炭工业投资 130.4 亿元,增长 75.7%;石油和天然气开采业投资 40.2 亿元,增长 160.1%;石油加工、炼焦及核燃料加工业投资 0.36 亿元,下降 49.0%;电力的生产和供应业投资 27.8 亿元,下降 10.4%。

全年全市全社会用电总量 136.5 亿千瓦小时。其中,第一产业用电 1.3 亿千瓦小时,占全部用电量 1.0%;第二产业用电 120.6 亿千瓦小时,占全部用电量 88.4%,其中工业用电 119.8 亿千瓦小时;第三产业用电 8.5 亿千瓦小时,占全部用电量 6.2%;城乡居民生活用电 6.1 亿千瓦小时,占全部用电量 4.4%。

六、国内贸易

全年全市社会消费品零售总额 224.5 亿元,增长 17.5%。其中城镇消费品零售额 210.4 亿元,增长 18.2%;乡村消费品零售额 14.1 亿元,增长 7.4%。

图5：2006年-2011年社会消费品零售总额

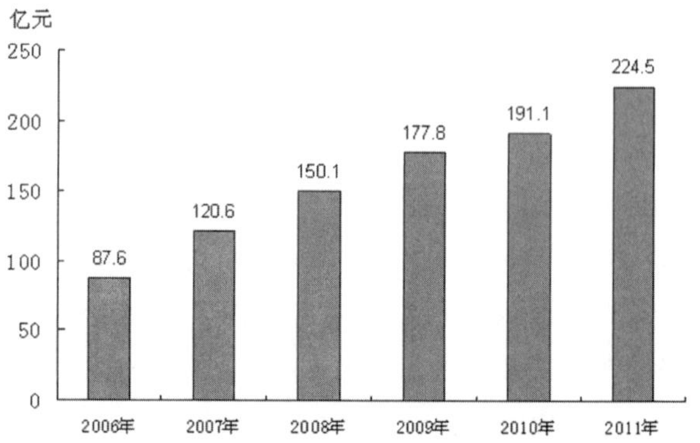

表 8　2011 年社会消费品零售总额及其增长速度

单位:亿元

指　　标	绝对数	比上年增长%
社会消费品零售总额	224.5	17.5
分地域:城镇	210.4	18.2
其中:城区	175.7	19.3
乡村	14.1	7.4
分行业:批发业	21.6	20.0
零售业	170.9	18.1
住宿业	5.1	19.4
餐饮业	26.9	11.6

表 9　2011 年限额以上批发零售业零售额及其增长速度

单位:万元

指　　标	绝对数	比上年增长%
粮油、食品、饮料、烟酒类	66255	37.5
服装、鞋帽、针纺织品类	56722	38.4
化妆品类	5431	27.0
金银珠宝类	9828	59.1
日用品类	5745	32.2
五金、电料类	1345	-26.8
体育、娱乐用品类	401	-0.9
书报杂志类	16399	25.5
电子出版物及音像制品类	142	5.5
家用电器和音像器材类	23246	28.8
中西药品类	6069	10.3
文化办公用品类	4049	-22.5
家具类	6884	69.8
通讯器材类	2412	26.5
石油及制品类	284066	34.6
建筑及装潢材料类	301192	86.8
机电产品及设备类	15349	10.8
汽车类	210342	-9.5
棉麻类	1095	6.6
其他类	26580	16.9

七、对外经济

全年全市海关进出口总额 11.35 亿美元，增长 113.4%。其中，进口额 8.53 亿美元，增长 166.3%；出口额 2.82 亿美元，增长 33.2%。

图6：2006年-2011年外贸进出口总额及增长速度

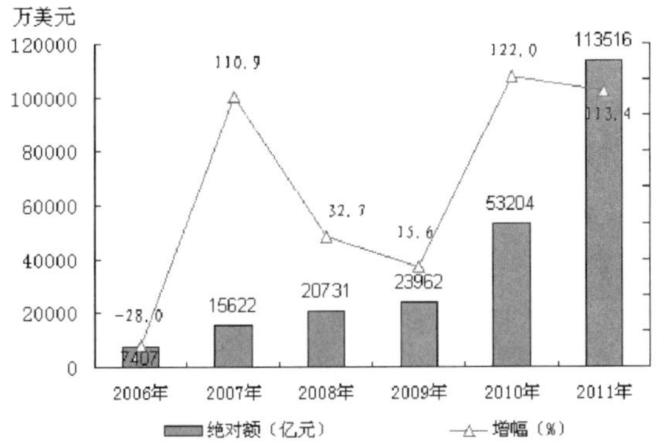

表 10　2011 年海关进出口总额及其增长速度

单位:万美元

指　　标	绝对数	比上年增长%
进出口总额	113516	113.4
出口额	28177	33.2
其中:一般贸易	9200	51.5
加工贸易	18977	25.8
其中:机电产品	22583	28.5
高新技术产品	16690	31.6
其中:国有企业	464	36.9
外商投资企业	20285	29.4
进口额	85340	166.3
其中:一般贸易	50316	222.5
加工贸易	28531	97.1
其中:机电产品	57513	88.1
高新技术产品	37769	93.0
其中:国有企业	157	-7.5
外商投资企业	54111	86.2

全年出口煤炭 19 万美元，下降 38.2%；出口钢材 4234 万美元，增长 58.1%；出口电器及电子产品 19857 万美元，增长 28.1%；出口计算机及通信技术产品 15178 万美元，增长 30.4%。

全年进口铁矿砂 25801 万美元；进口集成电路 14834 万美元，增长 66.7%；进口机械设备 24945 万美元；进口电子技术产品 18116 万美元，增长 49.1%；进口计算机集成制造技术产品 17206 万美元，增长 187.9%。

表 11　2011 年与晋城有贸易往来的主要国家和地区进出口情况

单位:万美元

国家和地区	进出口	比上年增长%	出口额	比上年增长%	进口额	比上年增长%
中国香港	5565	100.2	21634	36.8	46074	82.7
中国台湾	28288	93.8	8663	123.6	19626	83.1
印　度	1613	-24.3	1260	-38.8	10971	60.3
日　本	12747	58.4	1776	47.7	10971	60.3
韩　国	8016	32.0	1877	-49.0	6140	156.5
印度尼西亚	22	11.1	22	352.1	—	—
德　国	2185	142.1	158	0.9	2027	171.7
巴　西	16728	3300.4	369	-25.0	16359	
美　国	4827	16.7	3048	31.7	1825	-1.9
澳大利亚	11881	400.6	20	-18.8	11860	405.1

全年全市新设立外商直接投资企业4家；按全口径统计实际使用外商直接投资金额21798.6万美元，增长66.5%。

八、交通、邮电和旅游

年末全市公路线路里程8599.5公里，其中高速公路286.9公里。各种运输方式的作业量保持稳定增长。

表12　2011年客货运输量及其增长速度

指　　标	单位	绝对数	比上年增长%
旅客运输量	万人	2646	4.0
旅客运输周转量	万人公里	157891	3.6
货物运输量	万吨	3460	5.3
货物运输周转量	万吨公里	277019	13.3

年末全市民用汽车保有量22万辆（包括三轮汽车和低速货车2.7万辆），比上年末增长7.9%，其中私人汽车17.4万辆，增长15.5%。本年新注册汽车3.3万辆，减少19.4%。年末轿车保有量10.9万辆，比上年末增长22.5%，其中私人轿车9.5万辆，增长25%。

全年全市完成邮电业务总量16.4亿元，下降49.6%。其中，邮政业务总量1.2亿元，下降23.3%；电信业务总量15.3亿元，下降50.9%（电信业务总量下降系移动本年扣除折扣和折让费所致）。新增移动电话用户15.7万户，年末达到157.6万户。全市宽带接入用户25.1万户，增长7.3%。

图7：2006年-2011年全市互联网用户

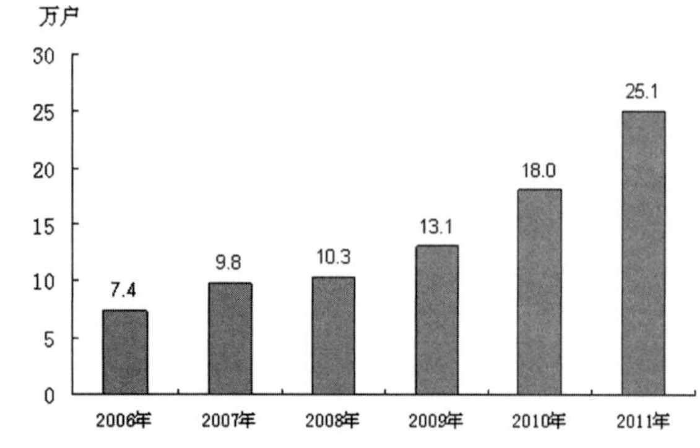

年末全市共有成规模的旅游景区（点）42处，其中有1个国家级5A级景区，6个国家级4A级景区，5个2A级景区，7个国家级工农业旅游示范点。共有星级饭店28家，其中五星级1家、四星级11家、三星10家、二星级6家。全年全市接待海外旅游者6.8万人次，接待国内旅游者1167.0万人次，分别增长32.7%和11.5%；旅游外汇收入2695.9万美元，增长62.6%；国内旅游收入89.1亿元，增长18.1%；旅游总收入90.9亿元，增长18.9%。

九、金融、证券和保险

年末全市金融机构人民币各项存款余额1498.3亿元，比年初增加172.8亿元，增长13.0%。各项贷款余额633.4亿元，比年初增加110.5亿元，增长21.1%。

年末全市农村金融合作机构（农村信用社、农村合作银行、农村商业银行）人民币贷款余额157.3亿元，比年初增加30.9亿元，增长24.4%。

图8：2006年-2011年城乡居民储蓄存款

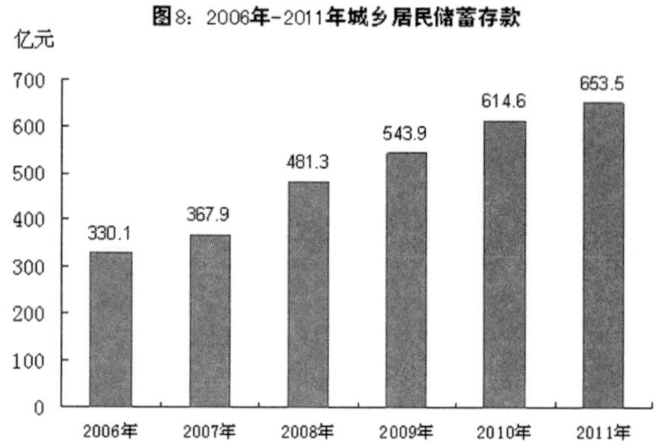

表13　2011年年末金融机构人民币存贷款及其增长速度

单位：亿元

指　　标	年末数	比上年末增长%
各项存款余额	1498.3	13.0
其中：单位存款	767.5	16.9
个人存款	654.5	6.5
#储蓄存款	653.5	6.3
各项贷款余额	633.4	21.1
其中：短期贷款	260.3	9.3
中长期贷款	357.1	35.4
#个人贷款	30.8	27.3

年末全市共有证券营业部3家，从业人员63人。年末开户数39978户，累计存入资金20.5亿元，下降49.0%，入市资金15.1亿元，下降52.6%。全年营业收入5284.8万元，下降38.2%，利润总额3205.4万元，下降41.4%。

全年全市保费收入29.8亿元，增长6.8%。其中，寿险业务保费收入21.3亿元，增长3.7%；健康险业务保费收入0.75亿元，下降3.8%；意外险业务保费收入0.38亿元，增长15%；财产险业务保费收入8.5亿元，增长14.7%。

十、教育和科学技术

年末全市普通高等学校 1 所，成人高等学校 1 所。全市高中阶段毛入学率 92.2%。成人技术培训学校培训结业职工和农民共计 28.9 万人次。

表 14　2011 年各类教育发展情况

单位：人

指　　标	招　生	在校生	毕业生
普通高等教育	2911	8520	2295
中等职业教育	8109	21330	6447
普通高中	22862	61558	17458
初　中	34351	115464	40150
小　学	24383	80005	34206
特殊教育	67	738	53
学前教育	22065	51644	15548

全年全市组织实施各类科技项目 260 项(其中国家级 3 项、省级 27 项、市级 230 项)。在国家级项目中，列入国家中小创业创新基金项目 1 项，成果计划 1 项，星火计划 1 项；在省级项目中，列入省级国际科技合作项目 2 项，科技重大专项 3 项，火炬计划 5 项，星火计划 4 项，农业攻关与社会发展 1 项，成果推广 7 项，工业攻关 2 项，软科学及基础平台建设 3 项。全年全市专利申请量 1008 件，增长 48.2%；其中发明专利申请量 269 件，增长 26.7%。全年新登记科技成果 20 项。省级企业技术中心 2 家，按照国家高新技术企业认定办法，2011 年末累计认定高新技术企业 1 家。

十一、文化、卫生和体育

年末全市共有艺术表演团体 6 个，新创作首演剧目 5 个；演出场次 2093 场，演出收入 217 万元；全市共有艺术表演场馆 3 个、群众艺术馆 1 个，文化馆 6 个，公共图书馆 6 个，总藏书 28 万册。

年末全市共有各级医疗卫生机构 3098 个，医院和卫生院床位 8 千张，卫生专业技术人员 1.2 万人，每千人拥有病床 3.6 张，每千人拥有医生数 2.3 人。全市 6 县(市、区)全部开展了新型农村合作医疗试点工作，新型农村合作医疗参合率 100%。村卫生室覆盖率 100%、县乡村三级医疗机构达标率 100%。全年各县(市、区)的儿童“五苗”全程接种率以乡镇为单位均达到了 99.9%以上。碘盐覆盖率、合格碘盐食用率均达到 100%，各种地方病得到了有效控制。全市乡镇卫生监督站覆盖率达到 77.8%。

年末全市拥有各级各类体育场馆 4385 个，体育锻炼标准达标人数达 321260 人。全年全市运动员在省级以上重大比赛中获金牌 81 枚、银牌 68 枚、铜牌 70 枚(包括非奥运项目比赛)。全市销售中国体育彩票 5043 万元，与上年基本持平。

十二、人口、人民生活和社会保障

据 2011 年人口抽样调查，年末全市常住人口为 228.55 万人，比上年末增加 0.52 万人。全年全市出生人口 1.88 万人，人口出生率为 8.23‰；死亡人口 1.42 万人，死亡率为 6.20‰；自然增长率为 2.03‰，性别比为 101.31(以女性人口为 100)。

表 15　2011 年人口数及其构成

单位：万人

指　　标	年末数	比重(%)
全市常住人口	228.55	—
其中：城镇	120.56	52.75
乡村	107.99	47.25
其中：男性	115.02	50.33
女性	113.53	49.67
其中：0–14 岁	38.65	16.91
15–64 岁	175.62	76.84
65 岁及以上	14.28	6.25

全年城镇居民人均可支配收入 20127 元，增长 16.0%；城镇居民人均消费性支出 12967 元，增长 22.5%。全年农村居民人均纯收入 7043 元，增长 19.4%；农村居民人均生活消费支出 5289 元，增长 37.3%。城镇占调查总户数 20%的低收入家庭人均可支配收入 7779 元，增长 21.9%；农村占人口 20%的低收入者收入 3769 元，增长 20.7%。城镇居民家庭恩格尔系数（即居民家庭食品消费支出占家庭消费支出的比重)28.3%，农村居民家庭恩格尔系数 36.0%。

年末参加城镇基本养老保险 28.6 万人；参加农村社会养老保险 96.8 万人；参加城镇医疗保险 54.8 万人；参加失业保险 21.1 万人；参加工伤保险 22.2 万人；参加生育保险 19.3 万人。全市共有 153.5 万农民参加了合作医疗。

年末城镇低保人数 31497 人，增加 253 人；农村低保人数 79871 人，增加 776 人；农村集中供养五保户 1714 人，户数 1707 户；农村医疗救助 62214 人。优抚对象 12849 人，享受定期抚恤 1969 人，享受定期补助 7977 人。全市收养性单位 61 个，增加 2 个，床位数 4430 张，年在院 73.5 万人天。社区服务中心 1 个，社区服务站 61 个。全市福利企业 48 个，残疾职工数 777 人。福利彩票发行单位 1 个，收入总计 686.7 万元。全年直接接收捐赠款 666.4 万元，受益 29765 人。

十三、资源、环境和安全生产

全市自然保护区总数 5 个，自然保护区面积达到 15.6 万公顷，占全市土地面积的 16.6%；全市国家级生态示范区 2 个。

全年市区环境空气质量二级以上天数达到 354 天，其中一级天数达到 112 天，增加 8 天；空气综合污染指数为 1.7，较上年下降 0.02。

城市污水处理率达到 95%；城市生活垃圾无害化处理率达到 92.7%；集中供热普及率达到 81%。

全年全市共发生各类生产安全事故 833 起，减少 5 起，下降 0.6%；事故死亡 247 人，同比增加 29 人，上升 13.3%，占省政府下达我市控制指标 256 人的 96.5%；造成直接经济损失 1038.4 万元，同比减少 428.3 万元，下降 29.2%。亿元 GDP 生产安全事故死亡率 0.28（省控指标 0.293），工矿商贸就业人员 10 万人生产安全事故死亡率 1.875（省控指标 2.25），煤矿百万吨死亡率 0.078（省控指标 0.2310），特种设备万台死亡率 0（省控指标 0.67），道路交通万车死亡率 7.24（省控指标 8.04）。

公报注释：

1.本公报部分数据为初步统计数据。

2.地区生产总值、各产业增加值绝对数按现价计算，增长速度按不变价格计算。

3. 2011 年起，规模以上工业企业统计标准由过去的年主营业务收入 500 万元提高到 2000 万元；固定资产投资统计起点由项目计划总投资 50 万元提高到 500 万元；限额以上批发零售企业是指年销售额 2000 万元及以上的批发企业和年销售额 500 万元及以上的零售企业。

4. 2011 年起，邮电业务总量（包括邮政业务总量和电信业务总量）由之前的以 2000 年不变价计算调整为以 2010 年不变价计算。

5. 2011 年起，保险公司保费收入按行业新确认口径统计。

6.根据国家统计局规定，节能降耗指标单独发布。

7.本公报所列增加、增长、减少、下降均系与上年比较。

8.部分数据因四舍五入的原因，存在与分项合计不等的情况。

附　录

二、1949—2011 年主要经济社会指标

Major Index in 1949—2011Years

1949-2011年主要经济社会指标(1)

单位:人

年　份	总人口	按性别分		按农业、非农业分	
		男	女	农业户口	非农业户口
1949	1016533	517918	498615	992386	24147
1950	1046564	532143	514421	1019936	26628
1951	1070242	543859	526383	1039226	31016
1952	1091385	553820	537565	1054717	36668
1953	1119826	572009	547817	1076474	43352
1954	1145143	587694	557449	1090728	54415
1955	1173415	601386	572029	1112885	60530
1956	1192111	614579	577532	1123580	68531
1957	1225458	632854	592604	1153742	71716
1958	1268715	652302	616413	1165650	103065
1959	1291393	665919	625474	1158815	132578
1960	1298788	668316	630472	1179876	118912
1961	1294598	662444	632154	1198345	96253
1962	1324382	677651	646731	1244751	79631
1963	1351852	691533	660319	1270472	81380
1964	1366943	698819	668124	1282946	83997
1965	1391976	710394	681582	1305878	86098
1966	1417300	723278	694022	1329484	87816
1967	1440163	737766	702397	1347776	92387
1968	1474749	754470	720279	1383302	91447
1969	1510782	772381	738401	1417034	93748
1970	1550665	792166	758499	1447244	103421
1971	1582343	810282	772061	1468194	114149
1972	1609373	822926	786447	1490193	119180
1973	1640304	838468	801836	1516733	123571
1974	1673763	856434	817329	1544502	129261
1975	1693818	866235	827583	1563750	130068
1976	1707369	879643	827726	1580452	126917
1977	1735620	888058	847562	1595077	140543
1978	1745029	893074	851955	1599449	145580

续 表

单位:人

年 份	总人口	按性别分		按农业、非农业分	
		男	女	农业户口	非农业户口
1979	1752740	898142	854598	1600473	152267
1980	1761597	902812	858785	1602152	159445
1981	1778254	909473	868781	1605963	172291
1982	1798346	919822	878524	1616536	181810
1983	1809784	929442	880342	1618254	191530
1984	1812802	932097	880705	1619779	193023
1985	1820330	936233	884097	1621048	199282
1986	1824402	935929	888473	1615663	208739
1987	1844393	945722	898671	1620627	223766
1988	1864263	957384	906879	1632151	232112
1989	1889464	970953	918511	1652566	236898
1990	1919410	983347	936063	1669863	249547
1991	1944443	997962	946481	1687115	257328
1992	1969230	1011582	957648	1703304	265926
1993	1995703	1027366	968337	1715521	280182
1994	2016920	1032922	983998	1720224	296696
1995	2039271	1049946	989325	1730403	308868
1996	2054998	1057824	997174	1724275	330723
1997	2069390	1060316	1009074	1724258	345132
1998	2083893	1065308	1018585	1725266	358627
1999	2100254	1073751	1026503	1725168	375086
2000	2102610	1072409	1030201	1704050	398560
2001	2106316	1072173	1034143	1695883	410433
2002	2111588	1077085	1034503	1683301	428287
2003	2118287	1076945	1041342	1672210	446077
2004	2122015	1075351	1046664	1655488	466527
2005	2118610	1074777	1043833	1629260	489350
2006	2134601	1080675	1053926	1630988	503613
2007	2147768	1083596	1064172	1626440	521328
2008	2152235	1085693	1066542	1618615	533620
2009	2165264	1090695	1074569	1613600	551664
2010	2162304	1088746	1073558	1597625	564679
2011	2174770	1093921	1080849	1594769	580001

注:本表为公安户籍人口数

1949-2011 年主要经济社会指标(2)

年　份	生产总值（万元）				生产总值发展速度（上年 = 100）	人　均生产总值（元）
		第一产业	第二产业	第三产业		
1949						
1950						
1951						
1952	7774	6109	820	845	100.0	72
1953	8486	6474	953	1059	108.1	77
1954	9047	6615	1080	1352	104.6	80
1955	10145	7253	1411	1481	112.1	88
1956	10912	7372	1740	1800	105.8	92
1957	11650	6721	3021	1908	103.3	96
1958	16447	8151	5498	2798	132.0	132
1959	16799	6927	6261	3611	98.4	131
1960	19399	6797	8273	4329	109.7	150
1961	15530	7083	4667	3780	82.4	120
1962	14525	7360	3818	3347	96.2	111
1963	14637	7302	3968	3367	101.8	109
1964	16635	8386	4701	3548	114.5	122
1965	16178	7075	5073	4030	95.9	117
1966	19060	8461	6288	4311	118.1	136
1967	19002	8916	5484	4602	100.1	133
1968	18995	8276	5473	5246	98.1	130
1969	21702	7980	7457	6265	109.5	145
1970	27109	10050	10595	6464	126.1	177
1971	34152	15447	11529	7176	107.3	218
1972	33537	12894	13186	7457	98.2	210
1973	40223	17941	14156	8126	120.1	248
1974	34913	13777	13230	7906	87.0	211
1975	39776	15837	15842	8097	114.7	236
1976	39893	14746	16130	9017	99.2	235
1977	51751	16662	25164	9925	117.9	301
1978	60124	16516	33428	10180	109.3	345

续 表

年 份	生产总值（万元）	第一产业	第二产业	第三产业	生产总值发展速度（上年=100）	人 均 生产总值（元）
1979	66056	18969	35813	11274	108.0	378
1980	68976	18385	37937	12654	104.9	393
1981	69646	15247	40053	14346	101.1	393
1982	80766	20525	44559	156	111.6	452
1983	92564	25396	49360	17808	114.7	513
1984	115132	34978	60733	19421	120.2	636
1985	137621	28621	85449	23551	114.6	758
1986	154993	35943	88595	30455	110.3	851
1987	167473	38943	91745	36785	104.1	913
1988	195179	43717	107611	43851	109.1	1053
1989	235786	49340	132750	53696	107.4	1256
1990	269458	60147	137237	72074	107.5	1415
1991	294188	41417	158399	94372	104.2	1523
1992	377739	60826	200365	116548	118.3	1930
1993	541304	70604	305670	165030	122.5	2730
1994	651540	91266	349260	211014	111.6	3248
1995	830580	109812	437402	283366	111.3	4095
1996	1007967	131127	517241	359599	114.9	4924
1997	1111052	84194	600850	426008	113.8	5388
1998	1245693	133785	647479	464429	111.5	5998
1999	1336030	109519	714494	512017	107.2	6386
2000	1462174	119359	772593	570222	107.6	6958
2001	1618444	92416	869962	656066	108.4	7472
2002	1804226	99951	987236	717039	111.5	8288
2003	2125995	111419	1203268	811308	113.5	9724
2004	2683377	133482	1675943	873952	115.0	12234
2005	3201537	147427	2048592	1005517	116.3	14544
2006	3740999	161488	2406829	1172682	113.3	16928
2007	4398210	201961	2777732	1418518	117.8	19822
2008	5632450	224948	3555378	1852124	112.3	25823
2009	6060499	251357	3837357	1971785	107.2	27108
2010	7305428	307078	4646429	2351922	113.7	32329
2011	8949773	388048	5858311	2703414	113.6	39205

注：生产总值发展速度按可比价格计算，以上年为100。

1949-2011 年主要经济社会指标(3)

年份	耕地面积（千公顷）	农林牧渔业总产值（万吨）	粮食总产量（吨）	秋粮	油料总产量（吨）	蚕茧总产量（吨）	蔬菜总产量（吨）
1949	201.92	7055	249300	210535	2940	604	32380
1950	204.05	7489	262975	225090	3120	573	43545
1951	215.38	8388	292480	249440	3425	716	42475
1952	219.54	9189	320740	282330	3480	723	54355
1953	219.69	9753	339895	284995	4325	676	54740
1954	218.20	9959	339880	293280	4860	660	56430
1955	218.14	10919	374160	307175	4870	737	72805
1956	217.75	11109	359835	299575	3830	1263	89330
1957	217.01	10141	335015	291750	3765	1165	92370
1958	207.81	12292	387070	337870	4260	1213	171625
1959	203.42	10428	304455	245125	3855	983	127180
1960	201.03	10244	302570	245140	2775	760	168590
1961	201.63	10685	326495	278205	2700	545	199870
1962	203.31	11092	302000	324845	2755	560	154495
1963	203.21	11013	374700	339540	3785	649	122185
1964	204.28	12655	404345	353170	4135	779	152935
1965	204.31	10690	339855	266535	3515	781	73860
1966	203.95	12764	385360	360365	4430	679	144465
1967	203.57	13484	409175	361730	3990	676	190245
1968	203.26	12480	369890	321310	2975	624	160775
1969	202.78	12000	371265	299645	3180	645	159820
1970	202.47	14371	453710	417580	3620	698	197865
1971	202.07	23220	536275	490260	2675	506	173715
1972	201.49	19631	405985	335580	2365	540	173025
1973	201.48	26938	592905	520200	5290	672	198770
1974	201.43	20710	432315	353375	2855	729	142745
1975	201.41	23855	541115	429705	5565	775	147615
1976	201.39	22249	483920	365625	3005	923	1446156
1977	201.37	23489	513080	452495	3095	1113	163885
1978	201.34	23387	502025	441725	1795	1378	140975

续 表

年 份	耕地面积（千公顷）	农林牧渔业总产值（万元）	粮 食 总产量（吨）	秋 粮	油 料 总产量（吨）	蚕 茧 总产量（吨）	蔬 菜 总产量（吨）
1979	201.14	25444	491740	412390	3655	1337	138465
1980	200.99	27200	555040	515995	4890	1681	166870
1981	200.91	22494	381820	326060	4000	1459	122345
1982	199.17	30580	486535	400245	5005	1807	132170
1983	199.10	38436	621115	474180	6155	1820	148125
1984	198.92	47773	670315	507865	7120	2111	204630
1985	194.82	41326	434434	222559	6407	2062	140217
1986	191.62	51294	595172	383057	8629	2205	181938
1987	190.37	52293	582801	381099	9414	2458	178177
1988	189.92	62053	550696	406788	9351	2602	188544
1989	190.52	71534	670643	463251	10435	2756	210080
1990	189.53	86806	685540	423357	12096	2825	188264
1991	189.29	68292	446488	210949	5649	2568	129944
1992	188.78	84283	574305	463291	14232	2757	206990
1993	188.37	111665	767546	466821	16107	2533	240992
1994	188.20	140793	595706	317767	11226	2979	215251
1995	187.89	170611	649303	474849	16104	2844	241489
1996	185.89	200585	763473	511907	16933	2830	277954
1997	197.64	141180	447110	158270	3299	2363	130743
1998	196.77	194710	836392	534826	20457	2860	301081
1999	196.12	166525	732643	556663	17160	2434	249931
2000	196.06	182925	751277	530068	20914	2636	249237
2001	195.66	152474	533077	366783	12788	2660	197481
2002	189.31	172114	641378	452440	15315	3002	262697
2003	183.49	205994	724373	464081	16559	2927	308064
2004	182.33	246484	800301	585329	14321	3419	283031
2005	182.01	274363	790466	596324	11666	3771	271903
2006	192.09	298414	852991	618656	10075	4300	282959
2007	192.15	322411	781092	592886	7814	4825	276461
2008	192.15	383031	864531	622558	7058	5272	265800
2009	204.72	417253	700069	479775	4779	4010	257759
2010	204.75	522774	914645	668329	6532	4925	283781
2011	204.75	670478	920386		6189	5324	319146

注:2006年及以后的耕地面积为国土部门数。

1949-2011 年主要经济社会指标(4)

年份	年末大牲畜存栏（万头）	年末生猪存栏（万头）	肉类总产量（吨）	禽蛋产量（吨）	水果产量（吨）
1949	14.85	1.74	152	1283	5420
1950	16.93	2.04	188	1509	5455
1951	19.43	2.64	227	1762	5715
1952	21.50	4.31	342	1908	7190
1953	22.90	4.06	330	2478	7190
1954	22.56	3.87	305	2513	10900
1955	23.35	2.79	246	2586	11675
1956	21.28	5.39	429	2811	17745
1957	20.32	12.18	1073	2756	13710
1958	19.14	15.06	1396	2780	21135
1959	19.38	14.70	1388	2311	18975
1960	18.87	10.92	1032	1405	21535
1961	17.67	6.75	665	1133	13190
1962	17.06	7.73	727	1448	20285
1963	17.77	13.92	1271	1754	17585
1964	18.26	18.15	1619	1948	21835
1965	19.13	27.94	2463	2006	25610
1966	20.02	28.28	2538	2069	29500
1967	20.31	33.66	2957	2132	34095
1968	20.12	36.39	3148	2197	32370
1969	19.13	31.90	2735	2266	31890
1970	18.96	34.45	2902	2334	34410
1971	18.98	44.77	3858	2409	29845
1972	18.82	45.80	4037	2485	27530
1973	19.21	46.28	5282	2565	43395
1974	19.40	55.83	7875	2645	32930
1975	19.01	64.64	7269	2729	32580
1976	18.13	65.96	9300	2817	13885
1977	18.02	65.46	11180	2907	33135
1978	18.16	62.00	11875	3001	38475

续 表

年 份	年 末 大牲畜存栏 （万头）	年 末 生猪存栏 （万头）	肉类总产量 （吨）	禽蛋产量 （吨）	水果产量 （吨）
1979	17.53	57.86	11570	3099	29700
1980	16.81	52.05	13630	3200	42675
1981	16.19	43.46	18301	3306	33730
1982	15.54	41.18	16958	3413	44620
1983	15.60	39.04	16976	3527	38975
1984	15.64	30.90	18397	4856	62030
1985	15.19	32.67	18952	7158	53551
1986	15.52	33.85	16741	8597	59801
1987	15.63	22.65	19053	8490	47612
1988	15.76	24.23	19167	9497	60317
1989	16.19	28.51	19828	10474	40847
1990	16.00	27.42	24886	11575	31911
1991	15.19	26.31	25211	11687	25163
1992	15.01	28.54	27398	13429	34350
1993	14.68	30.42	30067	15288	36956
1994	14.86	32.87	32380	16514	31974
1995	16.79	35.32	36136	18578	29450
1996	18.54	40.33	42240	21019	34659
1997	12.11	32.66	32533	18096	32967
1998	12.05	35.09	34814	15132	41079
1999	12.09	31.75	37583	17029	49995
2000	10.81	32.66	39135	18356	47836
2001	8.22	34.35	39950	20077	39220
2002	7.62	36.96	41665	17839	42911
2003	7.80	40.70	49188	20489	46585
2004	7.84	50.29	59458	24364	53592
2005	8.08	55.71	74533	31499	54901
2006	3.08	39.81	52999	27000	60670
2007	2.85	44.54	56427	29631	61620
2008	3.29	79.09	83511	39234	59619
2009	1.94	71.45	89287	47530	57081
2010	1.63	58.70	100412	35066	57441
2011	2.53	89.98	113548	64595	64809

1949-2011 年主要经济社会指标(5)

年份	全部工业增加值（万元）	工业主要产品产量					
		原煤（万吨）	发电量（万千瓦时）	生铁（万吨）	化肥（万吨）	布（万米）	水泥（万吨）
1949		65		0.7			
1950		61		0.8			
1951		64		1.0			
1952	706	72		1.6			
1953	800	85		1.5			
1954	1015	87		1.8			
1955	1285	95		1.3			
1956	1486	101	8	1.2		17	
1957	1583	106	117	2.0		20	
1958	3020	152	244	4.0		24	
1959	3741	183	1289	6.0		42	1
1960	4640	216	2470	8.0		67	1
1961	3120	145	2454	2.3		16	1
1962	2818	182	2999	1.7		18	1
1963	3010	231	3121	0.5		20	1
1964	3423	278	3477	0.1		14	1
1965	4161	333	4354	0.2		4	2
1966	4631	343	5801	0.9		46	2
1967	4079	363	5256	1.6	0.2	79	2
1968	4162	324	6419	2.5	0.1	150	2
1969	5533	426	13011	3.6	0.2	208	3
1970	7568	488	18878	4.8	0.2	263	3
1971	9117	495	26825	5.6	0.3	307	3
1972	10968	598	36392	6.9	0.6	455	4
1973	11792	627	41051	13.6	1.0	575	5
1974	11236	508	43703	11.8	0.8	665	5
1975	14025	661	46708	8.2	1.2	778	5
1976	14628	642	50359	8.0	1.0	698	6
1977	23702	855	57391	11.0	1.6	949	9
1978	31388	927	58929	12.2	2.3	1649	12

续 表

年 份	全部工业增加值（万元）	工业主要产品产量					
		原 煤（万吨）	发电量（万千瓦时）	生 铁（万吨）	化 肥（万吨）	布（万米）	水 泥（万吨）
1979	32463	1198	58259	15.4	2.8	1081	11
1980	34337	1307	54494	9.8	3.2	1203	13
1981	35995	1418	50625	6.7	2.6	1472	14
1982	40178	1544	49773	7.6	3.0	1596	17
1983	44201	1748	53346	12.3	3.6	3596	17
1984	54370	1991	55484	23.0	4.0	1435	21
1985	78055	2248	56209	50.0	3.3	1168	23
1986	81268	2327	57341	45.7	2.7	1370	30
1987	84136	2581	61382	46.5	3.8	1591	32
1988	99843	2823	66499	57.6	4.4	1635	32
1989	120359	3084	69967	67.0	4.9	1614	37
1990	123218	3099	70145	67.1	5.7	1318	40
1991	141132	3129	76044	79.5	5.8	987	44
1992	176355	3271	94552	137.6	5.5	1124	50
1993	277566	3292	104620	375.3	5.5	1123	55
1994	318246	3226	108018	370.5	6.0	1050	57
1995	383898	3549	120281	407.4	6.7	1058	71
1996	448492	3985	118309	338.4	8.5	1027	94
1997	486396	3825	114833	313.5	9.9	1091	113
1998	517967	4021	113200	291.7	12.1	1068	98
1999	542422	2551	98400	318.6	13.5	1005	99
2000	604663	3807	102872	306.0	14.9	1189	90
2001	706222	3294	477745	305.0	17.4	1192	90
2002	865127	4902	1032403	225.0	22.0	1282	99
2003	1056201	6561	1241060	233.0	25.6	1166	106
2004	1528443	7499	1380079	276.0	46.1	782	129
2005	1849249	7628	1349664	308.0	88.0	800	114
2006	2138769	7667	1330324	170.0	116.1	809	124
2007	2449565	7867	1471526	149.0	157.2	736	151
2008	3121216	8611	1961777	119.0	191.1	539	98
2009	3675342	8532	1993299	256.0	210.1	647	125
2010	4438868	8434	2040874	226.0	172.1	736	143
2011	5600578	9140	1991597	278.0	201.7	706	139

1949-2011 年主要经济社会指标(6)

年　份	固定资产投资额（万元）	社会消费品零售总额（万元）	城镇居民人均可支配收入（元）	农　民人均纯收入（元）	城乡居民储蓄存款余额（万元）
1949		1373			
1950	2	1625			2
1951	5	2054			9
1952	88	2561			33
1953	109	3205			51
1954	58	3924			175
1955	81	3982			304
1956	232	4740			410
1957	891	4656			534
1958	1618	6280			705
1959	4185	7597			1541
1960	6029	8588			1374
1961	2566	7173			1681
1962	1657	6959			1179
1963	1587	6887			1035
1964	2115	6959			1118
1965	1512	7226			1017
1966	2740	7231			989
1967	2309	8046			1070
1968	2146	8048			1263
1969	3134	9294			1273
1970	4922	9823			1324
1971	3913	10794			1546
1972	3585	10764			1671
1973	3806	12842			2064
1974	3182	12673			2380
1975	2871	12934			2573
1976	2351	13989			2669
1977	2273	15307			3117
1978	4318	15984	300	114	3609

续 表

年　份	固定资产投资额（万元）	社会消费品零售总额（万元）	城镇居民人均可支配收入（元）	农　民人均纯收入（元）	城乡居民储蓄存款余额（万元）
1979	7704	17361	303	132	4213
1980	7151	20265	308	138	5973
1981	4870	22995	315	145	8332
1982	5658	25886	321	183	11556
1983	8864	28655	330	254	15464
1984	12188	36623	468	298	20977
1985	37018	46477	508	369	28413
1986	36012	53263	573	397	36067
1987	37013	56207	712	425	48812
1988	44510	66216	835	519	69718
1989	49241	76939	1061	553	102031
1990	65255	78869	1141	611	138934
1991	90791	85635	1254	587	178454
1992	112367	110366	1479	695	230612
1993	201984	155724	1752	890	301192
1994	160003	182586	2426	1001	412276
1995	182758	238745	3091	1552	583477
1996	275185	281481	3369	2009	780096
1997	386096	345068	4150	2393	925794
1998	472368	389130	4171	2582	1053336
1999	684231	405007	4384	2576	1189887
2000	576225	433833	4842	2629	1288919
2001	576648	460808	5374	2594	1437079
2002	681263	500446	6107	2707	1670422
2003	823249	535462	7071	2942	1952885
2004	1078759	596039	8097	3278	2372650
2005	1308989	751191	8911	3593	2904916
2006	1647534	875858	10132	3939	3300761
2007	2154911	1206160	12404	4435	3673062
2008	2675397	1501369	14146	4856	4812788
2009	3666119	1777862	15161	5255	5438723
2010	4326382	1911163	17353	5899	6145618
2011	5041207	2245030	20127	7043	6543256

注:2011年固定资产投资统计起点为项目计划总投资500万元。

1949–2011年主要经济社会指标(7)

年　份	财　政 总收入 （万元）	一般预算 支　出 （万元）	金融部门 存款余额 （万元）	金融部门 贷款余额 （万元）	金融部门 现金收入 （万元）	金融部门 现金支出 （万元）
1949	324	98	2	17		
1950	389	116	27	8		
1951	493	117	82	47		
1952	641	265	193	99		
1953	763	378	431	328	2321	2420
1954	890	562	649	586	3245	3372
1955	984	591	1046	1559	4481	4313
1956	963	821	1093	2434	5671	5758
1957	1099	1036	1949	2427	5651	5519
1958	2091	1886	3528	5564	7462	8030
1959	4380	2982	4347	6150	11911	12161
1960	3893	4052	5879	7541	9222	9822
1961	1989	2560	7743	8008	7660	8445
1962	2007	1317	5914	6771	5991	6613
1963	2039	1376	5753	4964	5360	5758
1964	2151	1463	5714	4447	5871	5640
1965	2578	1451	5469	6456	5799	6208
1966	3077	1642	6228	8818	6274	6521
1967	2324	2228	6481	6395	8090	8541
1968	2556	2039	8210	6330	7619	8251
1969	3485	2962	7665	7403	8517	9262
1970	4050	3718	9024	8094	8594	9268
1971	4684	4420	7796	9957	8704	10098
1972	5407	4150	7426	11247	8774	10378
1973	7335	4667	10290	12394	9590	10693
1974	4943	4726	10117	13157	10310	12117
1975	5090	4668	9087	14414	9925	11580
1976	3901	4079	11596	16420	10385	12661
1977	5972	4500	13344	16489	11611	13090
1978	6344	5880	13715	17792	12562	14880

续 表

年　份	财　政 总收入 （万元）	一般预算 支　出 （万元）	金融部门 存款余额 （万元）	金融部门 贷款余额 （万元）	金融部门 现金收入 （万元）	金融部门 现金支出 （万元）
1979	7021	6336	15359	19080	15289	18539
1980	7278	5626	21246	23427	19058	22623
1981	7611	5116	24395	27184	23864	26829
1982	7506	8964	29482	28076	29521	32188
1983	8802	8315	41263	36858	39592	43777
1984	10619	9714	49758	62740	40770	48388
1985	10927	12764	62340	73949	42835	52945
1986	11669	15189	68750	88034	51452	60015
1987	11640	13933	89943	99629	65979	74570
1988	14326	17248	124488	129770	92678	107002
1989	18119	21975	178972	163760	129437	141943
1990	20118	23924	246132	209920	151042	175942
1991	22869	25385	305252	244781	181235	225420
1992	23967	27252	380722	309863	255116	325564
1993	30952	32562	461585	399850	373444	479592
1994	27852	41608	624368	477213	575870	644818
1995	58423	53141	965566	634894	892851	915144
1996	73462	63945	1347571	798465	1144392	1184514
1997	89292	75747	1638883	1002369	1201484	1304526
1998	101567	83012	1669608	1020149	1880221	1952925
1999	110318	90456	1785168	994228	2281840	2362204
2000	115512	99029	1945439	1011146	2597485	2646684
2001	139205	124602	2161850	1106393	3406224	3375402
2002	222870	153174	2599264	1393707	4211589	4087486
2003	301223	192517	3084052	1643363	5736855	5635536
2004	430941	245342	3982930	2148131	9107151	8777490
2005	616693	313156	5044581	2221963	9781229	9547116
2006	790065	392581	6234919	2603300	9981533	9691625
2007	965529	540495	7196151	3358040	11581530	11434802
2008	1131565	632928	9579988	3767760	12820570	12734628
2009	1361365	764896	11070426	4271572	12988264	13104682
2010	1532288	895069	13249293	5229188	14588860	14930870
2011	1532288	895069	14983391	6334496		

注：2011年金融统计报表制度调整，取消现金收入和支出统计。

1949-2011 年主要经济社会指标(8)

年　份	学校数（所）	在　校学生数（人）	招生数（人）	毕业生数（人）	卫　生机构数（个）	卫生机构床位数（张）	卫生机构人员数（人）
1949	1793	77522	17824	2784	40	26	1545
1950	1905	81192	18524	6166	53	29	2061
1951	2092	91411	18465	4651	58	45	2162
1952	2480	117270	38979	10981	115	86	3721
1953	2511	126728	24812	20257	139	133	4815
1954	2506	127406	35345	24234	217	141	5950
1955	2603	140749	45085	20958	272	203	6475
1956	2626	158793	48780	23380	305	260	7963
1957	2681	165644	42633	29443	389	419	8286
1958	3277	217226	84941	34369	701	738	9112
1959	3057	238941	68535	40415	738	1109	9239
1960	3080	268720	91883	54271	726	1317	8637
1961	3250	268440	74884	63477	636	1352	8740
1962	3362	245793	62489	55778	683	1281	8690
1963	3472	222690	62898	48113	600	1069	7758
1964	3776	241632	85980	46468	606	1241	7568
1965	3915	263609	88510	50238	592	1363	6522
1966	3880	271345	85934	48340	182	1498	1784
1967	3845	279080	83358	46517	131	1633	1825
1968	3810	286810	80782	45089	125	1766	1984
1969	3775	294538	78206	43247	131	1767	2103
1970	3773	294525	77497	43729	130	1631	2097
1971	3838	321717	94755	64400	142	2498	2462
1972	4038	339226	92822	70479	237	2707	2871
1973	4074	342778	83596	67187	251	2983	3058
1974	4082	352157	89013	74005	277	3776	3829
1975	4139	367195	105229	86467	249	3809	3801
1976	4215	385268	117780	95764	272	3905	1031
1977	4239	395151	124465	103081	230	4274	3887
1978	4279	415891	130067	112601	263	4133	4148

续 表

年 份	学校数（所）	在校学生数（人）	招生数（人）	毕业生数（人）	卫生机构数（个）	卫生机构床位数（张）	卫生机构人员数（人）
1979	4271	396568	110047	112725	258	4339	4403
1980	4297	410989	80144	71252	261	4340	4924
1981	4230	395517	81487	81569	307	4650	5677
1982	4231	380009	82883	92391	307	4734	5835
1983	4253	363822	83665	82654	303	4785	5771
1984	4164	358626	80276	78906	308	4860	6163
1985	4145	350723	76987	77706	310	5189	6554
1986	4100	333503	71617	80531	311	5387	6689
1987	4090	317332	70785	79749	321	5497	6554
1988	4092	313353	77066	81015	318	5706	6855
1989	4057	299753	72190	78789	321	6016	7406
1990	4042	296634	72315	75509	318	6148	7500
1991	3988	288732	69002	75373	323	6352	7835
1992	3957	282388	69315	69326	405	6556	7942
1993	3941	273315	70112	70873	318	6842	8185
1994	3910	277301	74517	68663	170	6248	7525
1995	3797	284216	75412	68941	307	6481	8486
1996	3751	290644	78731	69051	181	6165	7935
1997	3573	299824	79955	67276	182	6276	8676
1998	3522	305466	76762	68263	182	6098	8787
1999	3490	310157	79907	72910	183	6236	8994
2000	3450	324351	86683	73197	183	6236	8994
2001	3288	344466	98382	77665	171	6591	10008
2002	2962	364612	105040	84837	174	5866	8536
2003	2758	388448	103749	77643	175	6645	9867
2004	2572	400771	82836	88073	187	7043	10271
2005	2050	400845	89876	95412	191	7608	10785
2006	1850	401447	90507	88553	185	6892	10784
2007	1564	401935	93897	92752	211	6637	11173
2008	1339	396415	99553	95262	219	7428	11913
2009	1639	441644	95833	100951	226	7926	12385
2010	1520	430347	93077	99957	227	8311	12304
2011	1438	421094	92689	100609	3098	8574	17603

晋城统计工作理念

依法统计 科学分析
服务决策 推动发展

晋城统计团队精神

敬业 缜密 公正 和谐

晋城统计责任意识

服务 质量 沟通

晋城市统计信息网
www.jctj.gov.cn

“加强业务建设　宣讲方法制度 做实统计数据”活动

宣讲手册

晋城市统计局